EGO E ARQUÉTIPO

Frontispício - **A ALMA DO MUNDO**, por Robert Fludd. A *anima* como personificação do eixo ego-Si-mesmo transmite ao ego a orientação e o apoio que vém da psique arquetípica. (Detalhe)

Edward F. Edinger

EGO E ARQUÉTIPO

Uma síntese fascinante dos
conceitos psicológicos fundamentais de Jung

Tradução
Adail Ubirajara Sobral

Editora
Cultrix
SÃO PAULO

Título do original: *Ego and Archetype*

Copyright © 1972 C. G. Jung Foundation for Analytical Psychology, Nova York.
Copyright da edição brasileira © 1989, 2020 Editora Pensamento-Cultrix Ltda.
2ª edição 2020.

Todos os direitos reservados. Nenhuma parte desta obra pode ser reproduzida ou usada de qualquer forma ou por qualquer meio, eletrônico ou mecânico, inclusive fotocópias, gravações ou sistema de armazenamento em banco de dados, sem permissão por escrito, exceto nos casos de trechos curtos citados em resenhas críticas ou artigos de revistas.

A Editora Cultrix não se responsabiliza por eventuais mudanças ocorridas nos endereços convencionais ou eletrônicos citados neste livro.

Editor: Adilson Silva Ramachandra
Gerente editorial: Roseli de S. Ferraz
Produção editorial: Indiara Faria Kayo
Editoração eletrônica: Ponto Inicial Design Gráfico
Revisão: Luciana Soares da Silva

Dados Internacionais de Catalogação na Publicação (CIP)
(Câmara Brasileira do Livro, SP, Brasil)

Edinger, Edward F., 1922-1998
 Ego e Arquétipo : uma síntese fascinante dos conceitos psicológicos fundamentais de Jung / Edward F. Edinger ; tradução Adail Ubirajara Sobral. -- 2. ed. -- São Paulo : Editora Pensamento Cultrix, 2020.

 Título original: Ego and Archetype
 ISBN 978-85-316-1562-7

 1. Arquétipo (Psicologia) 2. Ego (Psicologia) 3. Jung, Carl G. 1875-1961 - Psicologia analítica 4. Psicanálise e religião 5. Psicologia junguiana I. Título.

20-32853   CDD-150.1954

Índices para catálogo sistemático:
1. Ego e Arquétipo : Psicologia junguiana 150.1954
Maria Alice Ferreira - Bibliotecária - CRB-8/7964

Direitos de tradução para a língua portuguesa adquiridos com exclusividade pela EDITORA PENSAMENTO-CULTRIX LTDA., que se reserva a propriedade literária desta tradução.
Rua Dr. Mário Vicente, 368 — 04270-000 — São Paulo, SP
Fone: (11) 2066-9000
http://www.editoracultrix.com.br | E-mail: atendimento@editoracultrix.com.br
Foi feito o depósito legal.

Sumário

Índice das ilustrações 7

Agradecimentos 11

Prefácio 15

PARTE I – A INDIVIDUAÇÃO E OS ESTÁGIOS DE DESENVOLVIMENTO 17

Capítulo 1 - O Ego Inflado 19
1. Ego e Si-Mesmo 19
2. Inflação e Totalidade Original 23
3. Adão e Prometeu 33
4. *Hybris* e Nêmesis 44

Capítulo 2 - O Ego Alienado 55
1. O Eixo Ego-Si-Mesmo e o Ciclo da Vida Psíquica 55
2. Desespero e Violência 61
3. A Alienação e a Experiência Religiosa 67
4. A Reconstrução do Eixo Ego-Si-Mesmo 76

Capítulo 3 - Encontro com o Si-Mesmo 83
1. O Papel do Coletivo 83
2. A Irrupção 91
3. O Livro de Jó 101
4. O Ego Individuado 122

PARTE II – A INDIVIDUAÇÃO COMO MODO DE EXISTÊNCIA 131

Capítulo 4 - A Busca de Significado 133
1. A Função do Símbolo 133
2. As Falácias Concretista e Redutivista 136
3. A Vida Simbólica 144

Capítulo 5 - Cristo como Paradigma do Ego Individuado 159
1. A Aceitação do Estado de Separação 159
2. O Ensinamento Ético 163
3. O Ego Orientado pelo Si-Mesmo 174

    4. O Homem como Imagem de Deus 183
Capítulo 6 - Ser um Indivíduo 187
    1. A Existência *A Priori* do Ego 187
    2. A Mônada e o Monogene 194
    3. Unidade e Multiplicidade 203
Capítulo 7 - O Arquétipo da Trindade e a Dialética do Desenvolvimento 209
    1. O Três e o Quatro 209
    2. Transformação e Desenvolvimento 217

PARTE III – SÍMBOLOS DO ALVO 225
Capítulo 8 - A Metafísica e o Inconsciente 227
    1. Metafísica Empírica 227
    2. Uma Série de Sonhos "Metafísicos" 229
    3. Retorno ao Princípio 235
    4. A Dimensão Transcendente 240
    5. A Conclusão da *Opus* 245
Capítulo 9 - O Sangue de Cristo 257
    1. Introdução 257
    2. O Significado do Sangue 259
    3. Cristo e Dioniso 267
    4. A Extração pelo Sacrifício 272
Capítulo 10 - A Pedra Filosofal 293
    1. Introdução e Texto 293
    2. Transformação e Revelação 298
    3. O Princípio da Fertilidade 306
    4. A União dos Opostos 309
    5. A Ubiquidade 316
    6. O Alimento Espiritual e a Árvore da Vida 321
    7. O Um no Todo 325
Índice Remissivo 331

Índice das ilustrações

Frontispício – A ALMA DO MUNDO – Robert Fludd 2

Ilustração 1 – A sequência de *Gestalts* 25

Ilustração 2 – Pintura de uma menina de sete anos 26

Ilustração 3 – O PARAÍSO COMO UM RECEPTÁCULO –
De um manuscrito italiano 34

Gravura 1 – O JARDIM DO ÉDEN COMO UM CÍRCULO –
Apud Très Riches Heures de Jean, Duc de Berry 35

Ilustração 4 – A EXPULSÃO DE ADÃO E EVA – Massaccio 36

Ilustração 5 – A QUEDA DE ÍCARO – Pieter Breughel 45

Ilustração 6 – ÍXION PRESO À RODA – Pintura de um Vaso Antigo 48

Ilustração 7 – A RODA DA VIDA – Pintura, Tibete 52

Figura 5 – O Ciclo da Vida Psíquica. 60

Ilustração 8 – HAGAR E ISMAEL NO DESERTO – Gustave Doré 63

Ilustração 9 – ISRAELITAS COLHENDO MANÁ –
De *The Hours of Catherine of Cleves* 67

Ilustração 10 – ELIAS SENDO ALIMENTADO PELOS CORVOS –
Washington Allston 69

Ilustração 11 – SANTO ANTÃO E SÃO PAULO, O EREMITA, SENDO
ALIMENTADO POR UM CORVO – Dürer 73

Ilustração 12 – A PENITÊNCIA DE DAVI – Iluminura de um manuscrito bizantino 75

Figura 6. Estado estável de uma comunidade de crentes religiosos. 87

Figura 7. Ruptura de uma Projeção Religiosa. 88

Gravura 2 – DÂNAE – Ticiano 90

Ilustração 13 – O SONHO DE JACÓ – Gustave Doré 92

Ilustração 14 – A ANUNCIAÇÃO – Botticelli 94

Ilustração 15 – O ÊXTASE DE SANTA TERESA – Bernini 95

Ilustração 16 – DESENHO DE UMA PACIENTE 96

Ilustração 17 – DISCÓBOLOS – Myron, c. 460-450 a.C., Cópia Romana 97

Ilustração 18 – PIETÁ – Michelangelo 98

Ilustração 19 – DESENHO ALQUÍMICO 99

Ilustração 20 – VARIEDADES DA RODA DO SOL DE TRÊS PÉS...........................99

Ilustração 21 – A CONVERSÃO DE SÃO PAULO – Xilogravura (1515).....................100

Ilustração 22 – O FOGO DE DEUS CAIU DOS CÉUS – Água-forte para
o Livro de Jó, feita por William Blake 103

Gravura 3 – DESENHO DE UM PACIENTE – Retirado de C. G. Jung, *The Archetypes
and the Collective Unconscious* 105

Ilustração 23 – A TORRE – Carta do Tarô – Baralho de Marselha............................105

Ilustração 24 – O FOGO CHOVE DOS CÉUS – Albrecht Dürer 109

Ilustração 25 – JAVÉ ATERRORIZA JÓ COM UMA VISÃO DO INFERNO –
William Blake...110

Ilustração 26 – JAVÉ RESPONDE A JÓ DE UM REDEMOINHO –
William Blake...115

Ilustração 27 – JAVÉ MOSTRA A JÓ AS PROFUNDEZAS (BEEMOTE) –
William Blake...116

Ilustração 28 – JÓ FAZ UM SACRIFÍCIO A JAVÉ – William Blake........................121

Ilustração 29 – SÃO CRISTÓVÃO CARREGANDO CRISTO COMO UMA ESFERA –
Pintura a óleo do Mestre de Messkirch (?) 123

Ilustração 30 – O ANJO GABRIEL ENTREGA UMA CARTA A MARIA –
A Anunciação de Dürer..150

Ilustração 31 – UMA POMBA TRANSMITE A PALAVRA DIVINA A SÃO
GREGÓRIO MAGNO – Painel de Marfim – Séculos IX-X.................151

Ilustração 32 – O GRANDE ZIGURATE DE UR – Reconstituição 154

Ilustração 33 – PIRÂMIDE MAIA – No topo, há o Templo do Deus 156

Ilustração 34 – CRUCIFIXÃO NO INTERIOR DE UM CAMPO DE FORÇA –
Detalhe de uma peça de altar..168

Ilustração 35 – CRUCIFIXÃO E DESMEMBRAMENTO –
Xilografia feita em Rennes, França, c. 1830..169

Ilustração 36 – BATISMO DE CRISTO – Leonardo da Vinci e Verrocchio..............175

Ilustração 37 – SATANÁS TENTANDO CRISTO NUM CÍRCULO – Rembrandt.....176

Ilustração 38 – A FLAGELAÇÃO DE CRISTO – *The Hours of Catherine of Cleves*........178

Gravura 4 – CRISTO NO JARDIM SUSTENTADO POR UM ANJO –
Paolo Veronese – Detalhe..180

Ilustração 39 – A MANDALA DE LIVERPOOL – C. G. Jung..................................207

Ilustração 40 – O GIGANTE DESPERTANDO – Michelangelo..............................233

Ilustração 41 – LEÃO COM AS PATAS CORTADAS – Desenho Alquímico..............246

Ilustração 42 – O HOMEM ESQUARTEJADO – Desenho Alquímico 247
Ilustração 43 – AVE NO ESPAÇO – Brancusi 252
Ilustração 44 – O CÁLICE DE ANTÍOCO 268
Ilustração 45 – CRISTO COMO UM CACHO DE UVAS 270
Ilustração 46 – CRISTO ESPREMIDO COMO UVA 273
Ilustração 47 – DEUS DO SOL ASTECA ALIMENTANDO-SE
   COM SANGUE HUMANO 274
Ilustração 48 – O SANGUE DE CRISTO SALVANDO
   ALMAS DO PURGATÓRIO 281
Ilustração 49 – AVE ESCREVENDO COM O SANGUE DE CRISTO –
   Pintura de uma paciente 288
Ilustração 50 – O CORAÇÃO NA CRUZ – Desenho de um paciente 290
Ilustração 51 – O ALVO ÚLTIMO COMO MANDALA – Desenho Alquímico 299
Gravura 5 – A ESCADA DE JACÓ – William Blake 303
Ilustração 52 – A PEDRA DE BOLLINGEN 305
Ilustração 53 – O CRESCIMENTO MIRACULOSO DO TRIGO –
   Très Riches Heures de Jean, Duc de Berry 307
Ilustração 54 – O SÍMBOLO REGENERATIVO DO FESTIVAL DE HALOA –
   Reproduzido de um vaso grego 309
Ilustração 55 – O HERMAFRODITA SOL-LUA 310
Ilustração 56 – A UNIÃO DO SOL E DA LUA – ENXOFRE E MERCÚRIO 310
Ilustração 57 – VIRGEM DOMESTICANDO UM UNICÓRNIO –
   Desenho Alquímico 315
Ilustração 58 – A SERPENTE CRUCIFICADA – Desenho Alquímico 316
Ilustração 59 – A UBIQUIDADE DA PEDRA – Desenho Alquímico 317
Ilustração 60 – O OLHO DE DEUS – Entalhe do Século XVI 318
Ilustração 61 – A ÁRVORE ALQUÍMICA 324
Ilustração 62 – CRISTO, O SALVADOR, NA ÁRVORE DA VIDA 325
Ilustração 63 – O FINAL DA OBRA 328

Agradecimentos

Este livro é o resultado de uma década de reflexão e redação. A Parte I começou como um pequeno artigo intitulado "The Ego-Self Paradox" [O Paradoxo Ego-Si-mesmo], publicado em *The Journal of Analytical Psychology* (vol. 5, nº 1, janeiro de 1960). Mais tarde, o artigo em questão foi ampliado e apresentado numa série de conferências proferidas nos Clubes de Psicologia Analítica de Nova York (1962) e Los Angeles (1963) e em Montreal (1964). Os capítulos 4, 5, 6 e 8 foram publicados, originalmente, na *Spring*, editada pela Associação de Psicologia Analítica de Nova York. Contraí uma dívida de gratidão para com a sra. Jane Pratt, ex-editora da *Spring*, por seu trabalho editorial, feito sobre as versões iniciais destes capítulos.

A versão original do capítulo 7 foi apresentada, em forma de artigo, no Segundo Congresso Internacional de Psicologia Analítica, realizado em Zurique, em agosto de 1962. Subsequentemente, foi publicada nas Atas do Congresso, intituladas *The Archetype*, editadas por Adolf Guggenbühl-Craig, S. Karger, 1964. Foi publicada também em *The Journal of Analytical Psychology* (vol. 9, nº 2, julho de 1964). O capítulo 9 começou como uma palestra patrocinada pela Fundação C. G. Jung (1969); e o capítulo 10 foi, originalmente, uma palestra feita perante a Associação de Psicologia Analítica de Nova York (1969).

Sou grato a Doreen B. Lee, pela habilidosa preparação do manuscrito, assim como a Rhoda Head, revisora, e ao Comitê de Publicações da Fundação C. G. Jung. Sou muito grato também às instituições citadas a seguir, pela permissão do uso de ilustrações:

- Musée Condé, Chantilly, pela Gravura 1 e pelas Ilustrações 30 e 53.
- Museo del Prado, Madri, pela Gravura 2.
- Princeton University Press, pela Gravura 3 e pelas Ilustrações 3, 6, 7, 39, 41, 44, 45, 46, 47, 54, 55, 56, 57, 60 e 63.
- Pinacoteca di Brera, Milão, pela Gravura 4.
- British Museum, Londres, pela Gravura 5.
- Öffentliche Bibliotek der Universität Basel, pelo frontispício e pela capa.

- National Press Books e Rhoda Kellogg, pela Ilustração 1.
- Michael Fordham, pela Ilustração 2.
- Church of the Carmine, Florença; fotógrafo Alinari Fratelli, pela Ilustração 4.
- Museum of Fine Arts, Bruxelas, pela Ilustração 5.
- Pierpont Morgan Library, pelas Ilustrações 9, 22, 25, 26, 27, 28 e 38.
- Museum of Fine Arts, Boston, pela Ilustração 10.
- Dover Publications, Inc., Nova York, pelas Ilustrações 11 e 24.
- Bibliothèque Nationale, Paris, pela Ilustração 12.
- A cortesia da Coleção Robert Lehman, Nova York, pela Ilustração 14.
- Cabinetto Fotografico Nazionale, Roma, pela Ilustração 15.
- Phaidon Press Limited, Londres, pelas Ilustrações 17, 18 e 40.
- Philosophical Library, pela Ilustração 25.
- Öffentliche Kunstsamtung, Basileia, pela Ilustração 29.
- Kunsthistorisches Museum, Viena, pela Ilustração 31.
- Penguin Books, Londres, pela Ilustração 32.
- A: Roloff Beny, pela fotografia da Ilustração 33.
- National Gallery, Londres, pela Ilustração 34.
- Uffizi, Florença, pela Ilustração 36.
- Staatliche Museen, Berlim, pela Ilustração 37.
- Peggy Guggenheim Foundation, pela Ilustração 43.
- Library of the Chemistry Department, University of St. Andrews, Escócia, pela Ilustração 59.
- Robinson and Watkins Books, Ltd., Londres, pela Ilustração 61.
- Staats Bibliothèque, Munique, pela Ilustração 62.

Sou igualmente grato pela permissão para citar trechos das seguintes obras:

- Abingdon Press, de Roland H. Bainton, *Here I Stand*.
- Academic Press, Inc., de *Theatrum Chemicum Britannicum*.
- Basic Books, Inc., Nova York, 1958 – excerto de *Existence: A New Dimension in Psychiatry and Psychology*.
- Beacon Press, Boston, de *The Gnostic Religion*, copyright 1958, 1963, de Hans Jonas.
- Guild of Pastoral Psychology, de Derek Kitchin, Guild Lecture nº 80, abril de 1954.
- De "The Wasteland", em *Collected Poems* de T. S. Eliot, copyright 1936, de

Harcourt Brace Jovanovich, Inc.; copyright 1963, 1964. Reproduzido com a permissão dos editores.

- Harper and Row, Inc., Nova York, de Pierre Teilhard de Chardin, *The Phenomenon of Man*.
- *Journal of Analytical Psychology*, Londres, de Erich Neumann, "The Significance of the Genetic Aspect for Analytical Psychology".
- Methuen and Company, Ltd., Londres, de H. G. Baynes, *Analytical Psychology and the English Mind*.
- Northwestern University Press, Evanston, Illinois, de Rivkah Kluger, *Satan in the Old Testament*.
- Oxford University Press, Inc., Nova York, de F. H. Bradley, *Appearance and Reality*; Gilbert Murray, *The Rise of the Greek Epic*; e Rudolf Otto, *The Idea of the Holy*.
- Random House, Inc., Nova York, de Swami Paramandenda, *The Wisdom of China and India*; Nancy W. Ross, *The World of Zen*; e C. G. Jung, *Memories, Dreams, Reflections*.
- Simon and Schuster, Inc., Nova York, de G. Ginsberg, *Legends of the Bible*.
- Tavistock Publications, Ltd., Londres, de G. Adler (Ed.), *Current Trends in Analytical Psychology*.
- University Books, Inc., Hyde Park, Nova York, de Francis Legge, *Forerunners and Rivals of Christianity*; e A. E. Waite (Ed.), *The Works of Thomas Vaughn*.
- University of Nebraska Press, Lincoln, Nebraska, de John G. Neihardt, Black Elk Speaks.
- The Viking Press, Inc., Nova York, de Jean Doresse, *The Secret Books of the Egyptian Gnostics*, copyright 1960, de Hollis & Carter, Ltd.
- John M. Watkins, Londres, de G. R. S. Mead, *Fragments of a Faith Forgotten*.

Além disso, gostaria de exprimir, de forma especial, minha gratidão à Princeton University Press pela permissão que me concedeu para citar à vontade trechos das *Collected Works of C. G. Jung*; excertos de Gerhard Adler, *The Living Symbol*; de M. Esther Harding, *Psychic Energy: Its Source and Its Transformation*; e de Erich Neumann, *The Great Mother* e *The Origins and History of Consciousness*.

EDWARD F. EDINGER

Prefácio

O mundo civilizado mal começa a despertar para a magnífica síntese do conhecimento humano realizada por C. G. Jung. Tendo iniciado sua vida profissional como psiquiatra e psicoterapeuta, Jung descobriu nos seus pacientes, assim como em si mesmo, a realidade da psique e a fenomenologia de suas manifestações, num grau de profundidade que jamais havia sido observado de forma sistemática. Em consequência dessa experiência, ele pôde reconhecer essa mesma fenomenologia expressa nos produtos culturais da humanidade – mito, religião, filosofia, arte e literatura. Ele penetrou na fonte última de toda a religião e de toda a cultura e descobriu, dessa maneira, a base de um novo sincretismo orgânico da experiência e do conhecimento humanos. A nova perspectiva, assim alcançada, reveste-se de um caráter tão exaustivo e abrangente que, uma vez percebida, inevitavelmente produzirá consequências revolucionárias sobre a visão do homem com relação a si mesmo e ao mundo.

Fazer afirmações não é suficiente para transmitir novos níveis de consciência. A percepção da "realidade da psique", que torna visível essa nova forma de perceber o mundo, só pode ser alcançada por um indivíduo de cada vez, por alguém que se dedique laboriosamente ao seu próprio desenvolvimento pessoal. Essa obra individual é denominada por Jung individuação – um processo no decorrer do qual o ego vai tendo aumentada a consciência do fato de dever sua origem à psique arquetípica e de dela depender. Este livro trata do processo de individuação, dos seus estágios, vicissitudes e objetivo último. Espero que ele venha a constituir uma pequena contribuição no sentido de atingir o objetivo que o trabalho de Jung tornou, afinal de contas, inevitável: a reconciliação entre ciência e religião.

A consciência do homem foi criada com a finalidade de
(1) reconhecer que sua existência provém de uma unidade superior;
(2) dedicar a essa fonte a devida e cuidadosa consideração;
(3) executar as ordens emanadas dessa fonte, de forma inteligente e
responsável; e (4) por conseguinte proporcionar um grau ótimo de
vida e de possibilidade de desenvolvimento à totalidade da psique. *

---

* Paráfrase elaborada por Jung, em termos psicológicos, da afirmação de Santo Inácio de Loyola. Jung, C. G., *Aion*, C. W., vol. 9/II, Princeton, Nova Jersey, Princeton University Press, parágrafo 253.

Parte I

A INDIVIDUAÇÃO E OS ESTÁGIOS DE DESENVOLVIMENTO

E se é verdade que nosso conhecimento foi adquirido antes de nosso nascimento, e que o perdemos no momento em que viemos ao mundo, mas que, posteriormente, mediante o exercício de nossos sentidos sobre objetos sensíveis, recuperamos o conhecimento de que antes dispúnhamos, suponho que aquilo a que damos o nome de aprendizagem se caracterizará como a recuperação de nosso próprio conhecimento...

PLATÃO*

---

* *Fédon*, traduzido por Hugh Tredennick, Collected Dialogues, Princeton, Nova Jersey, Princeton University Press, Bollingen Series LXII, 1961.

Capítulo 1

O ego inflado

O sol não ultrapassará suas medidas; se o fizer, as Erínias, servidoras da Justiça, o descobrirão.

HERÁCLITO[1]

1. Ego e Si-Mesmo[*]

A descoberta de caráter mais fundamental e de maior alcance, de Jung, é a do inconsciente coletivo, ou psique arquetípica. Graças às pesquisas que ele realizou, sabemos atualmente que a psique individual não é apenas um produto da experiência pessoal. Ela envolve ainda uma dimensão pré-pessoal ou transpessoal, que se manifesta em padrões e imagens universais, tais como os que se podem encontrar em todas as mitologias e religiões do mundo.[2] Jung descobriu também que a psique arquetípica conta com um princípio estruturador ou organizador que unifica os vários conteúdos arquetípicos.

Esse princípio é o arquétipo central ou arquétipo da unidade, ao qual Jung denominou Si-mesmo.

O Si-mesmo é o centro ordenador e unificador da psique total (consciente e inconsciente), assim como o ego é o centro da personalidade consciente. Ou, dito de outra maneira, o ego é a sede da identidade *subjetiva*, ao passo que o Si-mesmo é a sede da identidade *objetiva*. O Si-mesmo constitui, por conseguinte, a autoridade psíquica suprema, mantendo o ego submetido ao seu domínio. O Si-mesmo é descrito de forma mais simples como a divindade empírica interna e equivale à *imago Dei*. Jung demonstrou ainda

---

1 Burnet, John, *Early Greek Philosophy*, Nova York, Meridian Books, p. 135.
 * Seguimos, na tradução de Self por Si-mesmo, o original alemão, "Selbst". [N.T.]
2 Jung, C. G., *Archetypes and the Collective Unconscious*, C. W., vol. 9/1, parágrafos 1-147.

que o Si-mesmo apresenta uma fenomenologia característica: ele é expresso por meio de determinadas imagens simbólicas típicas denominadas mandalas. Todas as imagens que enfatizam um círculo com um centro e que normalmente apresentam um elemento adicional referente a um quadrado, uma cruz ou outra representação de quaternidade se enquadra nessa categoria.

Há ainda um certo número de outros temas e imagens associados que fazem referência ao Si-mesmo. Temas como a unidade, a totalidade, a união dos opostos, o ponto gerador central, o centro do mundo, o eixo do universo, o ponto criativo onde Deus e o homem se encontram, o ponto em que as energias transpessoais fluem para a vida pessoal, a eternidade – por oposição ao fluxo temporal, a incorruptibilidade, a união paradoxal entre o orgânico e o inorgânico, as estruturas protetoras capazes de gerar a ordem a partir do caos, a transformação da energia, o elixir da vida –, isso tudo se refere ao Si-mesmo, fonte central da energia da vida, origem do nosso ser, descrito de forma mais simples como Deus. Na realidade, as mais ricas fontes do estudo fenomenológico do Si-mesmo são as inúmeras representações que o homem faz da divindade.[3]

Como há dois centros autônomos do ser psíquico, o vínculo existente entre eles assume importância capital. A relação entre o ego e o Si-mesmo é altamente problemática e corresponde, de maneira bastante aproximada, à relação entre o homem e seu Criador, tal como é descrita na mítica religiosa. O mito pode ser visto, na verdade, como expressão simbólica da relação entre o ego e o Si-mesmo. Muitas vicissitudes do processo de desenvolvimento psicológico podem ser entendidas em termos de modificação da relação existente entre o ego e o Si-mesmo nos vários estágios do desenvolvimento psíquico. Essa evolução progressiva da relação entre ego e Si-mesmo constitui o objeto que me proponho examinar.

Jung descreveu a fenomenologia do Si-mesmo, originalmente, tal como ela se manifesta no curso do processo de individuação na idade adulta. Mais recentemente, começamos a considerar também o papel do Si-mesmo nos primeiros anos de vida. Neumann, com base em materiais de natureza mitológica e etnográfica, descreveu simbolicamente o estado psíquico original, anterior ao nascimento da consciência do ego, como a uróboros, ou Ouroboros, utilizando a imagem circular da serpente que morde a própria cauda para representar o Si-mesmo primordial, o estado-mandala original de totalidade,

---

[3] Para uma discussão mais ampla do Si-mesmo tal como se manifesta no simbolismo da mandala, ver o ensaio "Concerning Mandala Symbolism" em *The Archetypes and the Collective Unconscious*, C. W., vol. 9/1, par. 627 ss.

do qual emerge o ego individual.[4] Fordham, com base em observações clínicas de bebês e crianças, postulou o Si-mesmo como a totalidade original que antecede a formação do ego.[5]

De modo geral, os psicólogos analíticos admitem que a função da etapa que antecede a idade adulta envolve o desenvolvimento do ego, com a separação progressiva entre o ego e o Si-mesmo, ao passo que a idade adulta requer uma rendição – ou pelo menos uma relativização – do ego em sua experiência do Si-mesmo e na relação que mantém com este último. A atual fórmula operacional é, portanto: fase anterior à idade adulta – separação entre o ego e o Si-mesmo; idade adulta – reunião entre o ego e o Si-mesmo. Essa fórmula, apesar de talvez ser verdadeira como generalização ampla, não leva em consideração muitas observações empíricas feitas na área da psicologia infantil e da psicoterapia de adultos. De acordo com essas observações, uma fórmula circular seria mais correta, podendo ser expressa pelo seguinte diagrama:

→ SEPARAÇÃO ENTRE EGO E SI-MESMO
← UNIÃO ENTRE EGO E SI-MESMO

O processo de alternância entre a união ego-Si-mesmo e a separação ego-Si-mesmo parece ocorrer de forma contínua ao longo da vida do indivíduo, tanto na infância quanto na maturidade. Na verdade, essa fórmula cíclica (ou melhor, em forma de espiral) parece exprimir o processo básico de desenvolvimento psicológico do nascimento à morte.

Segundo essa perspectiva, a relação entre o ego e o Si-mesmo, em diferentes estágios de desenvolvimento, poderia ser representada por meio dos seguintes diagramas:

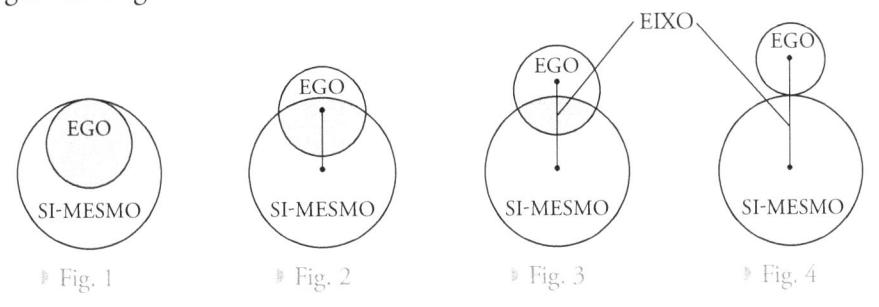

▸ Fig. 1   ▸ Fig. 2   ▸ Fig. 3   ▸ Fig. 4

---

4   Neumann, Erich, *The Origins and History of Consciousness*, Série Bollingen XLII, Princeton University Press, 1954.
5   Fordham, Michael, *New Developments in Analytical Psychology*, Londres, Routledge & Kegan Paul, 1957.

Esses diagramas representam os estágios progressivos da separação ego-Si-mesmo, que se manifestam no decorrer do processo de desenvolvimento psicológico. As áreas sombreadas do ego designam a identidade residual ego-Si-mesmo. A linha que serve à conexão entre o centro do ego e o centro do Si-mesmo representa o eixo ego-Si-mesmo – o vínculo vital que faz a ligação entre o ego e o Si-mesmo e que assegura a integridade do ego. Deve-se compreender que esses diagramas servem ao objetivo de ilustrar um aspecto particular do assunto em pauta e, por conseguinte, são imprecisos com referência a outros aspectos desse mesmo assunto. Por exemplo, de modo geral, definimos o Si-mesmo como a totalidade da psique, o que incluiria, necessariamente, o ego. Nos termos dos referidos diagramas e do método seguido nesta apresentação, poder-se-ia ter a impressão de que o ego e o Si-mesmo se tornaram duas entidades distintas, sendo o ego a porção menor e o Si-mesmo a porção maior da totalidade. Essa dificuldade é inerente ao assunto tratado. Para falar de forma racional, devemos inevitavelmente estabelecer uma distinção entre ego e Si-mesmo que contradiz nossa própria definição do Si-mesmo. Na realidade, a concepção do Si-mesmo é um paradoxo. O Si-mesmo constitui, simultaneamente, o centro e a circunferência do círculo da totalidade. A consideração do ego e do Si-mesmo como duas entidades distintas constitui um mero recurso racional que a discussão torna necessário.

A *Figura 1* corresponde ao estado urobórico original postulado por Neumann. Nada existe além do Si-mesmo-mandala. O germe do ego só se faz presente como potencialidade. O ego e o Si-mesmo são um só; isso significa que o ego não existe. Temos aqui o estado total da identidade básica entre o ego e o Si-mesmo.

A *Figura 2* mostra um ego emergente, que começa a separar-se do Si--mesmo, mas que ainda tem seu centro e área maior numa identidade básica com o Si-mesmo.

A *Figura 3* apresenta um estágio mais avançado de desenvolvimento; todavia, permanece ainda uma identidade ego-Si-mesmo residual. O eixo ego-Si-mesmo, que nos dois primeiros diagramas era completamente inconsciente – e, portanto, indistinguível da identidade entre o ego e o Si-mesmo –, tornou-se agora parcialmente consciente.

A *Figura 4* é um limite teórico ideal, que provavelmente não existe numa situação real. Ela representa um estado de total separação entre ego e Si-mesmo, assim como uma completa consciência do eixo ego-Si-mesmo.

Os diagramas servem ao propósito de ilustrar a tese segundo a qual o desenvolvimento psicológico se caracteriza pela existência de dois processos simultâneos: de um lado, a progressiva separação entre o ego e o Si-mesmo; de outro, o aparecimento cada vez mais claro, na consciência, do eixo ego-Si-mesmo.

Se essa for uma correta representação dos fatos, a separação entre o ego e o Si-mesmo e a crescente conscientização de que o ego é dependente constituem, na realidade, dois aspectos de um mesmo processo de emergência, que se estende por todo o período que vai do nascimento à morte. Ademais, nossos diagramas também demonstram a validade de se atribuir à idade adulta a consciência do caráter relativo do ego. Se considerarmos a *Figura 3* como representação correspondente à meia-idade, veremos ser esse o estágio em que a porção superior do eixo ego-Si-mesmo começa a emergir na consciência.

O processo mediante o qual esses estágios de desenvolvimento se desenrolam constitui um ciclo alternado, representado no diagrama da *Figura 5*, p. 60. Conforme vai se repetindo, no decorrer do desenvolvimento psíquico, esse processo dá origem a uma progressiva diferenciação entre o ego e o Si-mesmo. Nas fases iniciais, que representam, de forma aproximada, o estágio que precede a maturidade, o ciclo se configura como uma experiência de alternância entre dois estágios do ser: a inflação e a alienação. Posteriormente, quando o eixo ego-Si-mesmo alcança a consciência, surge um terceiro estágio (*Figura 3*), caracterizado por uma relação dialética entre ego e Si-mesmo. Esse estado é a individuação. Neste capítulo, consideraremos o primeiro estágio, a inflação.

2. Inflação e Totalidade Original

A definição apresentada no dicionário para inflação é: "Cheio de ar, dilatado pela ação do ar, irrealisticamente amplo e importante, além dos limites das próprias medidas; portanto, vaidoso, pomposo, orgulhoso, presunçoso".[6] Uso o termo "inflação" para descrever a atitude e o estado que acompanham a identificação do ego ao Si-mesmo. Trata-se de um estágio no qual algo pequeno (o ego) atribui a si qualidades de algo mais amplo (o Si-mesmo) e, portanto, está além das próprias medidas.

---

6 *Webster's New International Dictionary*, segunda edição.

Nascemos num estado de inflação. Na mais tenra infância, não existe ego ou consciência. Tudo está contido no inconsciente. O ego latente encontra-se completamente identificado ao Si-mesmo. O Si-mesmo nasce, mas o ego é construído; e, no princípio, tudo é Si-mesmo. Esse estado é descrito por Neumann como a uróboros (a serpente que morde a própria cauda). Como o Si-mesmo é o centro e a totalidade do ser, o ego – totalmente identificado ao Si-mesmo –, percebe-se como divindade. Podemos descrever a situação nesses termos, retrospectivamente, embora o recém-nascido não pense dessa forma. Na verdade, ele nem pode pensar. Mas seu ser e suas experiências totais estão ordenados em torno de uma suposição *a priori* de que ele é uma divindade. Esse é o estado original de unidade e perfeição inconscientes, responsável pela nostalgia que todos sentimos com relação às nossas próprias origens, tanto pessoal quanto historicamente.

Muitos mitos descrevem o estado original do homem como um estado de harmonia, unidade, perfeição ou de vida paradisíaca. Há, por exemplo, o mito grego, registrado por Hesíodo, das quatro idades do homem. A primeira, a idade original, foi a idade do ouro, o paraíso. A segunda, foi a idade da prata, um período matriarcal em que o homem obedecia às mães. A terceira foi a idade do bronze, período de guerras. E a quarta, a idade do ferro, período em que o homem escrevia e que estava profundamente degenerado. A respeito da idade do ouro, a idade paradisíaca, afirma Hesíodo:

> (A raça dourada de homens) viveu num estado divino, sem a mais remota angústia e livre da labuta e do sofrimento ... Dispunha de todas as coisas boas, pois a terra fértil oferecia, espontaneamente, frutos em abundância, ilimitadamente. Vivia com conforto e paz em suas terras, com muitas coisas boas, rica em rebanhos e amada pelos deuses bem-aventurados.[7]

Na idade paradisíaca, as pessoas estão em comunhão com os deuses. Isso representa o estado do ego que ainda não nasceu, que ainda não se separou do útero do inconsciente e que, por conseguinte, ainda partilha da plenitude e da totalidade divinas.

Outro exemplo é o mito platônico do homem original. De acordo com esse mito, o homem original era redondo, tinha a forma de uma mandala. No *Banquete,* Platão afirma:

---

[7] Hesíodo, "Works and Days", *The Homeric Hymns and Homerica*, traduzido por Hugh G. Evelyn-White, Biblioteca Clássica Loeb, Cambridge, Harvard University Press, 1959, p. 11.

> O homem primordial era redondo, com suas costas e lados formando um círculo ... Eram terríveis o seu poder e sua força; os pensamentos de seu coração eram grandiosos; e eles atacaram os deuses ... e teriam dominado os deuses ... os deuses não podiam permitir que a sua insolência ficasse sem freios.[8]

Aqui, a atitude de inflação, de arrogância, é particularmente evidenciada. Ser redondo, no período inicial da existência, equivale a considerar-se a si mesmo como total e completo e, portanto, como um deus, capaz de todas as coisas. Há um interessante paralelo entre o mito do homem redondo original e os estudos realizados por Rhoda Kellog a respeito da arte na pré-escola.[9] Ela observou que a mandala, ou o círculo, parece ser a imagem predominante em crianças que estão aprendendo a desenhar. Inicialmente, uma criança de dois anos, de posse de um lápis ou grafite, apenas rabisca; mas logo parece atraída pela intersecção das linhas e começa a fazer cruzes. Em seguida, a cruz é encerrada num círculo – e temos o padrão básico da mandala. Quando a criança tenta desenhar figuras humanas, estas surgem, inicialmente, como círculos, o que contraria toda a experiência visual, com os braços e pernas representados, tão somente, como extensões do círculo semelhantes a raios (*Ilustração 1*).

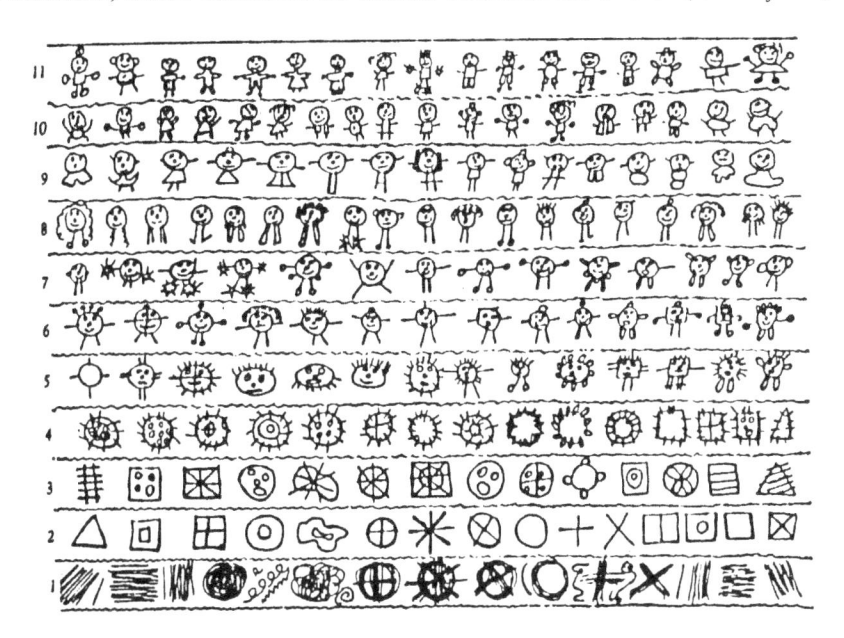

Ilustração 1 - A sequência de *Gestalts*, de baixo para cima, representa a provável evolução das figuras humanas em desenhos de crianças.

---

8 Platão, *Symposium*, Diálogos de Platão, Jowett, B., tradutor, Nova York, Random House, 1937. Seções 189 e 190.
9 Kellog, Rhoda, *Analyzing Children's Art*, Palo Alto, Califórnia, National Press Books, 1969, 1970.

Esses estudos fornecem dados claros e de natureza empírica, segundo os quais a criança experimenta o ser humano como uma estrutura redonda, semelhante à mandala; comprovam, de forma impressionante, a verdade psicológica do mito platônico acerca do homem redondo original. Os terapeutas infantis também descobriram que a mandala constitui, para as criancinhas, uma imagem operativa e indicativa de cura (*Ilustração 2*).

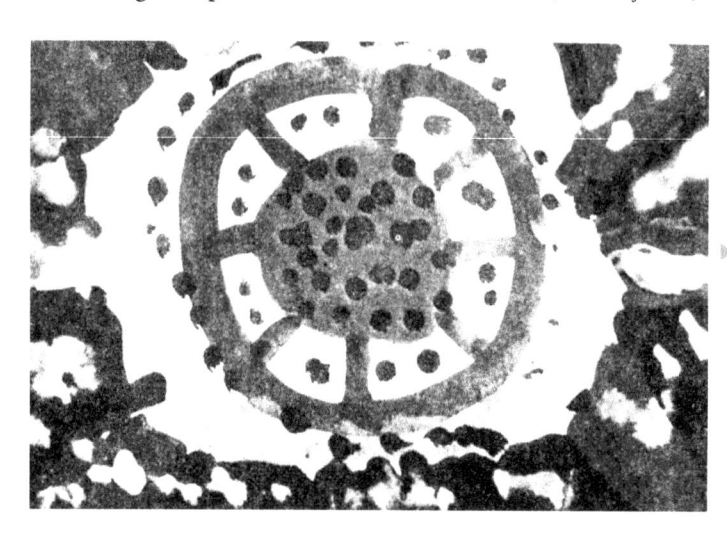

Ilustração 2. Esta pintura, feita por uma menina de sete anos, durante a psicoterapia, marca o restabelecimento da estabilidade psíquica.

Todos esses exemplos indicam que, em termos simbólicos, a psique humana era, originalmente, redonda, total, completa: encontrava-se num estado de unicidade e de autossuficiência que equivale à própria divindade. A mesma ideia arquetípica que estabelece um vínculo entre infância e proximidade de um estado divino é apresentada na "Ode on Intimations of Immortality", de Wordsworth:

> *Our Birth is but a sleep and a forgetting:*
> *The Soul that rises with us, our life's Star,*
> *Hath had elsewhere its setting,*
> *And cometh from afar:*
> *Not in entire forgetfulness,*
> *And not in utter nakedness,*
> *But trailing clouds of glory do we come*
> *From God, who is our home:*
> *Heaven lies about us in our infancy!*[10]

---

10 Wordsworth, *W. Poetical Works,* Londres, Oxford University Press, 1961, p. 460.

[Não é nosso Nascer mais que sonho e esquecimento: / A Alma que conosco se eleva, Estrela de nossa vida, / Teve alhures seu lugar, / E vem de muito além: / Não de todo esquecida / Nem totalmente nua, / Mas, seguindo o rastro de nuvens de glória, eis que viemos / De Deus, nossa morada: / Os céus estão à nossa volta na infância!]

Do ponto de vista dos anos que se seguem à infância, o estreito vínculo existente entre o ego da criança e a divindade constitui um estado de inflação. Muitas dificuldades psicológicas subsequentes são uma decorrência dos resíduos daquela identificação com a divindade. Considere-se, nesse sentido, a psicologia da criança nos cinco primeiros anos de vida. Trata-se, de um lado, de um período de grande novidade em termos de percepção e de resposta; a criança se encontra em contato imediato com as realidades arquetípicas da vida. Ela está no estágio poético original; há magníficos e terrificantes poderes transpessoais fervilhando em torno de todo e qualquer evento comum. Mas, por outro lado, a criança pode ser uma pequena fera egoísta, cheia de crueldade e dotada de insaciável voracidade.

Freud descreveu o estágio da infância como um quadro de perversão polimorfa. Apesar de ser uma descrição brutal, nem por isso deixa de ser parcialmente verdadeira. A infância é inocente; mas também é irresponsável. Portanto, traz em si todas as ambiguidades do fato de encontrar-se, ao mesmo tempo, firmemente ligada à psique arquetípica e às suas energias extrapessoais e inconscientemente identificada, assim como irrealisticamente relacionada, a essa mesma psique arquetípica.

As crianças compartilham, com o homem primitivo, a identificação do ego com a psique arquetípica e com o mundo exterior. Para a mente primitiva, não existe nenhuma distinção entre interior e exterior. Para a mente civilizada, o homem primitivo está relacionado de modo encantador à natureza, assim como está em sintonia com o processo da vida; mas é, ao mesmo tempo, um selvagem e comete os mesmos erros de inflação que as crianças cometem. O homem moderno, alienado da fonte do significado da vida, encontra na imagem do homem primitivo um objeto que exerce sobre ele uma forte atração. Isso explica o apelo do conceito de Rousseau de "bom selvagem" e de outros trabalhos mais recentes que exprimem a nostalgia da mente civilizada com relação à sua comunhão mística com a natureza, comunhão que se perdeu. Esse é um dos lados da questão, mas há também o lado negativo. A vida real do primitivo é suja, degradante e obcecada pelo terror. Não gostaríamos de viver essa realidade sequer por um momento. É o primitivo simbólico que nos atrai.

Quando olhamos retrospectivamente nossa origem psicológica, vemos que ela tem uma dupla conotação: em primeiro lugar, ela é vista como condição paradisíaca, unidade, um estado de unicidade com relação à natureza e aos deuses e infinitamente desejável; mas, em segundo lugar, com base nos nossos padrões humanos conscientes, que estão relacionados à realidade do tempo e do espaço, trata-se de um estado de inflação, uma condição de irresponsabilidade, de luxúria incorrigível, de arrogância e de desejo rude. O problema básico para o adulto é a forma de obter a união com a natureza e com os deuses, com que a criança começa, sem provocar a inflação da identificação.

O mesmo se aplica aos problemas da educação de crianças. De que forma podemos remover eficazmente a criança desse estado inflado e fazê-la desenvolver um conceito realista e responsável de sua relação com o mundo, ao mesmo tempo em que mantém esse vínculo vivo com a psique arquetípica, necessário para lhe tornar a personalidade forte e resistente? O problema consiste em manter a integridade do eixo ego-Si-mesmo ao mesmo tempo em que se dissolve a identificação do ego ao Si-mesmo. Aí residem todas as disputas entre indulgência e disciplina rigorosa no âmbito da educação infantil.

A indulgência enfatiza a aceitação e o encorajamento da espontaneidade da criança e alimenta seu contato com a fonte de energia vital em que ela nasce. Mas mantém e encoraja, igualmente, a inflação da criança, que assume uma atitude irrealista para com as exigências da vida exterior. A disciplina rígida, por seu turno, enfatiza limites estritos de comportamento, encoraja a dissolução da identidade ego-Si-mesmo e trata a inflação de modo bastante eficaz; mas, ao mesmo tempo, tende a danificar a conexão vital e necessária entre o ego em crescimento e as raízes que ele mantém no inconsciente. Não há escolha entre essas duas formas – elas constituem um par de opostos e devem operar em conjunto.

A criança tem de si mesma uma experiência bem concreta de ser o centro do universo. A mãe, a princípio, responde a essa exigência; consequentemente, os relacionamentos iniciais tendem a encorajar a criança a pensar que seus desejos constituem uma ordem para o mundo – e é absolutamente necessário que assim seja. Se a dedicação total e constante da mãe à necessidade da criança não for experimentada, esta não poderá desenvolver-se psicologicamente. Todavia, algum tempo depois, o mundo começa necessariamente a rejeitar as exigências feitas pela criança. Nesse ponto, a inflação original começa a se dissolver, mostrando-se insustentável diante da experiência. Mas também tem início a alienação; o eixo ego-Si-mesmo é danificado. É criada na criança uma espécie de ferida psicológica incurável, ao longo do processo de aprendizagem de que ela não é a deidade que acreditava ser. Ela é expulsa do paraíso, sendo geradas uma ferida e uma separação permanentes.

Continua a haver repetidas experiências de alienação, progressivamente, até a idade adulta. Há um constante encontro com um processo de duas faces. De um lado, vemo-nos expostos aos encontros com a realidade das coisas que a vida nos oferece; encontros que contradizem, de forma constante, as suposições inconscientes do ego. É por meio desse processo que o ego cresce e se separa de sua identidade inconsciente com o Si-mesmo. Ao mesmo tempo, devemos experimentar uma reunião recorrente entre o ego e o Si-mesmo para que seja mantida a integridade da nossa personalidade total; se isso não ocorrer, há um verdadeiro perigo de que, conforme o ego vá se separando do Si-mesmo, o vínculo vital que os liga seja danificado. Se isso ocorrer de forma ampla, estaremos alienados do nosso próprio íntimo, estando o terreno preparado para o surgimento de enfermidades de caráter psicológico.

O estado de coisas originais – experimentar a si mesmo como o centro do universo – pode persistir muito depois de a infância ter passado. Lembro-me, por exemplo, de um jovem rapaz que pensava, com bastante ingenuidade: "O mundo é o meu livro de gravuras". Todas as coisas que encontrava eram entendidas como destinadas a atender aos seus propósitos – para sua diversão ou instrução. Ele considerava, de forma bastante literal, que o mundo era a sua ostra. As experiências externas não eram dotadas de nenhuma realidade ou significado inerente, exceto a relação com ele. Outro paciente tinha a convicção de que, quando morresse, o mundo se acabaria! No estado de espírito que gera uma ideia dessas, a identificação com o Si-mesmo é igualmente identificação com o mundo. O Si-mesmo e o mundo são uma só e única coisa. Essa forma de experimentar as coisas efetivamente apresenta um certo grau de verdade, uma validade genuína; mas constitui um veneno poderosíssimo nas fases iniciais do desenvolvimento, nas quais o ego está tentando emergir da unidade original. Numa etapa posterior, a percepção de que há uma continuidade entre os mundos interior e exterior pode ter um efeito de cura. Temos aqui mais um exemplo do *Mercurius* dos alquimistas, que pode ser uma panaceia para alguns e um veneno para outros.

Muitas psicoses ilustram a identificação do ego ao Si-mesmo como centro do universo, ou princípio supremo. Por exemplo, uma ilusão comum entre os insanos, que consideram a si mesmos Cristo ou Napoleão, é mais bem explicada como uma regressão ao estado infantil original em que há uma identificação entre o ego e o Si-mesmo. As ideias de referência também constituem sintomas de uma identidade ego-Si-mesmo extrema. Nesses casos, o indivíduo imagina que determinados eventos objetivos têm uma relação oculta com ele. Se ele for paranoide, a ilusão terá um caráter de perseguição. Lembro-me, por exemplo, de uma paciente que viu homens consertando os fios de uma linha telefônica do lado de fora da janela do seu apartamento. Ela interpretou essa ação como um indício de que estavam instalando um dispositivo de escuta telefônica para interceptar suas chamadas, com o fim de obter provas contra ela. Outro paciente pensou que o comentarista de televisão estivesse veiculando uma mensagem pessoal para ele. Essas ilusões se originam de um estado de identidade entre o ego e o Si-mesmo, que pressupõe ser a pessoa o centro do universo; por conseguinte, atribuem uma significação pessoal a eventos externos que são, na realidade, completamente indiferentes à existência do indivíduo.[11]

Um exemplo comum do estado inflado da identidade ego-Si-mesmo é fornecido por aquilo que H. G. Baynes denominou "a vida de provisão". Baynes descreve esse estado da seguinte forma:

> (A vida de provisão) denota uma atitude despreocupada com a responsabilidade diante dos fatos circunstanciais da realidade, encarados como se fossem fornecidos pelos pais, pelo Estado ou, ao menos, pela Providência ... (É) um estado de irresponsabilidade e dependência infantis.[12]

M.-L. von Franz descreve essa mesma condição como uma identificação com a imagem do *puer aeternus*. Para a pessoa que assim se vê, o que ela faz:

> ... *ainda não é* o que realmente queria e há sempre a fantasia de que, em algum momento, a verdadeira coisa vá acontecer. Se se prolongar, essa atitude significa uma recusa interna constante ao compromisso pessoal com o momento. Essa atitude costuma ser acompanhada, em maior ou menor grau, de um complexo de Salvador, ou de um complexo de Messias, a que está presente o pensamento secreto de que um dia a pessoa será capaz de salvar o mundo; a última palavra em filosofia, religião, política, arte ou alguma outra coisa será encontrada. Isso pode ampliar-se a ponto de se tornar uma megalomania patológica típica, podendo igualmente haver traços menores desta na ideia de que o tempo da pessoa "ainda não chegou". O que esse tipo de pessoa mais teme é estar preso a qualquer coisa. Há um medo terrível de vir a ser imobilizado, de entrar completamente no tempo e no espaço e de ser o ser humano que se é.[13]

---

11 Para outras manifestações psicóticas da identidade ego-Si-mesmo, ver Perry, John Weir, *The Self in Psychotic Process*, Berkeley e Los Angeles. University of California Press, 1953.

12 Baynes, H. G., "The Provisional Life", in *Analytical Psychology and the English Mind*, Londres, Methuen and Co. Ltd., 1950, p. 61.

13 Von Franz M.-L., *The Problem of the* Puer Aeternus, Nova York, Spring Publications, Clube de Psicologia Analítica de Nova York, 1970, p. 2.

O psicoterapeuta frequentemente vê casos desse tipo. Uma pessoa assim considera-se a si mesma o indivíduo mais promissor. É plena de talentos e de potencialidades. Uma de suas queixas costuma ser de que suas capacidades e seus talentos são demasiado amplos. Ela está amaldiçoada por uma pletora de dons. Pode fazer qualquer coisa, menos decidir-se por uma coisa em particular. O problema é que essa pessoa é toda "promessas", mas sem realizações. Para realizar de fato alguma coisa, ela deverá sacrificar um certo número de outras potencialidades. Terá de renunciar à sua identificação com a unidade inconsciente original e aceitar, voluntariamente, ser um fragmento real e não um todo irreal. Para ser algo na realidade, deverá desistir de tudo que esteja *in potentia*. O arquétipo do *puer aeternus* é uma das imagens do Si-mesmo, mas estar identificado com ele significa jamais deixar nascer a realidade.[14]

Há numerosos exemplos menos extremos de inflação, que podemos denominar inflação da vida diária. Podemos identificar um estado de inflação sempre que vemos alguém (inclusive nós mesmos) vivendo um atributo da divindade, isto é, sempre que alguém esteja transcendendo os limites próprios do ser humano. Explosões de ira são exemplos de estados inflados. A tentativa de forçar e coagir o ambiente em que se está constitui a motivação predominante na ira.

Trata-se de uma espécie de complexo de Javé. A ânsia de vingança também é identificação com a divindade. Nesses momentos, devemos recordar a afirmação "'A vingança é minha', disse o Senhor" – ou seja, não é nossa. Todo o conjunto das tragédias gregas descreve as consequências fatais do fato de o homem tomar em suas próprias mãos a vingança de Deus.

A motivação para o poder de todos os tipos é sintoma de inflação. Toda vez que agimos motivados pelo desejo de poder, a onipotência está implícita. Mas a onipotência é um atributo que só Deus tem. A rigidez intelectual que tenta igualar suas próprias verdades ou opiniões com a verdade universal também é inflação. É a suposição da onisciência. A luxúria e todas as operações do puro princípio do prazer constituem igualmente inflação. Todo desejo que dê à sua própria satisfação um valor central transcende os limites da realidade do ego e, em consequência, assume os atributos dos poderes transpessoais.

Praticamente todos nós, no íntimo, contamos com um resíduo de inflação que se manifesta como ilusão de imortalidade. Dificilmente há alguém exaustivo e totalmente não identificado com esse aspecto da inflação.

---

14 Um exemplo literário de *puer aeternus* pode ser encontrado no romance *The Beast in the Jungle*, de Henry James. Ver James, Henry, *Selected Fiction*, Everyman's Library, Nova York, E. P. Dutton & Co., 1953.

Por conseguinte quando chegamos bem perto da morte, passamos por uma experiência bastante significativa em termos de despertar. Percebemos subitamente quão precioso é o tempo, justamente por ser limitado. Não é incomum que uma experiência dessas dê à vida uma orientação completamente nova, tornando a pessoa mais produtiva e ligada aos outros de forma mais humana. Tal experiência pode dar início a um novo avanço em nosso desenvolvimento, pois, nela, uma área da identidade ego-Si-mesmo foi dissolvida, liberando uma nova quantidade de energia psíquica para o consciente.

Há também inflação negativa. Pode-se descrever a inflação negativa como uma identificação com a vítima da divindade – um sentimento excessivo e sem peias de culpa e de sofrimento. Vemos isso em casos de melancolia que exprimem o sentimento de que "ninguém no mundo é tão culpado quanto eu". Isso é simplesmente culpa demais. Na realidade, a colocação em si mesmo de um excesso de qualquer coisa é indício de inflação, pois transcende os adequados limites humanos. A humildade demasiada, assim como o excesso de arrogância; o excesso de amor e de altruísmo, assim como uma busca excessiva de poder ou um excesso de egocentrismo – tudo isso é sintoma de inflação.

Os estados de identificação ao *animus* ou à *anima* também podem ser vistos como inflação. Os pronunciamentos arbitrários do *animus* equivalem a pronunciamentos de uma divindade, aplicando-se o mesmo aos sombrios ressentimentos do homem possuído pela *anima* que diz, na verdade, "Seja o que lhe digo que seja ou me afastarei de você; e sem minha aceitação, você morrerá".

Há todo um sistema filosófico baseado no estado de identidade ego-Si-mesmo. Esse sistema vê tudo o que há no mundo como derivado do ego individual e a ele ligado. Esse sistema chama-se solipsismo, derivado de *solus ipse*, só eu. F. H. Bradley apresenta o ponto de vista do solipsismo nas seguintes palavras:

> Não posso transcender a experiência, e experiência é a *minha* experiência. Disso se segue que nada além de mim existe; pois o que é experimentado são seus (do Si-mesmo) estados.[15]

> Schiller define o solipsismo de forma mais vívida, "como a doutrina de que toda a existência se resume em experiência e de que só há um experimentador. O solipsista pensa que *ele é esse experimentador!*"[16]

---

15 Bradley, F. H., *Appearance and Reality*, Londres, Oxford University Press, 1966, p. 218.
16 *Encyclopaedia Britannica*, 1955, xx, p. 951.

3. Adão e Prometeu

O que se segue ao estado de inflação original é apresentado vividamente na mitologia. Um exemplo excelente é o mito do Jardim do Éden, que é chamado, de modo significativo, a *queda* do homem. A respeito desse mito, Jung escreve:

> Há na lenda da Queda uma profunda doutrina; trata-se de um obscuro pressentimento de que a emancipação da consciência do ego era uma ação de Lúcifer. Toda a história do homem consiste, desde o início, num conflito entre seu sentimento de inferioridade e sua arrogância.[17]

De acordo com o Gênesis, Deus pôs o homem no Jardim do Éden e disse: "De toda a árvore do jardim comerás livremente; mas da árvore da ciência do bem e do mal não comerás, porque, no dia em que dela comeres, certamente morrerás". A isso se seguiram a criação de Eva a partir da costela de Adão e a tentação de Eva pela serpente, que lhe disse: "Não morrereis. Porque Deus sabe que no dia em que dela comerdes se abrirão os vossos olhos e sereis como Deus, conhecendo o bem e o mal". E assim Adão e Eva comeram o fruto. "Então foram abertos os olhos dos dois, e eles se tornaram conscientes de que estavam nus; e coseram folhas de figueira, e fizeram para si aventais". Deus descobriu a desobediência deles e os amaldiçoou, dizendo em seguida estas significativas palavras: "Então disse o Senhor Deus: 'Eis que o homem tornou-se um de nós, conhecendo o bem e o mal; ora, pois, para que não estenda a sua mão, e tome também da árvore da vida, e coma e viva eternamente' – e assim o Senhor Deus o lançou fora do Jardim do Éden, para lavrar a terra de que fora tomado. Ele lançou fora o homem; e pôs um querubim ao oriente do Jardim do Éden, com uma espada flamejante, e andava ao redor do Jardim, para guardar o caminho da árvore da vida".[18]

Esse é o mito que está no início do ramo hebreu da nossa tradição cultural; é um mito rico de significados psicológicos. O mito do Jardim do Éden é comparável ao mito grego da idade de ouro e ao homem redondo original de Platão. O Jardim do Éden apresenta certos traços de uma mandala com quatro rios fluindo dela e com a árvore da vida em seu centro (*Gravura 1*).

---

17 Jung, C. G. *The Archetypes and the Collective Unconscious*, C. W., vol. 9/I, par. 420 ss.
18 Gênesis, 2-3. Revised Standard Version.

O jardim-mandala é uma imagem do Si-mesmo e representa, nesse caso, a unicidade original entre o ego, a natureza e a divindade. É o estado inicial, inconsciente e animal de formar uma só entidade com o Si-mesmo. Esse estado é paradisíaco porque a consciência ainda não apareceu e, portanto, não há conflito. O ego está contido no útero do Si-mesmo (*Ilustração 3*).

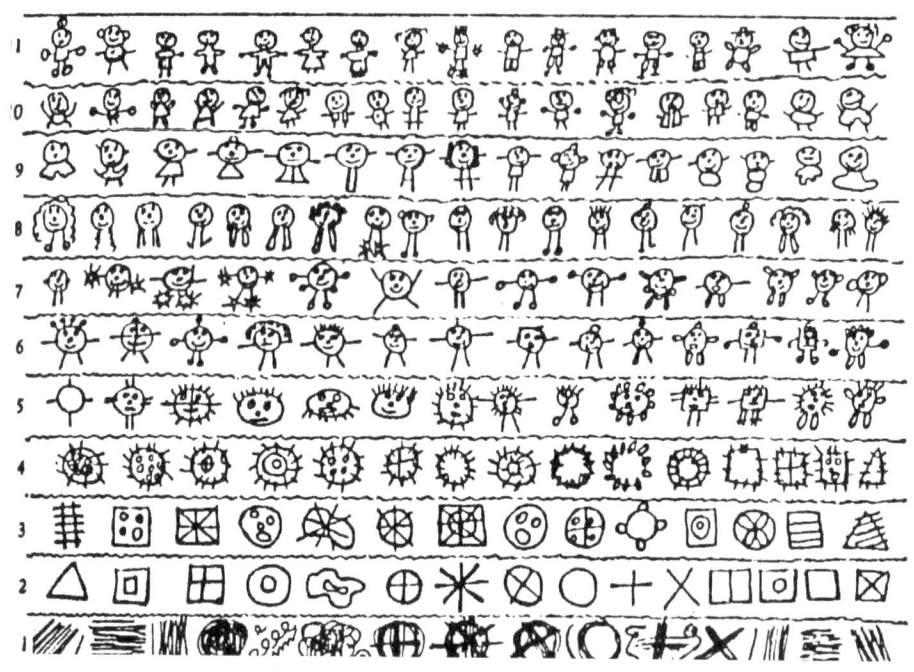

Ilustração 3. O PARAÍSO COMO UM RECEPTÁCULO. De um manuscrito italiano do século XV.

Outro elemento que indica a unidade original é a criação de Eva a partir de Adão. Está claro que Adão era originalmente hermafrodita, pois de outra forma não seria possível fazer uma mulher a partir dele. É provável haver, aqui, vestígios de um mito mais remoto em que o homem original era definidamente hermafrodita. Sem dúvida esse mito mais remoto foi modificado pela atitude patriarcal unilateral dos hebreus, que depreciaram o componente feminino da psique, reduzindo-o a uma simples costela de Adão. A separação de Adão em componentes masculino e feminino é um processo paralelo e equivalente à sua separação do jardim paradisíaco. De qualquer forma, o efeito é a separação e a alienação do homem de sua unidade original.

Gravura 1. O JARDIM DO ÉDEN COMO UM CÍRCULO. *Apud Très Riches Heures de Jean, Duc de Berry*

O drama da tentação e da queda tem início quando o estado original de inflação passiva se transforma em inflação ativa de uma ação específica. Todo o enfoque e toda a sedução da serpente são expressos em termos inflacionários – quando você comer este fruto, seus olhos se abrirão e você será como Deus. Assim, o fruto da árvore é comido e as consequências inevitáveis se manifestam. Tudo acontece porque Adão e Eva decidem agir com base em seu desejo de serem como Deus.

O mito descreve o nascimento da consciência como um crime que aliena o homem de Deus e de sua unidade pré-consciente original. O fruto simboliza claramente a consciência. É o fruto da árvore do conhecimento do bem e do mal, o que significa que traz a consciência dos opostos, a característica específica da consciência. Portanto, de acordo com esse mito e nas doutrinas teológicas que o têm por base, a consciência é o pecado original, a *hybris* original e causa básica de todo o mal da natureza humana. Todavia, há interpretações diferentes. A seita gnóstica dos Ofitas adorava a serpente. Sua visão era essencialmente semelhante à da psicologia moderna. Para eles, a serpente representava o princípio espiritual que simboliza a redenção relativamente às amarras do demiurgo que criou o Jardim do Éden e que manteriam o homem na ignorância. A serpente era considerada boa e Javé mau. Psicologicamente, a serpente é o princípio da gnosis, do conhecimento ou da consciência emergente. A tentação da serpente representa a necessidade de autorrealização do homem e simboliza o princípio da individuação. Algumas seitas gnósticas até mesmo identificaram a serpente do Jardim do Éden a Cristo.

O ato de comer o fruto proibido marca a transição do estado eterno de unicidade inconsciente com o Si-mesmo (o estado sem mente, animal) para uma vida real e consciente no espaço e no tempo. Em resumo, o mito simboliza o nascimento do ego. O efeito desse processo de nascimento é a alienação do ego com relação às suas origens. O ego agora passa para um mundo de sofrimento, de conflito e de incerteza. Não admira que relutemos ao dar o passo que nos leva a uma maior consciência (*Ilustração 4*).

Ilustração 4.
A EXPULSÃO DE ADÃO E EVA.
Massaccio.

Outro aspecto da "queda" na consciência é que Adão e Eva se tornam conscientes de sua nudez. A sexualidade e os instintos em geral tornam-se, subitamente, tabus e objetos de vergonha. A consciência, na qualidade de princípio espiritual, criou uma contraparte da função animal instintiva e natural. A dualidade, a dissociação e a repressão nasceram na psique humana de maneira simultânea ao nascimento da consciência. Isso significa simplesmente que a consciência, para existir por si só, deve, pelo menos no início, ser antagônica ao inconsciente. Essa percepção nos ensina que todas as teorias psicológicas utópicas, que supõem que a personalidade humana poderia ser integral e saudável se não estivesse sujeita às repressões dos impulsos sexuais e dos instintos, estão erradas. Os estágios inatos e necessários do desenvolvimento psíquico requerem uma polarização de opostos: consciente *versus* inconsciente, espírito *versus* natureza.

Mas nossa exploração a respeito do mito da queda não ficará completa se a deixarmos no ponto em que temos a imagem de Adão e Eva assumindo tristemente sua dura vida no mundo da realidade, ganhando o pão com o suor do rosto e dando à luz com dor. Havia *duas* árvores no Jardim do Éden – não só a árvore do conhecimento do bem e do mal, mas também a árvore da vida. E na verdade Javé demonstrou alguma ansiedade com relação ao fato de o homem poder descobrir a segunda árvore e compartilhar de suas bênçãos. Que significado terá isso? Há uma interessante lenda relativa à árvore da vida narrada na obra de Louis Ginsberg, *The Legends of the Jews*, que oferece alguns elementos a esse respeito:

Estão no paraíso a árvore da vida e a árvore do conhecimento; esta última forma uma cerca em torno da primeira. Apenas aquele que abriu caminho por entre a árvore do conhecimento poderá chegar à árvore da vida – que é tão espessa que pode exigir de um homem quinhentos anos para percorrer a distância equivalente ao diâmetro do seu tronco; não menos vasto é o espaço coberto por sua copa de ramos. A partir da parte inferior da árvore da vida flui a água que irriga toda a superfície da terra, dividindo-se essa água em quatro correntes: o Ganges, o Nilo, o Tigre e o Eufrates.[19]

As lendas tecidas em torno de um mito com frequência amplificam e elaboram aspectos deixados de lado na história original, como se a psique coletiva necessitasse retornar ao quadro para explicar todo o seu valor simbólico. Esse segundo, me parece, é o caso da lenda citada. O relato bíblico esboça um quadro bastante ambíguo em torno da relação existente entre a árvore do conhecimento

---

19 Ginsberg, G. Louis., *The Legends of the Jews*, edição resumida de *Legends of the Bible*, Nova York, Simon and Schuster, 1956, p. 37.

e a árvore da vida. A lenda em questão apresenta uma imagem muito mais clara e satisfatória. Ela apresenta a árvore da vida como um *omphalos,* ou centro do mundo, análoga à árvore da vida da mitologia nórdica: Yggdrasil. A Bíblia nos diz que o fruto da árvore da vida contém em si a imortalidade. Adão e Eva eram imortais antes da queda, mas eram, igualmente, inconscientes. Se pudessem comer o fruto da árvore da vida antes da queda, teriam alcançado tanto a imortalidade quanto a consciência. Javé se opõe a tal violação de seu reino e instala o querubim com a espada flamejante como obstáculo. Todavia, a lenda judaica citada nos dá um indício do modo pelo qual é possível chegar à árvore da vida. Ela pode ser alcançada mediante a abertura de uma trilha na árvore do conhecimento – em forma de cerca – do bem e do mal. Isto é, devemos aceitar repetidas vezes a tentação da serpente, comer repetidamente o fruto do conhecimento e, dessa maneira, abrir – por meio dessa alimentação – o caminho que leva à árvore da vida. Em outras palavras, a recuperação de nossa divindade perdida só pode ser alcançada mediante a ação de provar e de assimilar integralmente os frutos da consciência.

O mito da queda exprime um padrão e um processo, não só do nascimento original da consciência a partir do inconsciente, mas também o processo por que passamos, de uma ou de outra forma, a cada novo aumento da consciência. Concordo com os Ofitas que é um pouco unilateral a descrição de Adão e Eva apenas como envergonhados ladrões de pomar. Sua ação pode ser descrita, igualmente, como um ato de heroísmo. Eles sacrificam o passivo conforto da obediência para obter uma consciência maior. A serpente se revela, na verdade, uma benfeitora a longo prazo, desde que atribuamos à consciência um valor maior do que o atribuído ao conforto.

Encontramos, no decorrer do tratamento analítico, fragmentos do tema da queda original do homem representados em bom número de sonhos. Esses fragmentos são bastante comuns no momento em que novas percepções conscientes se encontram em processo de nascimento. O tema do encontro com uma cobra ou de ser mordido por uma cobra é comum nos sonhos. Esse último, em geral, tem o mesmo significado de sucumbir à tentação da serpente que se apresentou para Adão e Eva, no Jardim do Éden – a perda do antigo estado de coisas e o nascimento de uma nova percepção consciente. Isso com frequência é experimentado como algo estranho e perigoso; por conseguinte, jamais é um sonho agradável. Mas, ao mesmo tempo, tal mordida costuma dar início a uma atitude e a uma orientação inteiramente novas. É, em geral, um sonho de transição, de considerável importância. Da mesma maneira, os sonhos em que cometemos um crime podem apresentar o mesmo significado do crime original do roubo do fruto. Aquilo que constitui um crime num dado estágio do desenvolvimento psicológico assume um caráter legal noutro estágio, e não é possível alcançar um novo estágio de desenvolvimento psicológico sem ousar desafiar o código do estágio antigo. Em consequência, cada novo passo é experimentado como um crime e é acompanhado de culpa, pois os velhos padrões, a antiga forma de ser, ainda não foram transcendidos. Assim sendo, o primeiro passo envolve o sentimento de que somos criminosos. Os sonhos em que nos são oferecidos frutos para comer – maçãs, cerejas, tomates – podem ter o mesmo significado. São alusões ao tema de comer o fruto proibido e representam uma introdução a uma nova área de saber consciente, que apresenta mais ou menos as mesmas consequências do ato original de comer o fruto proibido.

Apresentamos a seguir um exemplo de sonho moderno que remete ao velho tema da tentação no Jardim do Éden. Trata-se do sonho de um homem de uns quarenta anos de idade. Ele veio ao meu consultório pela primeira vez queixando-se de ataques de "bloqueio dos escritores" e de ansiedade. Era um homem talentoso, cheio de ideias criativas e de inspiração. Tinha os sonhos mais interessantes, peças teatrais completas até os últimos detalhes – roupas e música, entradas e saídas de cena; mas jamais conseguia dedicar-se ao duro trabalho de escrevê-los. Dava a impressão de que os sonhos constituíam por si mesmos uma realidade adequada, como se o simples fato de ele poder compor tais coisas magníficas na fantasia constituísse uma realidade suficiente para libertá-lo de qualquer sentido de obrigação de realizá-las na prática. Uma atitude desse tipo é uma identificação com a unidade inconsciente original, a vida de provisão, que evita o duro trabalho de tornar real o potencial. Embora achasse que queria escrever, suas fantasias eram consideradas, inconscientemente, realidade suficiente em si mesmas. Uma pessoa nessa situação tem medo de se comprometer da forma necessária para criar alguma coisa real. Ela perderia a segurança do anonimato e se exporia à desaprovação. Ela teme decidir-se por algo definitivo e ficar sujeita a julgamento. Trata-se de uma situação equivalente à de viver no estado do "Jardim do Éden", não se atrevendo a comer o fruto da consciência.

Eis o sonho do paciente:

> Encontro-me num ambiente e numa atmosfera que me lembram Kierkegaard. Entro numa loja em busca de um determinado livro. Encontro-o e compro-o. O título é *Um Homem entre Espinhos*. Então a cena muda. Minha irmã fez para mim um bolo de chocolate imenso e preto. Ele tem uma tênue cobertura de açúcar cristalizado vermelho que parece uma malha vermelha de dançarino. Embora o chocolate sempre me tenha sido proibido, porque sou alérgico, como o bolo sem problemas.

Algumas das associações foram as seguintes. O homem considerou Kierkegaard como uma figura problemática: alguém em conflito entre elementos antitéticos; em conflito, particularmente, entre atitudes religiosas e estéticas. Seu livro *Either/Or* representa toda a questão dos opostos. O título do livro, *Um Homem entre Espinhos,* lembrou-lhe Cristo e sua coroa de espinhos. Com relação ao bolo de chocolate, ele disse que sempre o considerou um veneno, pois podia lhe fazer mal. A cobertura de açúcar cristalizado vermelho, semelhante a "uma malha vermelha de dançarino", sugeriu-lhe "algo que o diabo deve vestir".

Esse sonho, embora expresso por meio de imagens modernas e pessoais, representa um íntimo paralelo do antigo mito da queda de Adão do paraíso. Com base nesse paralelo arquetípico, podemos levantar uma hipótese: ele representa uma transição potencial no desenvolvimento pessoal do paciente. O elemento mais marcante do sonho é o ato de comer o bolo. O bolo é preto e tem uma cobertura vermelha que se associa ao diabo. O preto, como antítese do branco, traz a implicação do demônio e da escuridão. No caso do sonhador, o bolo de chocolate foi considerado um veneno, algo que indica seu medo consciente do inconsciente. Comer o bolo venenoso equivale simbolicamente a ser mordido pela serpente ou a comer o fruto proibido. A consequência disso é a consciência dos opostos (o conhecimento do bem e do mal), e isso significa ser lançado num estado de conflito consciente. A cada novo aumento da consciência, também há conflito. Esse é o modo pelo qual cada aumento do grau de consciência anuncia sua presença – o conflito.

Embora o sonhador afirme que comeu o bolo sem problemas, as consequências disso estão simbolicamente apresentadas na primeira cena do sonho. Não importa que a cena em questão tenha precedido a do ato de comer o bolo. A sequência temporal e a causalidade não se aplicam aos sonhos. Quando um sonho apresenta várias cenas, em geral é possível considerar as várias cenas como formas diferentes de descrever a mesma ideia central. Em outras palavras, a cadeia de imagens dos sonhos gira em torno de determinados centros nodais, em lugar de seguirem em linha reta como o pensamento racional. Assim sendo, estar numa atmosfera kierkegaardiana e comprar um livro intitulado "Um Homem entre Espinhos" é apenas uma variante da imagem de comer um bolo preto que é um veneno. Comer o bolo significa entrar na experiência kierkegaardiana de conflito e entender o homem entre espinhos – ou Cristo, que suportou a mais extrema tensão dos opostos ao ser tanto Deus quanto homem; ou Adão, que, ao ser expulso do jardim, foi obrigado a arar a terra que produzia espinhos e cardos.

O que significou esse sonho, em termos práticos, para o sonhador? Ele não levou a nenhuma percepção ou mudança súbitas. O sonhador não estava consciente de ter mudado após o sonho. Mas nossa discussão desse sonho, aliada à de sonhos subsequentes, efetivamente preparou o caminho para um aumento progressivo da consciência.

Ao iniciar a psicoterapia, o paciente apresentava sintomas mas não tinha conflitos. Gradualmente, os sintomas foram desaparecendo e foram sendo substituídos por um conhecimento consciente da existência de um conflito dentro do paciente. Ele percebeu que não conseguia escrever porque parte dele não o queria fazer. Ele percebeu que essa ansiedade não era um sintoma desprovido de sentido, mas um sinal de perigo que estava tentando alertá-lo de que sua prolongada residência no Jardim do Éden podia ter consequências psicológicas fatais. Como sugeria o sonho, era hora de comer o fruto da árvore do conhecimento do bem e do mal e de aceitar os inevitáveis conflitos decorrentes do fato de ser um indivíduo consciente. E essa transição não apresenta apenas dor e sofrimento. Nesse ponto, o mito se mostra unilateral. O estado paradisíaco, quando prolongado demais, torna-se uma prisão; e o desterro já não é experimentado como coisa indesejável, mas como liberdade.

Na mitologia grega há um paralelo do drama do Jardim do Éden. Refiro-me ao mito de Prometeu. Num esboço simplificado, esse mito se desenvolve da seguinte forma:

> Prometeu era responsável pela divisão da carne das vítimas de sacrifícios entre os deuses e os homens. Anteriormente, não tinha sido necessária a divisão, pois os deuses e os homens comiam juntos (identidade ego-Si-mesmo). Prometeu enganou a Zeus ao oferecer-lhe apenas os ossos de um animal cobertos por uma atraente camada de gordura. Prometeu reservou para o homem toda a carne comestível. Zeus, irado com esse engodo, retirou o fogo do homem. Mas Prometeu penetrou no céu, roubou o fogo dos deuses e o entregou à humanidade. Como punição por seu crime, foi acorrentado a um rochedo e era visitado, todos os dias, por uma águia que lhe comia o fígado; toda noite seu fígado se recompunha. Foi punido também seu irmão, Epimeteu. Zeus criou uma mulher, Pandora, e enviou-a a Epimeteu, com uma caixa. Da caixa de Pandora emergiram todos os males e sofrimentos que assolam a humanidade – velhice, trabalho, doença, vícios e paixões.

O processo de divisão da carne dos animais sacrificados entre os deuses e os homens representa a separação entre o ego e o Si-mesmo, a psique arquetípica. O ego, para estabelecer-se como entidade autônoma, deve apossar-se do alimento (energia) para seu próprio uso. O roubo do fogo é uma imagem análoga do mesmo processo. Prometeu é a figura luciferina cujo atrevimento inicia o desenvolvimento do ego e que paga por isso o preço do sofrimento.

Considerando-se Prometeu e Epimeteu dois aspectos de uma mesma imagem, podemos observar muitos paralelos entre os mitos de Prometeu e do Jardim do Éden. Zeus retira o fogo dos seres humanos. Javé interdita o fruto da árvore do conhecimento. Tanto o fogo quanto o fruto são símbolos da consciência, que leva a uma certa autonomia e independência do ser humano com relação a Deus. Assim como Prometeu rouba o fogo, Adão e Eva roubam o fruto, desobedecendo às ordens de Deus. Em ambos os casos, é cometido um ato voluntário contra a autoridade reinante. Esse ato voluntário é a busca da consciência, simbolizada em ambos os mitos como um crime seguido de punição. Prometeu é amaldiçoado com uma ferida que nunca sara, e Epimeteu é amaldiçoado por Pandora com todo o conteúdo de sua caixa. A ferida sem cura é análoga à expulsão do Jardim do Éden, que constitui igualmente uma espécie de ferida. A dor, o trabalho e o sofrimento que Pandora libertou constituem um paralelo do trabalho, do sofrimento e da mortalidade que Adão e Eva encontraram depois de deixarem o Jardim do Éden.

Todos esses elementos se referem às inevitáveis consequências da tomada de consciência. A dor, o sofrimento e a morte efetivamente existem antes do nascimento da consciência, mas se não há consciência para experimentá-los eles não existem psicologicamente. A angústia é anulada se a consciência não estiver presente para percebê-la. Isso explica a grande nostalgia com relação ao estado inconsciente original. Nesse estado, estamos livres de todo sofrimento que a consciência inevitavelmente acarreta. O fato de o fígado de Prometeu ser comido pela águia durante o dia e restaurado à noite contém uma mensagem significativa. O dia é o momento da luz, da consciência; a noite é escuridão, inconsciência. Todos retornamos, durante a noite, à unidade original de que nascemos. E isso tem um efeito de cura. A coisa se passa como se a influência da ferida não estivesse ativa. O que indica ser a consciência, em si mesma, uma geradora de feridas. A ferida eternamente sem cura de Prometeu simboliza as consequências da ruptura da unidade inconsciente original, a alienação da unidade original. É o espinho cravado de modo permanente na carne.

Esses dois mitos dizem essencialmente a mesma coisa porque exprimem a realidade arquetípica da psique, assim como seu processo de desenvolvimento. A obtenção da consciência é um crime, um ato de *hybris* contra os poderes estabelecidos; mas é um crime necessário, que leva a uma necessária alienação com relação ao estado inconsciente natural de unidade. Se desejamos ser, de alguma forma, leais ao desenvolvimento da consciência, devemos considerá-lo um crime necessário. É preferível ser consciente a permanecer no estado animal. Mas, para emergir, o ego é obrigado a colocar-se contra o inconsciente de que proveio e a assegurar sua autonomia com um ato inflado.

Podemos aplicar essa compreensão em vários níveis. No nível mais profundo, trata-se de um crime contra os poderes universais, contra os poderes da natureza, contra Deus. Mas, na realidade da vida cotidiana, ele não é experimentado no âmbito dessas categorias religiosas, e sim em formas bastante pessoais. No nível pessoal, o ato de atrever-se a adquirir uma nova consciência constitui um crime ou uma rebelião contra as autoridades existentes no ambiente pessoal de cada um de nós, contra nossos pais, e, mais tarde, contra outras autoridades externas. Todo passo dado na direção da individuação é experimentado como um crime contra o coletivo, pois desafia a identificação do indivíduo com algum representante da coletividade, seja a família, o partido, a igreja ou a nação. Ao mesmo tempo, cada um desses passos, na qualidade de ato verdadeiramente inflado, é acompanhado não só de culpa mas também do risco bastante real de nos levar a entrar num estado de inflação que acarrete as consequências de uma queda.

Encontramos, na psicoterapia, muitas pessoas cujo desenvolvimento foi aprisionado justamente no ponto em que o crime necessário precisa ser cometido. Alguns dizem: "Não posso desapontar meus pais ou minha família". O homem que mora com a mãe diz: "Gostaria de me casar, mas isso mataria minha pobre e velha mãe". E é possível que ocorra justamente isso caso ele venha a se casar, pois a relação simbiótica que pode existir talvez tenha um sentido literal de alimentação psíquica; se o alimento lhe for negado, o parceiro pode muito bem morrer! Nesses casos, as obrigações para com a mãe são tidas como demasiado fortes para que o indivíduo possa considerar qualquer outro tipo de padrão de vida. O sentimento de responsabilidade com relação ao próprio desenvolvimento psicológico simplesmente ainda não nasceu.

Vemos esse mesmo tema em operação, algumas vezes, na relação psicoterapêutica. Talvez se tenha desenvolvido uma reação negativa ou rebelde ao analista. Uma reação desse tipo pode vir acompanhada de uma grande carga de culpa e de ansiedade, particularmente se o analista for alvo da projeção da autoridade arquetípica. Exprimir uma reação negativa com afeto genuíno, nessas circunstâncias, é um ato sentido de forma muito semelhante ao sentimento que se tem com relação a um crime contra os deuses. Esse ato apresentará semelhanças com um perigoso ato de inflação que certamente terá consequências. Mas, em algum ponto, a não ser que coma o fruto proibido, a não ser que tenha o atrevimento de roubar o fogo dos deuses, a pessoa permanecerá presa a uma transferência dependente e seu desenvolvimento não terá continuidade.

4. *Hybris* e Nêmesis

Há muitos outros mitos que descrevem o estado de inflação. Por exemplo, o mito de Ícaro:

> Dédalo e seu filho Ícaro estavam aprisionados em Creta. Dédalo fez para si e para o filho um par de asas. Com elas, eles conseguiram escapar da ilha. Dédalo tinha advertido seu filho: "Não voe muito alto ou o sol vai derreter a cera de suas asas e você cairá. Siga-me bem de perto. Não trace seu próprio curso". Mas Ícaro ficou tão animado com o fato de poder voar que esqueceu a advertência do pai e seguiu seu próprio rumo. Voou alto demais, a cera das asas se derreteu e ele caiu no mar.

O mito acentua o aspecto perigoso da inflação. Embora haja momentos que exigem um ato inflado para se atingir um novo nível de consciência, há outros em que esses atos são temerários ou desastrosos. Não podemos pretender traçar nosso próprio curso, com segurança, enquanto não soubermos o que estamos fazendo. A dependência com relação à sabedoria superior de outras pessoas muitas vezes representa a atitude acertada numa situação real. Como afirmou Nietzsche: "Muitos renunciaram ao próprio valor ao terem renunciado à própria servidão".[20] Falei de um crime de inflação necessário, mas esse é um crime real e efetivamente envolve consequências reais. Se julgarmos mal a situação, sofreremos o destino de Ícaro.

Creio que todos os sonhos relativos a voos fazem alguma alusão ao mito de Ícaro, particularmente aqueles em que o voo não conta com meios mecânicos de apoio. Quando se está acima do solo, o perigo que se corre é o de cair. O choque abrupto com a realidade, simbolizada pela terra, pode ter um perigoso impacto. Sonhos ou imagens-sintomas de aviões em queda, de quedas de lugares altos, fobia das alturas etc. – tudo isso tem como origem o cenário psíquico básico representado pelo mito de Ícaro.

O que se segue é um exemplo de sonho ligado ao mito de Ícaro. O sonho é de um jovem que tinha identificação com um parente famoso. Ele tomou de empréstimo asas construídas por outra pessoa e voou com elas:

---

20 Nietzsche, F., "Thus Spake Zarathustra", I, 17, *in The Philosophy of Nietzsche*, Nova York, Modern Library, Random House, 1942, p. 65.

> Eu estava com outras pessoas na beira de um alto penhasco. As pessoas estavam mergulhando na direção de um curso de água bastante raso e eu estava certo de que morreriam. Enquanto sonhava, ou logo depois de sonhar, pensei imediatamente no quadro de Breughel, a "Queda de Ícaro".

O quadro de Breughel, a "Queda de Ícaro" (*Ilustração 5*), é uma paisagem campestre italiana. À esquerda, há fazendeiros arando a terra e fazendo outras coisas. À direita, está o mar e alguns barcos. No canto inferior direito, vemos as pernas de Ícaro enquanto ele está desaparecendo na água. Um dos elementos significativos desse quadro é que o destino de Ícaro do lado direito é completamente ignorado pelas personagens que se encontram à esquerda, que não estão conscientes de que um acontecimento arquetípico está se passando diante de seus olhos. O sonhador comentou esse aspecto do quadro, que sugere estar ele inconsciente do significado daquilo que lhe está acontecendo. Ele se encontrava no processo de uma queda das alturas da irrealidade, mas só mais tarde veio a percebê-lo.

Outro exemplo de sonho desse gênero é o seguinte, sonhado por uma mulher:

> Estou viajando por uma estrada e vejo um homem, como Ícaro, no céu. Ele segura uma tocha. De repente, suas asas se incendeiam e tudo fica em chamas. Equipamentos contra incêndio têm seu jato dirigido para ele e consegue-se apagar o fogo. Mas ele cai pesadamente em direção da morte, ainda segurando a tocha nas mãos. Vejo-o cair perto de mim, fico horrorizada e grito: "Oh, Deus! Oh, Deus!".

Ilustração 5. A QUEDA DE ÍCARO. Pieter Breughel.

A sonhadora era vítima de projeções frequentes, intensas e idealistas, do *animus*. Esse sonho marcou a morte dessa projeção, que a havia mantido, até então, numa atitude inflada com relação a si mesma.

Outro mito relativo à inflação é o de Faetonte:

> Faetonte soube, pela mãe, que seu pai era Hélios, o deus-sol. Para prová-lo a si mesmo, Faetonte foi até a morada do sol e perguntou a Hélios: "És realmente meu pai?". Hélios garantiu-lhe que sim e cometeu o erro de afirmar: "Para prová-lo, dar-te-ei o que pedires". Faetonte pediu para dirigir a carruagem do sol pelo firmamento. Hélios imediatamente arrependeu-se da promessa impulsiva, mas Faetonte insistiu e, a contragosto, seu pai cedeu. Faetonte dirigiu a carruagem do sol, mas, como a tarefa estava além de sua capacidade de jovem, acabou em chamas.

O mito nos diz, mais uma vez, que a inflação apresenta, como consequência, uma queda. Faetonte é o arquétipo primordial do piloto de carros "envenenados". E talvez o mito tenha algo a dizer ao pai indulgente que, relutante, põe nas mãos do filho, cedo demais, muito poder – seja o carro da família, sejam direitos excessivos de autodeterminação – antes de este ser equilibrado por um sentido de responsabilidade equivalente ao poder que recebe.

Lembro-me de um paciente com "complexo de Faetonte". A impressão inicial era de autossuficiência e arrogância. As regras seguidas pelos outros não se aplicavam a ele. Seu pai tinha sido um homem fraco, a quem não respeitava, e ele também desmerecia ou ridicularizava pessoas com autoridade sobre ele. Sonhava com frequência com lugares altos. Durante a discussão de um desses sonhos, o terapeuta contou-lhe o mito de Faetonte. Pela primeira vez, na psicoterapia, o paciente foi tocado profundamente. Ele jamais tinha ouvido falar do mito, mas de imediato o reconheceu como o *seu* mito. Ele viu sua vida descrita no mito e de súbito tomou consciência do drama arquetípico que estivera vivendo.

Entretanto, todas as imagens míticas têm caráter ambíguo. Jamais podemos saber com certeza, de antemão, se devemos interpretá-las de forma positiva ou negativa. Por exemplo, apresentamos a seguir um mito ligado a Faetonte de caráter positivo, sonho do mesmo homem que sonhou com o bolo de chocolate. Ele o teve na noite anterior a uma experiência altamente significativa em que, pela primeira vez, foi capaz de enfrentar de forma positiva uma autoridade arbitrária e intimidante em seu local de trabalho. Se o sonho tivesse ocorrido após o evento, poderíamos considerá-lo "causado" pela experiência externa. Mas, como ocorreu antes, seguindo-se a ele o encontro corajoso, é justo pensar que o sonho provou o evento externo ou, pelo menos, criou a atitude psicológica que o tornou possível. Eis o sonho:

> Sou Faetonte e acabei de dirigir a carruagem do sol pelo firmamento. É uma cena magnífica – um brilhante céu azul com nuvens claras. Tenho um sentimento de intensa alegria e realização. Meu primeiro pensamento foi: "Jung tinha razão com relação aos arquétipos, no final das contas".

Aqui, o sonho incorpora o mito de Faetonte, mas este é transformado para atender aos propósitos do sonhador. O sonhador Faetonte é bem-sucedido naquilo em que o Faetonte mítico fracassou. Obviamente, o sonhador estava dando um passo que não estava além dos seus poderes. O que ele estava fazendo era arriscado. Envolvia efetivamente certa dose de inflação. Todavia, como o sonho veio depois do sonho anterior, já narrado, compreendo-o como uma referência a uma inflação necessária e heroica que levaria o sonhador a um novo nível de eficácia no interior de si mesmo, como aliás realmente ocorreu. Trata-se, por um lado, de algo arriscado mas que é, por outro, muito necessário. O aspecto a enfatizar depende do indivíduo e da situação em que se encontre.

Outro mito relativo à inflação é o de Íxion. O ato inflado de Íxion foi a tentativa de seduzir Hera. Zeus provocou o fracasso da tentativa ao criar, com uma nuvem, uma falsa Hera. Zeus surpreendeu Íxion no ato e o puniu, prendendo-o a uma roda de fogo que se revolvia interminavelmente no céu (*Ilustração 6*). Nesse caso, a inflação se manifestou na busca do prazer e na luxúria. Íxion, que representa o ego inflado, tenta apropriar-se de algo que pertence aos poderes suprapessoais. Essa tentativa está fadada ao fracasso antes de ser empreendida. O máximo que Íxion consegue é ter contato com uma Hera-nuvem, uma fantasia. Sua punição, a prisão a uma roda de fogo, representa uma ideia deveras interessante. A roda é basicamente uma mandala. Ela tem como conotação o Si-mesmo e a totalidade que pertence ao Si-mesmo, mas nesse caso foi transformada em instrumento de tortura. Isso representa o que pode acontecer quando a identificação do ego com o Si-mesmo dura demasiado. Quando isso ocorre, a identificação se converte em tortura e as ardentes paixões dos instintos tornam-se um fogo do inferno que nos prende à roda, até que o ego seja capaz de se separar do Si-mesmo e de ver a energia instintiva como dinamismo suprapessoal. Enquanto considera a energia instintiva como objeto de seu prazer pessoal, o ego permanece preso à roda de fogo de Íxion.

Ilustração 6. ÍXION PRESO À RODA. Pintura de um Vaso Antigo.

Os gregos temiam sobremaneira aquilo a que davam o nome de *hybris* (grafado também como húbris). Em seu uso original, esse termo significava a violência ou a paixão voluptuosas que emergem do orgulho. É sinônimo de um aspecto daquilo que estou denominando inflação. *Hybris* representa a arrogância humana que se apropria daquilo que pertence aos deuses. Significa transcender os limites humanos. Gilbert Murray o explica muito bem:

> Há barreiras invisíveis que um homem dotado de *Aidos* (reverência) não deseja ultrapassar. *Hybris* as ultrapassa a todas. *Hybris* não vê que o pobre homem ou o exílio vêm de Zeus: *Hybris* é a insolência do irreverente, a brutalidade da força. Numa de suas formas, é um pecado do inferior e do fraco, é irreverência; a ausência de *Aidos* diante da presença de algo mais elevado. Mas quase sempre é um pecado do forte e orgulhoso. Nasce da *Koros*, ou saciedade – do "estar bem demais"; despreza o fraco e desvalido, afastando-o do caminho, "despreza", como disse Ésquilo, "o grande Altar de Diquê" *(Agammenon*, 383). E *Hybris* constitui o pecado tipicamente condenado pela Grécia Antiga. Outros pecados, exceto alguns vinculados a tabus religiosos definidos, e outros derivados de palavras que significam "feio" ou "impróprio", parecem ser, quase sempre, formas ou derivativos de *Hybris*.[21]

Murray considera *Aidos* e *Nêmesis* conceitos centrais da experiência emocional dos gregos. *Aidos* significa reverência aos poderes suprapessoais, assim como o sentimento de vergonha quando esses poderes são desacatados. *Nêmesis* é a reação provocada pela falta de *Aidos*, ou *Hybris*.

---

21 Murray, Gilbert, *The Rise of the Greek Epic*, Londres, Oxford University Press, 1907, p. 264 s.

Um bom exemplo do temor que os gregos tinham de ultrapassar os limites humanos sensatos está na história de Polícrates registrada por Heródoto. Polícrates foi um tirano de Samos, ilha grega no leste do mar Egeu, do VI século a.C. Foi um homem incrivelmente bem-sucedido. Tudo o que fazia saía às mil maravilhas. Sua boa sorte parecia infalível. Diz Heródoto:

> A excessiva boa sorte de Polícrates não passou despercebida a Amósis II ou Ahmés II, seu nome egípcio (seu amigo, e faraó do Egito), que por causa disso ficou muito perturbado. Por conseguinte, ciente de que os sucessos de Polícrates continuavam a acumular-se, Amósis escreveu e enviou a Samos a seguinte carta: "Amósis diz a Polícrates: É um prazer tomar conhecimento de que um amigo e aliado vem prosperando; mas sua excessiva prosperidade não me traz alegria, pois sei que os deuses o invejam. O desejo que alimento, com relação a mim e àqueles a quem amo, é que hoje sejamos bem-sucedidos e amanhã soframos um revés – passando a vida, dessa maneira, numa alternância entre o bem e o mal e não bafejados por uma perpétua boa sorte. Pois, até o momento, jamais ouvi falar de alguém que, tendo sido bem-sucedido em todos os seus empreendimentos, não tenha vindo a padecer, no final, a calamidade de uma imensa ruína. Assim sendo, dê ouvidos ao que digo e lida com a tua boa sorte da seguinte forma: escolhe, dentre teus tesouros, aquele que mais aprecia e do qual menos desejaria privar-te; toma-o e, seja o que for, joga-o fora, de modo a teres certeza de que sobre ele não mais pousarão olhos humanos. E depois, se tua boa sorte não for afetada, livra-te da dor repetindo esse procedimento!"[22]

Polícrates seguiu o conselho e atirou ao mar um valioso anel de esmeralda. Todavia, dias depois, um pescador, tendo fisgado um peixe particularmente grande e belo, decidiu dá-lo de presente ao rei Polícrates em lugar de o vender. Aberto o peixe, eis em suas entranhas o anel de esmeralda de que o rei se desfizera. Ao saber disso, Amósis ficou tão assustado que terminou sua amizade com Polícrates, temendo ver-se envolvido no desastre que por certo sobreviria a uma sorte tão grande. O desastre efetivamente ocorreu: Polícrates acabou morrendo crucificado depois de um levante e de uma rebelião bem-sucedidos.

O temor à boa sorte excessiva encontra-se profundamente entranhado no homem. Há um sentimento instintivo de que os deuses invejam o sucesso humano. Sob o prisma psicológico, isso significa que a personalidade consciente não pode ir muito longe sem considerar o inconsciente. O temor

---

[22] Heródoto, *The Persian Wars*, traduzido por George Rawlinson, Nova York, Modern Library, Random House, 1942, p. 231.

à inveja de Deus é uma tênue percepção de que a inflação será ameaçada. Existem efetivamente limites na natureza das coisas e na natureza da própria estrutura psíquica. De fato, algumas vezes o temor à inveja de Deus pode ser levado a extremos. Certos indivíduos não se atrevem a aceitar nenhum sucesso ou acontecimento positivo por temerem que estes levem a alguma obscura punição. De modo geral, isso parece resultar de um condicionamento adverso na infância; por conseguinte, precisa ser reavaliado. Mas, além desse condicionamento pessoal, há uma realidade arquetípica envolvida na questão. Tudo que sobe deve descer. Oscar Wilde afirmou: "Só há uma coisa pior que não conseguir o que se deseja: consegui-lo". Polícrates seria um exemplo.

Emerson exprimiu essa mesma ideia. Ele a discute no ensaio *Compensation*, uma exposição literária da teoria que Jung mais tarde desenvolveu sobre a relação de compensação entre o consciente e o inconsciente. Apresentamos a seguir alguns trechos do ensaio em questão. Emerson vinha falando de como qualquer acontecimento positivo ou negativo tem sua compensação em algum elemento que constitui a natureza das coisas. Diz ele:

> Um homem sábio estende essa lição a todos os elementos da vida e sabe que o papel da prudência é enfrentar todas as pretensões e atender a todas as exigências justas do seu tempo, dos seus talentos e do seu coração. Paga sempre, pois, mais cedo ou mais tarde, terás de pagar tua dívida inteira. As pessoas e os eventos podem interpor-se por algum tempo entre ti e a justiça, mas isso não passa de adiamento. Deves pagar no final tua própria dívida. Se fores sábio, temerás a prosperidade que apenas acumula mais em tuas mãos ... para cada benefício que recebes, é cobrado um imposto.[23]
>
> O terror do meio-dia sem nuvens, a esmeralda de Polícrates, o temor à prosperidade e o instinto que leva todo espírito generoso a se impor os rigores de um nobre ascetismo e de uma virtude vicarial são as oscilações da balança da justiça, que perpassam o coração e a mente do homem.[24]

Encontramos outras expressões da ideia de inflação nos conceitos teológicos hebreu e cristão do pecado. O conceito de pecado nas escrituras hebraicas originou-se, ao que parece, da psicologia dos tabus.[25] O que é tabu, embora considerado impuro, também traz consigo a implicação de ser sagrado, santo,

---

23 *The Writings of Ralph Waldo Emerson*, Nova York, Modern Library, Random House, 1940, p. 181.
24 *Ibid.*
25 Burrows, Millar. *An Outline of Biblical Theology*, Filadélfia, Westminster Press, 1956, p. 165.

carregado de um excesso de energia perigosa. Inicialmente, o pecado é a quebra de um tabu e toca algo que não deve ser tocado – pois o objeto tabu encerra energias suprapessoais. O ato de tocar ou de se apossar de um objeto desses era um perigo para o ego porque transcendia os limites humanos. Logo, o tabu pode ser encarado como uma proteção contra a inflação. Posteriormente, a ideia de tabu foi reformulada em termos da vontade de Deus e do caráter inevitável de punição por transgressões de Sua vontade. Mas a ideia de tabu e o temor à inflação ainda se manifestam por trás dessa nova fórmula.

O cristianismo também praticamente iguala o pecado à inflação do ego. As bem-aventuranças bíblicas, abordadas em termos psicológicos, podem ser compreendidas de modo mais preciso como louvor do ego não inflado. Na teologia cristã, o conceito de pecado como inflação é apresentado de forma admirável por Santo Agostinho. Em suas *Confissões,* ele dá uma vívida descrição da natureza da inflação. Rememorando as motivações que o levaram, na infância, a roubar frutos de uma pereira do vizinho, ele afirma que não queria propriamente as peras; na verdade, ele teve prazer com o pecado em si mesmo, a saber, o sentimento de onipotência. Depois, descreve a natureza do pecado como imitação da divindade:

> Pois assim é que o orgulho imita a exaltação; mas só Vós sois Deus, exaltado acima de tudo. Que busca a ambição senão honras e glórias? Mas só Vós deveis ser honrado acima de tudo e glorificado por todos os séculos e séculos. A crueldade do poderoso gostaria de ser temida; mas quem deve ser temido senão Deus e só Ele? ... A curiosidade se assemelha a um desejo de conhecimento; mas só Vós sabeis supremamente tudo ... a preguiça gostaria de descansar; mas qual o descanso estável além do Senhor? A luxúria anseia ser chamada riqueza e abundância; mas Vós sois a riqueza completa e imortal dos prazeres incorruptíveis. ... A cobiça possuirá muitas coisas; mas Vós a tudo possuís. A inveja reclama para si a excelência, mas que é mais excelente do que Vós? A cólera busca a vingança: Quem usa a vingança de forma mais justa que Vós? ... O pesar consome-se pelas coisas perdidas, o deleite dos seus desejos; pois nada quer que se lhe tire, tanto quanto nada pode ser tirado de Vós ... Assim, pervertidamente, Vos imitam todos quantos se afastam muito de Vós ou que se levantam contra Vós ... As almas não buscam, em seus próprios pecados, senão uma espécie de semelhança com Deus.[26]

---

26 *The Confessions of St. Augustine*, traduzido por Edward B. Pusey, Nova York, Modern Library, Random House, 1949, p. 31 ss.

Ilustração 7. A RODA DA VIDA. Pintura, Tibete.

A mesma ideia de inflação está presente na noção budista de *avidya*, "não saber" ou inconsciência. De acordo com a visão budista, os sofrimentos humanos têm como causa os anseios e desejos ardentes dos homens, cuja base está na ignorância da realidade. Esse estado de coisas é representado pictoricamente pela imagem do homem preso à roda da vida, acionada pelo porco, pelo galo e pela serpente – que representam várias formas de concupiscência (*Ilustração 7*).

A roda da vida indiana constitui um paralelo da roda de fogo giratória de Íxion; elas significam o sofrimento que acompanha a identificação do ego ao Si-mesmo, quando o primeiro tenta apropriar-se, para seu uso pessoal, das energias transpessoais deste último. A roda é o Si-mesmo, o estado de totalidade, mas é uma roda de tortura enquanto o ego permanece identificado inconscientemente com ela.

Vários estados de inflação gerados pela identidade ego-Si-mesmo residual constituem um lugar-comum na prática psicoterapêutica. Atitudes e suposições grandiosas e irrealistas de todos os tipos vão emergindo conforme o processo terapêutico desvela a base inconsciente. Essas suposições infantis-onipotentes mereceram uma atenção quase exclusiva nas teorias e técnicas de Freud e de Adler. Os métodos redutivos dessas duas perspectivas são válidos quando lidamos com os sintomas de identidade ego-Si-mesmo. Todavia, mesmo com relação a esse aspecto, jamais devemos esquecer a necessidade de manter intacto o eixo ego-Si-mesmo. O método redutivo é experimentado pelo paciente como uma crítica e como uma depreciação. E é verdade que esses elementos se encontram presentes. Uma interpretação que reduza um conteúdo psíquico às suas fontes infantis constitui uma rejeição do seu significado consciente e óbvio, e por isso leva o paciente a sentir-se diminuído e rejeitado. Esse método pode ser necessário para promover a separação entre o ego e o Si-mesmo, mas é uma espada afiada que se deve usar com cuidado. O propósito subjacente – provocar deflação – é expresso na fala vernácula quando se chama o psiquiatra de "encolhedor de cabeças". Para aqueles que se ressentem com o método redutivo, mesmo usado conscienciosamente, eu citaria as palavras de Lao Tsé:

> Aquele que se sente alfinetado
> Deve ter sido algum dia uma bolha,
> Aquele que se sente desarmado
> Deve ter portado armas,
> Aquele que se sente desdenhado
> Deve ter tido importância,
> Aquele que se sente privado
> Deve ter tido privilégios...[27]

---

27 Lao Tsé, *Tao te King*, Verso 36. Traduzido por Witter Bynner sob o título *The Way of Life*, Nova York, The John Day Co., 1944.

Capítulo 2

O ego alienado

O próprio perigo suscita o poder salvador.

– HOLDERLIN[*]

1. O Eixo Ego-Si-Mesmo e o Ciclo da Vida Psíquica

Embora o ego se inicie num estado de inflação decorrente da identificação com o Si-mesmo, essa condição não pode persistir. Os encontros com a realidade frustram as expectativas infladas e provocam um estranhamento entre o ego e o Si-mesmo. Esse estranhamento é simbolizado por imagens como queda, exílio, ferida sem cura, tortura perpétua. Evidentemente, quando essas imagens entram em jogo, o ego foi não só castigado, mas também ferido. Esse ferimento pode ser mais bem compreendido como um dano infligido ao eixo ego-Si-mesmo, um conceito que é necessário discutir um pouco mais a partir de agora.

A observação clínica leva-nos à conclusão de que a integridade e a estabilidade do ego dependem, em todos os estágios do desenvolvimento, de uma viva conexão com o Si-mesmo. Fordham[1] dá exemplos de imagens semelhantes a mandalas, entre crianças, que surgem como círculos protetores mágicos em momentos em que o ego se encontra ameaçado por forças destrutivas. Ele cita várias ocasiões de contato com crianças nas quais o desenho de um círculo foi associado à palavra "eu" e levou a uma ação efetiva que a criança anteriormente tinha sido incapaz de realizar. Uma ocorrência semelhante tem lugar na psicoterapia de adultos nos momentos em que o inconsciente pode produzir uma imagem-mandala que

---

[*] *Patmos, Wo aber Gefahriäst, wächst das Rettende auch.*
[1] Fordham, M. "Some Observations on the Self and the Ego in Childhood", in *New Developments in Analytical Psychology*, Routledge and Kegan Paul, Londres, 1957.

traz consigo um sentimento de calma e contenção a um ego desordenado e confuso. Essas observações indicam que o Si-mesmo se mantém por trás do ego e pode agir como garantia de sua integridade. Jung exprime essa mesma ideia ao dizer: "O ego mantém com o Si-mesmo a mesma relação que há entre o elemento movido e o elemento que move ... O Si-mesmo ... é uma existência *a priori* da qual surge o ego. Ele é, por assim dizer, uma prefiguração inconsciente do ego".[2] Assim sendo, ego e Si-mesmo mantêm entre si uma afinidade estrutural e dinâmica. O termo "eixo ego-Si-mesmo" foi usado por Neumann para designar essa afinidade vital.[3]

Essa afinidade entre o ego e o Si-mesmo é ilustrada mitologicamente pela doutrina do Antigo Testamento segundo a qual o homem (ego) foi criado à imagem e à semelhança de Deus (Si-mesmo). É também pertinente a essa afinidade o nome primordial atribuído a Javé – "Eu sou aquele que é". Não são as palavras "Eu sou" que definem a natureza essencial do ego? Por conseguinte, caminhamos num terreno seguro quando postulamos uma conexão básica entre ego e Si-mesmo que se reveste de importância fundamental do ponto de vista da manutenção do funcionamento e da integridade do ego. Essa conexão é descrita, nos diagramas da página 21, pela linha que conecta o centro do círculo do ego ao centro do círculo do Si-mesmo, linha que foi denominada eixo ego-Si-mesmo. O eixo ego-Si-mesmo representa a conexão vital entre o ego e o Si-mesmo, a qual deve ficar relativamente intacta se se pretende que o ego suporte as tensões e cresça. Esse eixo é uma passagem ou canal de comunicação entre a personalidade consciente e a psique arquetípica. A danificação do eixo ego-Si-mesmo impede ou destrói a conexão entre consciente e inconsciente e provoca a alienação do ego com relação à sua origem e a seu fundamento.

Antes de passar à consideração do modo pelo qual a danificação do eixo ego-Si-mesmo ocorre na infância, é necessário fazer algumas observações preliminares. Toda imagem arquetípica traz consigo um aspecto parcial do Si-mesmo. No inconsciente, não há separação entre coisas diferentes. Todas as coisas formam um mesmo amálgama. Assim sendo, enquanto o indivíduo não tiver consciência delas, as camadas sucessivas que aprendemos a distinguir (isto é, sombra, *animus* ou *anima* e Si-mesmo) não estarão separadas, mas sim amalgamadas numa única totalidade dinâmica. Por

---

2 Jung, C. G., *Psychology and Religion: West and East*, C. W., vol. 11, par. 391.
3 Neumann, E. "Narcisism, Normal Self-Formation and the Primary Relation to the Mother", in *Spring*, publicado pelo Clube de Psicologia Analítica de Nova York, 1966, pp. 81 ss. Esse artigo seminal merece um cuidadoso estudo por parte de todos os psicólogos analíticos.

trás do problema da sombra ou do *animus,* assim como de um problema de figura parental, espreita o Si-mesmo. Na qualidade de arquétipo central, o Si-mesmo subordina todos os demais dominantes arquetípicos. Ele cerca e contém esses dominantes arquetípicos. Em consequência, todos os problemas relacionados à alienação – seja alienação entre ego e figuras parentais, ego e sombra, ego e *anima* (ou *animus*) – são, em última análise, problemas de alienação entre o ego e o Si-mesmo. Embora separemos essas diferentes figuras para propósitos descritivos, as evidências empíricas indicam que, normalmente, elas não estão separadas. Por conseguinte, quando lidamos com qualquer problema psicológico sério, lidamos, basicamente, com a questão do relacionamento entre o ego e o Si-mesmo. Isso é válido, em especial, na psicologia infantil.

Neumann sugeriu que o Si-mesmo pode ser experimentado, na infância, com relação aos pais – e, no período inicial, com a mãe. Neumann dá à relação original entre mãe e filho a denominação de "relacionamento primário". Segundo ele, "... no relacionamento primário, a mãe, na qualidade de fonte de orientação, proteção e nutrição, representa o inconsciente e, na primeira fase, representa também o Si-mesmo e ... a criança dependente representa o ego infantil e a consciência".[4] Isso significa que o Si-mesmo é inevitavelmente experimentado, no início, numa projeção que tem como alvo os pais. Portanto, a fase inicial do eixo ego-Si-mesmo em desenvolvimento pode ser idêntica ao relacionamento entre os pais e o filho. É precisamente com relação a esse ponto que devemos ser particularmente cuidadosos no sentido de fazer justiça tanto aos fatores históricos pessoais como aos fatores arquetípicos *a priori*. O Si-mesmo constitui um determinante interno *a priori*. Todavia, ele não pode emergir sem que haja um relacionamento pais-filho concreto. Neumann chama a atenção para isso e dá a essa relação a denominação de "evocação pessoal do arquétipo".[5] No decorrer dessa fase, em que a experiência do Si-mesmo toma a forma de projeção, é provável que o eixo ego-Si-mesmo esteja extremamente vulnerável a danos provocados por fatores ambientais adversos. Nesse período, não é possível distinguir entre interior e exterior. Por conseguinte, a incapacidade de experimentar aceitação ou vínculo é sentida como algo idêntico à perda de aceitação por parte do Si-mesmo. Em outras palavras, o eixo ego-Si-mesmo sofreu um dano, o que provocou uma alienação entre o ego e o Si-mesmo.

---

4   Neumann, E. "The Significance of the Genetic Aspect for Analytical Psychology", *Journal of Analytical Psychology,* IV, 2, p.133.
5   *Ibid*, p. 128.

A parte separou-se do todo. Essa experiência da rejeição parental de algum aspecto da personalidade da criança faz parte da anamnese de quase todos os pacientes da psicoterapia. Designo pela palavra rejeição não o treinamento e a disciplina necessários da criança, que lhe ensinam a refrear a cobiça primitiva, mas a rejeição parental que se origina da projeção da sombra dos pais sobre a criança. Trata-se de um processo inconsciente experimentado pela criança como algo não humano, total e irreversível. É algo que parece vir de uma divindade implacável. Essa aparência tem duas origens. Em primeiro lugar, a projeção do Si-mesmo nos pais, feita pela criança, atribuirá às ações destes uma importância transpessoal. Em segundo lugar, o pai rejeitador – que funciona inconscientemente – estará agindo em sua própria área de identidade ego-Si-mesmo e ficará, portanto, inflado numa identificação com a divindade. A consequência disso, do ponto de vista da criança, é um dano infligido ao seu eixo ego-Si-mesmo e que lhe pode afetar permanentemente a psique.

O Si-mesmo, na qualidade de centro e totalidade da psique, capaz de conciliar todos os opostos, pode ser considerado o órgão de aceitação *par excellence.* Como inclui a totalidade, ele deve ser capaz de aceitar todos os elementos da vida psíquica, por mais antitéticos que possam ser. O sentimento de ser aceito pelo Si-mesmo dá ao ego força e estabilidade. Esse sentimento de aceitação é veiculado para o ego através do eixo ego-Si-mesmo. Um sintoma de danificação desse eixo é a falta de autoaceitação. O indivíduo sente que não merece viver ou ser o que é. A psicoterapia oferece à pessoa que passa por isso uma oportunidade de experimentar a aceitação. Em casos bem-sucedidos, essa experiência pode equivaler a um reparo do eixo ego-Si-mesmo que restabelece o contato com as fontes internas de força e de aceitação – o que deixa o paciente livre para viver e crescer.

Os pacientes cujo eixo ego-Si-mesmo se encontra danificado se impressionam mais, na psicoterapia, pela descoberta de que o psicoterapeuta os aceita. Inicialmente, eles não conseguem acreditar nisso. O fato da aceitação pode ser objeto de descrédito, sendo considerado apenas uma técnica profissional desprovida de realidade genuína. Todavia, se a aceitação do terapeuta puder ser reconhecida como fato, aparecerá prontamente uma poderosa transferência. A fonte dessa transferência parece ser a projeção do Si-mesmo, especialmente em sua função de órgão de aceitação. Nesse ponto, as características *centrais* do terapeuta-Si-mesmo tornam-se proeminentes. O terapeuta como pessoa torna-se o *centro* da vida e dos pensamentos do paciente. As sessões de terapia se tornam os pontos *centrais* da semana. Surgiu, onde antes só havia caos e desespero, um centro de significado e de ordem. Esses fenômenos indicam que está em andamento uma reparação do eixo ego-Si-mesmo. Os encontros com o terapeuta serão experimentados como um contato rejuvenescedor com a vida, um contato que veicula um sentimento de esperança e de otimismo. No início, esses efeitos requerem um contato frequente e desaparecem rapidamente entre as sessões. Todavia, aos poucos, o aspecto interno do eixo ego-Si-mesmo torna-se cada vez mais proeminente.

A experiência de aceitação não só repara o eixo ego-Si-mesmo como reativa a identidade residual entre eles. Isso deve ocorrer desde que o eixo ego-Si-mesmo esteja completamente inconsciente (condição representada pela *Figura 2*). Assim, emergirão atitudes infladas, expectativas possessivas etc., que evocam uma rejeição adicional por parte do terapeuta ou do ambiente. O eixo ego-Si-mesmo será danificado mais uma vez, produzindo-se, desse modo, um estado de relativa alienação. Tanto em psicoterapia como no desenvolvimento natural, o ideal é que ocorra uma dissolução progressiva da identidade entre o ego e o Si-mesmo, de uma forma suave o bastante para não danificar o eixo ego-Si-mesmo. Na realidade, essa condição desejável raramente ocorre.

O processo de desenvolvimento do inconsciente parece seguir o curso cíclico representado na *Figura 5*, página 60.

Como indica o diagrama, o crescimento psíquico envolve uma série de atos inflados ou heroicos. Esses atos provocam a rejeição e são seguidos da alienação, do arrependimento, da restituição e de uma inflação renovada. Esse processo cíclico se repete várias vezes nas primeiras fases do desenvolvimento psicológico, e cada ciclo produz um incremento da consciência. Assim, a consciência vai sendo construída aos poucos. Todavia, o ciclo pode dar errado. Ele está sujeito a distúrbios, especialmente nas fases iniciais da vida. Na infância, o vínculo entre a criança e o Si-mesmo é, em grande parte, idêntico ao vínculo entre a criança e os pais. Portanto, se esse último relacionamento for defeituoso, o contato da criança com seu centro interno do ser padecerá de um defeito idêntico. Esse fato torna as primeiras relações familiares extremamente importantes para o desenvolvimento da personalidade. Se as relações familiares interpessoais forem muito danosas, o ciclo pode ficar interrompido quase por completo. Ele pode interromper-se em dois lugares (Pontos A e B da *Figura 5*).

Pode surgir um bloqueio se não houver uma aceitação e uma renovação do amor suficientes no Ponto A (*Figura 5*). Se a criança não for plenamente aceita depois de ser punida por mau comportamento, o ciclo de crescimento pode sofrer um curto-circuito. Em lugar de completar o ciclo e de alcançar uma posição de repouso e aceitação, o ego da criança pode ver-se aprisionado numa oscilação estéril entre inflação e alienação, que cria, cada vez mais, frustração e desespero.

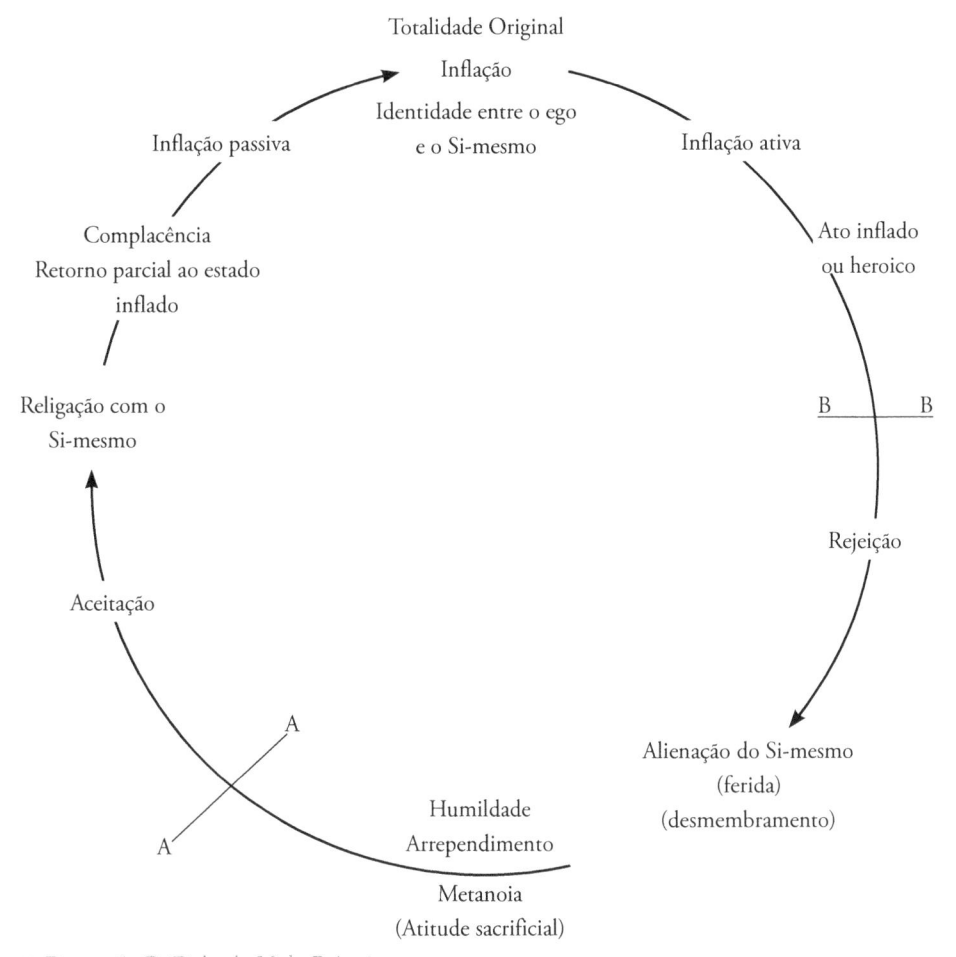

Figura 5. O Ciclo da Vida Psíquica.

Outro ponto em que pode ocorrer bloqueio é o Ponto B. Se o ambiente da criança for indulgente a ponto de privá-la de toda e qualquer experiência significativa de rejeição, se seus pais jamais disserem "Não", ocorrerá igualmente um curto-circuito no ciclo. Toda a experiência de alienação, que traz consigo a consciência, terá sido omitida e a criança terá obtido aceitação de sua inflação.

Isso leva à psicologia da criança mimada e contribui para a vida de provisão, em que as limitações e as rejeições praticamente não foram experimentadas.

A *Figura 5* representa uma alternância entre inflação e alienação que se manifesta nos estágios psicológicos iniciais. Ela deixa de fora o estágio mais avançado de desenvolvimento em que o ciclo é superado. Uma vez que tenha alcançado um certo grau de desenvolvimento, o ego não precisa continuar esse ciclo repetitivo, pelo menos não da mesma forma. Assim, o ciclo é substituído por um diálogo mais ou menos consciente entre ego e Si-mesmo.

2. Desespero e Violência

No estado de alienação, o ego não só perde identificação com o Si-mesmo – o que é desejável – como também se desvincula dele – o que é deveras indesejável. A conexão entre ego e Si-mesmo tem importância vital para a saúde psíquica. Proporciona fundamento, estrutura e segurança ao ego, além de fornecer a este último energia, interesse, significado e propósito. Quando a conexão se quebra, o resultado é o vazio, o desespero, a falta de sentido e, em casos extremos, a psicose ou o suicídio.

A Bíblia apresenta várias personagens mitológicas que representam o estado de alienação. Adão e Eva, quando de sua expulsão do jardim (*Ilustração 4*), são personagens tristes e estranhas. Caim também representa uma personagem alienada. Lemos no Gênesis:

> E Abel foi pastor de ovelhas e Caim lavrador. Com o passar do tempo, Caim levou ao Senhor uma oferenda dos frutos da terra, e Abel levou das primícias de suas ovelhas e de sua gordura. E o Senhor atentou para Abel e para sua oferta, mas não atentou para Caim e para a sua oferta. Então, Caim ficou irado e seu semblante descaiu. O Senhor disse a Caim: "Por que estás tão irado e por que teu semblante descaiu?"[6]

Javé não parece perceber que fora sua própria rejeição de Caim e da oferta que este fizera a causa de todo o problema.

> Caim disse a Abel, seu irmão, "Saiamos ao campo". E quando estavam no campo, Caim atirou-se contra o irmão Abel e o matou. Então, o Senhor disse a Caim: "Onde está Abel, teu irmão?". Disse ele: ... Não sei; sou eu guardador de meu irmão?". E disse o Senhor: "Que fizeste? A voz do sangue do teu irmão clama a mim desde a terra. E agora és

---
6 Gênesis 4:2-6, RSV.

maldito desde a terra, que abriu a boca para receber, de tuas mãos, o sangue de teu irmão. Quando lavrares a terra, esta já não te dará sua força; serás fugitivo e vagabundo na terra".[7]

Assim, Caim é banido para regiões selvagens, reproduzindo, em outro nível, o banimento de Adão do paraíso. Se observarmos esse mito de forma objetiva, e não da forma tradicional, veremos que a origem da dificuldade foi a rejeição inicial de Caim, por parte de Deus, sem razão ou causa aparente. Ficamos sabendo que Abel cuidava de ovelhas e que Caim lavrava a terra. Talvez Caim estivesse dando início à agricultura numa terra de pastoreio. Isso poderia explicar sua rejeição. Ele foi um inovador e sofreu o destino característico de todos que tentam trazer uma nova orientação a uma sociedade imóvel que teme a mudança. De qualquer maneira, Caim é um personagem arquetípico que representa a experiência da rejeição e da alienação. A reação que ele manifestou a uma rejeição irracional e excessiva é característica: a violência. Sempre que experimentamos uma insuportável alienação e o desespero, vem a violência. A violência pode tomar tanto uma forma interna quanto uma forma externa. Em suas manifestações extremas, isso pode ser o suicídio ou o assassinato, respectivamente. O ponto crucial é que, na raiz de todas as formas de violência, reside a experiência de alienação – uma rejeição muito difícil de suportar.

Lembro-me de um paciente de um hospital de doentes mentais que vivia o mito de Caim. Desde a infância, seu maior problema e o tema central de sua experiência de vida era a rivalidade com o irmão mais velho. Seu irmão era bem-sucedido em tudo em que se envolvia e era o favorito do pai e da mãe. Esse favoritismo era tão pronunciado que os pais costumavam referir-se ao paciente pelo nome do irmão. Compreende-se que isso o enfurecesse, pois significava (o que era verdade) que ele não era experimentado como indivíduo distinto e que quase não existia aos olhos dos pais. O paciente foi levado a um estado de amargura e de frustração, com um profundo sentimento de inutilidade. Seu grau de identificação com o "rejeitado" se revelou pela reação que ele teve quando assistia ao filme *A Leste do Éden*, baseado no romance de John Steinbeck. Trata-se de uma forma modernizada do tema de Caim e Abel. Há na história dois irmãos; um deles é favorito do pai e o outro é abandonado e rejeitado. O paciente identificou-se muito com o irmão rejeitado e, no meio do filme, teve uma reação de ansiedade e de angústia tão extrema que foi forçado a se retirar.

Mais tarde, esse paciente se casou, mas as coisas não correram bem entre ele e a esposa. Esta teve um caso com outro homem. Tal situação provocou

---

7   Gênesis 4:8-12, RSV.

a volta do tema da antiga rejeição, com toda a intensidade, e ele atacou criminosamente a mulher mas não a matou. Mais tarde, tentou o suicídio. A princípio, não teve sucesso mas, na terceira tentativa, conseguiu. Assim, viveu seu destino mitológico até o amargo fim.

Do ponto de vista interno, há apenas uma pequena diferença entre assassinato e suicídio. A única diferença está na direção em que se dirige a energia destrutiva. Num estado de depressão, as pessoas normalmente se veem às voltas com sonhos assassinos; o sonhador mata a si mesmo internamente. Essas imagens oníricas indicam que o assassinato e o suicídio são essencialmente a mesma coisa em termos simbólicos.

Outra personagem bíblica, que é igualmente uma representação típica do estado alienado, é Ismael (*Ilustração 8*). Ismael era filho ilegítimo de Abraão e da escrava Hagar. Quando Isaque, o filho legítimo, nasceu, Ismael e sua mãe foram expulsos para o deserto. O tema da ilegitimidade constitui um dos aspectos da experiência de alienação. As crianças ilegítimas da vida real normalmente apresentam um sério problema de alienação, que pode ser denominado complexo de Ismael.

Ilustração 8. HAGAR E ISMAEL NO DESERTO. Gustave Doré.

O livro de Melville, *Moby Dick,* é um belo exemplo de manifestação do complexo de Ismael. O nome da personagem central é Ismael e a história descreve a alternância entre estados de inflação e de alienação. O primeiro parágrafo de *Moby Dick* é:

> Chamai-me Ismael. Há alguns anos – não importa precisamente quantos –, tendo na bolsa pouco ou quase nenhum dinheiro e nada que me interessasse particularmente em terra, achei que devia navegar um pouco e ver a parte líquida do mundo. É uma forma que tenho para espantar a melancolia e regular a circulação. Sempre que começo a ficar sombrio como um dia chuvoso e úmido, sempre que dou comigo a parar diante das funerárias e a acompanhar todo e qualquer enterro que encontro; e especialmente sempre que minha hipocondria exerce sobre mim um domínio que requer uma grande força moral para me impedir de ir para a rua e surrar as pessoas – então, acho que está na hora de ir para o mar o mais rápido que puder. Essa é a minha alternativa a uma pistola carregada. Com um floreio filosófico, Catão se atira sobre a espada; eu vou calmamente para a minha embarcação. Nada há de surpreendente nisso. Quase todos os homens (se o soubessem), qualquer que seja a classe a que pertençam, uma vez ou outra compartilham comigo praticamente dos mesmos sentimentos para com o mar.[8]

Tudo que acontece no livro é decorrência lógica desse primeiro parágrafo. Todo o trágico drama da violência e da inflação se desenvolve a partir desse estado inicial de desespero alienado e suicida. Trata-se de um exemplo de ciclo vital em curto-circuito, um estado de alienação que provoca o retorno à inflação renovada e que tem como consequência mais desastres.

Outros clássicos da literatura também têm início com um estado de alienação. A *Divina Comédia,* de Dante, tem início com as seguintes linhas:

> Em meio à jornada da vida
> Achei-me perdido em selva escura;
> Pois perdera o caminho certo que seguia,
> Ai de mim! É tão penosa a tarefa de descrever
> Quão selvagem era aquela paragem áspera e hostil,
> Que a memória treme só de pensar!
> Era algo tão triste que nem na morte haverá mais tristeza.[9]

---

8   Melville, H. *Moby Dick*, Nova York, Hendrick's House, p. 1.
9   Dante, *Divine Comedy*, tradução de Lawrence Grant White, Nova York, Pantheon.

Fausto, de Goethe, se inicia igualmente num estado de alienação. Na primeira cena, ele exprime esse vazio e essa esterilidade:

> Oh! Estarei ainda atado a essa cadeia?
> Esse rombo na parede, terrível e maldito,
> No qual mesmo a luz amorosa dos céus
> Perece de pronto por entre esses muros dissimulados!
> Aprisionada entre esse amontoado de livros
> Corroída pelos vermes, coberta de poeira...[10]

Hölderlin exprime a transição da criança para a idade adulta como a passagem dos céus para um terrível vazio:

> Benditos os sonhos dourados da infância, seu poder
> Oculto de mim pela cruel pobreza de minha vida;
> Fazei florescer todas as boas sementes do coração
> Ponde a meu alcance o que não posso alcançar!
> Em tua beleza e luz, ó Natureza,
> Livre de todo esforço e compulsão,
> O amor pleno de frutos alcança condição nobre,
> Rico como colheitas roubadas à Arcádia.
> A fonte de que nasci está morta e enterrada,
> Morto está o mundo da juventude, meu escudo,
> E esse peito, que um dia foi do céu a morada,
> Está morto e seco, como campo estéril.[11]

Não nos faltam expressões modernas do estado alienado. Na realidade, temo-las tantas que bem poderíamos chamar o nosso século de século da alienação. Considerem-se, a propósito, as passagens apresentadas a seguir, retiradas de *The Waste Land*, de T. S. Eliot:

> What are the roots that clutch, what branches grow
> Out of this stony rubbish? Son of man,
> You cannot say, or guess, for you know only
> A heap of broken images, where the sun beats,
> And the dead tree gives no shelter, the cricket no relief.
> And the dry stone no sound of water.
> ...
> Here is no water but only rock
> Rock and no water and the sandy road
> The road winding above among the mountains

---

10 Goethe, *Faust*, tradução de L. MacNeice, Londres, Oxford Press.
11 "To Nature", citado em Jung, C. G. *Symbols of Transformation*, C. W., vol. 5, seguimento do parágrafo 624.

> Which are mountains of rock without water
> If there were water we should stop and drink
> Amongst the rock one cannot stop or think
> Sweat is dry and feet are in the sand
> If there were only water amongst the rock
> Dead mountain mouth of carious teeth that cannot spit
> Here one can neither stand nor lie nor sit
> There is not even silence in the mountains
> But dry and sterile thunder without rain.
> There is not even solitude in the mountains
> But red sullen faces sneer and snarl
> From doors of mudcracked houses.[12]

[Que raízes se firmam, que ramos crescem / A partir desses resíduos de pedra? Filho do homem, / Não podes dizer, ou entrever, pois conheces apenas / Um monte de imagens quebradas, onde bate o sol, / Onde a árvore morta não dá abrigo, nem o tronco alívio. / Nem a pedra seca dá sinal de água. // ... // Aqui não há água; só rocha / Rocha e não água e a estrada de areia / A estrada que serpenteia para cima entre as montanhas / Que são montanhas de rocha sem água / Se houvesse água, deveríamos parar e beber / Entre as rochas não se pode parar ou pensar / O suor é seco e os pés mergulham na areia / Se pelo menos houvesse água entre as rochas / Montanha morta, de boca com dentes cariados, que não pode salivar / Aqui não se pode ficar de pé, nem deitar, nem sentar / Nem mesmo há silêncio nas montanhas / Mas trovão seco e estéril, sem chuva. / Nem mesmo há solidão nas montanhas / Sombrias faces rubras escarnecem e rosnam / Das portas de casas de barro rachado.]

Esse poderoso poema expressa a alienação individual e coletiva característica do nosso tempo. O "monte de imagens quebradas" certamente constitui uma referência aos símbolos religiosos tradicionais que, para muitas pessoas, perderam o significado. Vivemos num deserto, sem poder encontrar uma fonte de água vital. As montanhas – originalmente o local do encontro entre o homem e Deus – nada têm senão trovão seco e estéril, sem chuva.

O existencialismo moderno pode ser considerado sintoma desse estado de alienação coletiva. Muitos romances e peças teatrais modernos descrevem vidas perdidas, sem sentido. O artista moderno parece forçado a descrever, mais e mais vezes, para tornar familiar, a todos e a cada um de nós, a experiência da falta de sentido. Todavia, não devemos considerar esse fenômeno

---

12 Eliot, T. S. *Collected Poems*, Nova York, Harcourt, Brace and Company, pp. 69 s. e 86 s.

algo totalmente negativo. A alienação não é um beco sem saída. Podemos alimentar a esperança de que ela leve a uma consciência maior com relação às alturas – profundidades da vida.

3. A Alienação e a Experiência Religiosa

Da mesma forma como a experiência da inflação ativa representa um complemento necessário do desenvolvimento do ego, a experiência da alienação constitui um prelúdio necessário à consciência do Si-mesmo. Kierkegaard, origem do existencialismo moderno, reconheceu o significado da experiência da alienação na passagem apresentada a seguir:

> ... fala-se muito a respeito de vidas perdidas – mas só é perdida a vida do homem que viveu tão iludido pelos prazeres da vida, ou pela sua tristeza, que jamais se tornou eterna e decisivamente consciente de si mesmo como espírito ... ou (o que é a mesma coisa) que jamais se tornou consciente – e, no sentido mais profundo, que jamais teve um vislumbre – do fato de que existe um Deus, e de que, ele próprio ... existe diante desse Deus, *cujo grau de infinitude jamais é alcançado senão através do desespero* (itálicos meus). [13]

Ilustração 9. ISRAELITAS COLHENDO MANÁ. *The Hours of Catherine of Cleves.*

---

13 Kierkegaard, S. *Fear and Trembling, the Sickness Unto Death*, Garden City, N.Y., Doubleday Anchor Books, 1954, p. 159 s.

Jung diz essencialmente a mesma coisa em termos psicológicos:

> O si-mesmo, em seus esforços de autorrealização, vai além da personalidade-ego em todas as direções; graças à sua natureza de elemento que a tudo abarca, o si-mesmo é mais claro e mais escuro que o ego e, por essa razão, confronta-o com problemas que ele gostaria de evitar. A força moral ou a percepção pessoal ou ambos os elementos falham, até que o destino final decida ... o indivíduo tornou-se vítima de uma decisão tomada à revelia de sua mente e que lhe desafia o coração. A partir disso podemos ver o poder numinoso do si-mesmo, que dificilmente pode ser experimentado de alguma outra forma. Por essa razão, *a experiência do si-mesmo sempre representa a derrota do ego.*[14]

Há numerosas descrições de experiências religiosas precedidas, tipicamente, por aquilo que São João da Cruz denominou "a noite escura do espírito", que Kierkegaard denominou "desespero" e que Jung denominou "derrota do ego". Todos esses termos indicam o mesmo estado de alienação psicológica. Observamos, em várias partes da documentação relativa às experiências religiosas, um profundo sentimento de depressão, de culpa, de pecado e de falta de valor, assim como a completa ausência de qualquer sentimento de apoio ou fundamento transpessoal para a existência do indivíduo se apoiar.

O símbolo clássico da alienação é a imagem do *deserto*. E é aqui, caracteristicamente, que encontramos alguma manifestação de Deus. Quando o peregrino perdido no deserto está prestes a perecer, eis que surge uma fonte divina de alimentação. Os israelitas são alimentados, no deserto, pelo maná que cai dos céus (Êxodo, 16:4) (*Ilustração 9*). Elias, no deserto, é alimentado pelos corvos (Reis 17:2-6) (*Ilustração 10*). De acordo com a lenda, o eremita do deserto, São Paulo, também foi alimentado por um corvo (*Ilustração 11*). Isso significa, em termos psicológicos, que a experiência do aspecto de suporte da psique arquetípica tem mais probabilidades de ocorrer quando o ego exauriu seus recursos próprios e está consciente de que, por si mesmo, é essencialmente incapaz: "O limite do homem é a oportunidade de Deus".

William James, em sua obra *A Variedade da Experiência Religiosa* (*Varieties of Religious Experience*), fornece um certo número de exemplos do estado de alienação que precede uma experiência numinosa. Um dos casos que discute é o de Tolstoi:

---

14 Jung, C. G. *Mysterium Coniunctionis*, C. W., vol. 14, par. 778.

▶ Ilustração 10. ELIAS SENDO ALIMENTADO PELOS CORVOS. Washington Allston. Detalhe.

Conta Tolstoi que, por volta dos cinquenta anos, começou a experimentar momentos de perplexidade, que denomina apreensão, momentos em que parecia não saber "como viver" ou o que fazer. É evidente que esses momentos eram do tipo caracterizado pelo fato de a vivacidade e o interesse que nossas funções normalmente trazem terem cessado. A vida tinha sido encantadora, mas tornara-se algo sem sabor e, mais do que isso, morto. Coisas cujo significado sempre tinha sido evidente por si mesmo haviam-se tornado sem sentido. Perguntas como "Por quê?" e "E depois?" passaram a persegui-lo com frequência cada vez maior. No início, parecia que essas perguntas deveriam ter uma resposta e que ele poderia facilmente encontrar-lhes a resposta se se dedicasse a procurar; mas, como fossem ficando cada vez mais prementes, percebeu ele que se encontrava num estágio semelhante ao daquele em que se manifestam os primeiros sinais de desconforto de um doente, sinais a que dá muito pouca atenção até que se transformam em sofrimento contínuo e ele acaba por perceber que aquilo que considerava um problema passageiro significava a coisa mais importante do mundo para ele: sua morte. Essas questões – "Por quê?", "Qual a razão?", "Para quê?" – não encontravam respostas. "Senti", diz Tolstoi, "que algo se partira dentro de mim, algo em que minha vida sempre se apoiara, que não restava nada a que eu me pudesse apegar e que, do ponto de vista moral, minha vida tinha cessado. Uma força invencível me impelia a dar cabo da existência, de uma ou de outra forma. Não se pode dizer exatamente que eu *quisesse* cometer suicídio, pois a força que me impelia a deixar a vida era mais completa, mais poderosa e mais geral que qualquer simples desejo. Era uma força semelhante à de minha antiga aspiração à vida, mas que me impelia na direção oposta. Era uma aspiração de todo o meu ser no sentido de deixar o mundo dos vivos.

"Imagine-me então, um homem feliz e que gozava de boa saúde, escondendo a corda para não me enforcar nas vigas do quarto onde me recolhia toda noite para dormir, sozinho; imagine-me deixando de praticar o tiro, com medo de ceder à fácil tentação de pôr fim a mim mesmo com minha arma.

"Eu não sabia o que queria. Estava com medo da vida, era impelido a deixá-la; e, apesar disso, ainda alimentava a esperança de obter algo dela.

"Tudo isso aconteceu num momento em que, pelo que respeita às minhas circunstâncias externas, eu deveria me achar completamente feliz. Tinha uma boa esposa, que me amava e a quem eu amava; tinha bons filhos e uma grande propriedade que se valorizava sem muito esforço de minha parte. Era mais respeitado por parentes e conhecidos do que jamais fora; vivia recebendo honrarias dos estranhos; e, sem exagero, podia acreditar que o meu nome já alcançara fama. Ademais, não estava insano nem enfermo. Pelo contrário; estava com uma força física e mental que raramente havia encontrado em pessoas de minha idade. Podia trabalhar a terra tanto quanto os camponeses. Podia dedicar-me a trabalhos intelectuais durante oito horas a fio sem sentir efeitos negativos.

"E, no entanto, não podia atribuir qualquer sentido razoável às ações de minha vida. E estava surpreso por não ter compreendido isso desde o início. Meu estado de espírito me levava a sentir-me como se alguma peça malvada e estúpida me estivesse sendo pregada por alguém. Só nos é possível viver enquanto estamos inebriados, bêbedos de vida; mas, quando ficamos sóbrios, não podemos deixar de ver que tudo não passa de um estúpido engano. O que há de mais verdadeiro na vida é não haver nela nada engraçado ou tolo; ela é cruel e estúpida, pura e simplesmente."

Ele se vê perplexo diante de questões para as quais não encontrava respostas:

" ... Qual será o resultado daquilo que faço hoje? Ou: que farei amanhã? Qual será o resultado de toda a minha vida? Por que devo viver? Por que fazer alguma coisa? Haverá na vida algum propósito que a morte inevitável que me aguarda não desfaça e destrua?

> "Essas são as questões mais simples do mundo. Da criança estúpida ao ancião mais sábio, elas se encontram respondidas no espírito de todo ser humano. Sem ter respostas para elas, é impossível, como o revela minha experiência, que a vida siga seu curso." [15]

Eis um bom exemplo de ataque agudo de alienação. As de Tolstoi são as mesmas questões encontradas na base de toda neurose que se desenvolve nos anos da maturidade. É por isso que Jung pode dizer que nunca viu um paciente com mais de trinta e cinco anos que tivesse obtido a cura sem encontrar uma atitude religiosa com relação à vida.[16] Uma atitude religiosa, em termos psicológicos, tem como base uma experiência do *numinosum,* isto é, do Si-mesmo. Mas é impossível para o ego a experiência do Si-mesmo como algo distinto, já que o ego está inconscientemente identificado com o Si-mesmo. Isso explica a necessidade da experiência da alienação como prelúdio da experiência religiosa. Em primeiro lugar, o ego deve perder sua identificação com o Si-mesmo, para então encontrar o Si-mesmo como "o outro". Enquanto está identificado inconscientemente com Deus, o indivíduo não pode experimentar Sua existência. Mas o processo de separação entre o ego e o Si-mesmo causa alienação, pois a perda da identidade ego-Si-mesmo envolve igualmente a danificação do eixo ego-Si-mesmo. Surge daí a típica "noite escura do espírito" que precede a experiência numinosa.

Outro exemplo é a descrição feita por John Bunyan do seu estado alienado, conforme James relata:

> "Mas minha impureza original e interna constituía minha praga e minha aflição. Por isso, eu era mais repugnante que um sapo; e eu pensava que era assim também aos olhos de Deus. O pecado e a corrupção, dizia eu, brotariam do meu peito tão naturalmente como a água de uma fonte. Eu teria trocado meu coração pelo de qualquer pessoa. Eu pensava que ninguém senão o próprio Demônio seria igual a mim em torpeza e impureza de espírito. Certamente, pensava eu, Deus esqueceu-se de mim. E assim continuei por longo tempo, mesmo alguns anos a fio.

---

15 James, William. *Varieties of Religious Experience*, Nova York, Random House, Modern Library, pp. 150 ss.
16 Jung, C. G. *Psychology and Religion: West and East*, C. W., vol. 11, par. 509. O trecho completo é o seguinte: "Entre meus pacientes da segunda metade da vida – isto é, com mais de trinta e cinco anos de idade – não houve um sequer cujo problema, em última análise, não fosse o de encontrar uma perspectiva de vida de caráter religioso. É seguro afirmar que cada um deles adoeceu porque perdeu o que as religiões vivas de todas as épocas têm dado aos seus seguidores e não houve nenhum deles que realmente se tivesse curado sem ter recuperado essa perspectiva de caráter religioso. Isso, com efeito, não tinha nenhuma relação com um credo particular ou com o fato de ser membro de alguma igreja específica".

"E agora eu lamentava que Deus me tivesse feito homem. Os animais, os pássaros etc., eu bendizia-lhes a sorte, pois não tinham natureza pecaminosa; não estavam sujeitos à ira divina; não iriam para o fogo do inferno depois que morressem. Consequentemente, eu me poderia regozijar caso minha condição fosse a de qualquer deles. E eu bendizia a condição do cão e do sapo, sim, como eu seria feliz se fosse um cão ou um cavalo, pois sabia que eles não tinham uma alma para perecer sob o peso eterno do Inferno ou do Pecado, algo que provavelmente iria acontecer à minha alma. E havia mais: embora eu pensasse assim, me sentisse assim e estivesse arrasado com isso, o que mais aumentava minha angústia era não encontrar, em nenhum lugar da minha alma, um sinal de que desejasse verdadeiramente a absolvição divina. Às vezes, meu coração podia ser extraordinariamente duro. Nem que me tivessem sido pagas mil libras por uma lágrima, eu não poderia verter uma única, não, e por vezes nem desejava fazê-lo.

"Eu era um fardo e um terror para mim mesmo; e em nenhum momento sabia, como sei agora, que iria ficar cansado da vida e, ao mesmo tempo, com medo de morrer. Como eu teria ficado feliz se fosse qualquer outro que não eu! Tudo menos um homem! e em qualquer condição, menos na minha".[17]

O estado de espírito de Bunyan tem um claro caráter patológico. Os mesmos sentimentos de culpa e impossibilidade de redenção são expressos na melancolia psicótica. Seu sentimento de ser o homem mais culpado da Terra é uma inflação negativa. Todavia, é igualmente alienação. A inveja que Bunyan tem dos animais é algo que se manifesta com grande frequência nos relatos da condição alienada que precede a experiência religiosa. Essa inveja dos animais fornece um indício a respeito do modo como o estado de alienação deve ser curado: por meio do contato renovado com a vida instintiva natural.

Embora a alienação seja uma experiência arquetípica e, portanto, uma experiência humana geral, as formas exageradas dessa experiência, tais como a de Bunyan, normalmente se encontram em pessoas com um certo tipo de infância traumática. Nos casos em que a criança experimenta um grau sério de rejeição por parte dos pais, o eixo ego-Si-mesmo é danificado e a criança fica predisposta, na idade madura, a estados de alienação que podem alcançar dimensões insuportáveis. Essa linha de acontecimentos decorre de a criança experimentar a rejeição parental como uma rejeição por parte de Deus. Essa experiência é incorporada à psique como alienação permanente entre o ego e o Si-mesmo.

---

17 James, *Varieties of Religious Experience*, p. 155.

▶ Ilustração 11. SANTO ANTÃO E SÃO PAULO, O EREMITA, SENDO ALÍMENTADOS POR UM CORVO. Dürer.

No contexto da psicologia cristã, a experiência de alienação é entendida, de modo geral, como uma punição divina de pecados. A doutrina do pecado de Santo Anselmo vem aqui a propósito. Segundo ele, o pecado constitui uma apropriação indébita das prerrogativas de Deus e, em consequência, desonra a Deus. Essa desonra exige reparação. Escreve ele:

> Todo desejo da criatura racional deve sujeitar-se à vontade de Deus ... esta é a única e completa dívida de honra que temos para com Deus e que Deus exige de nós ... Aquele que não honra essa dívida que tem para com Deus priva-O do que Lhe é próprio e O desonra; e isso é pecado. Ademais, quando o indivíduo não restitui aquilo de que se apossou indevidamente, permanece em falta; e então já não será suficiente devolver o que tomou, mas, considerando-se o conteúdo daquilo que oferece, terá de devolver mais do que tomou. Pois aquele que põe em risco a segurança de outro não o repara suficientemente mediante a mera restauração da segurança que ameaçou, sem que ofereça alguma compensação pela angústia que causou; assim é que aquele que viola a honra de outro não a repara simplesmente pelo retorno ao respeito à honra do outro, mas deve, de acordo com o grau da injúria feita, compensar, de alguma forma satisfatória, a pessoa a quem desonrou. Deve também observar que, quando alguém paga algo que tomou de forma injusta, deve dar algo que não lhe seria exigido caso não tivesse roubado o que pertencia a outrem. Assim sendo, todo aquele que comete pecado deve pagar a honra que roubou de Deus; esta é a satisfação que todo pecador deve a Deus.[18]

O pecado é a presunção inflada do ego, que assume as funções do Si-mesmo. Esse crime requer punição (alienação) e restituição (remorso, arrependimento). Mas, de acordo com Santo Anselmo, a satisfação plena dessa condição requer o retorno de mais do que foi originalmente tomado. Isso é impossível, já que o homem deve a Deus obediência total, mesmo sem cometer pecados. Ele não dispõe de outros recursos para pagar sua falta. Por essa razão, deve usar a graça propiciada pelo sacrifício do Deus feito homem, Jesus Cristo. Na sequência pecado-arrependimento, o próprio Deus paga a dívida por meio de um influxo de graça. Isso corresponde à declaração de São Paulo: "Mas, onde o pecado se multiplicou, a graça o ultrapassa imensuravelmente; desta forma, assim como o pecado estabeleceu seu reino através da morte, a graça de Deus estabelece seu reino pela retidão e se manifesta na vida eterna através de Jesus Cristo, Nosso Senhor". (Romanos 5:20,21). A pergunta de São Paulo: "Deveremos então persistir no pecado, para que haja ainda mais graça?", é respondida, na realidade, negativamente. Não obstante, a questão alude ao fato desconfortável de que a graça está, de alguma forma, vinculada ao pecado.

Compreendidas em termos psicológicos, essas doutrinas teológicas se referem à relação entre o ego e o Si-mesmo. A inflação (o pecado) deve ser

---

18 Santo Anselmo, *Cur Deus Homo,* Capítulo XI, *in Basic Writings,* La Salle, Illinois, Open Court Publishing Co., 1962, pp. 202 s.

evitada sempre que for possível. Quando ela ocorre, o ego pode ser redimido, tão somente, por meio da restituição, ao Si-mesmo, de sua honra perdida (arrependimento, contrição) (*Ilustração 12*). Isso, porém, não basta para a plena satisfação.

Ilustração 12. A PENITÊNCIA DE DAVI. Davi, admoestado pelo profeta Natã, arrepende-se de ter violado Betsabé. À direita, há uma personificação do arrependimento (metanoia). Iluminura de um manuscrito bizantino.

A graça decorrente do autossacrifício do Si-mesmo deve completar o pagamento. Há até mesmo um indício de que o pecado e a pena subsequente imposta ao ego por causa do pecado são necessários para gerar o fluxo de energia curativa (a graça divina) proveniente do Si-mesmo. Isso corresponderia ao fato de o ego não poder experimentar o apoio do Si-mesmo enquanto não tiver ficado livre de sua identificação com o Si-mesmo. O ego não pode ser um vaso para receber o influxo da graça enquanto não tiver esvaziado seu próprio conteúdo inflado. E esse esvaziamento só ocorre por meio da experiência de alienação.

Martinho Lutero exprime essa mesma ideia:

Deus opera por meio de opostos, de modo que um homem se sente perdido precisamente no momento em que está prestes a alcançar a salvação. Quando Deus está prestes a perdoar um homem, amaldiçoa-o. Aquele a quem Deus quer tornar vivo primeiro deve morrer. O favor de Deus é de tal forma comunicado através da ira que a graça parece mais distante precisamente quando está à mão. É preciso que antes o homem se lamente, dizendo que não há cura para si. É preciso que o homem se veja consumido pelo horror. Esse é o sofrimento do purgatório ... Em meio a esses distúrbios, a salvação tem início. Quando um homem sente que está profundamente perdido, surge a luz.[19]

4. A Reconstrução do Eixo Ego-Si-Mesmo

Há um quadro clínico típico, muito comum na prática psicoterapêutica, que pode ser denominado neurose da alienação. Um indivíduo portador dessa neurose tem muitas dúvidas com relação ao seu direito de existir. Apresenta-se com um profundo sentimento de falta de valor, com todos os sintomas daquilo que costumamos designar por complexo de inferioridade. O indivíduo supõe, inconsciente e automaticamente, que tudo que vem dele mesmo – seus desejos, necessidades e interesses mais profundos – deve estar errado ou, de alguma forma, deve ser inaceitável. Diante dessa atitude, a energia psíquica é represada e deverá emergir sob formas encobertas, inconscientes ou destrutivas, tais como sintomas psicossomáticos, ataques de ansiedade ou de afeto primitivo, depressão, impulsos suicidas, alcoolismo etc. Fundamentalmente, um paciente desses enfrenta o problema de saber se é ou não perdoado diante de Deus. Temos aqui a base psicológica da questão teológica do perdão: a fé ou as obras nos asseguram o perdão? – algo que torna ínfima a diferença entre os pontos de vista introvertido e extrovertido. A pessoa alienada sente-se profundamente não perdoada e dificilmente tem condições de agir em favor do seu melhor interesse. Ao mesmo tempo, ela perde a sensação de significado. A vida torna-se vazia de conteúdo psíquico.

Para haver a ruptura do estado alienado, é necessário restabelecer algum contato entre o ego e o Si-mesmo. Se isso for possível, um mundo completamente novo vai se abrir para a pessoa. Apresento a seguir uma descrição de uma experiência desse tipo, retirada de um caso narrado pelo Dr. Rollo May. A paciente era uma mulher de vinte e oito anos, filha ilegítima, que havia sofrido severamente com o que eu denominaria neurose da alienação. Ela conta suas experiências nas seguintes palavras:

---

19 Bainton, Roland. *Here I Stand*, Nova York, Abingdon-Cokesbury, 1950, pp. 82 s.

> Lembro-me de que estava caminhando, naquele dia, sob os trilhos elevados em uma área de favela, sentindo o peso do pensamento "Sou uma criança ilegítima".
>
> Recordo-me do suor gotejando enquanto sentia a angústia envolvida na tentativa de aceitar esse fato. E então entendi o que deveria ser, para outros, aceitar este outro fato: "Sou um Negro em meio a brancos privilegiados", ou "Sou um cego em meio a pessoas que veem". Mais tarde, à noite, levantei-me e a coisa me ocorreu da seguinte forma: "Aceito o fato de ser uma criança ilegítima", mas "Já não sou criança". Logo, "Sou ilegítima". Mas ainda não é isso: "Nasci ilegítima (mente)". E o que sobra então? O que sobra é "Eu sou". Esse ato de contato e de aceitação com relação ao "Eu sou", uma vez acontecido, deu-me (o que sinto ter sido pela primeira vez) a experiência: "Já que eu sou, tenho o direito de ser".
>
> Com que se parece essa experiência? Trata-se de um sentimento essencial – que se assemelha ao recebimento da escritura da casa própria. É a experiência do próprio nascer, que não traz consigo o interesse de saber se a vida vai ser de um íon ou de uma simples onda. Parece com o dia em que eu, bem criancinha, alcancei o centro de um pêssego e quebrei-lhe o caroço, sem saber o que iria encontrar; depois, senti-me como se presenciasse algo maravilhoso ao descobrir a semente interna boa de comer, com sua doçura áspera... É como um barco no porto sendo ancorado para que ele, feito de coisas da terra, possa recuperar o contato com a terra, com o solo de onde sua madeira cresceu; ele pode levantar âncoras para navegar, mas sempre pode, algumas vezes, lançar as âncoras para defender-se da tempestade ou para descansar um pouco...
>
> É como se eu tivesse ido para o meu próprio Jardim do Éden, onde estou além do bem e do mal e de todos os demais conceitos humanos ... É como o globo terrestre antes de as montanhas, os oceanos e os continentes serem desenhados no seu interior. É como uma criança que estuda gramática ao encontrar o *sujeito* de uma oração – sendo o sujeito, nesse caso, nossa própria vida. É deixar de ser uma teoria com relação ao próprio eu...[20]

May chama isso de experiência do "Eu sou", o que certamente a descreve bem. Podemos entendê-la, igualmente, como a reconstituição do eixo ego-Si-mesmo que deve ter acontecido no contexto de uma forte transferência.

O sonho apresentado a seguir também ilustra o início da reparação de um eixo ego-Si-mesmo danificado. A paciente, uma jovem, sonhou:

---

20 *Existence*, May, R.; Engel, E.; Ellenberger, W. F. (Orgs.), Nova York, Basic Books, 1950, p. 43.

> Fui banida para as vastidões frias e vazias da Sibéria e estou caminhando sem destino. Então aparece um grupo de soldados a cavalo. Eles me atiram ao chão e começam a me violentar, um por um. Isso acontece quatro vezes. Sinto-me despedaçada e paralisada de frio. Então se aproxima o quinto soldado. Espero receber dele o mesmo tratamento, mas, para minha surpresa, vejo em seus olhos compaixão e compreensão humana. Em vez de me violentar, ele me envolve gentilmente com um cobertor e me leva para uma cabana próxima. Nela, sou colocada perto do fogo e alimentada com sopa quente. Sei que esse homem vai me curar.

Esse sonho ocorreu no início da transferência. A paciente sofrera, quando criança, de um severo grau de rejeição por parte dos pais. Seu pai, em especial, a havia ignorado completamente após divorciar-se da mãe. Esse foi um golpe terrível para sua autoestima e a deixou alienada dos valores veiculados pelo pai e, em última análise, de uma porção do Si-mesmo. O sonho descreve vivamente seu sentimento de alienação ou de banimento, assim como sua experiência recém-iniciada de restauração: o eixo ego-Si-mesmo começava a ser reparado. Isso acontece com a consciência emergente de fortes sentimentos de transferência. Essas experiências são, com efeito, encontradas regularmente em psicoterapia e são tratadas de forma mais ou menos bem-sucedida por meio de bons sentimentos humanos e de teorias estabelecidas referentes à transferência. Todavia, acredito que a percepção de que um profundo processo nuclear – que envolve a reparação do eixo ego-Si-mesmo – está em andamento e dá uma outra dimensão à compreensão do fenômeno da transferência. Ademais, nesse caso tornamo-nos capazes de compreender a experiência terapêutica no contexto mais amplo da necessidade humana universal de manter uma relação com a fonte transpessoal do ser.

Outro exemplo do efeito curativo devido ao restabelecimento da conexão entre o ego e o Si-mesmo está num notável sonho que me chegou ao conhecimento. O homem que o sonhou tinha passado por graves privações emocionais na infância. Também era filho ilegítimo, criado por pais adotivos, quase psicóticos, que praticamente não lhe proporcionaram nenhuma experiência parental positiva. Como resultado, ele ficou com um agudo sentimento de alienação na idade adulta. Embora bastante talentoso, viu severamente bloqueados seus esforços no sentido de realizar suas potencialidades. Teve esse sonho na noite imediatamente seguinte ao dia da morte de Jung (6 de junho de 1961). Menciono esse detalhe porque o paciente foi muito afetado pela morte de Jung e porque, de certo modo, o sonho condensa um aspecto da abordagem junguiana da psique. Eis o sonho:

Somos quatro a chegar a um planeta estranho. Parecemos formar uma quaternidade, no sentido de que cada um de nós representa um aspecto diferente do ser – como se fôssemos representantes dos quatro pontos cardeais ou das quatro diferentes raças humanas. Ao chegar, descobrimos uma contraparte do nosso grupo de quatro no planeta – um segundo grupo de quatro. Este último grupo não fala nossa língua; na verdade, cada um deles fala uma língua diferente. A primeira coisa que tentamos é chegar a alguma língua comum. (Esse problema ocupa boa parte do sonho, mas vou omitir essa parte.)

Há nesse planeta uma superordem que se aplica a todos os habitantes. Ela não é aplicada por uma pessoa ou por um governo, mas por uma autoridade benigna que julgamos ser a natureza. Nada há, na capacidade de essa autoridade exercer controle sobre todos, que ameace nossa individualidade.

Então sou atraído para algo que acontece numa sala de emergência. Um dos quatro do planeta sofreu um ataque. Parece que sua excitação com nossa chegada levou seu coração a bater em ritmo muito acelerado. E é da natureza da superordem intervir quando coisas desse tipo acontecem. O homem fica num estado semicomatoso, durante o qual ele é ligado ao coração principal, que absorverá essa "sobrecarga" até lhe restabelecer o equilíbrio.

Começo a me perguntar se nós quatro teremos permissão para ficar. Então recebemos a informação de que nos seria permitido ficar desde que fôssemos colocados em sintonia para que a "Fonte Central da Lei Energética" tenha condições de medir e detectar quando entramos naquilo que o planeta denomina "perigo" e que na Terra se chama "pecado". No momento em que entrarmos em perigo, a superordem vai "assumir o comando" até que a condição seja corrigida. Há perigo sempre que se realiza um ato com o objetivo de obter satisfação imediata do ego ou de qualquer parte consciente da personalidade, sem referência às raízes arquetípicas do próprio ato – isto é, sem relacionar esse ato com sua origem arquetípica e com o aspecto ritualístico envolvido no primeiro ato básico.

Os elementos centrais desse sonho tão impressionante são a "superordem" e a "fonte central de lei energética" que existem no outro planeta (o inconsciente). Essa notável imagem é uma expressão simbólica do processo transpessoal de regulação da psique e corresponde ao nosso conceito de função compensatória do inconsciente. O sonho afirma que há perigo "sempre que se realizar um ato com o objetivo de obter satisfação imediata do ego ... sem referência às raízes arquetípicas do próprio ato". Trata-se de uma descrição exata da inflação, na qual o ego opera sem referência às categorias suprapessoais da existência. Além disso, o sonho equipara essa condição ao pecado – um equivalente preciso da visão agostiniana citada anteriormente (p. 51).

O sonho nos diz que a "superordem" entra em ação para remover a "sobrecarga", logo que o ego fique inflado – protegendo-o, assim, dos perigos da alienação subsequente. Esse mecanismo de proteção ou de compensação constitui um claro paralelo do princípio da homeostase, descoberto por Walter Cannon no campo da fisiologia.[21] De acordo com esse conceito, o corpo dispõe de um processo próprio de homeostase ou autorregulação que não permite que os constituintes corporais básicos se afastem muito de um adequado ponto de equilíbrio. Por exemplo, se ingerimos muito cloreto de sódio, os rins aumentam a concentração de cloreto de sódio na urina. Ou, se se acumula uma grande quantidade de dióxido de carbono no sangue, então alguns centros nervosos do cérebro aumentam o ritmo respiratório para expulsar o excesso de dióxido de carbono. O mesmo processo autorregulador, homeostático, opera na psique, servindo para garantir que ela esteja livre para agir naturalmente e não seja danificada. Assim como o corpo, a psique inconsciente também dispõe de uma sabedoria instintiva que pode corrigir erros e excessos da consciência se estivermos receptivos às suas mensagens. Essa função corretiva tem como origem o Si-mesmo e requer uma conexão viva e saudável entre o Si-mesmo e o ego para operar livremente.

Mesmo para o homem "normal" a alienação constitui uma experiência necessária para que o desenvolvimento psicológico tenha continuidade, pois a identidade ego-Si-mesmo é tão universal quanto o pecado original. Na realidade, são idênticos. Carlyle o disse de forma brilhante. Ele afirma que a felicidade é inversamente proporcional ao grau de nossas expectativas, isto é, àquilo que pensamos merecer. A felicidade é igual àquilo de que dispomos dividido por aquilo que esperamos obter. Ele escreve:

> Por meio de certas avaliações e medidas, estabelecidas por nós mesmos, chegamos a alguma espécie de quinhão terrestre médio; esse quinhão nos pertence por direito incontestável e pela própria natureza. Esse quinhão é um simples pagamento de salários, pelos nossos méritos; não requer elogios nem queixas. Apenas os superávits eventuais são considerados por nós como Felicidade; qualquer déficit é considerado Miséria. Mas, considerando que nós mesmos fazemos a avaliação dos nossos méritos e que há em cada um de nós um fundo de pretensão,

---

21 Cannon, W. B., *The Wisdom of the Body*, Nova York, 1932.

será, acaso, de admirar que a balança penda com frequência para o lado errado? ... Digo-te, Cabeça-Dura, que tudo isso vem da tua Vaidade; das *fantasias* com que consideras quais sejam teus méritos. Imagina que mereces ser enforcado (o que é bem provável) e ficarás feliz por ser apenas fuzilado ...

... a Fração da Vida pode ter seu valor aumentado não tanto pelo aumento do Numerador como pela redução do Denominador. Ademais, a não ser que minha Álgebra me engane, a *Unidade* dividida por *Zero* dará como resultado o *Infinito*. Faze tua reivindicação de salários igual a zero e terás o mundo aos teus pés. Bem disse o Mais Sábio de nossa época ao escrever: "Apenas com a Renúncia *(Entsagen)* é possível considerar a Vida propriamente dita iniciada".[22]

---

22 Carlyle, Thomas. *Sartor Resartus*, Everyman's Library, Londres, Dent and Sons, 1948, p. 144.

Capítulo 3

Encontro com o Si-mesmo

Encaro esta vida como o percurso de uma essência real; a alma apenas deixa sua corte para ver o país. Os céus têm em si uma representação da terra e se a alma se tivesse contentado com ideias não teria viajado para além do mapa. Mas padrões excelentes recomendam seus gestos ... mas enquanto lhes explora a simetria, ela a forma. Assim, sua descendência reproduz o original. Deus, no amor à Sua própria beleza, forma um espelho, para vê-la refletida.

– THOMAS VAUGHN*

1. O Papel do Coletivo

Vimos que os estados de inflação e de alienação, que fazem parte do ciclo da vida psíquica, tendem a tornar-se alguma outra coisa. O estado inflado, quando produtivo, leva a uma queda e, portanto, à alienação. A condição alienada, da mesma maneira, leva, em condições normais, a um estado de cura e de restauração. A inflação, ou a alienação, só se tornam condições perigosas quando são separadas do ciclo de vida de que são parte. Se qualquer delas se tornar uma condição estática e crônica de ser, e não uma parte do dinamismo abrangente, a personalidade se verá ameaçada. A psicoterapia será necessária. Todavia, a massa de homens sempre se viu protegida desses perigos por meios coletivos, convencionais – e, por conseguinte, amplamente inconscientes.

Os perigos psíquicos da inflação e da alienação, sob designações diferentes, sempre foram reconhecidos na prática religiosa e na sabedoria popular de todas as raças e épocas. Há muitos rituais pessoais e coletivos cuja existência

---

* Vaughn, Thomas. "Anthroposophia Theomagica", in *The Works of Thomas Vaughn*, Waite, A. E. (org.), reimpresso por University Books, New Hyde Park, Nova York, p. 5.

atende ao propósito de evitar qualquer tendência inflada capaz de provocar a inveja divina. Por exemplo, temos a antiquíssima prática de bater na madeira quando dizemos que as coisas vão bem. Por trás dessa prática, está a percepção consciente ou inconsciente de que o orgulho e o contentamento são perigosos. Por conseguinte, é necessário algum procedimento para nos manter humildes. O uso da frase "Se Deus quiser" tem o mesmo propósito. Os tabus encontrados nas sociedades primitivas têm, na maioria dos casos, a mesma base – proteger o indivíduo do estado inflado, do contato com poderes que se podem mostrar grandes demais para a consciência limitada do ego, poderes que podem explodir esta última de forma desastrosa. O procedimento primitivo de isolar os guerreiros vitoriosos quando do seu retorno do campo de batalha atende à mesma função protetora. Os guerreiros vitoriosos podem estar inflados pela vitória e podem voltar sua força contra seu próprio povo caso lhes seja permitido. Assim sendo, há um período de esfriamento que dura alguns dias antes de ocorrer a reintegração desses guerreiros à comunidade.

Há um interessante ritual mitraísta,* o chamado "Rito da Coroa", que se destina a proteger da inflação. O procedimento aqui descrito foi realizado durante a iniciação de um soldado romano no mitraísmo. Uma coroa, colocada na ponta de uma espada, foi oferecida ao candidato; mas o iniciante tinha sido orientado a desprezar a coroa, empurrando-a para o lado com a mão, e a dizer: "Mitra é a minha coroa". Dali por diante, ele jamais usaria uma coroa ou guirlanda, nem mesmo em banquetes ou em comemorações de triunfos militares; e sempre que lhe era oferecida uma coroa ele a recusava, dizendo: "Isso pertence ao meu deus".[1]

No Zen Budismo, desenvolveram-se técnicas sutis para minar a inflação intelectual, a ilusão de que se *sabe*. Uma dessas técnicas consiste em usar os *koans*, ou ditados enigmáticos. Um exemplo disso seria: Um discípulo pergunta ao seu mestre "Os cães compartilham da natureza do Buda?". O mestre replica: "Au, au!".

Na tradição cristã, há um grande esforço no sentido de criar uma proteção contra o estado inflado. Os sete pecados capitais (orgulho, ira, inveja, luxúria, gula, avareza e cobiça) constituem sintomas de inflação. O fato de serem considerados pecados, que exigem confissão e penitência, protege deles o indivíduo. A mensagem básica das Bem-aventuranças de Jesus é que a bênção recairá sobre a personalidade não inflada.

---

* Referente à adoração pagã do deus Mitra. (N. do T.)
1 Willoughby, Harold R. *Pagan Regeneration*, Chicago, University of Chicago Press, 1929, p. 156.

Há ainda muitos procedimentos tradicionais para proteger o indivíduo do estado alienado. Em termos psicológicos, o objetivo central de todas as práticas religiosas é manter o indivíduo (ego) vinculado à divindade (Si-mesmo). Todas as religiões são repositórios da experiência transpessoal e de imagens arquetípicas. O propósito original das cerimônias religiosas de todos os tipos parece ser o de propiciar ao indivíduo a experiência de um relacionamento significativo com essas categorias de natureza transpessoal. Isso se aplica à Missa e à confissão católica – de modo mais pessoal – em que o indivíduo tem a oportunidade de retirar de si mesmo a carga de quaisquer circunstâncias que o levaram a ter um sentimento de alienação com relação a Deus. Estabelece-se na confissão, por meio da aceitação do padre (em sua qualidade de agente de Deus), um certo sentimento de retorno a Deus e de religação com Ele.

Todas as práticas religiosas têm em vista as categorias transpessoais da existência e tentam relacioná-las ao indivíduo. A religião constitui a melhor proteção coletiva disponível contra a inflação e contra a alienação. Pelo que sabemos, toda sociedade apresenta essas categorias suprapessoais em seu ritual coletivo de vida. É bastante duvidoso que uma sociedade consiga sobreviver por qualquer período sem contar com algum sentimento comum, compartilhado, de consciência dessas categorias transpessoais.

Todavia, os métodos coletivos, embora protejam o homem dos perigos das profundezas psíquicas, privam-no, por outro lado, da experiência individual dessas profundezas e da possibilidade de desenvolvimento que essa experiência promove. Desde que uma religião viva possa conter o Si-mesmo e mediar o dinamismo do Si-mesmo junto aos seus membros, haverá pouca necessidade de um encontro pessoal entre o indivíduo e o Si-mesmo. O indivíduo não precisará descobrir sua relação individual com a dimensão transpessoal. Essa tarefa será realizada para ele pela Igreja.

Isso levanta uma séria questão: a de saber se a moderna sociedade ocidental ainda dispõe de um recipiente que funcione para acolher essas categorias suprapessoais ou arquétipos. Ou, como o diz Eliot, temos apenas "um monte de imagens quebradas?". É fato que há grande número de indivíduos que não dispõem de categorias suprapessoais, vivas e em funcionamento, por meio das quais possam entender a experiência da vida, sejam elas fornecidas pela igreja ou por outro meio qualquer. Trata-se de um perigoso estado de coisas, pois quando essas categorias não existem o ego é capaz de pensar em si mesmo como sendo tudo ou como não sendo nada. Ademais, quando os arquétipos não têm um recipiente adequado, tal como uma estrutura religiosa estabelecida, eles têm que ir para algum outro lugar, já que são fatos da vida psíquica. Uma possibilidade é a de que esses arquétipos sejam projetados em assuntos banais ou seculares. O valor transpessoal pode tornar-se, nessa circunstância, o padrão de vida, o poder pessoal, algum movimento de reforma social ou qualquer das várias atividades políticas possíveis. Isso acontece no nazismo, a direita radical, e no comunismo, a esquerda radical. Esse mesmo tipo de dinamismo pode ser projetado no problema racial, seja como racismo ou como antirracismo. As ações pessoais, seculares ou políticas tornam-se carregadas de um valor religioso inconsciente. Isso é muito perigoso, pois sempre que uma motivação religiosa age inconscientemente surge o fanatismo, com todas as suas consequências destrutivas.

Quando a psique coletiva se encontra numa condição estável, a grande maioria dos indivíduos compartilha de um mito ou uma divindade vivos comuns. Cada um dos indivíduos projeta sua imagem interna de Deus (o Si-mesmo) na religião da comunidade. Portanto, a religião coletiva serve de recipiente do Si-mesmo para uma multidão de indivíduos. A realidade das forças transpessoais vitais encontra um reflexo nas imagens externas que a igreja incorpora a seu simbolismo, sua mitologia, seus ritos e seu dogma. Enquanto funciona de maneira adequada, a igreja protege a sociedade de toda inflação e de toda alienação disseminadas. Um estado de coisas estável dessa espécie é representado diagramaticamente na *Figura 6*. Embora estável, essa situação tem defeitos; o Si-mesmo, ou imagem de Deus, ainda é inconsciente, ou seja, não é reconhecido como entidade interna, de caráter psíquico. Embora a comunidade de crentes esteja em relação harmoniosa, já que cada um dos seus membros compartilha com os demais de uma mesma projeção, essa harmonia é ilusória e até certo ponto espúria. Os indivíduos estarão, com relação à igreja, num estado de identificação coletiva ou de *participation mystique* e não terão estabelecido nenhuma relação exclusiva e individual com o Si-mesmo.

Se a igreja externa perder sua capacidade de conter a projeção do Si-mesmo, teremos chegado à condição que Nietzsche anunciou para o mundo moderno: "Deus está morto!". Toda a energia psíquica e todos os valores dessa ordem, que estavam contidos na igreja, refluem para o indivíduo, ativando-lhe a psique e causando-lhe sérios problemas. O que vai acontecer, então? Há várias possibilidades, e temos exemplos de cada uma delas na vida contemporânea. (Ver a *Figura 7*):

1. A primeira possibilidade é que a perda da projeção de Deus na igreja leve o indivíduo a perder, ao mesmo tempo, sua ligação interna como Si-mesmo (Caso 1, *Figura 7*). Nesse caso, o indivíduo sucumbe à alienação e a todos os sintomas de uma vida vazia e carente de sentido, tão comuns nos dias de hoje.

2. A segunda possibilidade é que o indivíduo assuma por si mesmo, com seu próprio ego e suas próprias capacidades, toda a energia anteriormente projetada na divindade (Caso 2, *Figura 7*). Nesse caso, a pessoa sucumbe à inflação. Vemos exemplos disso na *hybris*, que supervaloriza os poderes racionais e manipulatórios do homem e nega o sagrado mistério inerente à vida e à natureza.

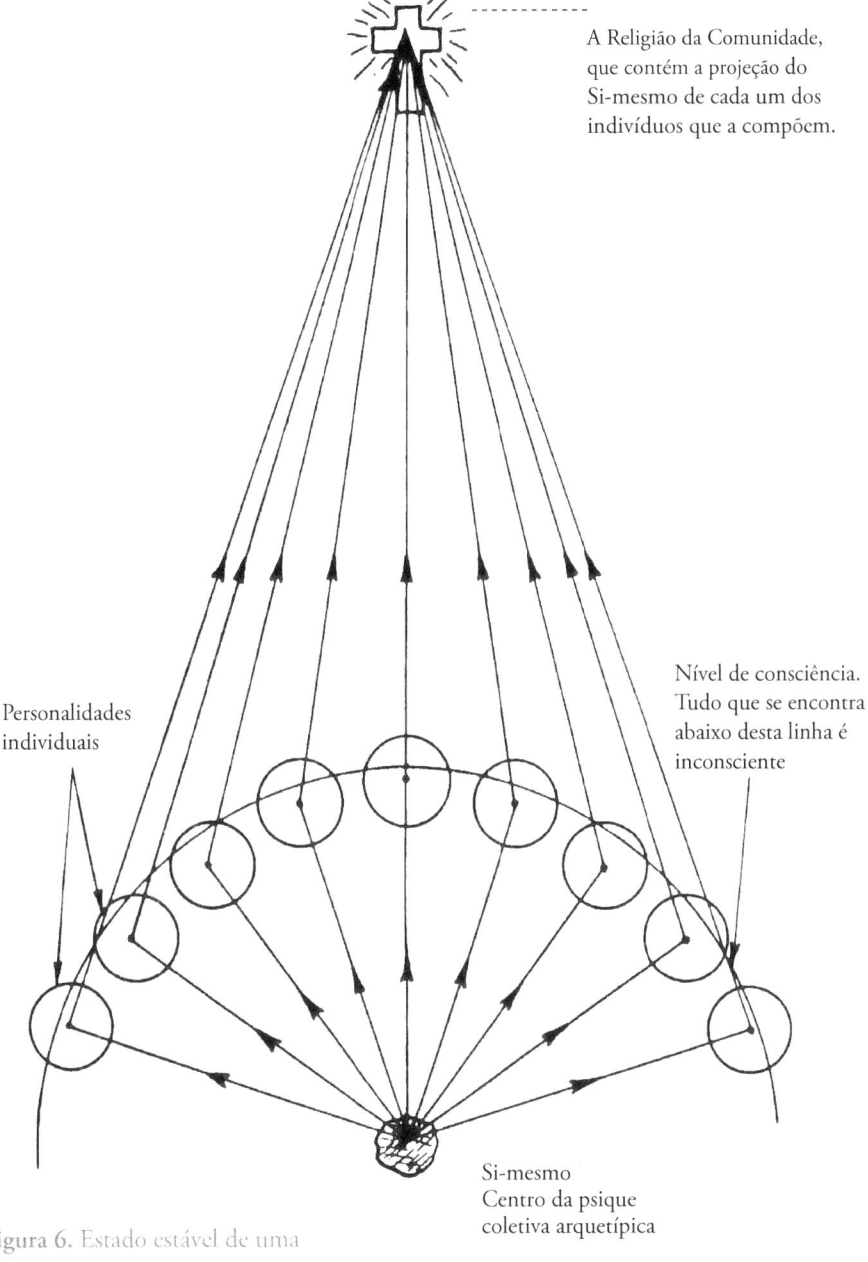

A Religião da Comunidade, que contém a projeção do Si-mesmo de cada um dos indivíduos que a compõem.

Personalidades individuais

Nível de consciência. Tudo que se encontra abaixo desta linha é inconsciente

Si-mesmo
Centro da psique coletiva arquetípica

Figura 6. Estado estável de uma comunidade de crentes religiosos.

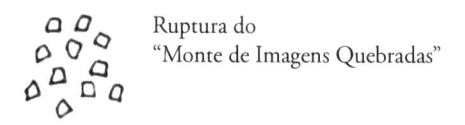

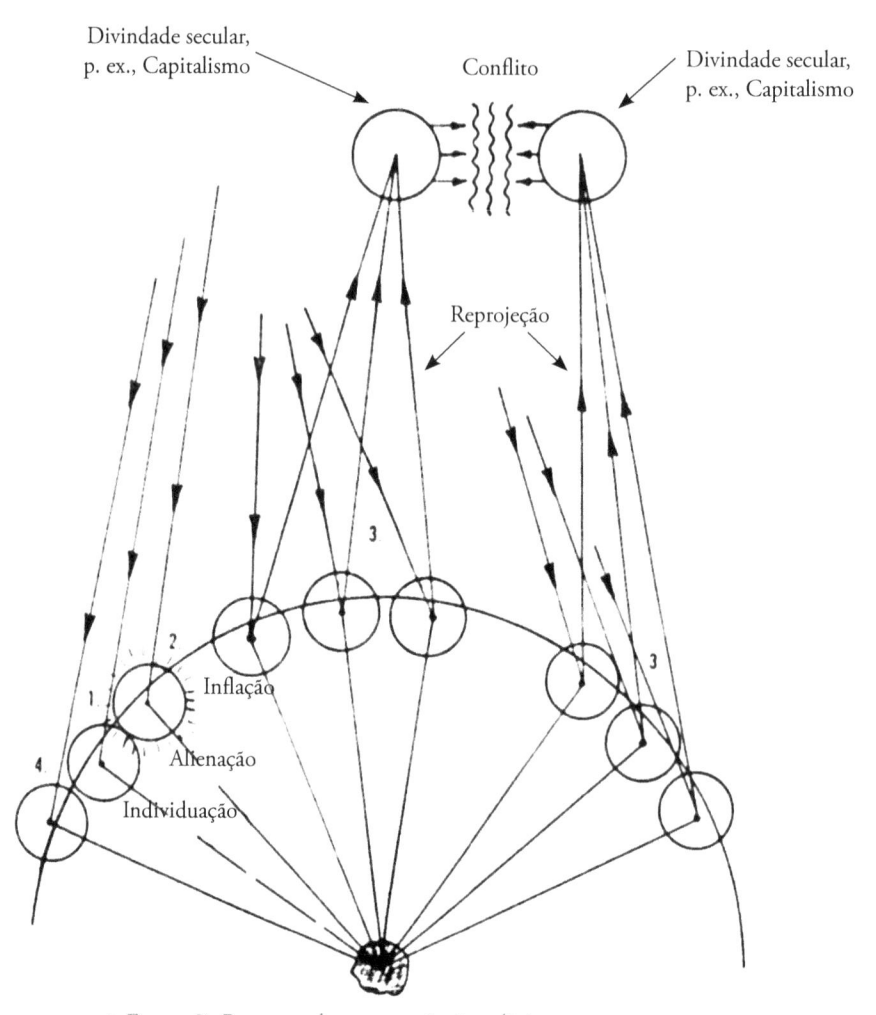

Figura 7. Ruptura de uma projeção religiosa.

3. A terceira possibilidade é que o valor suprapessoal projetado, que foi retirado do seu recipiente religioso, seja reprojetado em algum movimento secular ou político (Caso 3, *Figura 7*). Mas os propósitos seculares jamais constituem um recipiente adequado para conteúdos religiosos. Quando a energia religiosa é aplicada a um objeto secular, temos diante de nós algo que se pode descrever como adoração de ídolos – uma forma espúria e inconsciente de religião. O atual

exemplo destacado de reprojeção é o conflito entre capitalismo e comunismo. O comunismo, em particular, é claramente uma religião secular, que tenta, de forma ativa, canalizar as energias religiosas para objetivos seculares e sociais.

Quando o valor do Si-mesmo é projetado, por grupos opostos entre si, em ideologias políticas conflitantes, temos uma situação semelhante à da quebra da totalidade original do Si-mesmo em fragmentos antitéticos que lutam entre si. Nesse caso, as antinomias do Si-mesmo, ou Deus, passam a atuar na história. Ambos os lados de um conflito partidário derivam sua energia da mesma fonte, o Si-mesmo comum; mas, inconscientes disso, eles estão condenados a viver o conflito trágico na própria vida. O próprio Deus é enredado nas malhas do conflito sombrio. Em todas as guerras travadas na civilização ocidental, ambos os lados dirigiram orações ao mesmo Deus. Como o disse Matthew Arnold:

> *And we are here as on a darkling plain*
> *Swept with confused alarms of struggle and flight*
> *Where ignorant armies clash by night.*

(DOVER BEACH)

[E aqui estamos, como numa sombria planície / Varrida por confusos alarmes de luta e fuga / Onde exércitos ignorantes combatem à noite.]

4. A quarta forma possível de lidar com a perda da projeção religiosa é ilustrada no Caso 4 (*Figura 7*). Se, quando restituído a si mesmo por meio da perda do valor religioso projetado, puder enfrentar as questões últimas da vida que são colocadas diante dele, o indivíduo poderá ser capaz de usar essa oportunidade para empreender um desenvolvimento decisivo da consciência. Se tiver condições de trabalhar de forma consciente e responsável com a ativação do inconsciente, poderá descobrir o valor perdido, a imagem de Deus, na própria psique. Essa possibilidade é representada, no diagrama, pelo círculo que agora tem uma parcela maior de si mesmo fora do arco da inconsciência. A conexão entre o ego e o Si-mesmo é agora realizada conscientemente. Nesse caso, a perda de uma projeção religiosa serviu a um propósito salutar: foi o estímulo que levou ao desenvolvimento de uma personalidade individuada.

Gravura 2. DÂNAE. Ticiano.

Um aspecto proeminente da perda coletiva das categorias suprapessoais tem sido um aumento da "pré-ocupação" com a subjetividade do indivíduo. Trata-se efetivamente de um fenômeno moderno e na verdade ele não poderia existir se os valores transpessoais fossem satisfatoriamente contidos numa religião coletiva tradicional. Mas, uma vez que o sistema simbólico tradicional sofreu ruptura, ocorre algo parecido com o retorno de uma grande quantidade de energia à psique individual e passa a haver um interesse e uma atenção muito maiores concentrados na subjetividade do indivíduo. A partir desse fenômeno, a psicologia profunda foi descoberta. A própria existência da psicologia profunda é um sintoma do nosso tempo. Outros indícios se encontram em todas as manifestações artísticas. As peças e os romances descrevem exaustivamente os indivíduos mais banais e comuns, nos seus aspectos mais caros e pessoais. A subjetividade interna tem recebido um grau de valorização e de atenção que jamais recebeu antes. Na realidade, essa tendência é um indício de coisas que virão a existir. Se a acompanharmos até sua conclusão inevitável, não há dúvida de que ela levará as pessoas, cada vez mais, à redescoberta das categorias suprapessoais perdidas no interior de si mesmas.

2. A Irrupção

Em determinado ponto do desenvolvimento psicológico, normalmente após uma intensa experiência de alienação, o eixo ego-Si-mesmo, de repente, passa à consciência. É alcançada a condição descrita na *Figura 5*. O ego torna-se consciente, em termos de experiência, da existência de um centro transpessoal a que está subordinado.

Jung descreve esse acontecimento da seguinte forma:

> Quando alcançamos o auge da vida, quando o botão se abre e do menor emerge o maior, então, como diz Nietzsche, "O Um torna-se Dois", e a personagem maior, que sempre fomos mas que sempre esteve invisível, aparece à personalidade menor com a força de uma revelação. Aquele que é verdadeira e desesperançosamente pequeno sempre vai reduzir a revelação do maior ao nível de sua própria pequenez e jamais vai entender que o dia do julgamento de sua pequenez chegou. Mas o homem que é internamente grande saberá que o amigo tão esperado de sua alma, o imortal, efetivamente chegou nesse momento, "para tornar cativo o cativeiro" (Efésios 4:8), isto é, para tomar conta dele, que sempre confinou esse imortal e o manteve aprisionado, e para levar sua vida a fluir para uma vida maior – um momento do mais mortal perigo![2]

---

[2] Jung, C. G., *The Archetypes and the Collective Unconscious*, C. W., vol. 9/I, par. 217.

O mito e a religião fornecem muitas imagens que simbolizam esse momento de irrupção. Sempre que o homem encontra conscientemente um agente divino que assiste, comanda ou dirige, podemos compreender esse encontro como o encontro entre o ego e o Si-mesmo.

O encontro geralmente ocorre no ermo ou num estado de fuga, isto é, num estado de alienação. Moisés era fugitivo da lei e cuidava das ovelhas do seu sogro, nas montanhas desertas, quando Javé lhe dirigiu a palavra a partir do tufo de sarça em chamas e lhe deu a atribuição de toda a sua vida (Êxodo 3). Jacó, obrigado a fugir de casa por causa da ira de Esaú, sonha, no meio do deserto, com a escada celeste (*Ilustração 13*) e faz o pacto com Deus (Gênesis 28:10-22).

Francis Thompson, no poema *The Kingdom of God is Within You*, usa esta imagem:

Ilustração 13. O SONHO DE JACÓ. Gustave Doré.

> The angels keep their ancient places; –
> Turn but a stone, and start a wing!
> 'Tis ye, 'tis your estranged faces,
> That miss the many-splendored thing.
>
> But (when so sad thou canst not sadder)
> Cry – and upon thy so sore loss
> Shall shine the traffic of Jacob's ladder
> Pitched betwixt Heaven and Charing Cross.[3]

[Os anjos mantêm seus antigos lugares; – / Apenas viram um seixo, e tremulam uma asa. / Sois vós, vossas faces alheadas, / Que não percebeis o vento pleno de esplendor. // Mas (quando a tristeza já não puder ser tanta) / Chorai – e, sobre vossa tão dolorida perda / Brilhará o tráfego da escada de Jacó / Instalada entre os Céus e a Cruz.]

Jonas oferece outro exemplo. Seu encontro inicial com Javé ocorreu em meio a uma vida normal, mas não pôde ser aceito, isto é, o ego estava muito inflado para reconhecer a autoridade do Si-mesmo. Só depois que os esforços inúteis para escapar o levaram ao desespero, no ventre da baleia, Jonas foi capaz de reconhecer e aceitar a autoridade transpessoal de Javé.

Quando uma mulher (ou a *anima* na psicologia de um homem) encontra o Si-mesmo, esse encontro costuma exprimir-se como um poder celestial fecundante. Dânae, enquanto estava aprisionada pelo pai, é fecundada por Zeus através de uma chuva de ouro e concebe Perseu (*Gravura 2*). Da mesma forma, a anunciação de Maria costuma ser representada com raios fecundantes vindos do céu (*Ilustração 14*). Uma versão mais psicológica da mesma imagem é usada por Bernini em sua escultura, *O Êxtase de Santa Teresa* (*Ilustração 15*).

Um exemplo moderno desse tema é o impressionante sonho de uma mulher, cuja ocorrência precedeu um longo processo de esforço psicológico:

> Vejo um jovem, despido, coberto de suor, que me chama a atenção, inicialmente, por sua postura física – uma combinação do movimento descendente da figura da Pietá e da posição enérgica do famoso Discóbolo Grego no instante do lançamento do disco. Ele se encontra num grupo de homens que parecem estar, de forma ambígua, sustentando-o. Ele se destaca dos demais, em parte, por causa da cor (bronze) e da textura de sua pele (ungida, por assim dizer, de suor), mas, principalmente, pelo fato de ter um enorme falo semelhante a uma terceira perna estendida (*Ilustração 16*).

---

3   Thompson, Francis. Poetical Works. Londres, Oxford University Press, 1965, p. 349 s.

O homem está em agonia com a carga de sua ereção. Isso se revela não só no gasto físico de esforço (musculatura e suor), mas também em sua expressão facial contraída. Minha simpatia por sua situação e meu assombro (admiração, surpresa) com seu membro viril aproximam-me dele. Temos então um contato sexual. Apenas a penetração já é suficiente para me levar a experimentar um orgasmo tão profundo e disseminado que posso senti-lo até nas costelas e nos pulmões... mesmo quando acordo. É algo cheio de dor e de prazer que forma uma sensação indistinguível. Todo o meu interior se encontra, literalmente, "virado de cabeça para baixo", e meu útero, especificamente, apresenta-se como se tivesse feito uma revolução total – de fora para dentro ou de 180 graus, não estou bem certa.

Ilustração 14. A ANUNCIAÇÃO. Botticelli.

Ilustração 15. O ÊXTASE DE SANTA TERESA. Bernini.

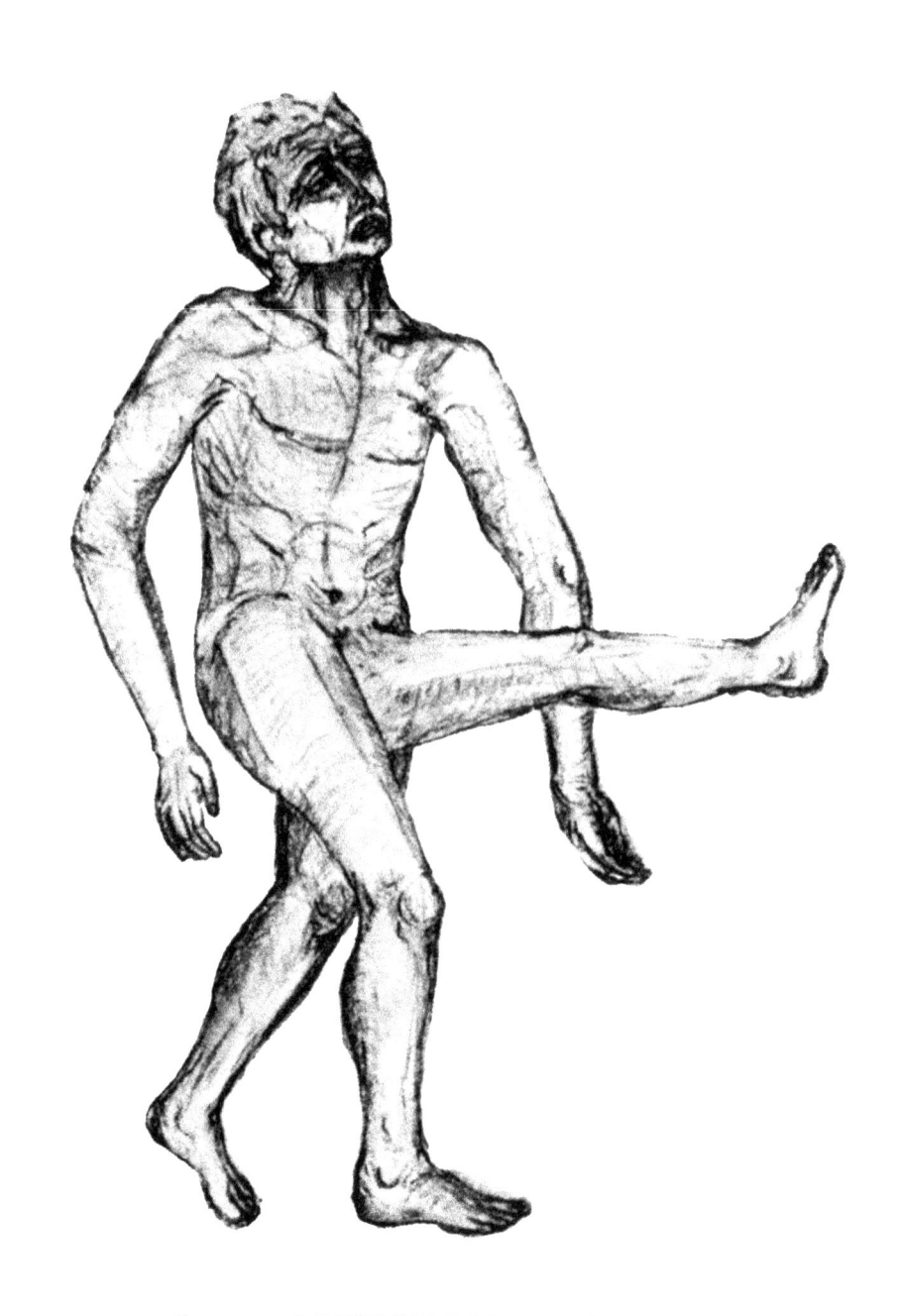

Ilustração 16. DESENHO DE UMA PACIENTE.

Ilustração 17. DISCÓBOLOS. Myron, c. 460-450 a.C. Cópia Romana.

Ilustração 18. PIETÁ. Michelangelo.

Ilustração 19. DESENHO ALQUÍMICO.

Além do atirador de discos (*Discóbolos* – *Ilustração 17*) e da Pietá de Michelangelo (*Ilustração 18*), o homem de três pernas também lembrou à sonhadora uma estampa alquímica (*Ilustração 19*) e uma gravura com uma roda do sol de três pés (*Ilustração 20*) que ela vira. Portanto, a figura do sonho é uma rica condensação de múltiplas imagens e significados que permitem amplas considerações. Sem buscar realizar essa tarefa aqui, podemos fazer algumas observações. A sonhadora foi penetrada e transformada por uma entidade masculina de poder criador. Trata-se de um atleta do corpo e do espírito (São Paulo). Ele está associado ao princípio espiritual último (o sol) e exprime todo o processo de transformação psíquica (o desenho alquímico).

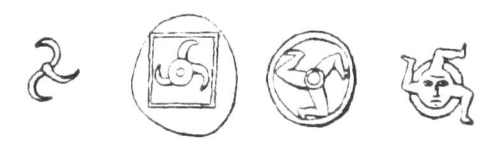

Ilustração 20. VARIEDADES DA RODA DO SOL DE TRÊS PÉS.

Para a sonhadora, esse sonho deu início a toda uma nova atitude e a toda uma nova consciência da vida. Como suas imagens de cunho sexual sugerem, foram abertos novos níveis de resposta física. Além disso, toda a função de sensação, que até então fora amplamente inconsciente, tornou-se disponível. O mais importante de tudo foi um aumento da autonomia individual autêntica e a emergência de talentos criativos bastante consideráveis. Fica evidente, graças às associações que acompanham o sonho, que este exprime um encontro decisivo não só com o *animus* mas também com o Si-mesmo. O simbolismo triádico indica ênfase no processo de percepção concreta espaço-temporal. (Ver o capítulo 7).

Ilustração 21. A CONVERSÃO DE SÃO PAULO. Xilogravura (1515).

Um exemplo notável da ruptura do eixo ego-Si-mesmo é a conversão do apóstolo Paulo (Atos 9:1-9) (*Ilustração 21*). Jonas tentou escapar ao destino por meio da fuga; Saulo tentou escapar por meio da perseguição àqueles que representavam seu próprio destino. A própria intensidade do ataque contra os cristãos traiu seu envolvimento com a causa, já que, como afirma Jung, "O importante reside naquilo de que (um homem) fala e não se ele concorda ou não com isso".[4] Aquilo a que odiamos apaixonadamente constitui certamente um aspecto do nosso próprio destino.

3. O Livro de Jó

O Livro de Jó oferece um amplo relato simbólico de um encontro com o Si-mesmo. Jung escreveu a respeito em sua *Resposta a Jó*.[5] Nesse livro, Jung trata da história de Jó como um ponto decisivo no desenvolvimento coletivo do mito hebreu-cristão, um ponto que envolve uma evolução da imagem de Deus ou do arquétipo do Si-mesmo. O encontro de Jó com Javé é considerado uma representação de uma transição decisiva da consciência do homem com relação à natureza de Deus. Esse fato exigiu, por sua vez, uma resposta de Deus, que levou à Sua humanização e, no final das contas, à Sua encarnação como Cristo. A história de Jó também pode ser considerada sob outra perspectiva, a saber, como descrição de uma experiência individual, em que o ego experimenta seu primeiro encontro consciente importante com o Si-mesmo. Examinarei Jó sob esse último ponto de vista.

O atual texto do livro de Jó é um documento composto e não temos condições de determinar se decorre efetivamente da experiência real de um indivíduo. Todavia, é bem provável que isso seja verdade e, nas observações a seguir, considerarei que o texto descreve uma experiência individual de imaginação ativa. Trata-se de um processo em que a imaginação e as imagens que gera são experimentadas como algo distinto do ego – um "tu" ou um "outro" – com quem o ego pode estabelecer uma relação e manter um diálogo.[6] O fato de o livro de Jó ser escrito sob a forma de diálogo, o único livro do cânone do Antigo Testamento construído dessa maneira, apoia a hipótese de que ele deve ter como base uma experiência de imaginação ativa. Mesmo o caráter repetitivo do diálogo apresenta verossimilhança se considerarmos que o livro

---

4 Jung, C. G., *Symbols of Transformation*, C. W., vol. 5, par. 99.
5 Jung, C. G., "Answer to Job", *in Psychology and Religion: West and East*, C. W., vol. 11.
6 Para a descrição da imaginação ativa, feita por Jung, ver seu ensaio sobre "The Transcendent Function", *in The Structure and Dynamics of the Psyque*, C. W., vol. 8, pp. 67 ss.

descreve uma experiência pessoal. O retorno constante ao mesmo ponto que o ego se recusa a aceitar constitui um comportamento típico nas personificações do inconsciente encontradas no processo de imaginação ativa.

A história se inicia com uma discussão entre Deus e Satanás que leva a uma decisão de Deus no sentido de submeter Jó à prova. A questão a responder é se Jó poderá ser levado a blasfemar contra Deus ao ser atingido pela adversidade. A disputa no céu pode ser entendida como uma representação dos fatores transpessoais ou arquetípicos presentes no inconsciente, que servem de cenário à provação de Jó e que lhe dão o significado último. Se as desgraças de Jó fossem apenas fortuitas, seriam acontecimentos casuais e desprovidos de significado, sem uma dimensão transpessoal de referência. É significativo que Jó jamais imagine essa possibilidade. O pressuposto básico de que todas as coisas vêm de Deus, isto é, de que refletem um significado e um propósito de cunho transpessoal, é mantido em todo o livro. Esse pressuposto de Jó corresponde à hipótese necessária para haver imaginação ativa. Se os humores e afetos da pessoa, que assinalam o ponto de partida do esforço de imaginação ativa, forem considerados fortuitos ou decorrentes de causas exclusivamente externas ou fisiológicas, não haverá base para buscar-lhes o significado *psicológico.* O conhecimento de que há um significado psicológico só é adquirido por meio da experiência. No início, é necessário ter pelo menos fé suficiente para estar disposto a tomar a proposição de significado psicológico como hipótese a testar.

Como Javé e Satanás trabalham juntos, podemos considerá-los dois aspectos de uma mesma entidade, isto é, o Si-mesmo. Satanás fornece a iniciativa e o dinamismo para estabelecer a provação de *Jó*; representa, por conseguinte, a urgência de alcançar a individuação, que deve romper com o *status quo* psicológico para atingir um novo nível de desenvolvimento. A serpente desempenhou o mesmo papel junto a Adão e Eva no Jardim do Éden. É igualmente similar à situação do Éden o fato de a provação de Jó ter tomado a forma de uma tentação. Ele deverá ser tentado a blasfemar contra Deus. Isso significaria, psicologicamente, que o ego está sendo tentado a inflar-se, a colocar-se acima dos desígnios de Deus, isto é, a identificar-se com o Si-mesmo.

Por que tudo isso seria necessário? É evidente que *Jó* apresentava alguma tendência à inflação. Apesar de sua reputação inatacável, ou talvez por causa dela, há alguma dúvida com relação a determinar se *Jó* sabe decisivamente qual é a diferença entre ele e Deus, entre o ego e o Si-mesmo. Por conseguinte, é traçado um programa para testar o ego no fogo das tribulações, e dessa provação surge o encontro total com a realidade de Deus. Se for possível identificar propósitos anteriores por meio da análise dos efeitos, poderemos dizer que o propósito de Deus foi tornar *Jó* consciente de Sua existência. Aparentemente, o Si-mesmo precisa da percepção consciente e é obrigado, pela urgência da individuação, a tentar o ego e a testá-lo com o fito de provocar a plena consciência do ego com relação à existência do Si-mesmo.

No início, *Jó* é um homem próspero, estimado e feliz, o que corresponde a um ego "seguro" e satisfeito, abençoado pelo desconhecimento das suposições inconscientes com base nas quais se mantém essa tênue "segurança". Abruptamente, tudo que *Jó* valoriza e de que depende lhe é tirado – família, posses e saúde.

Ilustração 22. O FOGO DE DEUS CAIU DOS CÉUS. Água-forte para o Livro de Jó, feita por William Blake.

As calamidades que se precipitam sobre ele foram representadas numa água-forte de William Blake (*Ilustração 22*). Acima do quadro, Blake escreveu o versículo "O Fogo de Deus caiu dos Céus" (Jó 1: 16). Compreendida em termos psicológicos, a água-forte representa uma quebra da ordem consciente, provocada por um influxo de energia abrasadora vinda do inconsciente. Uma imagem dessas anuncia uma crise de individuação, um passo importante do desenvolvimento psicológico que requer a destruição das velhas condições para dar espaço à emergência das novas condições. Pode haver o predomínio de efeitos destrutivos ou de efeitos libertadores, havendo normalmente uma mistura entre eles. A ênfase nos efeitos libertadores está presente num quadro publicado num estudo do caso feito por Jung (*Gravura 3*).[7] Nesse quadro, que deu início a uma fase decisiva de individuação, o relâmpago vindo do céu está deslocando uma esfera para fora de sua matriz circundante – o Si-mesmo está nascendo.

A carta XVI do Tarot (*Ilustração 23*) enfatiza o aspecto destrutivo. Quando um ego se encontra particularmente inflado, tal como é representado na torre, a irrupção das energias vindas do Si-mesmo pode ser perigosa. O aparecimento do Si-mesmo inaugura uma espécie de "juízo final" (*Ilustração 24*). Sobrevive apenas o que for sólido e estiver fincado na realidade.

Com a perda de quase tudo a que atribuía valor, Jó é jogado num agudo estado de alienação, que corresponde ao estado de Tolstoi já descrito (página 82). Se se pretende reconhecer o Si-mesmo como valor supremo, é necessário haver um desprendimento com relação a valores menos elevados. O significado da vida de Jó estava ligado, evidentemente, à família, à propriedade e à saúde. Ao ser privado disso, ele ficou desesperado e penetrou na noite escura do espírito.[8]

---

7   Jung, C. G., *The Archetypes and the Collective Unconscious*, C. W., vol. 911, par. 525 ss. Ilustração 2.
8   São João da Cruz usa o livro de Jó, repetidamente, como paradigma da noite escura do espírito. Ao falar dos benefícios da noite escura, afirma: "... o espírito aprende a comungar com Deus numa atitude mais respeitosa e cortês, atitude que um espírito sempre deve observar no diálogo com o Altíssimo. Essa atitude ele não conhecia nas prósperas épocas em que gozava de conforto e consolo. E assim, da mesma forma, a preparação que Deus concedeu a Jó para que este lhe pudesse falar consistiu não só nas delícias e glórias que o próprio Jó conta que recebeu do seu Deus, mas também em deixá-lo privado de tudo, abandonado e mesmo perseguido pelos amigos, cheio de angústia e amargura, assim como em deixar sua terra coberta de vermes. E então Deus, o Altíssimo, Aquele que liberta o pobre homem da miséria, dignou-Se descer à terra e falar com ele, face a face, revelando-lhe as profundezas e alturas de Sua sabedoria, de uma forma que jamais havia feito quando Jó era próspero." (*Dark Night of the Soul*, I, XII, 3. Ver também V, 5; II, VII, 1; II, IX, 7 & 8; II, XVII, 8; II, XXIII, 6.)

Gravura 3. DESENHO DE UM PACIENTE. Retirado de C. G. Jung, *The Archetypes and the Collective Unconscious* [C. W., vol. 911].

Ilustração 23. A TORRE – Carta do Tarô. Baralho de Marselha.

> Pereça o dia em que nasci...
> Por que não morri no ventre materno,
> Por que não morri ao sair do ventre?...
> Por que se dá luz ao miserável?
> Por que se dá vida aos que padecem na amargura?...
> Por que nasceria um homem para errar como cego,
> cercado por Deus de todos os lados?[9]

Com essas palavras, Jó dá vazão a seu desespero suicida e a sua profunda alienação da vida e de seu significado. A repetida pergunta – "Por quê?" – indica que Jó está buscando desesperadamente *significado*; o significado perdido e recuperado pode ser tido como o tema último se o Livro de Jó for visto como um documento individual.

Em estado de depressão e de desespero, muito da libido, que normalmente mantém o interesse consciente e a vitalidade, mergulha no inconsciente. Isso, por sua vez, ativa o inconsciente, provocando um aumento dos sonhos e imagens fantasiosos. Podemos supor que uma ocorrência desse tipo atingiu Jó. As imagens personificadas do inconsciente lhe surgiram sob a forma de conselheiros ou amigos e falam com ele por meio do processo de imaginação ativa.

Essas personagens o confrontam com outro ponto de vista e gradualmente o levam a ficar mais próximo do encontro com o numinoso – o próprio Javé. Uma das evidências de que as falas dos conselheiros de Jó são manifestações de autêntica imaginação ativa é o fato de essas falas serem misturas contaminadas de vários elementos. São, em parte, elaborações do ponto de vista religioso convencional que Jó descartou, mas também são, parcialmente, expressões autônomas genuínas das camadas mais profundas do inconsciente. Esse tipo de mistura contaminada de coisas diferentes constitui algo comum no processo de imaginação ativa. Assim sendo, o processo, para ser produtivo, requer a participação alerta e ativa da consciência, que leva a um verdadeiro diálogo, e não simplesmente à aceitação passiva de tudo que o inconsciente diz. Por exemplo, em sua primeira fala, Elifaz diz a Jó:

> Eis que encorajaste aqueles que fraquejavam,
> e apoiaste as mãos fracas;
> e tuas palavras levantaram aqueles que tropeçavam
> e fortificaram os joelhos enfraquecidos.
> Mas agora que a adversidade vem a ti, perdes a paciência;
> isso te atinge e ficas perturbado.[10]

---

9   *Jó*, 3:3-23, New English Bible.
10 *Ibid.*, 4:3-5.

Isso pode ser considerado a fala da autocrítica de Jó. Ele está percebendo quão fácil é dar conselhos e ajudar os outros, mas agora não pode aconselhar-se a si mesmo. Essa autocrítica só pode servir para deprimi-lo ainda mais e para torná-lo ainda mais miserável. Elifaz continua a falar, com palavras superficiais de consolo e expressões convencionais que Jó talvez tivesse dirigido a outras pessoas diante do infortúnio:

> Não te traz tua vida irrepreensível alguma esperança?
> Lembras-te de algum inocente que jamais perecesse?
> Ou de justos que fossem destruídos?[11]

Esses pensamentos vazios e irrealistas não servem de ajuda. São um assobio na escuridão contra a realidade da vida que está pressionando Jó tão fortemente. Talvez a própria expressão de uma visão superficial e ingênua tenha sido suficiente para dissolvê-lo, pelo menos temporariamente, pois Elifaz passa de imediato para uma cadeia de associações mais profunda. Elifaz conta a Jó um sonho numinoso. Considerando-se todo o diálogo como imaginação ativa, o próprio Jó estaria sonhando ou lembrando de um sonho seu:

> Mas me foi dita em segredo uma palavra,
> e meus ouvidos perceberam o seu sussurro;
> em meio a angustiosas visões da noite,
> quando o homem mergulha no sono profundo,
> sobreveio-me o medo; e o tremor;
> o estremecimento do meu corpo me assustou.
> E passou-me pelo rosto um vento
> que me deixou os cabelos arrepiados na carne;
> e ali estava um rosto cuja forma não pude reconhecer,
> um vulto se encontrava diante de mim,
> e ouvi-lhe o som da voz soturna:
> "Porventura o homem, mortal, seria mais reto que Deus,
> ou a criatura mais pura que seu Criador?[12]

Pouco depois, o próprio Jó menciona sonhos assustadores:

---

11 *Ibid.*, 4:6-7.
12 *Ibid.*, 4: 12-17.

> Quando penso que minha cama me confortará,
> que o sono aliviará minha ânsia,
> espantas-me com sonhos
> e afliges-me com visões.[13]

Blake fez uma interessante ilustração dos sonhos de Jó (*Ilustração 25*). No quadro, Javé está entrelaçado com uma serpente, presumivelmente seu aspecto satânico. Ele está apontando para o inferno que se abriu aos pés de Jó e ameaça envolvê-lo nas chamas e nas garras de tenebrosos animais. As profundezas do inconsciente abriram-se, e Jó enfrenta o poder primordial da natureza. É evidente que, diante disso, não há o que alegar, assim como não podemos argumentar com um tigre que por acaso surgiu à nossa frente. Mas Jó não aprende com seus sonhos; ele deve ter uma lição mais forte.

Jó está convicto de sua inocência e retidão e, portanto, inconsciente da sombra. Por essa razão, seus companheiros devem falar repetidamente a respeito de coisas iníquas e diabólicas como forma de compensar sua atitude consciente unilateral de pureza e de bondade: Jó tem uma fraca consciência de que sua experiência o está fazendo sentir-se bestial e sujo. A certa altura, ele exclama:

> Sou eu por acaso o monstro das profundezas, sou eu
> a serpente marinha, para que me ponhas a ferros?[14]

---

13 *Ibid.*, 7:13-14.
14 *Ibid.*, 7:12

Ilustração 24. O FOGO CHOVE DOS CÉUS. Albrecht Dürer. Entalhe feito para "O Apocalipse de São João".

▶ **Ilustração 25.** JAVÉ ATERRORIZA JÓ COM UMA VISÃO DO INFERNO.
William Blake.

E, mais adiante:

> Ainda que me lavasse com sabão
> ou limpasse as mãos com água de neve,
> Tu me atirarias ao lodo
> e minhas vestes me tornariam abominável.[15]

Em certo momento, Jó de fato reconhece pecados passados:

> Perseguirás uma folha levada pelo vento,
> Levantarás teu poder contra uma palha seca,
> Prescrevendo contra mim amarguras
> e tornando-me herdeiro dos pecados
> de minha mocidade... ?[16]

---

15 *Ibid.*, 9:30-31.
16 *Ibid.*, 13:25-26.

Ele não diz quais foram os pecados de sua mocidade e evidentemente não se considera culpado por eles agora. Esses pecados devem ser conteúdos reprimidos que ele não gostaria de tornar conscientes, já que contradiriam a imagem favorável que ele faz de si mesmo. Tal imagem é revelada com mais clareza nos capítulos 29 e 30:

> Quem me dera ser como fui nos velhos tempos...
> Se eu ia até a porta da cidade,
> ocupar meu lugar na praça pública,
> os moços me viam e se escondiam;
> os velhos se punham de pé,
> as autoridades cessavam de falar
> e punham as mãos na boca;
> os nobres continham suas palavras
> e todos os homens se mantinham calados.
> Eles me ouviam com atenção
> e esperavam em silêncio pela minha palavra...
> E eu os dirigia e traçava-lhes o caminho,
> como um rei cercado de guardas.[17]
> ...
> "Porém agora zombam de mim
> homens mais jovens que eu,
> homens cujos pais eu teria desdenhado
> de juntar com os cães do meu rebanho."[18]

A atitude de desprezo que Jó exibe com relação aos que lhe são intelectualmente inferiores é talvez um dos "pecados da juventude" e indica um ego inflado que projeta o lado fraco, a sombra, nos outros. O processo de individuação requer a aceitação consciente e a assimilação do lado sombrio, inferior.

O efeito geral da provação de Jó é a produção de uma experiência de morte e renascimento. Todavia, em meio às suas queixas, ele ainda é um homem que não nasceu de novo. Ele revela sua ignorância do estado do segundo nascimento na seguinte passagem:

> Se uma árvore é cortada,
> há esperança de que se renove
> e de que seus ramos reverdeçam.
> Mesmo que suas raízes envelheçam na terra,
> e mesmo que seu tronco morra no pó,

---

17 *Ibid.*, 29:1-25.
18 *Ibid.*, 30:1.

> ao cheiro da água reviverá
> e formará uma nova copa, como no início o fazia.
> Mas um homem morre, e desaparece;
> o homem chega ao fim, e onde está?
> Como as águas se retiram do lago,
> ou como o rio que se esgota e fica seco,
> assim se deita o homem e não mais se levanta
> até que o próprio céu se abra.
> Se morre o homem, pode ele viver de novo?[19]

À medida que prossegue o diálogo entre Jó e seus companheiros, exprime-se um misto de profundas verdades e de opiniões banais e convencionais. De modo geral, ele é aconselhado a voltar às perspectivas ortodoxas e tradicionais. Dizem-lhe que aceite o castigo de Deus com humildade, sem questionar ou tentar entender. Em outras palavras, dizem-lhe que sacrifique o intelecto, que se comporte como alguém menos consciente do que é. Esse comportamento representaria uma regressão, e ele, com razão, o rejeita. Jó prefere queixar-se a Deus, perguntando-lhe, com efeito, "Se és um pai amoroso e bom, por que não agis como tal?". Ao atrever-se a discutir com Deus, não há dúvida que Jó, sob determinado ponto de vista, está agindo de forma inflada. Mas o contexto global mostra que essa inflação é necessária e controlada; é essencial para um encontro com Deus. Uma inflação fatal teria ocorrido se ele seguisse o conselho da esposa para blasfemar contra Deus e morrer. Mas Jó evita os extremos. Não sacrifica o grau de consciência que atingiu, mas também não blasfema contra Deus. Continua contestando o significado de sua provação e não descansará enquanto não souber a razão de estar sendo punido.

Na verdade, o próprio fato de Jó pensar em punição significa que ele está mantendo com Deus uma relação imatura, do tipo que há entre filho e pai. Essa é uma atitude de que o encontro com a divindade o liberta. Mas o mais importante é a insistência de Jó no sentido de descobrir o *significado* de sua experiência.

Ele desafia Deus abertamente, ao dizer:

> ... desvia a tua pesada mão para longe de mim e
> não me amedronte o teu terror.
> Então, chama-me, e te responderei;
> ou bem eu falarei, e tu responde-me.[20]

---

19 *Ibid.*, 14:7-12.
20 *Ibid.*, 13:21-22.

No capítulo 32, ocorre uma mudança. Os três companheiros de Jó já acabaram de falar e é-nos apresentada uma quarta personagem, até então não mencionada; chama-se Eliú. Eliú afirma que não entrou na discussão antes por ser jovem. Isso traz o tema do "3 e 4" para o qual Jung chamou a atenção. Se Eliú puder ser considerado a quarta função, que até então estava faltando, a totalidade de Jó terá sido completada quando este apareceu. Essa interpretação coaduna-se também com a natureza do discurso de Eliú, que constitui, em larga medida, um prelúdio ao aparecimento de Javé e apresenta muitas das mesmas ideias que Javé vai exprimir com mais vigor. São particularmente dignas de nota as observações feitas por Eliú a respeito dos sonhos:

> Em sonhos, ou em visões noturnas,
> quando cai sobre os homens o sono mais profundo,
> enquanto estes estão adormecidos em seu leito, Deus os faz escutar,
> e sua admoestação deixa-os cheios de terror.
> Para afastar o homem da conduta temerária,
> para o livrar da soberba,
> para que sua vida não passe pela espada
> e para evitar que cruze o rio da morte.[21]

Essa referência aos sonhos e à sua função tem uma impressionante precisão em termos psicológicos. Constitui mais uma prova de que o *Livro de Jó* é um relato da experiência real de um indivíduo. É claro que o inconsciente de Jó tentou corrigir sua atitude consciente, por meio dos sonhos, mas sem sucesso. Os sonhos podem ser interpretados, por conseguinte, como uma antecipação do encontro consciente entre Jó e Javé que viria a ocorrer. É interessante descobrir nesse texto antigo uma descrição da função compensatória dos sonhos, cuja existência só recentemente foi demonstrada por Jung.[22]

Depois da fala de Eliú, aparece o próprio Javé. O Si-mesmo numinoso e transpessoal manifesta-se em meio a um redemoinho (*Ilustração 26*). Javé faz um discurso magnífico, que deve ter sido o resultado de um enorme trabalho consciente despendido na tentativa de assimilar a numinosidade pura que por certo acompanhou a experiência original. A réplica de Javé é uma revisão dos atributos da divindade e uma majestosa descrição da diferença existente entre Deus e o homem, isto é, entre o Si-mesmo e o ego:

---

21 *Ibid.*, 33:15-18.
22 Cf., por exemplo, Jung, C. G., *The Structure and Dynamics of the Psyque*, C. W., vol. 8, par. 477 ss.

> Onde estavas tu quando eu lançava os fundamentos da terra?
> Dize-mo, se o sabes e compreendes.
> Quem fixou-lhe as dimensões? Certamente deves saber.
> Quem estendeu sobre ela suas medidas?
> Em que se apoiam as suas bases?
> Quem assentou a sua pedra angular,
> Quando as estrelas da manhã cantavam
> E todos os filhos de Deus se rejubilavam?[23]

O ego não constitui o criador da psique e nada sabe a respeito dos fundamentos profundos em que sua existência (do ego) repousa:

> Acaso penetraste tu no mais profundo do mar
> Ou passeaste no mais profundo do abismo?
> Terão as portas da morte sido reveladas a ti?
> Acaso viste os porteiros da casa das trevas?
> Compreendeste toda a vastidão da terra?[24]

O ego está sendo advertido de que nada sabe da psique em sua totalidade. A parte não pode abranger o todo:

> Acaso podes arrebanhar as Plêiades
> ou te soltar o cinturão de Órion?
> Acaso podes fazer surgir os signos do Zodíaco a seu tempo
> ou guiar Aldebarã e o seu séquito?
> Proclamaste as regras que governam os céus,
> ou determinaste as leis da natureza sobre a terra?[25]

Aqui, o ego está sendo contrastado com a magnitude e o poder dos arquétipos que determinam a existência da psique.

Então Javé volta sua atenção para o reino animal e descreve os poderes incontroláveis dos animais, especialmente os mais monstruosos:

> Eis Beemote, que criei como criei a ti.[26]
> *********
>
> Poderás pescar o Leviatã com um anzol,
> ou prender sua língua com uma corda?[27]

---

23 *Jó*, 38:4-7.
24 *Ibid.*, 38:16-18.
25 *Ibid.*, 38:31-33.
26 *Ibid*, 40:1-5, RSV.
27 *Ibid.*, 41:1.

Ilustração 26. JAVÉ RESPONDE A JÓ DE UM REDEMOINHO. William Blake.

Agora Jó vê demonstrado o aspecto abismal de Deus e as profundezas de sua própria psique, que contém monstros devoradores bem afastados dos valores humanos. Esse aspecto da teofania, conforme a representa Blake, está na *Ilustração 27*. O Beemote e o Leviatá representam a concupiscência primordial do ser. Deus revela seu próprio lado sombrio e, já que o homem participa de Deus, fundamento de sua existência, ele deve compartilhar igualmente de Sua escuridão. A autossuficiência do ego recebe aqui seu golpe final.

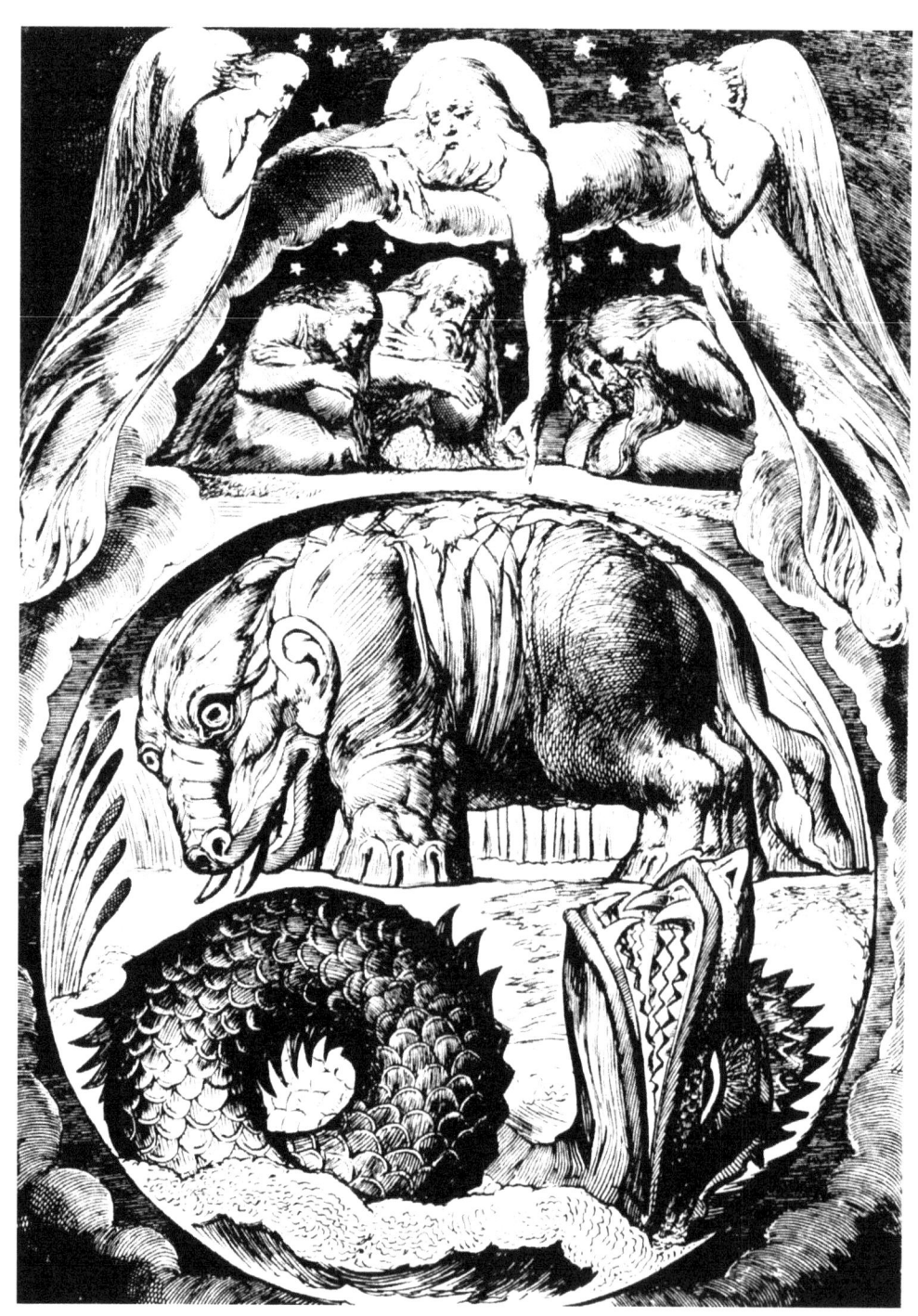

Ilustração 27. JAVÉ MOSTRA A JÓ AS PROFUNDEZAS (BEEMOTE). William Blake.

Mas, quando da conclusão da autorrevelação de Javé, Jó passa por uma mudança decisiva. Ocorre o arrependimento, ou metanoia:

> Eu ouvi falar de ti com o ouvir dos meus ouvidos,
> mas agora te veem os meus próprios olhos;
> por isso abomino a mim mesmo
> e faço penitência no pó e na cinza.[28]

As perguntas de Jó foram respondidas, não de forma racional, mas por meio da experiência vivida. Ele encontrou o que procurava: o significado do seu sofrimento. Esse significado é nada menos que a percepção consciente da psique arquetípica autônoma; e essa percepção só pode ocorrer mediante a provação. O Livro de Jó é realmente o registro de um processo de iniciação divina, um teste pela provação que, quando bem-sucedido, leva a um novo estado de ser. É um processo análogo a todos os rituais de iniciação que tentam produzir uma transição de um estado de consciência para outro.

A causa da provação de Jó é Javé, por meio de seu agente dinâmico, Satanás. O papel psicológico de Satanás, na história de Jó, é descrito de forma consistente por Rivkah Schärf Kluger:

> Ele (Satanás) aparece aqui de forma plena, como o adversário metafísico de uma vida de paz e de conforto mundano. Ele intervém como distúrbio e empecilho à ordem natural da vida e se põe no caminho do homem tal como o *mal'ah Yahweh* como Satanás no caminho de Balaão. Todavia, enquanto a história de Balaão trata da experiência de um choque de vontades e de obediência cega – uma primeira percepção, por assim dizer, de que a vontade de Deus, e não a nossa própria, deve ser atendida –, no caso de Jó é uma questão de submissão consciente à vontade de Deus, nascida da percepção interna. Satanás é aqui um verdadeiro Lúcifer, aquele que traz luz. Ele traz ao homem o conhecimento de Deus, mas por meio do sofrimento que lhe inflige; Satanás é a miséria do mundo, aquele que leva o homem para dentro de si mesmo, para o "outro mundo".[29]

Essa descrição de Satanás, que deve ser reconhecida como psicologicamente precisa, põe-no em estreita proximidade com a Sabedoria. No *Eclesiástico*, a personificação feminina, a Sabedoria, é descrita nos seguintes termos:

---

28 *Ibid.*, 42:5-6.
29 Kluger, Rivkah Schärf, *Satan in the Old Testament,* Evanston, Northwestern University Press, 1967, p. 132.

> A Sabedoria nutre seus próprios filhos,
> e cuida daquele que a procura.
> ...
> pois embora no início ela o faça percorrer caminhos tortuosos,
> trazendo-lhe medo e debilitamento,
> atormentando-o com sua disciplina até que nele possa confiar,
> e submetendo-o ao teste de suas provações,
> no final ela o levará de volta ao caminho reto
> e lhe revelará seus segredos.[30]

De acordo com essa passagem, a Sabedoria submete seus filhos à prova tal como Javé fez com Jó, por meio da ação de Satanás. Os favoritos de Deus são submetidos às mais severas provações, isto é, o potencial para a individuação constitui a causa do teste. John Donne faz a seguinte observação:

> ... os melhores homens têm tido uma pesada carga sobre os ombros. Mal ouço Deus dizer que encontrou *um homem reto, temente a Deus e que se aparta do mal* (Jó I:1), vejo nos versos seguintes que foi dada a Satanás a incumbência de mandar sabeus e caldeus roubarem seu gado e ferirem seus criados, matar seus filhos com o fogo e a tempestade e cobri-lo de feridas. Mal ouço Deus dizer que encontrou *um homem segundo seu coração* (l Samuel 13:14), vejo seus filhos violarem as próprias irmãs e matarem-se uns aos outros; vejo a rebelião de outro filho contra o Pai e que o põe em dificuldades e em risco de vida. Mal ouço Deus reconhecer Cristo no Batismo – *Este é o meu filho amado, em quem me comprazo* (Mateus 3:17) –, vejo esse seu Filho ser *levado pelo Espírito ao deserto, para ser tentado pelo Demônio* (Mateus 4: 1). E depois vejo Deus ratificar o mesmo reconhecimento de Cristo, na Transfiguração (*Este é o meu filho amado, em quem me comprazo* – Mateus 17:5), e vejo esse Filho, sozinho, abandonado, entregue a Escribas, a Fariseus, a Publicanos e a Herodianos, a Sacerdotes, a Soldados, ao povo, a Juízes, a testemunhas e a executores. E aquele que foi chamado filho amado de Deus – a quem foi dado partilhar a glória dos céus, neste mundo, em sua Transfiguração – é agora o Fosso de toda a corrupção, de todos os pecados; não já como Filho de Deus, mas como simples homem; não já como homem, mas como um verme desprezível.[31]

Embora possam trazer sabedoria, essas provações são coisas terríveis; e a oração do pai-nosso suplica que sejamos poupados delas: "e não nos deixeis cair em tentação, mas livrai-nos do mal".[32]

---

30 Eclesiástico, 4:11-21, Jerusalem Bible.
31 Simpson, E. M. (org.). *John Donne's Sermons on the Psalms and Gospels*, University of California Press, Berkeley e Los Angeles, 1967, p. 97 s.
32 Mateus 6:9, NEB.

Jung acha que Jó se libertou do desespero por meio de um processo de aumento de consciência por parte da divindade. Kluger faz a seguinte paráfrase da observação de Jung:

> Em sua majestosa fala final, Deus se revela a Jó com todas as suas características aterrorizantes. É como se dissesse a Jó: "Veja, é assim que eu sou. Eis por que te tratei dessa maneira". Por meio do sofrimento que infligiu a Jó a partir de sua própria natureza, Deus chegou a esse autoconhecimento e admite, por assim dizer, esse conhecimento de sua face tenebrosa, diante de Jó. *E é isso que redime o homem só*. Essa constitui realmente a solução do enigma de Jó, isto é, constitui uma verdadeira justificativa do destino de Jó – que, sem esse fundamento, permaneceria, em seu caráter cruel e injusto, um problema aberto. Jó aparece aqui, de forma clara, como uma vítima de sacrifício; mas é igualmente o portador do destino divino. Eis o que dá sentido a seu sofrimento e à libertação de sua alma.[33]

Rudolf Otto, o homem que deu à experiência do *numinosium* a primeira formulação clara, utilizou o encontro entre Jó e Javé como exemplo de experiência numinosa. Cito um trecho relativamente longo porque a passagem em questão veicula de forma excelente sua compreensão do *mysterium* numinoso:

> E então aparece, em pessoa, o Próprio Elohim, para fazer Sua própria defesa. E Ele o faz de forma tal, que Jó reconhece estar subjugado, de fato e de direito, e não simplesmente levado a emudecer por uma força superior. E então confessa: "Por isso abomino a mim mesmo e faço *penitência* no pó e na cinza". Trata-se de uma admissão de que está internamente *convencido* e de que é culpado; não se trata de um colapso provocado pela impotência nem de submissão a uma mera força superior. Da mesma forma, não se trata daquela atitude mental a que São Paulo de vez em quando se refere; por exemplo, em Romanos IX.20: "Porventura a coisa formada dirá àquele que a formou 'Por que me fizeste assim?' Não tem o oleiro o poder sobre a massa, para fazer, com a mesma massa, um vaso para honrar e outro para desonrar?"
> Interpretar a passagem referente a Jó dessa maneira seria uma forma de não compreendê-la. Essa passagem não proclama, ao contrário de Paulo, a renúncia a uma "teodiceia" ou a percepção da impossibilidade de uma "teodiceia"; na realidade, seu objetivo é produzir por si própria uma teodiceia real, uma teodiceia melhor que a dos amigos de Jó; uma teodiceia capaz de convencer até mesmo a um Jó – e não apenas para

---

33 Kluger, *Satan*, p. 129.

convencê lo, mas também para aliviar todas as dúvidas íntimas que lhe assaltavam o espírito. Pois na extraordinária experiência por que Jó passou quando da revelação de Elohim, está implícito, ao mesmo tempo, um alívio da angústia que lhe ia na alma, assim como uma conciliação, uma conciliação que em si mesma seria perfeitamente satisfatória como solução do problema do Livro de Jó, mesmo sem a reabilitação de Jó no Capítulo XLII, no qual ele recuperou a prosperidade – algo que se reveste do caráter de um pagamento adicional, concedido depois de ter sido feita a quitação. Mas o que é esse estranho "momento" de experiência, que atua, aqui, tanto como uma vingança de Deus com relação a Jó quanto como uma reconciliação de Jó com relação a Deus?[34]

Após fazer uma revisão das ponderáveis obras apresentadas por Javé – o Leviatã, o Beemote etc. –, Otto continua:

> Esses animais certamente constituiriam os exemplos mais felizes com que poderíamos deparar quando buscamos indícios da plenitude de propósitos da "sabedoria" divina. Mas esses animais – não menos que todos os demais exemplos e do que todo o contexto, teor e sentido da passagem toda – exprimem efetivamente, de maneira magistral, a manifesta monstruosidade, o caráter verdadeiramente demoníaco e totalmente incompreensível do poder criador eterno; é admirável como esse poder, incalculável e "completamente outro", zomba de todas as formas concebíveis, mas é, não obstante, capaz de atingir o mais profundo da mente, assim como de fascinar e fazer transbordar o coração. Esse é o significado do *mysterium*, não simplesmente mistério, mas também "fascinante" e "augusto"; e aqui, uma vez mais, estes últimos sentidos estão presentes, não em conceitos explícitos, mas no tom, no entusiasmo e no próprio ritmo de toda a exposição. E é aqui que reside verdadeiramente o sentido de toda a passagem, aquilo que compreende tanto a teodiceia quanto a conciliação e o alívio da alma de Jó. O *mysterium*, como simples mistério, seria simplesmente (como acima dissemos) parte do caráter "absolutamente inconcebível" do nume, algo que, embora pudesse levar Jó ao silêncio profundo, não o convenceria intimamente. Aquilo de que temos consciência é antes um *valor intrínseco* do incompreensível – um valor que não pode ser expresso, um valor positivo e "fascinante". Trata-se de algo incompatível com os pensamentos da teleologia humana racional e que não pode ser por eles assimilado: permanece em todo o seu mistério. Mas é como se se passasse a sentir, na consciência, que Elohim se justifica e, ao mesmo tempo, que a alma de Jó encontra a paz.[35]

---

34 Otto, Rudolf. *The Idea of the Holy*, Londres, Oxford University Press, 1910, p. 78.
35 *Ibid.*, p. 80.

O drama de Jó é aplicável a todos. Ele se refere de imediato à questão quase universal: "Por que isso deve acontecer comigo?". Todos temos, no fundo de nós mesmos, um ressentimento contra o destino e contra a realidade, o que constitui um resíduo de inflação. Esse ressentimento assume muitas formas: "Se pelo menos minha infância tivesse sido melhor"; "Se pelo menos eu fosse casado(a)"; "Se pelo menos eu não fosse casado(a)"; "Se pelo menos eu tivesse um marido (uma esposa) melhor" etc., etc. Todos esses "se pelo menos" são meios pelos quais nos desculpamos por não ter com a realidade, como ela é, uma relação mais produtiva. Constituem sintomas de inflação que não nos vão assegurar a existência de uma realidade maior que nossos desejos pessoais. Jó perguntou por que deveria passar pela miséria. A resposta que emerge do Livro de Jó é: para que pudesse ver a Deus.

Ilustração 28. JÓ FAZ UM SACRIFÍCIO A JAVÉ.
William Blake.

Blake captou o aspecto essencial do ego individuado no quadro que representa Jó arrependido e rejuvenescido (*Ilustração 28*). Nele, é representada a *atitude sacrificial*. Tendo experimentado o centro transpessoal da psique, o ego reconhece sua posição subordinada e está preparado para servir à totalidade e aos seus fins, em lugar de fazer exigências pessoais. Jó tornou-se um ego individuado.

4. O Ego Individuado

A individuação é um processo e não um alvo alcançado. Cada novo nível de integração deve submeter-se a uma nova transformação para que o desenvolvimento se realize. Todavia, temos algumas indicações com relação àquilo que esperamos como resultado do encontro consciente do ego com o Si-mesmo. De modo geral, a necessidade de individuação produz um estado em que o ego mantém uma relação com o Si-mesmo sem estar identificado com ele. Surge desse estado um diálogo mais ou menos contínuo entre o ego e o inconsciente, assim como entre a experiência externa e a experiência interna. Ocorre a cura de uma divisão dupla quando a individuação é alcançada: primeiro, a divisão entre consciente e inconsciente, que se iniciou por ocasião do nascimento da consciência; em segundo lugar, a divisão entre sujeito e objeto. A dicotomia entre a realidade externa e a interna é substituída por um sentimento de realidade unitária.[36-37] É como se a totalidade inconsciente original, assim como a unicidade original que formamos com a vida, das quais partimos e das quais tivemos que emergir, pudessem agora ser recuperadas, em parte, no nível consciente. As ideias e imagens que representam o infantilismo, num dado estágio do desenvolvimento, representam, noutro estágio, a sabedoria. As imagens e os atributos do Si-mesmo são agora experimentados como coisas distinta do ego e, situados acima dele. Essa experiência traz consigo a percepção de que não se é dono da própria casa. A pessoa toma consciência de que há uma orientação interna autônoma, distinta do ego e, com frequência, antagônica a ele. Uma tal consciência às vezes constitui um alívio, outras vezes representa uma carga. Podemos, na verdade, nos sentir subitamente no papel de São Cristóvão (*Ilustração 29*).

---

36 Neumann, Erich. "The Psyque and the Transformation of the Reality Planes", *Eranos-Jahrbuch* XXI, Zurique, Rhein-Verlag, 1953. Traduzido em *Spring*, Clube de Psicologia Analítica de Nova York, 1956. Estou em dívida para com esse artigo de Neumann, que constitui a mais clara apresentação de que pude dispor desse assunto tão difícil.

37 Jung discute a realidade unitária, sob o termo *unus mundus, in Mysterium Coniunctionis*, C. W., vol. 14 (II), par. 759 ss.

Ilustração 29. SÃO CRISTÓVÃO CARREGANDO CRISTO COMO UMA ESFERA. Pintura a óleo do Mestre de Messkirch(?).

O início da percepção de que há algo vivendo conosco na mesma casa muitas vezes é pressagiado por determinados tipos de sonhos, que põem o sonhador diante de acontecimentos paradoxais ou miraculosos. Esses sonhos abrem uma categoria transpessoal de experiência que é incomum e estranha à consciência. Um exemplo desse tipo de sonho é apresentado a seguir. A paciente era uma cientista muito racional e prática. Seu sonho foi:

> Um homem (um cientista que ela conhecia) estava tendo um ataque cardíaco. Ele pegou uma bananeirinha-de-jardim(*Canna*) e a colocou no peito. Imediatamente seu distúrbio passou. Então, ele se voltou para a sonhadora e disse: "Meus colegas cientistas podem rir de mim por usar esse tratamento, mas ele funciona; e meus filhos são muito jovens para ficar sem pai".

Esse sonho foi seguido, pouco tempo depois, por uma singular experiência de sincronicidade que acabou por penetrar a visão de mundo racional e mecanicista da sonhadora e constituiu uma experiência marcante. Tal como a superordem do sonho anterior, é como se a planta fosse capaz de absorver os efeitos do ataque cardíaco e de restaurar a condição anterior do coração. A planta simboliza o estado vegetativo da vida; é análoga ao sistema nervoso autônomo, ou, vegetativo. No nível psicológico, representa um estado ou uma forma de experiência de vida, primordial, vegetativo, que dispõe de um reservatório capaz de amortecer os excessos destrutivos de energia que podem acumular-se na personalidade consciente. A mente consciente experimenta esse evento como algo miraculoso, isto é, como algo que transcende as categorias da compreensão consciente.

Outro exemplo do mesmo tema é o sonho de um homem perto dos quarenta que teve uma infância muito alienante. Os pais eram alcóolatras, de modo que ele foi obrigado a assumir precocemente as responsabilidades e as atitudes de um adulto pra que a família funcionasse. Por conseguinte, tornou-se extremamente racional e se saía bem numa posição de responsabilidade. Mas depois começou a desorientar-se. Não gostava do trabalho, não sabia o que queria. Aos poucos, tudo o que estava fazendo perdeu sentido. Sua terapia era uma coisa muito difícil, pois ele não conseguia ir além da discussão racional. Então ele teve este sonho:

> Encontrou uma mulher estranha e incomum de quem sentia que já ouvira falar antes. Ela era um expoente da medicina homeopática. Depois de conversar com ela por algum tempo, ele exclamou: "Como você acredita numa coisa como a homeopatia? A orientação médico-científica mais recente é melhor. A homeopatia não passa de relíquia da magia primitiva". Em resposta, a mulher sorriu misteriosamente e disse: "Sim, exatamente". Nesse ponto, o sonhador ficou perplexo e acordou.

Em suas associações com o sonho, o paciente disse que a única coisa que sabia a respeito da homeopatia era que ela utilizava o princípio da similaridade. Lembrou-se do relato de Frazer sobre a mágica homeopática na obra *The Golden Bough* e pensou também no meu método de interpretação de sonhos, o método de amplificação, que utiliza imagens mitológicas similares para ampliar e esclarecer sonhos. Ele não tinha associações a fazer com relação à mulher, mas ela é, evidentemente, a *anima*, que possui o conhecimento secreto do inconsciente e serve de ponte entre o ego e o inconsciente coletivo.

O sonho indica que o inconsciente está sendo ativado e está apresentando ao paciente todo um novo modo de experiência, algo semelhante à magia primitiva. De acordo com esse modo de experiência, as analogias são tomadas como realidades. É o método do pensamento analógico associativo. Essa é a forma pela qual o inconsciente trabalha: por meio da analogia simbólica. Esse é o princípio em que nosso método de interpretação de sonhos se baseia – amplificação por analogia. É completamente errôneo aplicar esse modo primitivo ao tratamento da realidade externa; isso nos envolveria com toda espécie de práticas mágicas e supersticiosas. Mas ele é precisamente a abordagem correta para lidar com o inconsciente e para estabelecer contato com a psique arquetípica.

O homem moderno necessita urgentemente restabelecer um contato significativo com a camada primitiva da psique. Não me refiro à expressão compulsiva dos afetos primitivos inconscientes, que constitui um sintoma de dissociação. Refiro-me ao modo primitivo de experiência, que vê a vida como um todo orgânico. Nos sonhos, a imagem de um animal, de um ser primitivo ou de uma criança, normalmente, é uma expressão simbólica da fonte de ajuda e de cura. Com frequência, nos contos de fada, é um animal que mostra a saída de uma dificuldade ao herói. As imagens do primitivo e da criança servem à função de cura porque simbolizam o patrimônio que herdamos da totalidade, daquele estado original em que estamos ligados à natureza e às suas energias transpessoais que nos orientam e nos dão apoio. Por meio do primitivo e da criança que existem em nós, estabelecemos uma ligação com o Si-mesmo e nos curamos do estado de alienação. Para nos relacionarmos com a mentalidade da criança e do primitivo, de forma consciente, e não inconscientemente e de forma inflada, precisamos aprender a incorporar categorias primitivas da experiência à nossa visão do mundo sem negar ou prejudicar as categorias conscientes, de caráter científico, de espaço, tempo e causalidade. Devemos aprender a aplicar os modos primitivos de experiência de forma psicológica, ao mundo interno, e não fisicamente, em nossas relações com o mundo externo. A atitude primitiva em nossa relação com o mundo externo é sinônimo de superstição; mas ser primitivo com relação ao mundo interno da psique é sinônimo de sabedoria.

Jung atingiu essa atitude de estado primitivo refinado, e essa é a razão por que todos os que o conheceram sempre se impressionaram com sua sabedoria. Poucos dias antes de falecer, um entrevistador pediu-lhe que dissesse sua concepção de Deus. Ele replicou com as seguintes palavras: "Até hoje, Deus é o nome pelo qual designo tudo que se atravessa no caminho de minha obstinação de forma violenta e atrevida, tudo que atrapalha minhas opiniões, meus planos e intenções subjetivos e muda o curso da minha vida, para o bem ou para o mal".[38]

A visão que Jung exprime aqui é essencialmente primitiva, embora consciente e refinada. Ele designa por "Deus" aquilo que a maioria chama de acaso ou acidente. Ele experimenta eventos aparentemente arbitrários como sendo plenos de sentido e não como coisa sem sentido. Essa é precisamente a forma pela qual o primitivo experimenta a vida. Para o primitivo, tudo está saturado de significação psíquica e tem vínculos ocultos com os poderes transpessoais. O primitivo, assim como a criança, vive num mundo que está em continuidade com relação a ele. Está relacionado com o cosmo. Quanto mais tentamos nos relacionar de forma consciente com as profundezas da psique, tanto mais somos levados a ter a mesma atitude expressa por Jung; segundo ele todas as vicissitudes da vida externa e interna têm um significado e constituem uma expressão de padrões e poderes de ordem transpessoal. O acaso, como categoria da experiência, é um sintoma de vida alienada. Para o homem ligado ao Si-mesmo, tanto quanto para a criança e para o primitivo, o acaso não existe. Talvez seja esse o significado das palavras de Jesus: "Se não vos converterdes e vos fizerdes como meninos, jamais entrareis no Reino dos Céus". [39]

Emerson exprime essa mesma ideia, a saber, de que há uma lei no fundo de tudo o que é aparentemente casual:

> O segredo do mundo é a ligação existente entre a pessoa e o evento ... o espírito traz em si o evento que lhe vai sobrevir ... o evento é a impressão de sua forma.[40]
> Os eventos nascem da mesma fonte de que nascem as pessoas.[41]
> Cada criatura gera de si mesma sua própria condição e esfera, assim como a lesma faz sua tênue casa na folha da pereira.[42]
> Um homem verá seu caráter manifestar-se nos eventos que parecem encontrá-lo, mas que surgem dele e o acompanham.[43]
> ... não há acasos ... A lei rege tudo que existe...[44]

---

38 Entrevista publicada em *Good Housekeeping Magazine*, dezembro de 1961.
39 Mateus, 18:13
40 Emerson, Ralph Waldo, *The Conduct of Life*, Nova York, Dolphin Books, Doubleday & Co., p. 29.
41 *Ibid.*, p. 30.
42 *Ibid.*, p. 30.
43 *Ibid.*, p. 31.
44 *Ibid.*, p. 35.

Nos estágios iniciais do desenvolvimento psicológico, Deus está oculto – no esconderijo mais engenhoso que há – na identificação que temos com nós mesmos, com nosso próprio ego. Essa ideia do Deus oculto corresponde ao mito gnóstico de Sophia, uma personificação da Sabedoria de Deus. No processo da criação, a Sophia, sabedoria divina, tornou-se matéria; e então, no curso dessa transformação, perdeu-se e ficou aprisionada à matéria – tornando-se, assim, o Deus oculto, que precisa de libertação e redenção. Essa ideia do espírito divino aprisionado na matéria, oculto na escuridão da mente, representa o Si-mesmo oculto em sua identificação com o ego. A matéria, que esconde a Sophia, simboliza a realidade concreta, temporal e terrena do ego individual. Se Deus está aprisionado na matéria, na personalidade imatura, a tarefa de desenvolvimento psicológico é nada menos que a redenção de Deus por meio da consciência humana.

A redenção de Deus configurou-se como um tema básico da alquimia. A obra alquímica foi um trabalho de redenção. Todo o processo de transmutação constituía uma tentativa de libertar e redimir um valor supremo de sua prisão à matéria básica. A matéria básica era a *prima materia*, aquilo com que se começava, que corresponde às imaturidades infladas de nossa psique. Essa matéria deveria ser transformada na pedra filosofal, uma essência divina. A *prima materia* é nossa identidade ego-Si-mesmo, o resíduo da inflação original. Submeter esse material ao processo alquímico significa aplicar o esforço e a atenção conscientes à tarefa de refinar e separar essa mistura composta, com o fito de libertar o Si-mesmo, ou a psique arquetípica, de sua contaminação com o ego.

Há um contraste entre a atitude cristã tradicional – cujo tema é a redenção passiva do homem por meio da fé depositada em Cristo – e a atitude alquímica – um esforço ativo do homem para redimir a Deus. Sobre esse contraste, escreve Jung:

> ... (Na atitude Cristã) o homem atribui a si mesmo a necessidade de redenção e deixa o trabalho de redenção, o *athlon* real, ou a *opus*, para a figura divina autônoma; ... (na atitude alquímica) o homem se encarrega de realizar a *opus* redentora e atribui o estado de sofrimento e a consequente necessidade de redenção à *anima mundi* aprisionada na matéria.[45]

e, mais uma vez:

---

45   Jung, C. G., *Psychology and Alchemy*, C.W., vol. 12, par. 414.

> ... a obra alquímica é o trabalho do Homem Redentor pela causa da alma divina do mundo, que se encontra adormecida e à espera da redenção na matéria. O cristão obtém os frutos da graça a partir do trabalho realizado por Cristo, mas o alquimista cria para si, com seus próprios esforços, uma "panaceia da vida". (Trecho ligeiramente parafraseado.)[46]

O homem moderno deve proceder mais ou menos como o alquimista. Não podendo recorrer à redenção passiva por intermédio das imagens sacras, deve depender de seus próprios esforços ativos no sentido de trabalhar sua *prima materia*, o inconsciente, na esperança de libertar e trazer à consciência a natureza suprapessoal da própria psique. Este é o tema central: *o desenvolvimento psicológico, em todas as suas fases, é um processo de redenção. O objetivo é redimir, pela percepção consciente, o Si-mesmo oculto, escondido na identificação inconsciente com o ego.*

O ciclo repetitivo de inflação e alienação é superado pelo processo consciente de individuação quando se manifesta a consciência da realidade do eixo ego-Si-mesmo. Uma vez experimentada a realidade do centro transpessoal, um processo dialético entre o ego e o Si-mesmo pode, até certo ponto, substituir o movimento pendular anterior entre inflação e alienação. Mas o diálogo da individuação não é possível enquanto o ego pensar que tudo que existe na psique foi feito por ele. Jung comenta, com relação a essa atitude errônea, o seguinte:

> ... todas as pessoas do mundo moderno sentem-se sozinhas no mundo da psique, pois supõem que nada há nele que não seja resultado de sua própria ação. Essa é a melhor demonstração da nossa atitude de deuses-todo-poderosos, que simplesmente deriva do fato de que pensamos que inventamos tudo o que é psíquico – que nada existiria se não o fizéssemos; pois é essa nossa ideia básica, uma extraordinária suposição ... E assim estamos sozinhos no mundo da psique, exatamente como o criador diante da criatura.[47]

Para o homem moderno, um encontro consciente com a psique arquetípica autônoma equivale à descoberta de Deus. Depois de passar por essa experiência, ele já não está sozinho em sua psique, e toda sua visão do mundo é alterada. Ele é libertado, em grande parte, das projeções do Si-mesmo

---

46 *Ibid.*, par. 557.
47 Excertos de um seminário feito por Jung a respeito da *Interpretação das Visões (Interpretation of Visions)*, publicado em *Spring*, Clube de Psicologia Analítica de Nova York, 1962, p. 110.

em alvos e objetivos seculares. É libertado da tendência a identificar-se com qualquer facção que possa levá-lo a viver o conflito dos opostos no mundo externo. Uma pessoa que passou por isso está conscientemente comprometida com o processo de individuação.

O *I Ching* descreve o efeito que uma pessoa individuada pode obter:

> ... na natureza também se observa um rigor sagrado e grave que se manifesta na regularidade com que se desenrolam todos os fenômenos. A contemplação do sentido divino subjacente à ocorrência de todos os fenômenos do universo dá, ao homem destinado a liderar os outros, meios para produzir efeitos semelhantes. Para isso é necessário a concentração interior que a contemplação religiosa desenvolve nos grandes homens, dotados de fé poderosa. Permite-lhes apreender as misteriosas e divinas leis da vida e, através da mais profunda concentração, chegar a exprimir essas leis em si próprios. De sua contemplação emana um poder espiritual oculto que influencia e domina os homens, sem que eles estejam conscientes de como isso ocorre.[48]

Expressa nos termos mais amplos possíveis, a individuação parece ser uma necessidade inata da vida no sentido de realizar-se a si mesma de forma consciente. A energia de vida transpessoal, no processo de autorrevelação, utiliza a consciência humana, um produto que ela mesma gerou, como instrumento de sua própria autorrealização. Um relance de olhos sobre esse processo nos dá uma nova perspectiva das vicissitudes da vida humana e faz-nos perceber que:

> *Though the mills of God grind slowly,*
> *Yet they grind exceeding fine.*

> [Embora os moinhos do Senhor moam vagarosamente,
> Ainda assim produzem uma farinha incomparavelmente fina.]

---

[48] Wilhelm, Richard (Tradutor). *The I Ching or Book of Changes*, Série Bollingen XIX, Princeton University Press, 1950. Comentário sobre o Hexagrama número 20, Contemplação (KUAN), p. 88. [Edição brasileira: Editora Pensamento, 1982.]

Parte II

A INDIVIDUAÇÃO COMO MODO DE EXISTÊNCIA

... a função dos esforços humanos ... (é) estabelecer, em cada um de nós, e por meio de cada um de nós, um centro absolutamente original em que o universo se reflita de forma exclusiva e inimitável.

PIERRE TEILHARD DE CHARDIN*

---

* *The Phenomenon of Man*, Nova York, Harper Torch Books, 1961, p. 261. [Ed. Brasileira: *O fenômeno humano*, Editora Cultrix, 1988.]

Capítulo 4

A busca de significado

A condição de todo homem é a solução hieroglífica das perguntas que ele gostaria de fazer. Ele representa essa condição como vida, antes de apreendê-la como verdade.

– RALPH WALDO EMERSON

1. A Função do Símbolo

Um dos sintomas de alienação na idade moderna é o sentimento disseminado de falta de sentido. Muitos pacientes buscam a psicoterapia não por causa de alguma desordem claramente definida, mas porque sentem que a vida não tem significado. O psicoterapeuta atento dificilmente pode evitar a impressão de que essas pessoas estão experimentando os efeitos desagregadores não só de uma experiência insatisfatória na infância, como também de uma mudança violenta provocada por uma grande transição cultural. Parece que estamos passando por uma reorientação psicológica coletiva equivalente em magnitude ao surgimento do cristianismo das ruínas do Império Romano. Há, ao lado do declínio da religião tradicional, indícios cada vez maiores de uma desorientação psíquica geral. Perdemos nossas bases. Nossa relação com a vida ficou ambígua. O grande sistema de símbolos que é o cristianismo organizado já não parece capaz de motivar a plena dedicação dos homens, nem de atender-lhes as necessidades fundamentais. O resultado disso é um forte sentimento de falta de sentido e de alienação com respeito à vida. A questão de saber se vai surgir um novo símbolo religioso coletivo permanece sem resposta. No momento presente, os que têm consciência do problema se veem obrigados a empreender sua própria busca individual de uma vida significativa. A individuação torna-se seu modo de vida.

Uso a palavra "significado" de modo particular. Em geral é possível distinguir dois usos diferentes dessa palavra. Comumente, o termo indica o conhecimento abstrato e objetivo veiculado por um signo ou uma representação. Assim, por exemplo, a palavra "cavalo" significa uma espécie particular de animal quadrúpede; e a luz vermelha num semáforo significa "pare". Esses significados são abstratos e objetivos, veiculados por signos. Todavia, há um outro tipo de significado, de um significado vivo que não se refere ao conhecimento abstrato, mas sim a um estado psicológico que pode iluminar a vida. Refiro-me a ele quando descrevo uma experiência profundamente tocante como sendo uma experiência significativa. Uma experiência desse tipo não veicula significado abstrato, ao menos basicamente; ela traz consigo, na realidade, um significado vivo que, carregado de afeto, nos põe em relação orgânica com a vida como um todo. Os sonhos, os mitos e as manifestações artísticas transmitem essa sensação de significado subjetivo e vivo, bem diferente do objetivo e abstrato. O fato de não separarem esses dois diferentes usos da palavra "significado" leva as pessoas a fazerem a pergunta sem resposta: "Qual é o significado da vida?". Essa pergunta não pode ser respondida quando feita dessa forma, pois confunde o significado objetivo e abstrato com o subjetivo e vivo. Se a refizermos de modo mais subjetivo, perguntando: "Qual é o significado da *minha* vida?", ela passa a ter condições de ser respondida.

O problema do significado da vida está estreitamente ligado ao sentimento de identidade pessoal. Perguntar "Qual é o significado da minha vida?" é mais ou menos o mesmo que indagar "Quem sou eu?". Essa última questão é claramente subjetiva. Uma resposta adequada para ela só pode vir de dentro da pessoa. Assim, podemos dizer: o significado está na subjetividade. Mas quem dá valor à subjetividade? Quando usamos a palavra "subjetivo", normalmente dizemos, clara ou implicitamente, *apenas* subjetivo, como se o elemento subjetivo não tivesse consequências. Desde o declínio da religião, não temos tido aprovação coletiva para a vida introvertida, subjetiva. Todas as tendências seguem na direção oposta. As várias pressões da sociedade ocidental instam o indivíduo, sutilmente, a buscar o significado da vida nas coisas externas e na objetividade. O alvo pode ser o estado, a organização corporativa, uma vida de conforto material ou a aquisição de conhecimento científico objetivo – em todos esses casos, procura-se o sentido humano onde ele não está: nas coisas externas, na objetividade. A subjetividade ímpar, particular e não duplicável do indivíduo, que constitui a verdadeira fonte dos significados humanos e não é suscetível de uma abordagem objetiva, estatística, é a pedra desprezada, rejeitada pelos construtores de nossa visão de mundo contemporânea.

Mesmo a maioria dos psiquiatras, que deveria conhecer melhor as coisas, contribui para a atitude dominante que deprecia a subjetividade. Há alguns anos fiz uma palestra sobre a função dos símbolos perante um grupo de psiquiatras. Mais tarde, o comentador apresentou uma crítica a esse trabalho. Uma de suas principais objeções dizia respeito ao fato de eu ter descrito o símbolo como uma coisa real, quase viva, o que eu efetivamente fizera. Essa crítica reflete uma atitude geral com relação à psique e à subjetividade. Pensa-se que a psique não tem realidade própria. As imagens e os símbolos subjetivos são considerados *nada mais que* reflexos do ambiente das pessoas ou de suas relações interpessoais, ou nada *mais que* realizações do desejo instintivo. Harry Stack Sullivan chegou ao extremo de afirmar que a ideia de uma personalidade ímpar, individual, é uma delusão! E assim, um famoso psiquiatra torna-se, inadvertidamente, outro expoente de uma psicologia coletivista, de massas.

A necessidade mais urgente do mundo moderno consiste em descobrir o mundo subjetivo interno da psique, descobrir a vida simbólica. Como disse Jung:

> O homem necessita de uma vida simbólica ... Mas não temos vida simbólica ... Acaso vocês dispõem de um canto em algum lugar de suas casas onde realizam ritos, como acontece na Índia? Mesmo as casas mais simples daquele país têm pelo menos um canto fechado por uma cortina no qual os membros da família podem viver a vida simbólica, podem fazer seus novos votos ou meditar. Nós não temos isso ... Não temos tempo, nem lugar ... Só vida simbólica pode exprimir a necessidade do espírito – a necessidade diária do espírito, não se esqueçam! E como não dispõem disso, as pessoas jamais podem libertar-se desse moinho – dessa vida angustiante, esmagadora e banal em que elas são "nada senão".[1]

O homem necessita de um mundo de símbolos, assim como necessita de um mundo de signos. Tanto o signo como o símbolo são necessários, mas não devem ser confundidos entre si. O signo é uma unidade de significado que representa uma entidade *conhecida*. Com base nessa definição, a língua é um sistema de signos, e não de símbolos. O símbolo, por outro lado, é uma imagem ou representação que indica algo essencialmente desconhecido, um mistério. O signo veicula um significado abstrato e objetivo, ao passo que o símbolo veicula um significado vivo, subjetivo. O símbolo é dotado de um dinamismo subjetivo que exerce sobre o indivíduo uma poderosa atração e

---

1 Jung, C. G., "The Symbolic Life". Transcrito de uma palestra feita em 1939, com base nas anotações taquigráficas de Derek Kitchin, Londres, Guild of Pastoral Psychology, Guild Lecture, nº 80, abril de 1954.

um poderoso fascínio. Trata-se de uma entidade viva e orgânica que age como um mecanismo de liberação e de transformação de energia psíquica. Podemos dizer, portanto, que o signo é morto e o símbolo é vivo.

Os símbolos são um produto espontâneo da psique arquetípica. Não é possível fabricar um símbolo; só é possível descobri-lo. Os símbolos são portadores de energia psíquica. Eis por que convém considerá-los vivos. Eles transmitem ao ego, consciente ou inconscientemente, a energia vital que apoia, orienta e motiva o indivíduo. A psique arquetípica mantém uma incessante atividade de criação de uma corrente estável de imagens simbólicas vivas. Normalmente, essa corrente não é percebida pela consciência, a não ser por meio dos sonhos ou das fantasias – que surgem quando a pessoa, acordada, tem reduzido seu nível de atenção consciente. Entretanto, há razões para crer que, mesmo num estado plenamente desperto, essa corrente de símbolos, carregada de energia efetiva, continue a fluir sem que o ego se aperceba. Os símbolos penetram no ego, levando-o a identificar-se com eles e a trabalhar com eles inconscientemente; ou passam para o ambiente externo, por meio das projeções, levando o indivíduo a ficar fascinado e envolvido com objetos e atividades externas.

2. As Falácias Concretista e Redutivista

A relação entre o ego e o símbolo constitui um fator extremamente importante. Em geral, há três padrões possíveis de relação entre o ego e o símbolo ou, o que é a mesma coisa, entre o ego e a psique arquetípica:

1. O ego pode identificar-se com o símbolo. Nesse caso, a imagem simbólica será vivida concretamente. O ego e a psique arquetípica serão uma só entidade.

2. O ego pode estar alienado do símbolo. Embora a vida simbólica não possa ser destruída, nesse caso ela funcionará de forma degradada, fora da consciência. O símbolo será reduzido a signo. As necessidades misteriosas e urgentes do símbolo só serão compreendidas em termos de fatores elementares e abstratos.

3. A terceira possibilidade é a desejável. Nesse caso, o ego, embora claramente separado da psique arquetípica, é receptivo aos efeitos das imagens simbólicas. Torna-se possível uma espécie de diálogo consciente entre o ego e os símbolos que emergem. Assim, o símbolo é capaz de realizar sua função própria de liberador e transformador de energia psíquica com a plena participação do entendimento consciente.

Essas diferentes formas de relação entre o ego e o símbolo dão origem a duas possíveis falácias, a que darei os nomes de falácia concretista e falácia redutivista. Na falácia concretista, que é a mais primitiva, o indivíduo é incapaz de distinguir entre os símbolos da psique arquetípica e da realidade concreta, exterior. As imagens simbólicas interiores são experimentadas como fatos reais, exteriores. Exemplos dessa falácia incluem as crenças animistas dos primitivos, as alucinações dos psicóticos, pensamentos ilusórios, que não têm base na realidade, e superstições de todos os tipos. As misturas confusas de realidades psíquicas e físicas, tais como a prática da alquimia e da astrologia e os numerosos cultos atuais voltados para a obtenção de cura, enquadram-se nessa categoria. A mesma falácia está em ação entre aqueles fiéis religiosos que compreendem erroneamente as imagens simbólicas religiosas, acreditando que se refiram a fatos concretos em termos literais, e que tornam suas próprias convicções religiosas pessoais ou paroquiais pela verdade universal e absoluta. Há risco de se sucumbir à falácia concretista sempre que se é tentado a aplicar uma imagem simbólica a fatos físicos externos, com o propósito de manipular esses fatos em proveito próprio. Os símbolos só têm efeitos válidos e legítimos quando servem para modificar nosso estado psíquico ou nossa atitude consciente. Seus efeitos serão ilegítimos e perigosos quando aplicados, de forma mágica, à realidade física.

A falácia redutivista comete o erro oposto. Nesse caso, a significação do símbolo se perde por ser tomada apenas como signo de algum conteúdo conhecido. A falácia redutivista tem como base a atitude racionalista que supõe poder ver além dos símbolos, descobrindo seu significado "real". Esta abordagem reduz todas as imagens simbólicas a fatores elementares, conhecidos. Ela opera com base na suposição de que não existe nenhum verdadeiro mistério, nenhum elemento essencial desconhecido que transcenda a capacidade de compreensão do ego. Assim, nos termos dessa concepção, não pode haver símbolos verdadeiros; há apenas signos. Para aqueles que estão convencidos disso, o simbolismo religioso não passa de sinal de ignorância e superstição primitiva. A falácia redutivista é compartilhada igualmente pelos teóricos da psicologia que consideram o simbolismo como mero funcionamento primitivo, pré-lógico, do ego arcaico. Caímos nesse erro sempre que tratamos nossas imagens e reações subjetivas da forma abstrata e estatística apropriada às ciências naturais e à realidade física. Esse erro é o inverso do precedente, em que uma imagem simbólica subjetiva é usada para manipular fatos físicos, fazendo-lhes, desse modo, violência. Nesse outro caso, a atitude abstrata e objetiva, apropriada para uma compreensão da realidade externa, é aplicada à psique inconsciente com o fito de manipulá-la. Essa atitude violenta a realidade autônoma da psique.

O conflito entre as falácias concretista e redutivista configura-se como o cerne do conflito contemporâneo entre a visão religiosa tradicional do homem e a chamada visão científica moderna. E como esse é um problema coletivo, todos carregamos um pouco desse conflito dentro de nós. Com relação a isso, escreve Jung:

> Todos que se ocupam com isso (com o simbolismo religioso) inevitavelmente correm o risco de ser reduzidos a pedaços pelo conflito mortal que travam as duas partes envolvidas na discussão. Esse conflito decorre da estranha suposição de que só é verdadeiro aquilo que se apresenta como fato *físico*. Assim, por exemplo, alguns acreditam ser fisicamente verdadeiro que Cristo nasceu de uma virgem, ao passo que outros o negam, por considerarem esse nascimento fisicamente impossível. Não há dúvida que esse conflito é logicamente insolúvel e que seria melhor não perder tempo com essas discussões estéreis. Ambas as partes têm e não têm razão. E, no entanto, poderiam facilmente chegar a um acordo se renunciassem à palavra *físico*. O conceito de físico não é o único critério de verdade: há também realidades *psíquicas* que não podem ser explicadas, demonstradas ou contestadas sob nenhum ponto de vista físico. Se houvesse, por exemplo, uma crença geral segundo a qual o Reno, em certo momento de sua história, corria da foz para a nascente, então essa crença seria em si mesma um fato, mesmo que tal asserção, tomada em seu sentido físico, parecesse simplesmente inadmissível. Uma crença como essa representa uma realidade psíquica que não pode ser contestada e que também dispensa demonstração. Os enunciados religiosos (ou simbólicos) pertencem a essa categoria. Todos, sem exceção, se referem a objetos que é impossível constatar do ponto de vista físico, plano no qual não têm nenhum sentido ... O fato de enunciados religiosos (ou simbólicos) se mostrarem muitas vezes em flagrante conflito com os fenômenos físicos observados prova que, em contraste com a percepção física, o espírito (o simbólico) é autônomo e a experiência psíquica depende, até certo ponto, dos dados de natureza física. A psique é um fator autônomo, e os enunciados religiosos (ou simbólicos) são confissões psíquicas que têm por base, em última análise, processos ... inconscientes. Esses processos são inacessíveis à percepção física, mas demonstram sua existência por meio das confissões da psique ... Sempre que falamos de conteúdos religiosos (ou simbólicos), nós nos situamos num mundo de imagens que indicam algo inefável. Não sabemos se essas imagens, essas metáforas e esses conceitos exprimem ou não com clareza seu objeto transcendental ...

> (Todavia) não há dúvida que, na origem dessas imagens, há algo que transcende a consciência e que não só impede que os enunciados variem irrestritamente e de forma caótica, como também demonstra que todos eles se referem a alguns princípios básicos, ou arquétipos. Esses princípios, como a psique, ou a matéria, são incognoscíveis em si mesmos.[2]

Tal como ocorre com todos os assuntos referentes à personalidade, as falácias concretista e redutivista não se transformarão a partir de exortações racionais. Na realidade, podemos considerá-las como dois estágios sucessivos do desenvolvimento da personalidade. O estado de identificação entre o ego e os símbolos inconscientes dá origem à falácia concretista. Esse estado caracteriza o estágio inicial do desenvolvimento do ego, presente, por exemplo, no primitivo e na criança. A falácia redutivista tem como base um estado de alienação entre o ego e o simbolismo do inconsciente. Parece um estágio antecedente de identidade entre o ego e o inconsciente. Nesse ponto, o desenvolvimento do ego pode exigir uma depreciação do inconsciente e do poder de suas imagens simbólicas. Todavia, isso deixa uma dissociação entre o ego e o inconsciente que, mais cedo ou mais tarde, deverá, se se quiser alcançar a totalidade, ser superada.

O objetivo básico da psicoterapia junguiana é tornar consciente o processo simbólico. Para nos tornarmos conscientes dos símbolos, devemos, em primeiro lugar, conhecer o modo como um símbolo se comporta quando é inconsciente. Poderemos compreender todas as práticas desumanas dos ritos e rituais selvagens, assim como os sintomas neuróticos e as perversões, se percebermos como um símbolo se comporta inconscientemente. A proposição básica é: um símbolo inconsciente é vivido, mas não é percebido. O dinamismo do símbolo inconsciente só é experimentado como desejo ou premência referentes a alguma ação externa. A imagem subjacente à premência não é vista. Nenhum significado psicológico puro é percebido ao fundo da força motivadora da imagem simbólica que controla a pessoa. O ego, identificado com a imagem simbólica, torna-se vítima dessa imagem, condenado a viver concretamente o significado do símbolo, em vez de entendê-lo de modo consciente. Quando o ego é identificado com a psique arquetípica, o dinamismo do símbolo só será visto e experimentado como um impulso para a luxúria ou para o poder. Isso explica a diferença entre a psicologia profunda de Jung e todas as demais teorias psicológicas. Apenas

---

2   Jung, C. G., "Answer to Job", in *Psychology and Religion: West and East,* C. W., 11, 1958, pars. 553-555.

Jung e sua escola conseguiram, até agora, reconhecer o símbolo (e, portanto, a psique arquetípica de que ele é manifestação) tal como funciona quando o ego não está a ele identificado. Na psicologia freudiana, por exemplo, onde Jung vê a psique arquetípica transpessoal, Freud vê o Id. O Id é uma caricatura do espírito humano. A psique arquetípica e seus símbolos são vistos apenas por meio da forma como se manifestam quando o ego está a eles identificado. O Id é o inconsciente considerado, tão somente, como algo instintivo, sem levar em consideração as imagens que subjazem aos instintos. Quando lida com as imagens, a psicologia freudiana lhes dá uma interpretação redutivista que retorna ao instinto. A imagem simbólica *per se* não tem garantida nenhuma realidade substantiva. Essa atitude freudiana com relação ao inconsciente é algo que vale a pena entender, uma vez que é compartilhada, de uma ou de outra forma, por quase todas as escolas da psicoterapia moderna. Nenhum psiquiatra negará que as necessidades instintivas sejam vivas e efetivas, mas quase todos eles concordam em negar a vida e a realidade das imagens simbólicas em si e para si.

Essa atitude comum da psicologia moderna, que vê a psique inconsciente unicamente motivada pelos instintos, é, no fundo, antiespiritual, anticultural e destruidora da vida simbólica. Enquanto for sustentada, é impossível cultivar uma vida interior significativa. As compulsões de natureza instintiva de fato existem em abundância. Mas a imagem simbólica, atuando como agente liberador e transformador de energia psíquica, eleva as necessidades instintivas a outro nível de significado e humaniza, espiritualiza e acultura a energia animal bruta. O instinto contém seu próprio significado oculto, que só se revela por meio da percepção da imagem que lhe é subjacente.

Uma forma de descobrir a imagem oculta é o processo da analogia. Como afirma Jung, "A criação de ... analogias liberta o instinto, e a esfera biológica como um todo, da pressão de conteúdos inconscientes. A ausência de simbolismo, todavia, sobrecarrega a esfera do instinto".[3] Como exemplo de método analógico, lembro-me de um paciente submetido ao jugo inconsciente de uma poderosa imagem simbólica que exigia que ele a vivesse como sintoma enquanto não a pudesse conscientemente entender. Como é mais fácil ver coisas maiores que coisas menores, escolhi um exemplo que é aumentado, por assim dizer, devido a ser um sintoma de psicopatologia. Falo de um caso de travestismo – um jovem com uma forte necessidade de usar roupas femininas. Quando usava alguma peça do vestuário feminino, sua atitude em

---

3 Jung, C. G., *The Practice of Psychotherapy*, C. W., vol. 16, par. 250.

relação a si mesmo passava por uma mudança radical. Normalmente, ele se sentia tímido, inferior e impotente. Mas, quando vestia alguma peça feminina que pudesse ficar fora das vistas gerais, sentia-se confiante, eficaz e sexualmente potente. Ora, que significa esse sintoma? O indivíduo estava vivendo uma imagem simbólica inconsciente. Como essas imagens sintomáticas têm a mesma origem dos sonhos, podemos tratá-las como trataríamos um sonho – com o método da amplificação. Então perguntamos a nós mesmos que tal é vestir roupas femininas e quais os paralelos gerais e mitológicos que disso dispomos.

O Livro V da *Odisseia* descreve a jornada de Ulisses entre a ilha de Calipso e a terra dos feácios.[4] Durante a jornada, Poseidon provoca uma tempestade terrível, que teria afogado Ulisses se Ino, uma deusa do mar, não lhe tivesse dado auxílio. Ela diz a Ulisses que se dispa e nade na direção da terra dos feácios; e acrescenta: "Toma meu véu e estende-o sobre o peito; ele é encantado e poderás evitar os perigos enquanto o vestires. Mas logo que chegues a terra firme, desata-o e atira-o ao mar, o mais longe que puderes". O véu de Ino é a imagem arquetípica vinculada ao sintoma do travestismo. O véu representa o apoio e o acolhimento que o arquétipo da mãe pode fornecer ao ego durante uma ativação perigosa do inconsciente. É legítimo usar esse apoio, como o faz Ulisses, durante um tempo de crise; mas o véu deve ser devolvido à deusa assim que a crise passa.

Outro paralelo é fornecido pelos sacerdotes da Magna Mater, da Roma Antiga e da Ásia Menor. Após sua consagração, esses sacerdotes usavam vestes femininas e deixavam crescer o cabelo para representar sua consagração ao serviço da Grande Mãe. Um resquício desse travestismo sacerdotal existe ainda hoje nas roupas usadas pelo clero católico a serviço da Madre Igreja. Esses paralelos servem para mostrar que a necessidade do travestismo tem como base a necessidade inconsciente de um contato de apoio com a divindade feminina – o arquétipo da mãe. Essa é a maneira de compreender um sintoma desses de forma simbólica. Na verdade, sempre que falamos da imagem de uma divindade, usamos um símbolo, pois uma divindade, ou poder suprapessoal, não pode ser definida com precisão. Ela não é um signo conhecido e racionalmente compreendido, mas um símbolo que exprime um mistério. Esse modo de interpretação, quando bem-sucedido, pode levar o paciente na direção da vida simbólica. Um sintoma paralisador, produtor de culpa, pode ser substituído por um símbolo significativo e enriquecedor da vida, que é

---

4   Devo a Storr a indicação dessa amplificação. (Storr, A., "The Psychopathology of Fetishism and Transvestism". *Journal of Analytical Psychology*, vol. 2, nº 2, julho de 1957, p. 161.)

experimentado de forma consciente – e não vivido de forma inconsciente, compulsiva e sintomática.

O caso descrito é um exemplo do modo pelo qual um sintoma pode ser transformado em símbolo por meio da consciência de seus fundamentos arquetípicos. Todo sintoma deriva da imagem de alguma situação arquetípica. Por exemplo, muitos sintomas de ansiedade têm como contexto arquetípico a luta do herói com o dragão, ou talvez os rituais de iniciação. Muitos sintomas de decepção e ressentimento são uma revivescência do encontro arquetípico de Jó com Deus. A capacidade de reconhecer o arquétipo, de ver a imagem simbólica oculta no sintoma, transforma imediatamente a experiência, que pode permanecer tão dolorosa quanto vinha sendo, mas agora tem sentido. Em vez de isolar o sofredor dos seus semelhantes, o reconhecimento o une a eles numa relação mais profunda. Agora ele se sente sócio participante da empresa humana coletiva – a dolorosa evolução da consciência humana – que começou na escuridão do pântano original e terminará em algum lugar que não sabemos.

As tensões e disposições emocionais muito fortes também gerarão seu sentido se se puder encontrar a imagem simbólica relevante. Por exemplo, um homem estava tomado por uma disposição violenta. As coisas não se passavam como ele queria, mas ele não conseguia trabalhar nem reprimir o afeto. Por fim, rezou pedindo para entender o significado de tudo aquilo. Imediatamente lhe veio a imagem de três homens numa fornalha ardente, como descreve o livro de *Daniel*. Ele leu a passagem bíblica e, após refletir sobre ela, viu desaparecer a disposição de que estava possuído. O terceiro capítulo de *Daniel* descreve o decreto de Nabucodonosor segundo o qual todas as pessoas, dado um certo sinal, deveriam ajoelhar-se e adorar uma estátua de ouro. Sadraque, Mesaque e Abdenego recusaram-se a cumprir essa ordem, e Nabucodonosor, cheio de ira, ordenou que eles fossem jogados numa fornalha ardente. Mas eles ficaram ilesos e viu-se um quarto personagem andando com eles dentro do fogo, "como um filho de Deus".

Essa imagem dissolveu a disposição violenta do paciente porque exprime simbolicamente o seu *significado*. O rei Nabucodonosor representa uma personagem arbitrária, tirânica e voltada para o poder, que queria usurpar as prerrogativas de Deus e que fica irado quando não o tratam como divindade. É o ego identificado com o Si-mesmo. Sua ira é um sinônimo da fornalha ardente. Sadraque, Mesaque e Abdenego, ao se recusarem a atribuir um valor transpessoal a uma motivação pessoal, expõem-se voluntariamente ao fogo da frustração de Nabucodonosor. O que corresponderia à capacidade do paciente no sentido de evitar a identificação com o afeto, suportá-lo e, finalmente, buscar-lhe o significado por meio da imaginação ativa. A quarta personagem que aparece na fornalha, "como um filho de Deus", é o componente transpessoal, arquetípico, que foi realizado na experiência. Ele traz sentido, libertação e totalidade (tal como o quarto elemento).

Esse exemplo ilustra uma afirmação de Jung. Falando dos seus confrontos com o inconsciente, diz ele:

> Eu vivia num estado de tensão ... À medida que fui conseguindo traduzir as emoções em imagens – isto é, à medida que fui descobrindo as imagens que se encontravam escondidas nas emoções – vi-me acalmado e seguro interiormente.[5]

Enquanto estivermos inconscientes da dimensão simbólica da existência, experimentaremos as vicissitudes da vida como sintomas. Os sintomas são estados mentais perturbados que somos incapazes de controlar e que, essencialmente, não têm sentido – isto é, não contêm valor ou significação. Os sintomas são, na verdade, símbolos degradados, degradados pela falácia redutivista do ego. Os sintomas são intoleráveis precisamente porque não têm sentido. Podemos superar quase todas as dificuldades se soubermos discernir seu significado. A falta de sentido constitui a maior ameaça à humanidade.

Nossa vida consciente se compõe de uma série de disposições, sentimentos, ideias e necessidades prementes. Os estágios psíquicos sucessivos por que passamos constituem uma espécie de contas presas a um único colar. Dependendo de nossa atitude consciente, experimentaremos esse rosário da vida tanto como uma sucessão de sintomas sem sentido quanto, por meio da consciência simbólica, como uma série de encontros numinosos entre o ego e a psique transpessoal. Nossos prazeres, assim como nossas dores, serão sintomas quando não tiverem importância simbólica. Os sábios da Índia reconhecem isso em sua doutrina de Maia. De acordo com essa concepção, a dor e o prazer, que são sintomas de vida, estão indissoluvelmente ligados. Para obter a libertação dos sintomas dolorosos, devemos também fazer cessar os sintomas prazerosos. Em termos de psicologia analítica, a busca indiana de libertação das premências da dor e do prazer equivale à busca da vida simbólica. O Nirvana não é uma forma de escapar à realidade da vida. Com efeito, é a descoberta da vida simbólica, que liberta o homem de uma "vida angustiante, esmagadora e banal" – que não passa de uma sucessão de sintomas desprovidos de sentido.

---

5 Jung, C. G., *Memories, Dreams, Reflections*. Nova York, Pantheon Books, 1963, p. 177.

3. A Vida Simbólica

A vida simbólica constitui, de certa forma, um pré-requisito da saúde psíquica. Sem ela, o ego fica alienado de sua fonte suprapessoal e cai vítima de uma espécie de ansiedade cósmica. Os sonhos com frequência tentam curar o ego alienado mediante a veiculação de algum sentido a respeito de sua origem. Eis um exemplo de sonho desse gênero. A sonhadora lutava com um problema de alienação entre o ego e o Si-mesmo. Ela se via às voltas com profundos sentimentos de depressão, de falta de valor e de sentido com relação a sua vida e a suas capacidades. E então teve o seguinte sonho:

> Um velho, que era, ao mesmo tempo, sacerdote e rabino, estava falando comigo. Enquanto ouvia suas palavras, eu era tocada no mais profundo do ser e me sentia em vias de ficar curada. Era como se Deus me falasse por meio dele. Eu sentia que a pergunta eterna que sempre está dentro de mim estava se esclarecendo. Por um momento eu sabia por quê. Enquanto ele falava, ia me fazendo voltar a entrar em contato com algo que eu conhecera há muito tempo – antes de nascer.

Esse sonho teve um forte impacto sobre a sonhadora. Ela o experimentou como algo que lhe trazia a cura. A eterna pergunta, relativa ao significado de sua vida, fora respondida. Mas qual era a resposta? No início, logo ao acordar, ela não se recordava do que o velho dissera. Então, subitamente, lembrou-se de uma velha lenda judaica que tinha lido e percebeu que o rabino-sacerdote havia dito a essência dessa lenda. A lenda é a seguinte:

> Antes do nascimento de uma criança, Deus convoca a semente do futuro ser humano e decide o que a sua alma deverá ser: homem ou mulher, sábio ou simplório, rico ou pobre. Só uma coisa Ele não decide: se ela vai ser temente a Deus. Pois está escrito: "Todas as coisas estão nas mãos do Senhor, menos o temor ao Senhor". A alma, contudo, pede a Deus para que não seja enviada para a vida que está além daquele mundo. Mas Deus responde: "O mundo para o qual te envio é melhor que o mundo em que estavas; e, quando te fiz, fiz-te para esse destino terreno". Assim sendo, Deus ordena ao anjo encarregado das almas do Além que inicie a alma em todos os mistérios desse outro mundo, do Paraíso ao Inferno. Dessa maneira, a alma experimenta todos os segredos do Além. Todavia, no instante do nascimento, quando a alma vem para a terra, o anjo extingue a

luz do conhecimento que arde acima dela, e a alma, presa a seu invólucro terreno, penetra neste mundo, tendo esquecido sua sabedoria elevada, mas faz permanentes esforços para recuperá-la.[6]

O sonho que trouxe a lembrança dessa bela lenda à mente da sonhadora é um excelente exemplo da operação do eixo ego-Si-mesmo, que traz ao consciente a consciência da origem e do significado do ego e nele desperta a vida simbólica. O velho homem, rabino-sacerdote, representa aquilo que Jung denominou arquétipo do velho sábio. Trata-se de um guia espiritual, um portador da sabedoria e da cura. Eu o consideraria uma personificação do eixo ego-Si-mesmo. Na combinação entre rabino e sacerdote, ele reúne duas religiões e tradições simbólicas distintas, embora a história que conta não pertença a nenhum sistema religioso. O tema das origens pré-natais do ego é uma imagem arquetípica de que podemos encontrar numerosos exemplos. Há, por exemplo, a doutrina platônica das ideias pré-natais, elaborada no *Fédon*. De acordo com esse mito, todo o conhecimento constitui uma recuperação do conhecimento pré-natal, que é inato, mas esquecido. Em termos psicológicos, isso significa que as formas arquetípicas da experiência humana são preexistentes, ou *a priori*; elas apenas esperam a encarnação na história de vida de um indivíduo específico. Essa teoria platônica da reminiscência é às vezes expressamente afirmada nos sonhos. Uma pessoa pode sonhar que está envolvida num acontecimento significativo que ela percebe de forma tênue que já aconteceu antes e que segue um plano predeterminado. Eis como um sonhador descreve esse tipo de sonho:

> Foi como se eu estivesse experimentando o sonho em dois níveis ao mesmo tempo. Por um lado, ele era *sui generis*, espontâneo e irrepetível. Por outro, eu parecia estar também representando um papel e recontando uma história que eu conhecia e esquecera. Os dois níveis estavam inextricavelmente ligados. Eu estava representando o papel com perfeição, simplesmente porque, ao mesmo tempo, eu o estava de fato vivendo. Eu dizia minhas falas enquanto prosseguia, mas parecia estar sendo auxiliado pelo fato de que já conhecia a história. Cada situação que se manifestava provocava um eco na memória, que me auxiliava.

Outro paralelo é um velho conto gnóstico que tem muitas semelhanças com a lenda judaica já citada, mas vai um pouco além, pois mostra de que

---

6 Citado por Gerald Adler, *Studies in Analytical Psychology*, Nova York, Fundação C. G. Jung, 1967, p. 120 s.

modo a alma acorda e se lembra de sua origem celeste. Os tradutores modernos deram a esse texto o título "Hino da Pérola". Cito-o, um tanto resumidamente, com base no livro de Hans Jonas:

> Quando eu era criança e morava no reino da casa de meu Pai e me deliciava com a riqueza e o esplendor daqueles que me criavam, meus pais me enviaram do Oriente, nossa terra natal, com provisões, para uma viagem ... Eles me despiram do manto de glória que, com seu amor, haviam feito para mim e de minha capa, feita sob medida para ajustar-se exatamente a meu corpo, e fizeram comigo um acordo. Eles o escreveram em meu coração para que eu não esquecesse: "Quando desceres ao Egito e pegares a Pérola que está no meio do mar, cercada pela serpente resfolegante, porás outra vez teu manto de glória e tua capa e, com teu irmão, que nos segue na hierarquia, serás herdeiro de nosso reino".
> Deixei o Oriente e segui meu caminho, acompanhado de dois emissários reais, pois o caminho era perigoso e árduo e eu era jovem para fazer uma viagem dessas ... Desci ao Egito e meus acompanhantes se apartaram de mim. Fui direto à serpente, aproximei-me bastante de sua morada e esperei que ela adormecesse para poder tomar-lhe a Pérola ... Eu era um estranho para os companheiros da pousada ... Vesti-me com suas roupas, para que não suspeitassem que eu viera de fora pegar a Pérola e alertassem a serpente contra mim. Mas, por alguma razão, eles perceberam que eu não era dali e se insinuaram até conquistar minha confiança e – com sua astúcia – me fizeram beber e provar sua comida; esqueci que era filho de rei e servi ao rei deles. Esqueci a Pérola que meus pais me haviam mandado pegar. Com o peso dos alimentos que me deram, caí em sono profundo. Meus pais perceberam tudo o que me ocorreu e ficaram preocupados comigo ... Escreveram-me uma carta, e cada um dos grandes pôs seu nome nela. "De teu pai, o Rei dos Reis, e de tua mãe, senhora do Oriente, e de teu irmão, que nos segue na hierarquia, para ti, nosso filho, no Egito, nossas saudações. Desperta e sai de teu sono, e observa as palavras de nossa carta. Lembra-te que és filho de rei: contempla aqueles a quem serves em estado de escravidão. Lembra-te da Pérola, razão pela qual foste enviado ao Egito. Lembra-te do teu manto de glória, lembra-te de tua esplêndida capa; lembra-te que os podes vestir e adornares-te com eles; lembra-te que podes ter teu nome inscrito no livro dos heróis e que te podes tornar, junto com teu irmão, nosso representante, herdeiro de nosso reino."
> A carta era como um mensageiro ... Ela se elevou sob a forma de águia, rainha de todos os animais alados, e voou até pousar a meu lado, e

então se transformou em pura fala. E com sua voz e com o som que fazia, acordei e saí do sono em que estava, tomei da carta, beijei-a, abri-a e a li. A carta continha as mesmas palavras que me haviam sido inscritas no coração. Lembrei-me que era filho de rei, e que minha alma, que nascera livre, desejava encontrar seus iguais. Lembrei-me da Pérola em cuja busca havia sido enviado ao Egito e comecei a encantar a serpente terrível e resfolegante. Levei-a a dormir invocando o nome de meu Pai, o nome do que nos segue na hierarquia e o nome de minha mãe, a Rainha do Oriente. Apanhei a Pérola e pus-me a caminho, a fim de voltar para meu Pai. Tirei as vestes impuras e sujas que me foram dadas pelo povo do mar e deixei-as em sua terra. Dirigi-me para o caminho que me levaria à luz de nossa terra natal, o Oriente.

A carta que me fora enviada e que me havia despertado precedia-me no caminho e, assim como me havia despertado com sua voz, guiou-me com sua luz, que brilhava diante de mim – e, com sua voz, ela me livrou do temor; com seu amor, me fez prosseguir ... (Então, quando ele estava próximo de sua terra, seus pais lhe enviaram seu manto de glória e sua capa.) E eu segui em sua direção, tomei-os e me adornei com a beleza de suas cores. E cobri com o manto real todo o meu corpo. Vestido assim, elevei-me ao portão da saudação e da adoração. Curvei-me e adorei o esplendor de meu Pai, que o enviara para mim, cujas ordens eu havia cumprido, assim como ele havia cumprido o que prometera ... Ele me recebeu com alegria e eu fiquei com ele em seu reino...[7]

Esse conto encantador constitui uma bela expressão simbólica da teoria da psicologia analítica relativa à origem e ao desenvolvimento do ego consciente. O ego começa como o filho de uma família real, celestial. Isso corresponde ao seu estado original de identidade com o Si-mesmo, ou psique arquetípica. Ele é enviado para fora de seu paraíso original para cumprir uma missão. Isso se refere ao processo necessário de desenvolvimento consciente que separa o ego de sua matriz inconsciente. Quando chega ao país estrangeiro, ele esquece a missão e adormece. Essa situação corresponde à alienação ego-Si-mesmo e ao estado de perda de sentido. A carta enviada pelos pais desperta-o do sono e o faz recordar-se de sua missão. Sua vida readquiriu sentido. O vínculo que liga o ego e suas origens suprapessoais foi restabelecido. Eu equipararia esse evento ao despertar da consciência simbólica.

Há um paralelo particularmente interessante entre essa história e o sonho do sacerdote-rabino. No sonho, após ouvir as palavras do velho sábio, a

---

7   Jonas, H., *The Gnostic Religion*, Boston, Beacon Press, 1958, p. 113 ss.

sonhadora observa: "Enquanto ele falava, ia me fazendo voltar a entrar em contato com algo que eu conhecera há muito tempo – antes de nascer". Do mesmo modo, no "Hino da Pérola", depois de ler a carta, o herói diz: "A carta continha as mesmas palavras que me haviam sido inscritas no coração". Em ambos os casos, o indivíduo é lembrado de algo que sabia mas esqueceu – sua natureza original.

No "Hino da Pérola", o despertar é provocado por meio de uma carta. A natureza multiforme dessa carta sugere ser ela um verdadeiro símbolo, cujo significado completo não se pode compreender por nenhuma imagem específica. Ela é uma carta, mas é também uma águia. Além disso, é uma voz que se tornou pura fala. Quando chegou o momento de fazer a viagem de volta, a carta passou por mais uma metamorfose, tornando-se uma luz-guia. Sempre que encontramos nos sonhos uma imagem desse tipo, que passa por numerosas transformações, podemos estar certos de que lidamos com um símbolo particularmente potente e dinâmico. Um símbolo desse tipo é representado pela imagem da carta-águia-voz-luz da história citada. Uma carta é um meio de comunicação a distância. A águia, que é considerada no texto a rainha dos pássaros, sempre foi considerada mensageira de Deus. Tratei de um paciente psicótico que me dizia estar recebendo mensagens de Deus. Quando perguntei como as recebia, ele disse que os pássaros as levavam. Os pássaros sugerem igualmente a pomba do Espírito Santo, que constitui o vínculo entre Deus e o homem (*Ilustrações 30 e 31*). A voz lembra a vocação, que significa, literalmente, chamado. Esse tema sempre exprimiu uma experiência de despertar, que tira o indivíduo de suas preocupações pessoais e o conduz a um destino mais significativo. A carta como luz-guia tem como paralelo a Estrela de Belém, que guiou os homens para o local onde nasceu Cristo, a manifestação da divindade. Todas essas amplificações servem para mostrar que a carta, em seus vários aspectos, simboliza o eixo ego-Si-mesmo, a linha de comunicação entre o ego e a psique arquetípica. A consciência desse eixo tem um efeito despertador, transformador, sobre a personalidade. Descobre-se uma nova dimensão de significado que atribui um valor à subjetividade.

Outro exemplo do tema arquetípico da origem pré-natal da alma encontra-se na ode de Wordsworth, "Intimations of Immortality". (Citada aqui mais extensamente.)

> *Our birth is but a sleep and a forgetting:*
> *The Soul that rises with us, our life's Star,*
> *Hath had elsewhere its setting,*

And cometh from afar.
Not in entire forgetfulness,
And not in utter nakedness,
But trailing clouds of glory do we come
From God, who is our home:
Heaven lies about us in our infancy!
Shades of the prison-house begin to close
Upon the growing boy.
But he beholds the light, and whence if flows,
He sees it in bis joy;
The youth, who daily farther from the east
Must travel, still is Nature's Priest,
And by the vision splendid
Is on his way attended;
At length the Man perceives it die away,
And fade into the light of common day.

[Não é nosso nascer mais que sonho e esquecimento: / A alma que conosco se eleva, Estrela de nossa vida, / Teve alhures seu lugar, / E vem de muito além: longe / Não de todo esquecida, / Nem totalmente nua, / Mas, seguindo a trilha de nuvens de glória, eis que viemos / De Deus, nossa morada: / Os céus estão à nossa volta na infância! / As sombras da prisão-casa começam a fechar-se / Em torno do menino que cresce. / Mas ele contempla a luz, e a fonte de onde ela flui, / Ele a vê em sua alegria; / O jovem, que diariamente, afastando-se do Oriente, / Deve viajar, ainda é Sacerdote da Natureza, / E pela visão esplêndida / É esperado em seu caminho; / Por fim, eis que o homem a vê desaparecer, / E confundir-se com a luz do dia comum.]

Nesse ponto, o herói de Wordsworth alcança o Egito, esquece sua missão e adormece. Ele jamais recebe uma carta claramente definida de despertar, mas tem premonições.

Ilustração 30. O ANJO GABRIEL ENTREGA UMA CARTA A MARIA. A Anunciação de Dürer.

Ilustração 31. UMA POMBA TRANSMITE A PALAVRA DIVINA A SÃO GREGÓRIO MAGNO. Painel de Marfim, Séculos IX-X.

> *... and in a season of calm weather*
> *Though inland far we be,*
> *Our souls have sight of that immortal sea*
> *Which brought us hither,*
> *Can in a moment travei thither.*
> *And see the children sport upon the shore,*
> *And hear the mighty waters rolling evermore ...*
> *Thanks to the human heart by which we live,*
> *Thanks to its tenderness, its joys, and fears,*
> *To me the meanest flower that blows can give*
> *Thoughts that do often lie too deep for tears.*

[... e numa estação de tempo calmo / Por mais longe da costa que estejamos, / Nossas almas vislumbram aquele imortal mar / Que nos trouxe aonde estamos, / Podemos num átimo viajar para lá. / E ver as crianças brincando na praia, / E as poderosas águas em eterno movimento ... / Graças ao coração humano por que vivemos, / Graças a sua ternura, alegrias e temores, / A mim a flor mais modesta que desabroche pode trazer / Pensamentos em geral demasiado profundos para provocar lágrimas.]

Nos dois últimos versos, há uma clara alusão à vida simbólica.

Os sonhos são expressões do eixo ego-Si-mesmo. Todo sonho pode ser considerado uma carta enviada ao Egito para nos despertar. Podemos não ser capazes de ler essa carta, mas pelo menos podemos abri-la e fazer o esforço para a ler. Conheço um homem que nada queria com análise e interpretação de sonhos. Ele estudara seus sonhos e chegara à conclusão definitiva de que eles não têm sentido. Eles são causados, tão somente, pelas sensações físicas que temos quando estamos na cama – provocadas pelo fato de o pé estar emaranhado na coberta, de estarmos deitados sobre o braço, e assim por diante. É interessante notar os tipos de sonho de um homem assim. Ele costumava ter vários pesadelos que se repetiam. Sonhava que estava num pântano, atolado até os joelhos e afundando cada vez mais, sem poder se mover. Outras vezes, sonhava que era cego e, ainda outras, paralítico.

Às vezes, as imagens oníricas se referem diretamente ao funcionamento do eixo ego-Si-mesmo. Isso ocorreu com o sonho a respeito do sacerdote-rabino. Encontrei vários sonhos que utilizam a imagem de uma ilha que necessita de um sistema de comunicação com o continente. Eis um exemplo desse tipo de sonho:

Um homem sonhou que estava numa ilha a muitas milhas do continente. Uma grande quantidade de fios telefônicos se eleva do mar. Os fios estão conectados com o continente, e o sonhador sente que os salvou da destruição por ter reconhecido o que eram. Trata-se de um importante avanço nas comunicações. Seus vizinhos acham que a fiação é feia e querem que seja lançada de novo ao mar, mas o sonhador consegue convencê-los de seu valor.

O fato de os vizinhos apresentarem objeções à feiura dos cabos telefônicos é significativo. O sonhador tem um senso estético altamente desenvolvido. Na realidade, seus principais juízos de valor têm por base considerações de ordem estética. Para aceitar a nova forma de comunicação com o continente – isto é, a psique arquetípica – o sonhador deve depor a tirania do esteticismo, que só reconhece seus próprios valores. Trata-se de uma ilustração do fato de o eixo ego-Si-mesmo e a vida simbólica serem encontrados por meio da função inferior, da parcela mais fraca da personalidade. Somente por meio da consciência e da aceitação de nossas fraquezas nós nos tornamos conscientes de algo que ultrapassa o ego e lhe dá sustentação.

Eis mais um exemplo de sonho que constitui uma bela ilustração do eixo ego-Si-mesmo e do impacto numinoso que ele pode ter. O paciente teve esse sonho cerca de um ano antes de iniciar a análise, durante um período particularmente angustiante. Embora sua psicoterapia tenha sido longa e árdua, esse sonho prenunciava o sucesso final:

> Estou no telhado de um aposento completamente cercado de água quando ouço uma música maravilhosa cruzando a água. Essa música é trazida por quatro "sábios", que vêm em pequenos botes, cada qual proveniente de uma das quatro direções. Estão magnificamente vestidos e, à medida que cruzam a água por entre as sombras de uma madrugada azul-acinzentada, percebo que a música que cada um deles traz tem as características de sua "direção" de origem. Essas quatro qualidades musicais se misturam e se mesclam, formando um som que me afeta poderosamente quando escrevo a respeito, três anos depois, tal como me afetou à época do sonho. Os quatro "sábios" sobem escadas em cada canto do aposento. Sou tomado por um sentimento de reverência e emoção; quando eles alcançam o telhado, o dia fica mais claro. Estar perto deles é desconcertante. Percebo que vieram me preparar para alguma obra. Devo então descer as escadas e realizar alguma tarefa que requer diligência e concentração prolongadas. Ao retornar, vejo os quatro "sábios" regressando, sobre as águas, em seus pequenos botes. Apesar de uma sensação de desapontamento, a música parecia

mais gloriosa que antes, até triunfal. Havia claramente a sensação de ter sido bem-sucedido ou aprovado no teste. Então percebi que, no local em que cada "sábio" tinha estado, havia agora um ídolo de pedra que, embora abstrato, não só representava intrinsecamente o "homem sábio", como também tudo que a cultura e os costumes da sua direção de origem implicavam. Havia em mim um sentimento de gratidão por me ser possível provar que eles tinham estado ali.

Então voltei a atenção para os quatro "sábios", cada qual seguindo sua direção nos pequenos botes, e a música tornou-se ainda mais magnífica. Outra vez ouvi com especial clareza a personalidade específica de cada uma das quatro direções fundir-se misteriosamente entre si para formar um som "supramusical"; e o dia foi se tornando mais brilhante, até que um azul elétrico me cercou e fui tomado de um sentimento do mais intenso bem-estar que já sentira, enquanto o sonho findava.

Não quero discutir os aspectos pessoais desse sonho. O que me interessa é o fato de ele ilustrar a função do eixo ego-Si-mesmo. O drama do sonho tem lugar no telhado de um aposento, que é uma espécie de plataforma elevada sobre as águas por degraus colocados em seus quatro cantos. Isso nos lembra um antigo conceito egípcio a respeito do deus Atum. Ele era representado como o monte de terra que se eleva do oceano primevo. De acordo com Clark, esse símbolo do monte primordial "logo se formalizou numa elevação com lados inclinados ou escavados ou como uma plataforma cercada por degraus de todos os lados ... É isso, provavelmente, que as pirâmides com degraus representam".[8]

Ilustração 32. O GRANDE ZIGURATE DE UR. Reconstituição.

---

8   Clark, R. T. R., *Myth and Symbol in Ancient Egypt*, Nova York, Grove Press, 1960, p. 38.

Outra analogia é o zigurate babilônico, que é igualmente um monte sagrado, com degraus de todos os lados que levam a uma plataforma, situada no topo, onde ficava o santuário de Marduc (*Ilustração 32*). O topo do monte sagrado era considerado o centro do mundo, o ponto em que a força criativa divina se manifesta, e o local do encontro entre o deus e o homem. As mesmas ideias eram associadas às pirâmides dos Maias (*Ilustração 33*).

A imagem dos sábios levando presentes lembra-nos a história do nascimento de Jesus e dos três reis magos.* O tema do oferecimento de presentes ao recém-nascido é parte do mito do nascimento do herói – que, podemos acrescentar, é também o mito do nascimento do ego.[9] Mas o que significa a presença de quatro; e não de três, reis magos? Há uma lenda segundo a qual, quando Jesus nasceu, foram quatro magos, e não três, que supostamente acorreram a ele, vindos dos quatro cantos do mundo, mas o quarto sofreu um atraso e não chegou a tempo. O fato de haver quatro sábios, vindos das quatro direções, faz alusão ao simbolismo da mandala e indica que os sábios são uma função do Si-mesmo, ou totalidade psíquica. Assim sendo, os quatro sábios representam o eixo ego-Si-mesmo de quatro lados. Eles são mensageiros e portadores de presentes que vêm de ultramar para estabelecer comunicação com o ego. Lembremo-nos do sonho anterior, do sacerdote-rabino, em que, da mesma maneira, um velho sábio serviu para ligar a sonhadora a suas origens suprapessoais.

Eu chamaria a atenção para o simbolismo da luz presente nesse sonho. O sonho começa de madrugada. O dia fica mais claro quando os sábios atingem o telhado e fica ainda mais claro no ponto culminante do sonho. A luz representa a consciência. Todos os povos têm mitos da criação que a descrevem como a criação da luz. Esses mitos se referem à criação do ego, que é a luz da consciência nascida das trevas do inconsciente. Da mesma forma, a madrugada é o nascimento diário da luz do sol e é uma imagem capaz de representar a consciência emergente. Por conseguinte, podemos entender esse sonho como uma referência a um crescimento ou aumento da consciência do sonhador. Essa interpretação também corresponderia ao significado dos sábios, cujo atributo é a sabedoria. A sabedoria é a luz no sentido psicológico. Os sábios são portadores da luz da consciência.

Outra característica do sonho em questão é o fato de cada sábio deixar atrás de si um ídolo ou uma imagem de si mesmo que resume a direção

---

* *Wire men of the east,* em inglês. (N. do T.)
9 Mais precisamente, o herói representa a necessidade de individuação com a qual o ego coopera.

de onde veio e fornece uma prova tangível da realidade de sua visita. Isso é extremamente interessante. Entendo-o como uma representação do próprio processo simbólico. As forças arquetípicas, representadas pelos sábios, trazem imagens de si mesmas como presentes para o ego, símbolos que lembram o indivíduo de suas vinculações suprapessoais. Essas imagens corresponderiam, em termos de função, à carta, à águia e à luz-guia do "Hino da Pérola". São elos entre o ego e a psique arquetípica que transmitem um significado simbólico.

Ilustração 33. PIRÂMIDE MAIA. No topo, há o Templo do Deus.

A palavra *símbolo* vem da palavra grega *symbolon*,[10] que combina duas raízes – *sym*, que significa *junto* ou *com*; e *bolon*, que significa *aquilo que foi colocado*. O significado básico é, por conseguinte, "aquilo que foi colocado junto". No uso grego original, os símbolos referiam-se às duas metades de um objeto, tal como uma vara ou uma moeda, que duas partes dividem entre si como um sinal de compromisso e que mais tarde serve de prova da identidade daquele que apresentar uma das partes diante daquele que está de posse da outra. O termo correspondia à palavra inglesa *tally* [entalhe], que o dicionário Webster descreve do seguinte modo: "Após marcar numa vara, com entalhes, a quantidade ou o número de bens enviados, os comerciantes costumavam dividir essa vara em sentido longitudinal, passando por todos os entalhes, de modo que as metades resultantes correspondessem entre si exatamente, ficando o vendedor com uma das partes e o comprador com outra". Portanto, um símbolo era, originalmente, uma *tally*, referindo-se à parte de um objeto que lhe faltava, parte essa que, quando restituída à outra parte, ou colocada junto dela, recriava o objeto inteiro original. Isso corresponde à nossa compreensão da função psicológica do símbolo. O símbolo nos leva à parte que falta do homem inteiro. Ele nos põe em relação com nossa totalidade original e cura nossa divisão, nossa alienação da vida. E como o homem total é bem maior que o ego, o símbolo nos põe em relação com as forças suprapessoais que constituem a fonte de nossa existência e do significado que temos. Essa é a razão para que se honre a subjetividade e para que se cultive a vida simbólica.

---

10 Ver L. Stein, "What is a Symbol Supposed to be?". *Journal of Analytical Psychology*, vol. II, nº 1, janeiro de 1957, p. 73.

Capítulo 5

Cristo como paradigma do ego individuado

Não estou ... me dirigindo aos felizes possuidores de fé, mas às muitas pessoas para quem a luz se apagou, o mistério desapareceu e Deus está morto. Para a maioria dessas pessoas, não há retorno e nem sequer se sabe se retornar é o melhor caminho. Para obter uma compreensão dos assuntos religiosos, provavelmente tudo que nos resta, nos dias de hoje, é a abordagem psicológica. Eis por que tomo dessas formas de pensamento que se tornaram historicamente fixas e tento derretê-las outra vez e colocá-las em moldes da experiência imediata.

– C. G. JUNG[1]

1. A Aceitação do Estado de Separação

A imagem de Cristo e a rica teia de símbolos que se formou em torno dele têm muitos paralelos com o processo de individuação. Na realidade, quando se analisa cuidadosamente o mito cristão, à luz da psicologia analítica, não é possível fugir à conclusão de que o significado essencial do Cristianismo é a busca da individuação.

A peculiaridade do mito de Jesus está em sua asserção do paradoxal aspecto duplo de Cristo. Ele é, ao mesmo tempo, Deus e homem. Como Jesus, é um ser humano de existência histórica, particular, limitada, vivida no tempo e no espaço. Como Cristo, é o "ungido", o rei, o Logos que existiu desde o início além do espaço e do tempo, a própria divindade eterna. Em termos psicológicos, isso significa que Cristo é, simultaneamente, símbolo do Si-mesmo e do ego ideal.

---

1 Jung, C. G., "Psychology and Religion", *in Psychology and Religion: West and East*, C. W., 11, par. 148.

Jung desenvolveu com alguns detalhes a ideia de Cristo como símbolo do Si-mesmo.[2] As circunstâncias de seu nascimento; os milagres que fez; as várias imagens do "reino dos céus"; seu cognome "Filho do homem" que o equipara ao Anthropos, ou homem original; os símbolos de totalidade que o cercam, como os quatro evangelistas; os doze apóstolos, "alfa e ômega" e o simbolismo da cruz – tudo isso pertence à fenomenologia do Si-mesmo. Mas, embora tenha feito interessantes sugestões a respeito do tema, Jung nunca elaborou efetivamente a ideia de Cristo como símbolo do ego. Neste capítulo, procurarei explorar resumidamente a questão. Deve ficar claro, contudo, que minhas observações são simples sugestões preliminares para uma futura psicologia do mito cristão.

A natureza do Jesus histórico sempre representou um problema para os estudiosos e teólogos.[3] Nos relatos evangélicos, o fato pessoal e a imagem arquetípica estão associados tão estreitamente que é quase impossível distinguir um do outro. Contudo, embora os detalhes permaneçam incertos, os evangelhos revelam uma personalidade histórica definida, com uma surpreendente percepção psicológica. Jesus provavelmente foi filho ilegítimo. Ele por certo manifesta alguns traços característicos do indivíduo que não teve pai pessoal. Quando o pai pessoal está ausente e, em particular quando esse pai é completamente desconhecido, tal como pode ocorrer com um filho ilegítimo, não há camada de experiência pessoal para mediar entre o ego e a imagem numinosa do pai arquetípico. Fica uma espécie de lacuna na psique, por meio da qual emergem os poderosos conteúdos arquetípicos do inconsciente coletivo. Essa condição constitui um sério perigo. Ela ameaça inundar o ego com as forças dinâmicas do inconsciente, provocando desorientação e perda de contato com a realidade externa. Se, todavia, o ego puder sobreviver a esse perigo, essa "lacuna da psique" torna-se uma janela que fornece percepções a respeito das profundezas do ser.

Jesus parece enquadrar-se na descrição aqui apresentada. Ele experimentou uma relação direta com o pai celestial (arquetípico) e descreveu, por meio de numerosas e vivas imagens simbólicas, a natureza do reino dos céus (a psique arquetípica). É evidente, considerando-se seus ensinamentos, que ele tinha uma profunda consciência da realidade da psique. Enquanto a Lei de Moisés só reconhecia a realidade das escrituras, Jesus reconheceu a realidade dos estados psíquicos interiores. Por exemplo:

---

2 Jung, C. G., *Aion*, C. W., 9/II, pars. 68-126.
3 Para uma pesquisa histórica detalhada do problema, ver Schweitzer, A. *The Quest of the Historical Jesus*, Nova York, Macmillan, 1961.

> Ouvistes que foi dito aos antigos: "Não matarás; e quem o fizer será réu de juízo". Mas eu vos digo que todo o que se encolerizar com seu irmão será réu de juízo...[4]

E, mais uma vez:

> Ouvistes que foi dito: "Não adulterarás". Mas eu vos digo que todo aquele que olhar cobiçosamente para uma mulher já cometeu adultério com ela em seu coração.[5]

Essas passagens têm grande importância psicológica. Representam a transição de um tipo de psicologia comportamentalista crua para um tipo de psicologia que tem consciência da realidade da psique em si, sem ações concretas.

Os relatos evangélicos estão cheios de muitas outras descobertas psicológicas importantes. Jesus formulou a concepção da projeção psicológica dois mil anos antes da psicologia profunda:

> E por que reparas no argueiro do olho de teu irmão sem jamais pensares na grande trave que está em teu próprio olho?[6]

Ele reconheceu o perigo da identificação psíquica com os pais e com a família. Hoje, os analistas ainda encontram referências ao mandamento do Antigo Testamento de honrar pai e mãe como justificativa para um estado de identidade inconsciente com os pais. Jesus foi muito claro a esse respeito:

> ... Não vim trazer paz, mas espada. Pois vim para opor o homem ao pai, a filha à mãe e a nora à sogra; e os inimigos de um homem serão seus próprios familiares.[7]

Os inimigos de um homem são seus próprios familiares porque estes são as pessoas mais próximas dele e é com elas que ele está mais sujeito a identificar-se inconscientemente. Essas identificações devem ser dissolvidas, pois um dos pré-requisitos da individuação é a consciência de uma separação radical.

O aspecto divisivo daquilo que Jesus representa torna-se ainda mais explícito nas palavras registradas no *Evangelho de Tomé*, um evangelho gnóstico:

---

4   Mateus 5:21-22, RSV.
5   *Ibid.*, 5:27-28.
6   Mateus 7:3, New English Bible.
7   *Ibid.*, 10:34-36.

17. Jesus diz: "Os homens na verdade acreditam que eu vim para trazer paz à terra. Mas eles não sabem que eu vim para trazer discórdia, fogo, espada e guerra. Na verdade, se houver cinco (pessoas) numa casa, elas se tornarão três contra duas e duas contra três – pai contra filho e filho contra pai – e elas serão levadas à solidão".[8]

O final dessa passagem torna claro o propósito de incitar a discórdia. Trata-se do atingimento da condição solitária, do estado de indivíduo autônomo. Isso só se pode alcançar por meio da separação da identificação inconsciente com os outros. Nos primeiros estágios, a *separatio* é experimentada como conflito e hostilidade dolorosa. Os pais e a família são os mais frequentes objetos de identificação inconsciente. Jesus faz referência direta ao pai:

> E a ninguém chameis vosso pai na terra; porque vosso Pai é um só, que está nos céus.[9]

Os pais só têm poder sobre os filhos já crescidos porque estes continuam a projetar as imagens dos pais arquetípicos sobre seus pais pessoais. Não chamar nenhum homem de pai significa retirar todas as projeções do arquétipo do pai e descobri-lo no íntimo. Jesus exige um compromisso com o Si-mesmo que transcende a lealdade a qualquer relacionamento pessoal:

> Aquele que ama o pai ou a mãe mais do que a mim não é digno de mim; aquele que ama o filho ou a filha mais do que a mim não é digno de mim; e aquele que não toma a sua cruz e me segue não é digno de mim.[10]

Temos aqui a origem da ideia da imitação de Cristo, o homem ideal (ego) cuja vida deve ser seguida como modelo.

A mesma ideia é expressa em Mateus 16:24-26.

> Se alguém quiser ser meu seguidor, deixe para trás o seu eu; tome sua cruz e siga-me. Porque aquele que se preocupar com sua própria segurança estará perdido; mas quem se deixar (ψυχη) perder por minha causa achará seu verdadeiro eu (ψυχη). Que benefício terá um homem se ganhar o mundo inteiro às custas da perda de seu verdadeiro eu (ψυχη)?[11]

---

8   Doresse, Jean, *The Secret Books of the Egyptian Gnostics*, Nova York, Viking Press, 1960, p. 358.
9   Mateus 23:9.
10 Mateus 10:37-38.
11 Mateus, 16:24-26, NEB.

Para veicular o sentido apropriado, os tradutores são obrigados a traduzir a mesma palavra, ψυχη [psique], por dois termos diferentes, eu e verdadeiro eu. Se for permitido o uso de termos psicológicos, a frase poderia ser " ... mas quem perder o ego por minha causa encontrará o Si-mesmo".

Entendida psicologicamente, a cruz pode ser vista como o destino de Cristo, seu padrão de vida exclusivo a ser cumprido. Tomar a própria cruz significa assumir e realizar conscientemente o próprio padrão particular de totalidade. A tentativa de imitar Cristo de forma literal e específica constitui um erro concretista na compreensão de um símbolo. Vista simbolicamente, a vida de Cristo é um paradigma que deve ser entendido no contexto de sua própria realidade exclusiva e não algo a imitar de modo servil. Jung falou claro dessa questão:

> Nós protestantes devemos enfrentar, cedo ou tarde, a seguinte questão: Devemos entender a "imitação de Cristo" no sentido de copiar sua vida e, se me for permitido usar a expressão, de macaquear suas peculiaridades? Ou devemos entendê-la no sentido mais profundo de viver nossa própria vida de forma tão verdadeira quanto ele viveu a sua em sua originalidade individual? Não é fácil viver uma vida que tenha por modelo a de Cristo; mas é incomparavelmente mais difícil viver a própria vida tão verdadeiramente quanto Cristo viveu a sua.[12]

2. O Ensinamento Ético

O ensinamento ético de Jesus sempre constituiu um problema. Trata-se claramente de um conselho de perfeição. Se for tomado de modo literal e aplicado sistematicamente ao mundo exterior, será incompatível com a existência material. Jung sugeriu outra forma de compreender esse ensinamento: no nível subjetivo, ou interior. Sua abordagem recebeu a primeira expressão clara num seminário dedicado às "Visões" apresentado em Zurique, no outono de 1930. Jung estava discutindo uma paciente e disse que a paciente não devia menosprezar, e sim aceitar, sua inferioridade. Ele prossegue:

> Ora, essa é uma atitude cristã: por exemplo, Jesus disse que o mais pequenino dos seus irmãos é ele, e que devemos dar-lhe refúgio e acolhida (Mateus 25:40). E já no primeiro século depois de Cristo houve filósofos, como Carpócrates, que sustentavam que o menor

---

12 Jung, C. G., "Psychotherapists or the Clergy", in *Psychology and Religion: West and East*, C.W., 11, par. 522.

de nossos irmãos, o homem inferior, somos nós próprios; logo, esses filósofos leram diretamente o Sermão da Montanha no nível subjetivo. Por exemplo, ele (Carpócrates) disse: "... se levares tua oferta ao altar e lá te lembrares de que tens algo contra *ti mesmo,* deixa então tua oferta e vai-te; primeiro reconcilia-te *contigo mesmo* e depois vem e oferece tua dádiva". (Cf. Mateus 5:22 s.) Trata-se de uma grande verdade e é muito provável que constitua a verdadeira ideia basilar do ensinamento cristão... [13-14]

O método subjetivo de interpretação, quando aplicado consistentemente aos ensinamentos de Jesus, gera uma ampla gama de percepções que apresentam notável semelhança com as descobertas da psicologia profunda. Vistos sob essa ótica, os ensinamentos de Jesus se tornam uma espécie de manual para promover o processo de individuação. Para dar um exemplo, consideremos a interpretação subjetiva das *Bem-aventuranças.* (Mateus 5:3-10)

Bem-aventurados os pobres em espírito, porque deles é o reino dos céus. Em *The New English Bible*, lemos "... os que sabem que são pobres". O sentido literal de *hoi ptochoi to pneumati* no texto grego dessa passagem é "aqueles que buscam o espírito".[15] Por conseguinte, o sentido da passagem toda é: felizes aqueles que têm consciência de sua pobreza espiritual e que buscam humildemente aquilo de que necessitam. Em termos psicológicos, o significado seria: o ego que tem consciência do seu próprio vazio espiritual (sentido da vida) está numa feliz condição, pois se encontra aberto ao inconsciente e tem possibilidade de experimentar a psique arquetípica (o reino dos céus).

Bem-aventurados os que choram, porque serão consolados. O pranto é causado pela perda de um objeto ou de uma pessoa que carregava consigo um importante valor projetado. Para retirar as projeções e assimilar seu conteúdo à nossa própria personalidade, faz-se necessário experimentar a perda da projeção como um prelúdio à redescoberta do conteúdo ou do valor dentro de nós mesmos. Portanto, os que choram são afortunados, pois se encontram envolvidos num processo de crescimento. Eles serão consolados quando o valor projetado, perdido, tiver sido recuperado no interior da psique.

---

13 Jung, C. G., *The Interpretation of Visions*, retirado das notas de um seminário, impressas privadamente, feitas por Mary Foote. vol. I, p. 102, ligeiramente revisado.
14 Para uma outra discussão de Carpócrates e da interpretação subjetiva das palavras de Jesus, ver Jung, C. G., *Psychology and Religion: West and East*, C. W., 11, par. 133.
15 Contraí uma dívida de gratidão para com o Dr. Edward Whitmont, que me chamou a atenção para esse fato.

Bem-aventurados os mansos, porque herdarão a terra. Compreendida em termos subjetivos, a mansidão se refere à atitude do ego com relação ao inconsciente. Essa atitude é afortunada, pois está pronta a receber ensinamentos e aberta a novas considerações que podem levar a uma rica herança. Herdar a terra sugere uma consciência de estar individualmente relacionado ao todo ou de ter uma participação pessoal no todo (a totalidade da vida, a empresa humana como um todo).

Bem-aventurados os que têm fome e sede de justiça, porque serão saciados. (Em *The Douay Version*, temos: "Bem-aventurados os que têm fome e sede de justiça porque serão satisfeitos".) A justiça é aqui apresentada como algo que nutre. Em termos psicológicos, trata-se de uma lei ou um princípio orientador interior, de caráter objetivo, que traz um sentimento de realização do ego que o busca com fome, isto é, um ego vazio que não identifica suas próprias opiniões e seus julgamentos com a lei interior objetiva.

Bem-aventurados os misericordiosos, porque alcançarão misericórdia. Um dos princípios básicos da psicologia analítica é: o inconsciente assume, com relação ao ego, a mesma atitude que o ego assume com relação ao inconsciente. Se, por exemplo, o ego tem uma atitude delicada e respeitosa para com a sombra, esta última será útil ao ego. Se o ego é misericordioso, ele receberá misericórdia de seu íntimo. O corolário contrário é "todos que tomarem da espada perecerão pela espada".

Bem-aventurados os puros de coração, porque verão a Deus. A pureza ou limpeza pode significar, subjetivamente, um estado do ego livre da contaminação (por identificação) de conteúdos ou motivações inconscientes. Aquele que é consciente é limpo, ou puro. O ego que tem consciência de sua própria sujeira é puro e tem aberta a porta para experimentar o Si-mesmo.

Bem-aventurados os pacificadores, porque serão chamados filhos de Deus. O papel apropriado do ego é mediar entre as partes oponentes do conflito intrapsíquico. Se o ego se identifica com um dos lados do conflito, não é possível haver uma solução que leve à totalidade. A dissociação torna-se permanente. Se o ego serve à função conciliatória de pacificador, está agindo no interesse da totalidade, o Si-mesmo, e, portanto, como "filho de Deus".

Bem-aventurados os que são perseguidos por causa da justiça, porque deles é o reino dos céus. O ego precisa suportar a dor e o sofrimento, sem sucumbir ao amargor e ao ressentimento, para relacionar-se à lei interna objetiva. Uma atitude dessas, por parte do ego, é recompensada pelo contato com a psique arquetípica e com suas imagens dotadas de poder de cura e portadoras de vida.

O principal ponto das Bem-aventuranças, entendidas psicologicamente, é a exaltação do ego esvaziado ou não inflado. Na época de Jesus, a violência e os instintos inconscientes eram elementos dominantes. O ego se identificava facilmente com a psique arquetípica e evidenciava seu estado de inflação por meio de sintomas de ira, violência e luxúria. De acordo com o ensinamento de Jesus, o ego deve ser esvaziado dessas identificações infladas antes de ser capaz de perceber a psique transpessoal como algo distinto de si.[16]

Nesse sentido, a doutrina *kenosis* da encarnação é relevante. Essa doutrina tem por base, principalmente, duas passagens de São Paulo. A mais importante é Filipenses 2:5, 6, 7:

> ... Jesus Cristo que, embora tendo a natureza de Deus, não cobiçou a igualdade com Deus, mas esvaziou-se a si mesmo, tomando a forma de servo, fazendo-se semelhante aos homens.

A segunda passagem está em II Coríntios 8:9:

> Pois conheceis a graça de nosso Senhor Jesus Cristo, que embora rico tornou-se pobre, por amor de vós, para que, pela sua pobreza, enriquecêsseis.

De acordo com a doutrina *kenosis*, a encarnação de Jesus foi um processo voluntário de esvaziamento, por meio do qual ele se despiu a si mesmo de seus atributos divinos eternos e infinitos, a fim de tomar a forma humana. Essa imagem da "encarnação por esvaziamento" se coaduna perfeitamente com o processo de desenvolvimento do ego, no decorrer do qual o ego vai se afastando progressivamente de sua identificação original, onipotente, com o Si-mesmo, para atingir uma existência limitada, mas real, no mundo real do espaço e do tempo.

O sonho de um paciente sob análise indica de que forma a imagem da *kenosis* ainda está operando na psique moderna. O sonhador foi um jovem delicado e sensível que tinha dificuldades de se afirmar e de se tornar um indivíduo definido. Ele teve o seguinte sonho:

> Sonhei que vi uma moderna figura de Cristo. Ele estava viajando num ônibus com um grupo de discípulos. Então senti que havia perigo. Ele iria ser traído. Isso aconteceu e o ônibus sacudiu-se com violência. Ele foi agarrado e subjugado. Olhando para dentro do ônibus, percebi

---

16 Emerson exprime algo similar: "... o que quer que nos atrapalhe ou paralise traz consigo a divindade, sob alguma forma, para compensar". *The Conduct of Life,* Dolphin Books, Nova York, Doubleday, p. 34.

que, aparentemente, eles lhe haviam amarrado com cordas as mãos e os pés e que o haviam prendido fortemente, com os membros estendidos nas quatro direções. Eu sabia que daquela forma iriam matá-lo. Então tive a impressão, ao observá-lo mais de perto, que não estava com as mãos amarradas, mas estava pegando com cada uma das mãos uma barra de madeira presa à corda. Estava cooperando com a própria morte! No final do sonho veio uma imagem de um campo de força magnético parecido com este desenho. (Ver diagrama ao lado.)

A natureza desse sonho indica que um processo crucial e central de transformação está ocorrendo. Um sonho desse tipo desafia a interpretação racional adequada, mas é possível fazer alguma amplificação. A cruz como um campo de força tem um paralelo num desenho do século XIV (*Ilustração 34*). Nesse desenho, Cristo é crucificado no regaço de Deus Pai, cujas vestes são representadas por linhas de força com irradiações centrífugas. Assim, a figura humana está sendo trespassada, numa estrutura de quatro lados, por um campo de energia transcendente. Compreendida psicologicamente, essa imagem exprimiria a experiência do ego no momento em que se aproxima da energia superior do Si-mesmo.

O sonho combina a ideia de crucifixão com a imagem do desmembramento. Essa mesma combinação se encontra numa xilogravura do século XIX (*Ilustração 35*). Cabeças e membros cortados estão pendentes de uma cruz, sugerindo que a imagem da crucifixão está sendo superposta a um mito do desmembramento, tal como o mito de Osíris. O desmembramento pode ser entendido psicologicamente como um processo de transformação que divide um conteúdo inconsciente original para propósitos de assimilação consciente. Ou, dito de outra forma, é a unidade original submetida à dispersão e à multiplicidade em função da realização na existência espaço-temporal (cf. a discussão de unidade e multiplicidade no Capítulo 6, páginas 187-207).

No sonho, a figura de Cristo está passando por um processo voluntário de desmembramento ou esvaziamento. No que diz respeito à psicologia do sonhador, isso sugeriria a quebra de uma atitude ideal ou "do outro mundo" com o fito de fazer uma adaptação realista à vida. Em termos arquetípicos, o sonho descreve o sacrifício voluntário do Si-mesmo como imagem eterna, necessário para tornar-se manifesta na consciência como energia (o campo magnético de força). A unidade é dividida em dois pares de opostos polares que criam tensão e conflito mas que, ao mesmo tempo, geram energia para a realização da verdadeira vida.

Ilustração 34. CRUCIFIXÃO NO INTERIOR DE UM CAMPO DE FORÇA. Detalhe de uma peça de altar.

▶ **Ilustração 35**. CRUCIFIXÃO E DESMEMBRAMENTO. Xilogravura feita em Rennes, França, c. 1830.

Vários outros aspectos do ensinamento de Jesus se prestam à interpretação psicológica. Farei uma breve resenha de alguns deles:

Reconcilia-te depressa com o teu adversário ...
(Mateus 5:25)

Não resistais ao mal. Mas se alguém te bater na face direita oferece--lhe igualmente a outra; e se alguém pleitear contigo e tirar-te a túnica dá-lhe também a capa.
(Mateus 5:39-40)

Amai a vossos inimigos ...
(Mateus 5:44)

Todas essas passagens se referem ao mesmo tema. Sua compreensão subjetiva nos dá uma impressionante dimensão nova do significado do mito cristão. Somos ensinados a amar nosso inimigo interno, a nos reconciliar com o nosso adversário interno e a não oferecer resistência aos elementos do nosso íntimo que consideramos maus (inferiores, inaceitáveis de acordo com os padrões do ego). Com efeito, isso não significa agir com base no impulso puro externamente; refere-se, na verdade, a uma aceitação interna, de caráter psicológico, do lado rejeitado e negativo de nossa própria natureza. O oponente interno do nosso ponto de vista consciente deve ser respeitado e tratado com generosidade. A sombra deve ser aceita. Só então se poderá chegar à totalidade da personalidade.

O mesmo significado é atribuído à injunção:

Dá a quem te pedir e não te desvies daquele
que te pedir emprestado.
(Mateus 5:42).

O mendigo interno é o aspecto submetido à privação e negligenciado da personalidade, aquilo que Jung denomina função inferior. Esse aspecto precisa ter seu lugar na consciência e deve receber o que pede:

Quando deres esmola, não faças soar trombetas diante de ti.
(Mateus 6:2)

Mas quando orares ... ora a teu Pai que está oculto; ...
(Mateus 6:6)

Aqui, somos ensinados a não nos identificarmos com uma aparência de virtude ou piedade. A preocupação com as aparências ou com o efeito que causamos nos outros revela falta de personalidade genuína. A forma e as aparências são vazias; a essência vem da experiência interna ímpar de cada indivíduo:

Não acumuleis tesouros na terra, onde a traça e a ferrugem [a tudo]
consomem ... mas acumulai tesouros no céu ...
(Mateus 6:19-20)

Em outras palavras, não projete valores psíquicos em objetos externos. Os valores projetados são extremamente vulneráveis à perda (traça e ferrugem). Quando um valor é projetado, a perda do objeto é experimentada como perda do valor interno que carrega. Desfaça essas projeções e reconheça que os valores têm sua origem no mundo interior:

Não vos preocupeis quanto à vossa vida. Com o que haveis de comer ou com o que haveis de beber.
(Mateus 6:25)

Trata-se de uma advertência contra outra projeção. A vida psíquica e o bem-estar não se sustentam com objetos materiais. Estes são necessários mas não constituem recipientes do significado fundamental. A fonte de sustentação psíquica deve ser encontrada no interior:

Não julgueis, para que não sejais julgados. Pois com o juízo com que julgais sereis julgados, e com a medida com que medirdes sereis medidos.
(Mateus 7:1,2)

Eis uma afirmação explícita do fato de o inconsciente assumir para com o ego a mesma atitude que este assume com relação ao inconsciente. Assim, é insensato que o ego presuma que decide, por meio de suas pré-concepções, o que deve e o que não deve existir na psique. A atitude de julgamento com relação ao inconsciente é uma inflação do ego e sempre se voltará contra ele:

Não deis aos cães as coisas santas; e não deiteis aos porcos vossas pérolas ...
(Mateus 7:6)

Isso nos diz que devemos honrar os valores internos e protegê-los de nossa própria atitude de desrespeito e de depreciação. Mas de que modo reconheceremos o que tem valor verdadeiro? "Por seus frutos os conhecereis." (Mateus 7:16) Essa é a essência do pragmatismo psicológico. O valor de um conceito ou uma atitude é determinado por seus efeitos. Aquilo que libera energia construtiva e promove o bem-estar psíquico é um valor a ser alimentado.

Várias passagens das Escrituras acentuam a importância particular daquilo que se perdeu – por exemplo, as parábolas do capítulo 15 de Lucas, da ovelha perdida, da moeda perdida e do filho pródigo. Essas parábolas se referem ao significado especial da porção perdida ou reprimida da personalidade.

A parte perdida é a mais importante porque traz consigo a possibilidade de totalidade. A função inferior, que se perdeu para a vida consciente, precisa ser valorizada de forma especial se o objetivo da pessoa for a totalidade do Si-mesmo. O último torna-se o primeiro e a pedra que os construtores rejeitaram torna-se a pedra angular.

Da mesma forma, atribui-se à imagem do menino um valor particular:

> *Em verdade vos digo que, se não vos converterdes e não vos fizerdes como meninos, jamais entrareis no reino dos céus ... E quem quer que receba um desses meninos em meu nome, a mim me recebe ...*
> (Mateus 18:3-5)

> *Deixai vir a mim os meninos, não os impeçais; pois deles é o reino de Deus. Em verdade vos digo, quem não receber o reino de Deus como um menino jamais entrará nele.*
> (Marcos 10:14-15)

O menino significa o aspecto jovem, subdesenvolvido, da personalidade, que tem frescor e espontaneidade e ainda não está fixado em padrões rígidos. Devemos nos tornar meninos para entrar no reino dos céus. Isso tem como significado, em termos psicológicos, que as camadas mais profundas da psique transpessoal são alcançadas por meio do aspecto indiferenciado, semelhante a uma criança, da personalidade. Essa passagem nos acautela contra o perigo de aplicar o adjetivo pejorativo "infantil" a aspectos do nosso próprio ser, pois a imagem da criança carrega um valor psíquico supremo. Uma ideia semelhante é expressa na seguinte parábola:

> *Então dirá o Rei aos que estiverem à sua direita: "Vinde, Benditos de meu Pai, herdai o reino preparado para vós desde a criação do mundo; pois eu estava faminto e me destes de comer, tive sede e me destes de beber, eu era um estranho e me destes hospedagem, estava nu e me vestistes, estava doente e me visitastes, estava preso e fostes ver-me". Então os justos lhe responderão: "Senhor, quando te vimos com fome e te alimentamos (etc.) ... ?" E o Rei lhes responderá: "Em verdade vos digo, que quando o fizestes ao menor destes meus pequeninos, a mim o fizestes".*
> (Mateus 25:34-40)

O Rei é a autoridade central, um símbolo do Si-mesmo. Ele se identifica ao "menor" – aquele aspecto da personalidade que é desprezado e a que não se atribui nenhum valor. "O menor" está faminto e sedento; isto é, trata-se do lado necessitado, cheio de desejos, de nós mesmos. É um estranho, referindo-se ao aspecto solitário e não aceito. Ele está nu, isto é, exposto e desprotegido. Está doente, o lado da psique que está enfermo, patológico, neurótico. E, por fim, está na prisão – confinado e punido por alguma transgressão de regras e de comportamentos coletivos. Todos esses aspectos da sombra rejeitada são equiparados ao "Rei", o que tem como significado, em termos psicológicos, que a aceitação da sombra e a compaixão pelo homem interno inferior equivalem à aceitação do Si-mesmo.

A forma de individuação que Cristo ensina e exemplifica requer todos os esforços e recursos da personalidade. Nada pode ser deixado de lado. A parábola do jovem rico ilustra esse aspecto:

> *Disse-lhe Jesus: "Se queres ser perfeito (teleios = completo, totalmente crescido), vai, vende tudo que tens e dá-o aos pobres, e terás um tesouro no céu: e vem e segue-me.*
> (Mateus 19:21)

Afirma-se a mesma coisa nas parábolas sobre o reino dos céus que o descrevem como um tesouro num campo ou uma pérola de grande valor; de modo que, quando o encontra, o homem "vende tudo que tem para obtê-lo". (Mateus 13:44) O tesouro é o Si-mesmo, o centro suprapessoal da psique. Ele só pode ser descoberto por meio de um total comprometimento. Ele custa tudo que se tem.

Há algumas passagens das Escrituras que apresentam dificuldades do ponto de vista da interpretação psicológica. Por exemplo, no capítulo 5 de Mateus (29,30), lemos:

> *Se o teu olho direito te leva a pecar, arranca-o e atira-o longe; é melhor perder um dos membros do que ter todo o corpo lançado ao inferno. E se tua mão direita te leva a pecar, corta-a e atira-a longe; é melhor perder um dos membros que ter todo o corpo lançado ao inferno.*

Encontramos afirmações semelhantes em Mateus 18:8 e em Marcos 9:43-48.

Essas passagens parecem estar aconselhando a repressão e a dissociação proposital de conteúdos psíquicos "maus" ou ofensivos. Nesse sentido, creio ser necessário fazer uma distinção entre o que é exigido em dois diferentes estágios de desenvolvimento do ego. Do ponto de vista de um ego bem desenvolvido, que busca a totalidade e a cura das dissociações, a imagem do corte de membros ofensivos do corpo não é aplicável. Todavia, numa fase anterior de desenvolvimento, em que o ego ainda se encontra amplamente identificado ao Si-mesmo, a imagem é bem apropriada. Nesse caso, a totalidade original inconsciente precisa ser quebrada, precisa submeter-se ao desmembramento. Nesse estágio, requer-se a separação entre ego e sombra para evitar que a personalidade total caia no inconsciente (isto é, vá para o inferno).

A passagem retirada de Mateus especifica o olho *direito* e a mão *direita* como membros que pecam. Esse detalhe nos permite dar outra interpretação. O lado direito é, caracteristicamente, o lado desenvolvido e diferenciado e representa, portanto, a consciência e a vontade do ego. Cortar a mão direita sugeriria um sacrifício do ponto de vista consciente e da função superior para garantir mais realidade à função inferior e ao inconsciente. Em sua discussão de Tertuliano e Orígenes, Jung interpreta a amputação da seguinte forma:

> Aquele processo psicológico de desenvolvimento que denominamos *cristão* levou-o (Tertuliano) ao sacrifício, à amputação, da função mais valiosa, uma ideia mítica que também se encontra no grande e exemplar símbolo do sacrifício do Filho de Deus.[17]

Apesar dessas sugestões interpretativas, permanece o fato de que, do ponto de vista da psicologia, o cristianismo, como tem sido praticado, encorajou a repressão; há determinadas passagens do Novo Testamento que podem ser entendidas facilmente como conselhos para que se faça isso. O modo pelo qual essas imagens vão ser interpretadas deve levar em conta o estágio de desenvolvimento psíquico da pessoa envolvida.

3. O Ego Orientado pelo Si-Mesmo

A imagem de Cristo nos dá um quadro vívido do ego orientado pelo Si-mesmo, isto é, o ego individuado que tem consciência de ser dirigido pelo Si-mesmo. Esse estado de tomada do Si-mesmo como centro é expresso, por exemplo, em João 8:28,29, AV:

> *... nada faço por mim mesmo; mas falo assim como o Pai me ensinou. E ele, que me enviou, está comigo: o Pai não me deixou sozinho; pois sempre faço aquilo que lhe agrada.*

---

17 Jung, C. G. *Psychological Types,* C. W., vol. 6, par. 20.

O estado de aceitação do Si-mesmo foi inaugurado quando do batismo de Cristo: (*Ilustração 36*) "... e eis que os céus se abriram; ele viu o Espírito de Deus descendo como pomba e vindo sobre ele; e uma voz do céu se fez ouvir, dizendo: 'Este é o meu filho amado, em quem me comprazo'". (Mateus 3:16,17 N.E.B.) Assim é realizada uma ligação com a fonte transpessoal de Cristo – uma fonte que o ama e o apoia.

Ilustração 36. BATISMO DE CRISTO. Leonardo da Vinci e Verrocchio.

Todavia, essa suprema revelação é seguida imediatamente de um desenvolvimento sinistro. O "Espírito de Deus" descendente torna-se negativo e se transforma em tentação: "Jesus então foi levado pelo Espírito ao deserto, para ser tentado pelo demônio". (Mateus 4:11) Essa sequência de eventos corresponde, em termos psicológicos, à tentação quase irresistível da inflação, que segue a abertura da psique arquetípica ("os céus se abriram"). O ego tende a identificar-se com a energia ou sabedoria recém-descoberta e dela se apropria para propósitos pessoais. O motivo da inflação é indicado pela alta montanha a que Jesus é levado (*Ilustração 37*).

Ilustração 37. SATANÁS TENTANDO CRISTO NUM CÍRCULO. Rembrandt.

Apresentam-se três tentações específicas. Primeiro, é dito a Jesus: "Se tu és o Filho de Deus, manda que estas pedras se tornem pães". Jesus respondeu: "Dizem as Escrituras: 'Nem só de pão viverá o Homem; mas de toda palavra que sai da boca de Deus'". (Mateus 4:3,4) Essa é a tentação do materialismo, a falácia concretista, que quer aplicar a energia de forma literal ou física. O perigo consiste em buscar a segurança básica no bem-estar físico ou na "verdade" literal e rígida, e não no contato vivo com o centro *psíquico* do ser.

A segunda tentação é a de se lançar do pináculo do templo: "Se tu és o Filho de Deus", disse ele, "lança-te daqui abaixo; pois dizem as Escrituras: Ele fará os anjos se encarregarem de ti, e eles o suportarão em suas mãos para que não tropeces em alguma pedra". "Jesus lhe respondeu: As Escrituras dizem também: não testarás o Senhor teu Deus". (Mateus 4:6,7) Aqui, a tentação consiste em transcender os limites humanos em nome do efeito espetacular. A resposta indica que fazer isso seria desafiar a Deus, isto é, seria um desafio do ego à totalidade, uma inversão de prerrogativas que é, portanto, fatal para o ego.

A terceira tentação é a do poder e do apego às posses: "... o diabo o transportou para uma montanha muito alta e lhe mostrou todos os reinos do mundo em sua glória. 'Tudo isto', disse ele, 'te darei se, prostrado, me adorares.' Mas Jesus disse 'Vai-te, Satanás! Dizem as Escrituras: ao Senhor teu Deus adorarás e só a ele servirás'" (Mateus 4:8-10). O deus de uma pessoa é o seu valor mais alto. Se se buscar acima de tudo, o poder pessoal, está-se adorando uma inflação demoníaca, uma adoração que pertence ao Si-mesmo.

A tentação de Cristo representa vividamente os perigos do encontro com o Si-mesmo. Todos os graus de inflação, até a psicose clara, podem ocorrer. Um indício valioso do modo como se deve enfrentar o perigo é fornecido pelas respostas de Cristo. Em todos os casos, ele não responde com uma opinião pessoal; ele cita as Escrituras. Isso sugere que apenas a sabedoria transpessoal é adequada para enfrentar a ameaça. A confiança nas próprias ideias, numa crise desse tipo, promoveria a própria inflação que o tentador busca. Isso significa, em termos psicológicos, que devemos buscar o mito ou a imagem arquetípica que exprime sua situação individual. A imagem transpessoal relevante fornecerá a orientação necessária e a proteção contra o perigo da inflação.

O drama da crucifixão e os eventos que levam a ela constituem uma profunda expressão dos aspectos essenciais da individuação. As experiências individuais de desprezo, desgraça e rejeição assumem sentido e majestade quando são relacionadas ao seu paradigma arquetípico (*Ilustração 38*). É também exemplar a atitude de Cristo no Jardim de Getsêmani: "Pai, se for possível, afasta de mim esse cálice; todavia, não se faça a minha vontade, mas a tua". (Lucas 22:42)

Ilustração 38. A FLAGELAÇÃO DE CRISTO. *The Hours of Catherine of Cleves.*

Trata-se da enunciação clássica da atitude do ego necessária diante de uma crise individual. E, com tal atitude, o apoio da psique arquetípica normalmente está a caminho (*Gravura 4*). De modo similar, a experiência da traição, que tem como expressão agônica fundamental as palavras "Meu Deus, meu Deus, por que me abandonaste?" (Mateus 27:46), é um traço característico das fases cruciais da individuação. Nesses momentos, o ego sente-se profundamente privado de conforto e de apoio, tanto de dentro quanto de fora. Perde-se a confiança de maneira abrupta, com base nas projeções e nas suposições inconscientes. Esse estado é um período de transição. É o limbo do desespero que se segue à morte da orientação da vida anterior e que precede o nascimento de uma nova vida. A ressurreição de Cristo representa o nascimento de uma personalidade mais abrangente que pode resultar da aceitação consciente da prova da crucifixão. São João da Cruz descreve essa situação com as seguintes palavras:

> Consegue-se, então, que o espírito seja, antes de tudo, levado ao esvaziamento e à pobreza, privado de toda ajuda, consolo e preocupação natural com relação a todas as coisas, tanto do céu como da terra. Dessa maneira, estando vazio, o espírito é capaz de ser verdadeiramente pobre e liberto do velho homem, de forma a viver a vida nova e bem-aventurada que se alcança por intermédio desta noite (a noite escura do espírito), e que é um estado de união com Deus.[18]

A imagem central do mito cristão é a própria crucifixão. Por cerca de dois mil anos, a imagem de um ser humano pregado a uma cruz tem sido o símbolo supremo da civilização ocidental. Independentemente de crença ou descrença religiosa, essa imagem constitui um fato fenomenológico de nossa civilização. Por conseguinte, deve ter algo importante a nos dizer a respeito da condição psíquica do homem ocidental.

A crucifixão foi o ponto culminante da vida terrena de Jesus. Nela, Jesus como ego e Cristo como Si-mesmo se fundem. O ser humano (ego) e a cruz (mandala) tornam-se um só. Há um protótipo grego dessa união entre homem e mandala na imagem de Íxion preso à roda de fogo. Mas as implicações são bem diferentes. Íxion foi preso à roda de fogo como punição pela sua *hybris* ao tentar seduzir Hera. Ele se submeteu à roda involuntariamente, e sua união com a roda deveria ser eterna. Não há, nesse caso, nenhum "Está consumado". (João 19:30) O mito de Íxion representa um ego imaturo que se aproxima do Si-mesmo. Ele sucumbe à inflação e à identificação com o Si-mesmo-mandala.

---

18 *Dark Night of the Soul*, II, IX, 4.

Gravura 4. CRISTO NO JARDIM SUSTENTADO POR UM ANJO. Paolo Veronese. Detalhe.

    O mito cristão se aplica a um nível muito mais elevado de desenvolvimento do ego. Cristo é, ao mesmo tempo, homem e Deus. Como homem, é levado à cruz com angústia mas voluntariamente, como parte de seu destino. Como Deus, sacrifica-se voluntariamente em benefício da humanidade. Isso tem como significado, do ponto de vista psicológico, que o ego e o Si-mesmo são crucificados ao mesmo tempo. O Si-mesmo sofre da prisão com pregos e da suspensão (uma espécie de desmembramento) de forma a alcançar a realização temporal. Para aparecer no mundo espaço-temporal, ele deve submeter-se à particularização ou encarnação no finito. A disposição do Si-mesmo no sentido de deixar sua condição eterna, não manifesta, e de compartilhar a condição humana, indica que a psique arquetípica tem uma tendência espontânea para alimentar e apoiar o ego. Aqui se aplica a passagem "... embora rico, ele se fez pobre por amor a vós, para que, por sua pobreza, vos tornásseis ricos" (II Coríntios 8:9).

Para o ego, por outro lado, a crucifixão constitui uma suspensão paralisadora entre contrários. Ela é aceita relutantemente a partir da necessidade interna de individuação (o processo de formação da totalidade), que requer plena consciência da natureza paradoxal da psique. Falando do aspecto moral dessa imagem, Jung afirma:

> A realidade do mal, e sua incompatibilidade com o bem, provocam uma completa separação entre os contrários e leva inexoravelmente à crucifixão e à suspensão de tudo que vive. Como "o espírito é, por natureza, cristão", esse resultado está fadado a vir tão infalivelmente como veio na vida de Jesus: todos nós temos de ser "crucificados com Cristo", isto é, suspensos num sofrimento moral que equivale à verdadeira crucifixão.[19]

e, em outro lugar, falando de forma mais geral:

> Todos os contrários pertencem a Deus e por isso o homem deve tomar essa carga sobre si; e, ao fazê-lo, descobre que Deus, em sua "antinomia", se apossou dele, se encarnou nele. Ele se tornou, assim, um repositório do conflito divino.[20]

Uma das características essenciais do mito cristão e do ensinamento de Jesus é a atitude com relação à fraqueza e ao sofrimento. Efetua-se uma verdadeira transvaloração dos valores ordinários. A força, o poder, a abundância e o sucesso, valores conscientes comuns, são negados. Em lugar destes, a fraqueza, o sofrimento, a pobreza e o fracasso recebem uma dignidade especial. Essa questão é desenvolvida por todos os ensinamentos de Jesus e tem sua representação suprema na própria crucifixão, em que Deus é degradantemente açoitado e padece da morte vergonhosa dos criminosos, na cruz. Era isso que estava além da compreensão dos romanos, para quem a honra, a força e a

---

19 Jung, C. G., *Psychology and Alchemy*, C. W., 12, par. 24.
20 Jung, C. G., "Answer to Job.", in *Psychology and Religion: West and East*, C. W., 11, par. 659.

virtude do homem constituíam os valores supremos. Em termos psicológicos, temos aqui, segundo penso, um conflito entre os objetivos e os valores de duas fases diferentes do desenvolvimento do ego. A preocupação com a honra pessoal e com a força e o desprezo da fraqueza são inevitáveis e necessários nos estágios iniciais de desenvolvimento do ego. O ego deve aprender a afirmar-se de forma a vir à existência. Logo, o mito cristão pouco se aplica à psicologia do jovem.

As implicações psicológicas do mito cristão são, em especial, aplicáveis em fases posteriores de desenvolvimento psíquico, quando já temos um ego razoavelmente estável e maduro. De fato, o mito cristão nos apresenta imagens e atitudes que pertencem ao processo de individuação – que constitui uma tarefa específica da idade adulta. Nessa fase de desenvolvimento, a imagem da divindade sofredora é altamente pertinente. Esse símbolo nos diz que a experiência de sofrimento, fraqueza e fracasso pertence ao Si-mesmo e não apenas ao ego. O erro quase universal do ego consiste em assumir a responsabilidade pessoal total por seus sofrimentos e fracassos. Vemos esse erro, por exemplo, na atitude geral que as pessoas têm com relação às suas fraquezas, uma atitude de vergonha ou de negação. Se se tem uma fraqueza em algum aspecto, como todas as pessoas, e se, ao mesmo tempo, se considera uma ignomínia o fato de se ser fraco, é-se privado, na mesma medida, da autorrealização. Todavia, o reconhecimento das experiências de fraqueza e de fracasso como manifestações do deus sofredor em busca de encarnação garante à pessoa um ponto de vista bem diferente.

Essas observações se aplicam de modo particular à psicologia da depressão. Estar *deprimido* é ser "empurrado para baixo" por um peso de responsabilidade e de autoexpectativas. O fato de se sofrer torna-se a base da autocondenação, que pode assumir proporções quase totais. Uma paciente sujeita a essas depressões teve, no decorrer de um episódio particularmente penoso, o seguinte sonho (que cito parcialmente):

> Ela vê um "velho sujo" sentado num banco à sua frente. Ele está esfarrapado e coberto de sujeira ... Ele é a escória ... é o pobre indiscutível, está além do admissível na sociedade, é o forasteiro, "o menor entre vocês".
> O homem diz "Eles precisam fazer alguma coisa pelos pequenos animais". Então eu olho realmente para ele. Ele está sentado no banco da direita. No seu colo há três ratos mortos e um coelho cinza morto. Vejo então que sua cabeça está envolvida por uma nuvem de mosquitos. Eles estão em volta de toda sua cabeça, no seu nariz e nos seus

olhos. No início, isso me parece um halo. Em vez de ficar horrorizada e correr, o que normalmente faço, sinto grande compaixão por ele. O analista diz "Este é Cristo". Decidimos chamar alguém para ajudá-lo.[21]

Esse impressionante sonho mostra a relevância do mito cristão para a psique moderna. Ele nos lembra imediatamente das palavras "Em verdade vos digo que, quando o fizestes ao menor destes meus pequeninos, a mim o fizestes" (Mateus 25:40). A figura digna de pena do mendigo esfarrapado e sujo com os animais mortos no colo é a figura vívida dos aspectos desprezados e rejeitados da sonhadora. Sua atitude consciente com relação ao seu próprio lado fraco e sofredor espelha-se na condição do vagabundo. Mais impressionante é o fato de o mendigo ser equiparado a Cristo. Isso só pode significar que aquilo que a sonhadora considera mais indigno dentro de si mesma, além do aceitável, é, na verdade, o valor supremo, o próprio Deus. Compreendido adequadamente, um sonho desses pode levar a uma nova atitude com relação à própria fraqueza, a saber: a uma aceitação do homem inferior interno, como "o caminho" que leva ao Si-mesmo.

4. O Homem como Imagem de Deus

Uma expressão particularmente clara da ideia de Cristo como paradigma do ego está nos "Atos de João", um texto apócrifo. No capítulo noventa e cinco, Jesus diz a seus discípulos: "Sou um espelho para vós que me percebeis".[22] E, mais uma vez, no capítulo noventa e seis, ele diz: "Tomai a mim como modelo ... percebei o que faço, pois é vossa a paixão da humanidade, que estou prestes a sofrer".[23]

Se a figura de Cristo constitui um espelho para o ego, certamente reflete uma imagem dupla paradoxal. É o ego individual, então tanto homem quanto Deus, ego e Si-mesmo? Jung toca nessa mesma questão em seus estudos alquímicos. Ele escreve: "... com a alegoria do sol, eles (os alquimistas) estavam estabelecendo uma íntima relação entre Deus e o ego".[24] Depois de observar que os alquimistas estavam lidando com projeções inconscientes que são fenô-

---

21 Esse sonho apareceu num artigo publicado pelo Dr. Renée Brand, em *Current Trends in Analytical Psychology*, G. Adler, organizador, Londres, Tavistock Publications, 1961, p. 200 s.
22 James, M. R., tradutor, *The Apocryphal New Testament*, Londres, Oxford University Press, 1960, p. 253.
23 *Ibid.*, p. 254.
24 Jung, C. G., *Mysterium Coniunctionis*, C. W., 14, par. 131.

menos naturais além da interferência da mente consciente, chega à conclusão de que "... a própria natureza está exprimindo uma identidade entre Deus e o ego".[25] E acrescenta: "Isso é compreensível, quando percebemos que a consciência humana tem atribuída a si uma qualidade referente à criação do mundo".[26]

Talvez o mesmo problema esteja na base do conflito *homoousia-homoiousia* do quarto século. Cristo deve ser considerado como tendo a *mesma* substância do Pai ou apenas como tendo substância *similar* à do Pai? Se equiparamos Cristo ao ego e o Pai ao Si-mesmo, a questão psicológica torna-se imediatamente clara. A decisão foi tomada em favor da doutrina da "mesma substância" e essa imagem tem funcionado no dogma desde então. Assim sendo, a implicação é que a psique ocidental tem em sua base um mito que equipara o homem a Deus e o ego ao Si-mesmo.

A mesma questão é expressa na ideia de Cristo como imagem de Deus. Em Colossenses 1:15, Cristo é descrito como "a imagem do Deus invisível..." (RSV) Mais uma vez, em Hebreus 1:3, ele é chamado "a imagem expressa de sua (de Deus) pessoa" (AV). Essa forma de expressão lembra-nos de Gênesis 1:26, onde Deus diz: "Façamos o homem à nossa própria imagem". Se Cristo é uma imagem de Deus e se o homem foi feito igualmente à imagem de Deus, Cristo pode ser equiparado ao homem. Orígenes resolve o problema fazendo de Cristo o segundo numa série de três (Deus-Cristo-Homem):

> Por conseguinte, nós, tendo sido feitos de acordo com a imagem, temos o Filho, o original, como a verdade das qualidades nobres que estão dentro de nós. E aquilo que somos para o Filho, o Filho é para o Pai, que é a verdade.[27]

Essa imagem, formulada psicologicamente, significa que o ego real se relaciona ao Si-mesmo, tão somente, por meio de um ego ideal, um modelo paradigmático (Cristo) que serve de ponte entre os mundos da consciência e da psique arquetípica pela combinação entre os fatores pessoais e arquetípicos.

Com essas reflexões ambíguas, encontramos o problema mais difícil da psicologia analítica, a saber, a natureza da relação entre o ego e o Si-mesmo. Trata-se de um problema para cuja elucidação o simbolismo cristão fez muito,

---

25 *Idem.*
26 *Ibidem*, par. 132.
27 Orígenes, *On First Principles*, org. por G. W. Butterworth, Nova York, Harper Torchbooks, 1966, p. 20.

mas que, apesar de todos os esforços, permanece um paradoxo para a compreensão consciente. Uma vez que se perceba que "a consciência humana tem atribuída a si uma qualidade referente à criação do mundo", os termos ego e Si-mesmo são vistos como referências a níveis diferentes de experiência do mesmo processo psíquico arquetípico. O ego é o lugar da consciência e, se a consciência cria o mundo, o ego, em seu esforço de autorrealização por meio da individuação, está fazendo o trabalho criativo de Deus.

Capítulo 6

Ser um indivíduo

O único e verdadeiro portador de vida é o indivíduo, e isso ocorre por toda a natureza.

– C. G. JUNG[1]

1. A Existência *A Priori* do Ego

A experiência da individualidade é um mistério do ser que transcende o poder de descrição. Cada pessoa exibe sua própria versão inigualável dessa experiência, que é intransferível como tal. No entanto, a *forma* da experiência é universal e pode ser reconhecida por todos os homens. De fato, às vezes parece que o alvo do desenvolvimento psíquico do indivíduo é chegar cada vez mais perto da percepção de que sua própria individualidade pessoal e exclusiva é idêntica ao *indivíduo* arquetípico eterno. A particularidade e a universalidade se fundem quando tomamos em nossas próprias mãos o destino de ser um indivíduo.

Quando pesquisamos o fenômeno da vida em todas as suas manifestações visíveis, o que observamos não é um contínuo, mas antes uma multiplicidade quase infinita de unidades separadas de vida, num estado permanente de colisão e de competição umas com as outras, no sentido de se alimentarem, reproduzirem e sobreviverem. Das partículas moleculares complexas que são os vírus aos vertebrados da mais alta ordem, vemos que a vida é carregada por unidades indivisíveis, cada uma das quais dispõe do seu próprio centro autônomo do ser.

---

1 Jung, C. G., *The Practice of Psychotherapy*, C. W., vol. 16, 1954, par. 224.

Ocorre o mesmo com a vida psíquica; a psique também se manifesta por intermédio de uma ampla gama de centros do ser particulares e distintos, cada um dos quais é um microcosmo... "um centro absolutamente original em que o universo se reflete de forma ímpar e inimitável".[2]

Jung coloca no centro de sua psicologia o processo de percepção de si mesmo como indivíduo, o processo de individuação. Em *Tipos psicológicos*, ele define a individuação da seguinte forma:

> Em geral, é o processo de formação e de especialização da natureza individual; em particular, é o desenvolvimento do indivíduo psicológico como um ser distinto da psicologia geral, coletiva. A individuação é, por conseguinte, um *processo de diferenciação,* que tem por alvo o desenvolvimento da personalidade individual.[3]

Na mesma obra, ele define o termo indivíduo:

> O indivíduo psicológico caracteriza-se por sua psicologia peculiar e, em determinados aspectos, exclusiva. O caráter peculiar da psique individual manifesta-se menos em seus elementos que em suas formações complexas.
> O indivíduo psicológico, ou individualidade, tem uma existência inconsciente *a priori,* mas só existe conscientemente se estiver presente uma consciência de sua natureza peculiar, isto é, se existir uma distinção consciente com relação aos outros indivíduos.[4]

Observe-se a declaração aparentemente simples e óbvia de que a "individualidade tem uma existência inconsciente *a priori*". Numa primeira leitura, podemos não perceber todas as implicações dessa afirmação. Uma imagem mitológica que faz a mesma afirmação veicula de forma muito mais adequada o impacto do seu significado. No *Evangelho de Lucas*, quando as pessoas se rejubilaram por terem poder sobre os demônios, Jesus replicou: "não vos rejubileis com a submissão dos espíritos com relação a vós; mas rejubilai-vos de que vossos nomes *estejam escritos no céu*"[5] (itálicos meus). Aqui temos o significado mais completo da afirmação abstrata de que a individualidade tem uma existência inconsciente *a priori*. Nossos nomes estão escritos no Céu! Em outras palavras, a personalidade ímpar de cada um de nós tem uma origem

---

2 Pierre Teilhard de Chardin, *The Phenomenon of Man,* Nova York, Harper Torchbooks, 1961, p. 261.
3 Jung, C. G., *Psychological Types,* C.W., vol. 6, par. 757.
4 Jung, C.G., C.W., 6, par. 755.
5 Lucas, 10:20, RSV.

e uma justificação de existência de natureza transpessoal. Noutra obra, Jung colocou a questão de outro modo:

> "O Si-mesmo, tal como o inconsciente, é uma existência *a priori* da qual o ego se desenvolve. É, por assim dizer, uma prefiguração inconsciente do ego."[6]

A concepção de que a identidade tem uma existência *a priori* é expressa na ideia antiga de que cada pessoa tem sua própria estrela individual, uma espécie de contraparte celestial, que representa a dimensão e o destino cósmico dessa pessoa. A estrela de Belém foi a estrela de Jesus, e apresentou um grau de brilho compatível com a grandeza do Seu destino. Wordsworth exprime a mesma imagem nos versos:

> *The soul that rises with us, our life's star,*
> *Hath had elsewhere its setting,*
> *And cometh from afar...*[7]

[A alma que conosco se eleva, estrela de nossa vida, / Teve alhures seu lugar, / E vem de muito longe...]

A imagem da estrela como centro transpessoal de identidade apareceu no sonho de uma mulher. Após uma importante percepção de que pertencia a si mesma, e não ao marido, ela sonhou:

> Eu estava do lado de fora e vi uma estrela cadente ... Mas a estrela não desapareceu. Ela pulsou por algum tempo e então se manteve brilhante e redonda. Estava muito mais próxima que qualquer outra estrela amarelo-laranja – como um sol, mas menor que nosso sol. Pensei comigo: "Vi nascer uma nova estrela".

O "Manto de Glória" do "Hino da Pérola" gnóstico (discutido anteriormente, página 146) é outro símbolo do centro transcendental da individualidade. O salvador o deixa ao descer para as trevas do Egito. Mas quando sua tarefa se completa e ele volta à sua morada celestial, o Manto de Glória vai recebê-lo. O texto diz: "Eu havia esquecido seu esplendor, tendo-o deixado, quando criança, na casa de meu Pai. Agora, quando tomava do manto, ele me parecia, subitamente, ter-se tornado um espelho de mim mesmo: vi-me

---

6 Jung, C. G., Psychology and Religion: *West and East*, C. W., Vol. 11, 1958, par. 139.
7 Wordsworth, William, "Ode on Intimations of Immortality from Recollections of Early Childhood"

inteiro nele e vi-o inteiro em mim, [vi] que éramos dois distintos e, ao mesmo tempo, um só, na similaridade de nossas formas..."[8] No excelente comentário de Jonas a respeito dessa imagem lemos: "Ela simboliza o eu celestial ou eterno da pessoa, sua ideia original, uma espécie de duplo ou *alter ego,* [que é] preservado no mundo superior enquanto ela trabalha embaixo".[9]

Outro ponto que merece ênfase é a clara distinção feita por Jung, em sua definição, entre individualidade consciente e individualidade inconsciente. O processo de atingimento da individualidade consciente é o processo de individuação, que leva à percepção de que nosso nome está escrito no céu. A individualidade inconsciente se exprime em impulsos compulsivos para o prazer e para o poder e nas defesas de todo tipo de que o ego dispõe. Esses fenômenos costumam ser descritos por palavras de cunho negativo, tais como egoísta, egocêntrico, autoerótico, e assim por diante. Embora esses termos negativos tenham sua justificativa, uma vez que os comportamentos desse tipo podem ser desagradáveis para as outras pessoas, a atitude veiculada por essas palavras de cunho negativo pode ser bastante prejudicial quando o indivíduo as aplica a si mesmo. Esses pejorativos, caso o terapeuta os use, só podem reforçar a própria atitude depreciativa do paciente com relação ao inconsciente e à sua própria totalidade potencial. O fato é que, envolto pelas manifestações da individualidade inconsciente, repousa o valor supremo da própria individualidade, à espera de sua redenção pela consciência. Jamais chegaremos ao *lapis* jogando fora a *prima materia.*

A mesma ideia é expressa, com algumas diferenças, pela passagem:

> ... o simbolismo da mandala exibe uma marcada tendência para concentrar todos os arquétipos num centro comum, comparável à relação entre todos os conteúdos conscientes do ego ... Poderíamos talvez considerar a mandala como reflexo da natureza egocêntrica da consciência, muito embora essa perspectiva só se justificasse se se pudesse provar que o inconsciente é um fenômeno secundário. Mas é fora de dúvida que o inconsciente é mais antigo e mais original que o consciente; por essa razão, podemos considerar o egocentrismo do consciente, da mesma forma, um reflexo ou uma imitação do *self*centrismo do inconsciente.[10]

---

8   Jonas, Hans, *The Gnostic Religion,* Boston, Beacon Press, 1958, p. 115.
9   *Ibid.,* p. 122.
10 Jung, C. G., *Mysterium Coniunctionis,* C. W., vol. 14, 1963, par. 660.

Podemos acrescentar a isso que, se o egocentrismo é a imitação do Si-mesmo feita pelo ego, então o ego, por meio da aceitação consciente dessa tendência, tornar-se-á consciente daquilo que está imitando: o centro e a unidade transpessoais da individualidade, o Si-mesmo.

Em minha experiência, a base de quase todos os problemas psicológicos é uma relação não satisfatória com a necessidade de individualidade. E o processo de cura envolve, com frequência, uma aceitação daquilo que normalmente é chamado egoísta, voltado para a obtenção de poder ou autoerótico. A maioria dos pacientes da psicoterapia precisa aprender a ser egoísta de forma efetiva, assim como mais efetiva no uso do seu próprio poder pessoal; eles precisam aceitar a responsabilidade gerada pelo fato de serem centros de poder e de efetividade. O chamado comportamento egoísta ou egocêntrico, que se exprime em exigências feitas aos outros, não é uma autoconcentração consciente ou individualidade consciente efetiva. Só exigimos dos outros o que não conseguimos por nós mesmos. Se tivermos uma autoestima ou uma autoconsideração insuficientes, nossas necessidades se exprimirão, inconscientemente, por meio de táticas coercitivas com relação aos outros. E muitas vezes a coerção ocorre sob a capa da virtude, do amor ou do altruísmo. Esse egoísmo inconsciente é ineficaz e destrutivo para nós e para os outros. Ele não consegue atingir seu propósito porque é cego, sem consciência de si mesmo. Não se requer a extirpação do egoísmo, que é impossível, mas sim que ele seja combinado à consciência e, assim, seja efetivo. Todos os fatos biológicos e psicológicos nos ensinam que cada unidade individual de vida concentra-se em si mesma de forma profunda. O único fator variável é o grau de consciência que acompanha esse fato.

A ampla utilização atual do termo freudiano "narcisismo" é um bom exemplo da falta generalizada de compreensão da autoestima. O mito de Narciso implica algo bastante diferente de um excesso de autoestima indulgente. Narciso foi um jovem que rejeitou todas as pretendentes a seu amor. Como represália, Nêmesis levou-o a apaixonar-se pela própria imagem, refletida num poço, e ele morreu, desesperado, por não poder ter a posse do objeto de seu amor.

Narciso representa o ego alienado incapaz de amar, isto é, incapaz de dar interesse e libido à vida – pois ele ainda não está ligado a si mesmo. O ato de apaixonar-se pela própria imagem refletida só pode ter como significado que ainda não possuímos a nós mesmos. Narciso aspira unir-se a si mesmo simplesmente porque está alienado de seu próprio ser. Como Platão o exprimiu claramente no *Banquete*, amamos e aspiramos àquilo que nos falta.

O narcisismo, em suas implicações mitológicas originais, não é, por conseguinte, um excesso desnecessário de autoestima; é justamente o oposto, um estado frustrado de busca de uma autopossessão que ainda não existe. A solução do problema de Narciso é antes realização da autoestima que renuncia à autoestima. Encontramos aqui um erro comum do ego moralizador, que tenta criar uma personalidade amante mediante a extirpação da autoestima. Trata-se de um profundo erro psicológico que só provoca uma divisão psíquica. A autoestima realizada constitui um pré-requisito do amor genuíno por qualquer objeto e do fluxo de energia psíquica em geral.

No caso de Narciso, a realização da autoestima, ou união com a imagem das profundezas, requer uma descida até o inconsciente, uma *nekyia*, ou morte simbólica. Esse sentido mais profundo do mito de Narciso é indicado por alguns outros detalhes. Depois que morreu, Narciso virou um narciso. Essa é a "flor da morte" (de *narkao*, estar rígido ou morto). O narciso foi consagrado ao Hades e abriu as portas do seu reino subterrâneo. Perséfone havia colhido um único narciso quando a terra se abriu, e Hades emergiu para raptá-la. A conclusão inescapável é que o narcisismo, pelo menos em seu sentido mitológico original, é o caminho que leva ao inconsciente, onde devemos ir para buscar a individualidade.

Outra implicação do mito de Narciso e do tema da paixão com relação ao próprio reflexo é trazida por uma imagem paralela que se encontra na interpretação órfica da lenda de Dioniso. Quando Dioniso criança foi despedaçado pelos Titãs, falou-se que estivera brincando, entre outras coisas, com um espelho. De acordo com Proclo, o espelho foi interpretado como indício de que Dioniso viu sua própria imagem na matéria e se lançou sobre ela tomado de desejos. Ele ansiava pela autorrealização (como Narciso). Assim, ele ficou confinado à matéria (encarnado) e sujeito ao desmembramento por parte dos Titãs.[11] Em termos psicológicos, esse mitologema pode referir-se a uma fase inicial de desenvolvimento durante a qual o ego primitivo, ainda identificado com a totalidade inconsciente original, começa a funcionar na realidade espaço-temporal (abraça a matéria). Mas a realidade é hostil para com o estado inflado de totalidade inconsciente (identidade entre o ego e o Si-mesmo) e o desmembra. As fases posteriores do desenvolvimento levam à recomposição.

A experiência subjetiva da individualidade é um profundo mistério que não podemos ter esperanças de abarcar por meio da compreensão racional.

---

11 Proclo, *Timaeus iii*, 163, citado por G. R. S. Mead *in Orpheus*, reimpresso, Londres, John Watkins, 1965, p. 160 s.

Todavia, podemos abordar algumas de suas implicações mediante o exame das imagens simbólicas que a ela se referem. Comecemos analisando o testemunho da etimologia. A etimologia é o lado inconsciente da linguagem e por isso se reveste de relevância para os estudos psicológicos. A palavra *indivíduo* deriva de duas raízes: *in* = não e *dividere* = dividir. Assim sendo, seu significado básico é: algo indivisível. Isso corresponde ao fato de a experiência da individualidade ser fundamental; não pode ser analisada ou reduzida a elementos mais simples.

É interessante notar que um conceito tão fundamental como o de indivíduo deve ser expresso em termos daquilo que não é, *isto é*, não divisível. O mesmo fenômeno ocorre com a palavra *átomo*, a unidade básica da matéria (do grego *a* = não; e *tom*, de *temnein* = cortar, dividir). Isso aparece novamente nas palavras *inteiro* e *integrar* (do latim, *in* = não; *tag*, base de *tangere* = tocar). Parece que, ao fazer a tentativa de descrever fatos básicos como a individualidade, devemos recorrer ao mesmo procedimento utilizado na descrição da divindade; como a individualidade é um fato que transcende nossas categorias de compreensão consciente, não podemos fazer mais que a descrever em termos daquilo que ela não é, pela chamada *via negativa*.

A palavra *indivíduo* relaciona-se etimologicamente à palavra *viúva*. De acordo com Skeat,[12] *viúva* (em latim, *vidua*) deriva de um verbo cognato perdido, *videre*, que significa partir. Jung demonstrou que as imagens da viúva e do órfão são parte do processo de individuação.[13] Nesse sentido, ele cita as palavras que Santo Agostinho teria dito: "A Igreja toda é uma viúva abandonada no mundo". E acrescenta: "Assim, também a alma é abandonada no mundo". A citação de Agostinho continua: "'Mas tu não és órfão, e não és contado entre as viúvas ... Tens um amigo ... És o órfão de Deus, a viúva de Deus".[14] No texto de Mani, Jesus foi chamado "filho da viúva".[15] Viúva significa aquela que se separa. Assim, antes da viuvez, não se é ainda um indivíduo, indivisível, estando-se sujeito a um processo de separação. O simbolismo nos diz que a viuvez é uma experiência no caminho da realização da individualidade; na verdade, a individualidade é a progênie dessa experiência. Isso só pode significar que o homem deve separar-se daquilo de que depende, mas que ele não é, antes de poder tornar-se consciente daquilo que ele é, único e indivisí-

---

12 Skeat, Walter W., *An Etymological Dictionary of the English Language,* Oxford, Oxford University Press, 1958, p. 177.
13 Jung, C. G., *Mysterium Coniunctionis,* C. W., vol. 14, par. 13 ss.
14 *Ibid.,* par. 17.
15 *Ibid.,* par. 14, nota 69.

vel. Deve-se quebrar uma projeção de dependência. Implicações similares se aplicam à imagem do órfão, que é sinônimo da pedra filosofal dos alquimistas.[16] Ficar órfão denota a perda do apoio paterno e a quebra das projeções parentais; constitui igualmente um pré-requisito da experiência consciente da individualidade. Como o afirma Santo Agostinho, ser viúva ou órfão é algo que nos põe em relação com Deus (o Si-mesmo).

2. A Mônada e o Monogene

Um importante conjunto de materiais referentes à experiência da individualidade pode ser encontrado nas especulações filosóficas dos antigos a respeito do Um, ou Mônada. Os primeiros filósofos encontraram o mistério da individualidade em projeções filosóficas, cosmológicas. Suas especulações a respeito da Mônada, ou Um, que está por trás de todos os fenômenos era, na realidade, uma projeção do fato psicológico interno referente a ser um indivíduo. Por exemplo, a Mônada constituía uma imagem proeminente na especulação pitagórica. De acordo com os pitagóricos, a Mônada é o princípio criador, que impõe ordem e limitações ao infinito. Afirmava-se que, "quando surgiu, a Mônada limitou a parte mais próxima do ilimitado".[17] A Mônada também era identificada com o Fogo Criador central que era a fonte da criação e do governo.[18] Esse fogo central tem alguns nomes interessantes. É chamado "Torre de Zeus", "Guardião de Zeus", "Coração do Mundo" e "altar, elo e medida da natureza". [19]

Essa passagem nos diz que o princípio da individualidade é o próprio princípio criador e que toda a ordem, aquilo que os gregos chamavam *cosmos*, dele deriva. A Mônada também é identificada com o fogo, o que é uma reminiscência do simbolismo alquímico, em que o ponto (uma versão da Mônada) é equiparado à *scintilla*, centelha de luz e fogo.[20] Por conseguinte, o princípio da individualidade é a fonte tanto da consciência (luz) quanto da energia (fogo).

A Mônada ocupa um lugar proeminente na especulação gnóstica. Falando dos gnósticos, afirma Hipólito:

---

16 *Ibid.,* par. 13.
17 Freeman, Kathleen, *Companion to the Pre-Socratic Philosophers,* Cambridge: Harvard University Press, 1959, p. 247. *Aristotle Metaphysics,* 1091a.
18 *Ibid.,* p. 250.
19 Kirk, G. G. e Raven, J. A. *The Pre-Socratic Philosophers,* Cambridge: Cambridge University Press, 1963, p. 260.
20 Jung, C.G. *Mysterium Coniunctionis,* C. W., vol. 14, par. 42 ss.

Para eles, o princípio de todas as coisas é a Mônada, não gerável, imperecível, incompreensível, inconcebível, o criador e a causa de todas as coisas geradas. Essa Mônada é chamada, por eles, o Pai.[21]

No *Codex Bruce*, temos a seguinte descrição da Mônada:

É ... a Verdade que abarca a todas (as doze Profundezas); ... é a Verdade do Todo; é a Mãe de todos os Eões; é aquilo que circunda todas as Profundezas. Essa é a Mônada incompreensível e que não pode ser conhecida; é aquilo que não tem Fecho *(Seal)* ... aquilo em que estão todos os Fechos *(Seals)*; que é bendito por todos os séculos e séculos. É o Pai eterno, o inefável, impensável, incompreensível, intranscendível Pai...[22]

A imagem da Mônada Gnóstica enfatiza o mistério da individualidade, que a tudo abarca. Ela não permite muita exegese racional, mas veicula efetivamente, de forma vigorosa, o sentimento de que o indivíduo é portador de um profundo mistério. Essas imagens dificilmente são necessárias hoje, já que há muito pouco em nossa cultura contemporânea para justificar e validar o indivíduo como tal.

Essa mesma imagem se encontra em Platão. Em *Parmênides*,[23] há um longo discurso a respeito da natureza do Um. Esse diálogo apresenta grandes dificuldades para uma compreensão racional; as únicas conclusões a que ele chega com relação ao Um são paradoxos. Eis algumas dessas conclusões:

... o um não está em repouso nem em movimento (139b).
... o um ... sempre deve estar tanto em movimento como em repouso (146b).
... o um nada tem a ver com o tempo e não ocupa nenhum intervalo de tempo (141d).
... se o um é, é no tempo (152a).
... o um tanto toca como não toca, é tanto ele mesmo como os outros (149d).
... o um tanto é como está se tornando mais velho e mais jovem que ele mesmo (152e).
... o um ... nem é nem se torna mais velho ou mais jovem que ele mesmo (152e).
... se há o um, ele é tanto todas as coisas como absolutamente nada... (160b).

---

21 Mead, G. R. S., *Fragments of a Faith Forgotten*, Londres, John M. Watkins, 1931, p. 335.
22 *Ibid.*, p. 549 s.
23 Tradução de F. M. Conford, *in Plato: The Collected Dialogues*, organizado por Hamilton e Caims, Série Bollingen LXXI, Princeton University Press.

A lista de contradições poderia prolongar-se, mas já temos o suficiente para nossos propósitos. Até os filósofos têm dificuldade de obter alguma coisa com base nesse diálogo. Vejo-o como um elaborado tom filosófico que confunde as faculdades racionais com o possível objetivo de abrir caminho para uma experiência subjetiva imediata de "ser um indivíduo". A principal coisa demonstrada por Platão é: o Um não pode ser apreendido pela lógica ou pelas categorias conscientes de tempo, espaço e causalidade. Não pode ser apreendido pela lógica porque envolve contradições. Ele tanto participa quanto não participa do tempo, do espaço e do processo de causa e efeito. Na verdade essas conclusões não fazem sentido para um filósofo de orientação racionalista. Não obstante, podemos entendê-las como descrições bastante precisas de um fato empírico, de natureza psicológica, o fato da individualidade. Se pensarmos na experiência da individualidade como algo dotado de dois centros, o ego e o Si-mesmo, essas contradições se acomodam. O ego é uma encarnação, uma entidade, que participa das vicissitudes do tempo, do espaço e da causalidade. O Si-mesmo, como centro da psique arquetípica, está em outro mundo, além da consciência e de suas formas de particularização da experiência. O ego é o centro da identidade subjetiva; o Si-mesmo é o centro da identidade objetiva. O ego vive na terra, mas o Si-mesmo está escrito no céu. Esse mesmo fato psicológico é representado pelo mito dos Dióscoros; um deles, Castor, é mortal; o outro, Pólux, é imortal, além do espaço e do tempo.

A imagem da Mônada é tratada com consideráveis detalhes por Plotino, o filósofo neoplatônico do século III a.C. Nas *Enêadas*,[24] ele tem muitas coisas belas e profundas a dizer a respeito do Um, que certamente devem ter como origem suas próprias experiências interiores:

> É pelo Um que todos os seres são seres ... pois o que seria existir que não fosse um? Se não for um, uma coisa não é. Nenhum exército, nenhum coro e nenhum rebanho existe se não puder ser um .... O mesmo ocorre com os corpos das plantas e dos animais; cada um deles é uma unidade. ... A saúde depende da coordenação do corpo, em unidade; a beleza, do domínio das partes pelo Um; a virtude do espírito, da unificação numa só coesão.

Seria difícil encontrar melhor expressão da importância básica do princípio da individualidade. Se compreendermos essa passagem em sentido psicológico estrito, ela diz que todo ser autêntico ocorre quando vivemos e falamos

---

[24] Essa versão das *Enêadas* está em *The Essential Plotinus,* organizado por Elmer O'Brien, Nova York, Mentor Books, The New American Library, 1964, VI, 9, 1.

a partir de nossa individualidade exclusiva e unificada. Com efeito, isso é fácil de dizer, mas muito difícil de vivenciar na realidade.

Outra citação das *Enêadas:*

> Como gera todas as coisas, o Um não pode ser nenhuma delas – nenhuma coisa, quantidade, qualidade, inteligência ou espírito. Nem em movimento, nem em repouso; nem no tempo, nem no espaço; ele é "o uniforme em si mesmo", ou, antes, é o "sem forma" que precede a forma, o movimento e o repouso, que são características do Ser e torna o Ser múltiplo.[25]

Essa passagem apresenta uma questão cuja compreensão é absolutamente essencial para o desenvolvimento psicológico e que surge com frequência na prática psicoterapêutica. "Como gera todas as coisas, o Um não pode ser nenhuma delas..." Isso significa que é um erro identificar nossa individualidade com alguma função, um talento ou um aspecto de nós mesmos. Todavia, com muita frequência fazemos justamente isso. Aquele que se sentir inferior e deprimido na presença de pessoas que são mais inteligentes, que leram mais livros, que viajaram mais, que são mais famosas ou mais habilidosas ou dotadas de conhecimento na arte, na música, na poesia ou em outro campo da ação humana estará cometendo o erro de identificar algum aspecto ou alguma função particulares de si mesmo à sua individualidade essencial. Como uma capacidade particular sua é inferior à de outra pessoa, ele se sente inferior. Esse sentimento o leva tanto a um afastamento depressivo quanto a esforços defensivos e competitivos para provar que não é inferior. Se uma pessoa dessas puder experimentar o fato de que sua individualidade e seu valor pessoal estão além de todas as manifestações particulares, sua segurança já não será ameaçada pelas realizações dos outros. Esse sentimento de valor inato que precede, e que não leva em conta, as proezas e realizações é o precioso depósito deixado na psique pela experiência do amor paterno genuíno. Se não passar por essa experiência, o indivíduo deve buscar laboriosamente, nas profundezas do inconsciente, o equivalente interno, a Mônada, em geral simbolizada por uma mandala. Essa experiência traz o sentimento de posse de uma base transpessoal para o ser e possibilita ao indivíduo o sentimento de ter o direito de existir da forma como realmente é. O equivalente teológico dessa experiência é a justificação diante de Deus.

Mais uma vez, diz Plotino:

---

25 *Ibid.,* VI, 9, 3.

> Deve haver algo plenamente autossuficiente. É o Um; somente ele, dentro e fora, é sem necessidade: Ele não precisa de nada além de si mesmo, seja para existir, para alcançar o bem-estar ou para manter sua existência.[26]

Essa passagem nos remete à descrição, feita por Neumann, da uróboros, a imagem da serpente que devora a própria cauda.[27] Toda a discussão por ele feita é pertinente ao nosso objeto, muito embora se limite, em grande parte, às manifestações infantis da uróboros. Mas essa imagem é ativa e nos sustém ao longo de todas as fases do desenvolvimento psíquico. O fato psíquico para o qual ela aponta é o antídoto para todas as frustrações que a dependência com relação a objetos e pessoas externos engendra. Ter consciência da própria individualidade é perceber que temos tudo de que precisamos. Significa, da mesma forma, que precisamos de tudo que temos, isto é, de que todo conteúdo e evento psíquico é significativo. Essa ideia é expressa na seguinte passagem de Plotino:

> Aqueles que acreditam que o mundo do ser é governado pela sorte ou pelo acaso e depende de causas materiais está muito longe do divino e do conceito do Um.[28]

Estar realcionado com a própria individualidade significa aceitar tudo que for encontrado no íntimo como aspecto dotado de sentido e significativo do todo individual. E, no entanto, com que facilidade e frequência recorremos à tática preguiçosa de fugir ao encontro genuíno com algum aspecto significativo de nós mesmos, dizendo "Eu não quis dizer isso", ou "Apenas esqueci", ou, ainda, "Foi apenas um descuido", e assim por diante. Para quem foi iniciado na individualidade, essa saída já não está disponível. Eles sabem que nenhum evento psíquico é fortuito. Não há lugar para o acaso no mundo significativo da psique.

Plotino resume a questão na seguinte passagem:

> Como não contém diferenças, o Um está sempre presente; e nós estamos presentes quando já não contemos diferença. O Um não aspira a nós, a mover-se em torno de nós; nós aspiramos a ele, a mover-nos em torno dele. Na realidade, sempre nos movemos em torno dele, mas nem sempre olhamos. Somos como um coro, agrupado em torno de

---

26 *Ibid.*, VI, 9, 6.
27 Neumann, Erich, *The Origins and History of Consciousness,* Série Bollingen, XLII, Princeton University Press, 1954, p. 5 ss.
28 Plotino, VI, 9, 4.

um regente, que permite que sua atenção seja distraída pela plateia. Se, todavia, o coro se voltasse para seu regente, cantaria como deveria cantar e estaria realmente com ele. Sempre nos encontramos em torno do Um. Se assim não fosse, nos dissolveríamos e deixaríamos de existir. No entanto, nosso olhar não permanece fixo no Um. Quando olhamos para ele, alcançamos o objetivo de nossos anseios e encontramos repouso. É então que, com toda a discórdia deixada para trás, dançamos à volta dele uma dança inspirada.

Nessa dança, o espírito encara a fonte da vida, a fonte da Inteligência, a origem do Ser, a causa do Bem, a raiz da Alma.

Todas essas entidades emanam do Um, sem nenhuma diminuição, pois ele não é uma massa material. Se o fosse, suas emanações seriam perecíveis. Mas elas são eternas, pois seu princípio originador permanece sempre o mesmo; como não se fragmenta ao produzi-las, ele permanece íntegro. Assim, elas também persistem, como persiste a luz enquanto o sol brilha.[29]

Antes de deixar Plotino, devo mencionar uma especulação sua diretamente relacionada com o assunto deste capítulo. Essa especulação se encontra no sétimo tratado da quinta *Enêada* e é intitulada "Existe um Arquétipo Ideal dos Seres Particulares?".[30] Em outras palavras, terá o indivíduo uma forma eterna ou ideia platônica como base transcendental de sua identidade pessoal? Plotino responde a essa questão na afirmativa e, assim, ao lado de outros filósofos místicos e especulativos, prenunciou a descoberta empírica do Si-mesmo, feita por Jung.

Para completar nossa exploração da imagem da Mônada, chegamos aos tempos modernos e à *Monadologia* de Leibnitz. Ele fala de Mônadas sem aberturas, afirmando: "As Mônadas não têm aberturas pelas quais possam entrar ou sair coisas" (*Monadology, 1*). Em nossos dias, F. H. Bradley exprime a mesma ideia, ao afirmar: "Minhas sensações externas não são menos privadas para mim mesmo que meus pensamentos ou sentimentos. Em ambos os casos, minha experiência cai no interior de meu próprio círculo, um círculo fechado por fora; e, com todos os elementos semelhantes, toda esfera é opaca para as outras esferas que estão à sua volta... Em resumo, tomada como existência que aparece num espírito, o mundo inteiro, para cada espírito, é peculiar e privativo desse espírito".[31]

---

29 *Ibid.*, VI, 9, 8 e 9.
30 Plotino, *The Enneads*, traduzido por Stephen MacKenna, Londres, Faber and Faber Ltd., 1962, p. 419.
31 Bradley, F. H., *Appearance and Reality*, Londres, Oxford University Press, 1966, p. 306.

Essa ideia traz consigo uma verdade básica a respeito da vida como experiência de indivíduos. Cada um de nós habita em seu próprio mundo distinto e não tem meios de saber como esse mundo se compara com o de outras pessoas. É verdade que dispomos da língua, mas imagino que mesmo esta seja uma experiência privada e pessoal num grau que nem imaginamos. O mesmo se aplica à arte, à música e ao mundo externo dos objetos. Sei como experimento essas coisas, mas como posso saber se minha experiência corresponde à de outra pessoa? Por exemplo, faço uma certa imagem de uma sala e de seu conteúdo. Como posso saber se todos farão a mesma imagem? Com efeito, podemos chegar a um acordo em torno de uma descrição verbal da sala e dos objetos nela contidos. Mas as palavras podem ter diferentes referências subjetivas para cada um de nós. E não podemos ver dentro do mundo de nenhuma outra pessoa, para fazer comparações.

O mundo não existe enquanto não houver uma consciência para percebê-lo. Segue-se que haverá tantos mundos quantos forem os centros de consciência; e cada um desses mundos é distinto, completo e hermeticamente fechado a todos os demais. Isso pode parecer extremo, mas estou convencido de que se trata de um fato concreto que se torna evidente, uma vez que sejam dissolvidos determinados pressupostos e identificações inconscientes. Mas que dizer das inegáveis experiências de solidariedade, empatia, compreensão e amor humanos? E que dizer do próprio processo psicoterapêutico, que requer que analista e analisando se influenciem de maneira mútua? Se somos verdadeiramente privados de abertura, como podem acontecer essas coisas? Em primeiro lugar, devemos excluir todos os relacionamentos que não passem de aparência, os quais, na verdade, se baseiam na projeção e na identificação inconsciente. Nesses casos, só temos a ilusão de conhecer e de estar em relação com outra pessoa. Tendo descartado os fenômenos de projeção, que compõem a vasta maioria daquilo que se costuma denominar amor ou relacionamento, só temos uma experiência que indubitavelmente compartilhamos com os outros e que nos pode tornar capazes de ter amor e compreensão objetivos. Trata-se da experiência de ser uma Mônada sem abertura, o habitante solitário de um mundo fechado. Nesse sentido, estamos todos no mesmo barco. E como essa experiência representa a característica básica e essencial da existência humana, compartilhamos, uns com os outros, uma coisa que é, sem sombra de dúvida, a mais importante, certamente básica o bastante para todo o amor e para toda a compreensão que há em nós. Por conseguinte, só somos sem abertura com relação aos detalhes e às particularidades de nossa vida pessoal, de nossos juízos e de nossas percepções. Mas na medida em que estamos em relação com nossa individualidade como um todo e com sua essência, chegamos a uma relação objetiva e compassiva com os outros. Para resumir, devemos dizer que o ego é desprovido de janelas, mas que o Si-mesmo é uma abertura para outros mundos do ser.

Há outra imagem relevante para o objeto de nossa discussão, estreitamente ligada à imagem da Mônada, mas que conta com algumas características distintivas próprias. Refiro-me aos *Monogenes*. Enquanto a *Mônada* é o incriado, o *Monogene* é o *único filho*. A referência mais familiar a essa imagem está no Credo, que se refere a Cristo como *unigênito*. O mesmo termo é usado na descrição da cosmogonia feita por Platão no "Timeu".[32] Afirma ele:

> Para que o mundo fosse único como o perfeito Animal, o criador não criou dois nem um número infinito de mundos. Mas há e sempre haverá um único...

De acordo com a especulação cosmogônica valentiniana, no princípio havia o Profundo, o Pai de Tudo, chamado *Bythos*; dele emanou o *Nous*, que também é chamado *Monogene*. "Diz-se que ele é 'a imagem e semelhança' daquele de quem emanou...".[33]

Temos aqui três versões da mesma imagem básica: a versão cristã, a versão filosófica platônica e a versão gnóstica. Em cada um dos casos, um único ser é criado, gerado ou emanado do Incriado. Se entendemos essas imagens como psicologia projetada, devemos fazer referência ao ego empírico que emerge do Si-mesmo original, *a priori*. O ego é o unigênito; só há um ego, e ele não tem irmãos, exceto nos casos patológicos de personalidade múltipla. Ser um indivíduo é, por conseguinte, algo relacionado à experiência de ser filho único; uma experiência que tem dois aspectos principais, um positivo e outro negativo. O aspecto positivo é a experiência de ser o favorecido, de não ter rivais com quem competir pela atenção, pelo interesse e pelo amor disponíveis. O aspecto negativo de ser filho único é que isso significa ser sozinho.

Essas mesmas considerações se aplicam à experiência da individualidade. Ser um indivíduo significa ser alguém especial e favorecido e, da mesma forma, alguém sozinho. Alfred Adler foi o primeiro a 'Chamar atenção para a psicologia do filho único, acentuando particularmente as exigências e expectativas, alimentadas pelo filho único, de ser o centro das coisas, o especial.

---

32 *Plato's Cosmology* ("The Timaeus of Plato", traduzido com um amplo comentário por F.M. Cornford), Indianápolis, Nova York, Library of Liberal Arts, Bobbs Merrill.

33 Legge, Francis, *Forerunners and Rivals of Christianity*, New Hyde Park, Nova York, University Books, 1964, II, p. 48.

Trata-se do egocentrismo ou autocentrismo inconsciente que já discutimos. O filho único é particularmente vulnerável à identificação com o Monogene, pois as experiências de sua infância concretizam essa imagem; ele é, na realidade, um *unigênito*. Para se desenvolver, deverá passar pela dolorosa experiência de aprender que ele não é nada especial com relação ao mundo exterior. Todavia, a imagem e a experiência de ser especial permanecem válidas do ponto de vista psicológico interno, uma vez que constituem uma expressão da natureza da individualidade em si.

O outro aspecto da condição de filho único é a solidão, que é também uma fase crucial do processo da individualidade consciente. A solidão é uma precursora da experiência positiva do ser só. Devemos dizer que o ser só é um fato da existência individual; a experiência da solidão é – para um ego que ainda não está disposto ou ainda não é capaz de aceitá-la – a primeira emergência dolorosa desse fato na consciência. A solidão busca a distração ou a união para esquecer o fato incômodo da individualidade. Ser um indivíduo significa ser alguém especialmente favorecido, assim como solitário. Se for enfrentada, em vez de esquecida, a solidão poderá levar à aceitação criativa do ser só.

O aspecto de ser só da individualidade é representado pelo eremita, pelo monge, pelo solitário. Num evangelho gnóstico recém-descoberto, chamado *Evangelho de Tomé*, há vários pronunciamentos significativos de Jesus, acerca dos "sozinhos" ou "solitários". A palavra grega é *monachoi*, que também se pode traduzir por "unificados":

> 54. Jesus diz: "Bem-aventurados sois vós, os solitários e eleitos, porque achareis o Reino! Porque fostes por ele gerados, a ele retornareis".[34]

> 65 ... Eu (Jesus) vos digo: "Quando (uma pessoa) se encontrar solitária, estará plena de luz; mas quando se encontrar dividida, estará plena de trevas".[35]

> 79. Jesus diz: "Muitos ficam à porta, mas apenas os solitários entrarão na câmara nupcial".[36]

---

34 Doresse, Jean, *The Secret Books of Egyptian Gnostics,* Nova York, Viking Press, 1960, p. 363.
35 *Ibid.,* p. 365.
36 *Ibid.,* p. 366.

3. Unidade e Multiplicidade

Se a unidade, o ser sozinho e a indivisibilidade constituem marcas de individualidade, a multiplicidade e a dispersão são o seu oposto. Essa oposição é exemplificada no problema filosófico tradicional do um e dos muitos. Já vimos como o mito de Narciso pode ser entendido como representação de um processo de quebra da unidade inconsciente original e de submissão ao desmembramento e à dispersão. Poderíamos denominar isso de fase analítica do processo de desenvolvimento da consciência. Mas, dado o estado de fragmentação psíquica, instala-se uma fase unificadora ou sintética. Há muitos exemplos, na literatura gnóstica, da imagem da união daquilo que se dispersou.[37] Por exemplo, no *Evangelho de Eva*, citado por Epifânio, há a seguinte passagem:

> Estava numa alta montanha e vi um Homem poderoso, e outro, um anão, e ouvi, como se fosse a voz do trovão, e me aproximei para ouvir, e a voz falou dentro de mim e disse: Sou tu e és eu; e onde estiveres aí estarei; e estou disseminado (ou espalhado) em tudo; onde quer que estiveres reunirás a Mim e, reunindo a Mim, reunirás a Ti."[38]

O homem poderoso e o anão referem-se ao tema do "maior que o maior e menor que o menor", que descreve a natureza paradoxal da experiência de ser um indivíduo. O indivíduo nada é em termos coletivos, estatísticos, mas é tudo do ponto de vista interno.

O homem poderoso, que é grande e pequeno, é o *Anthropos*, a Mônada original, que passou por uma dispersão no processo de encarnação do ego. A adaptação ao mundo real da multiplicidade requer atenção – assim como envolvimento – com relação às particularidades que fragmentam o estado de unidade original. Nosso texto nos aconselha a reunir esses fragmentos espalhados.

Em outra passagem, citação do *Evangelho de Filipe*, feita por Epifânio, a alma se justifica enquanto sobe ao reino dos céus:

> Reconheci-me a mim mesma e me juntei de todos os lados. Não semeei crianças ao Dirigente (o Senhor deste mundo), mas cortei-lhe as raízes. Reuni meus membros, que estavam espalhados e conheço aquele que és.[39]

---

37 Para uma discussão desse tema no Gnosticismo, ver H. Jonas, *The Gnostic Religion*, 1958, p. 58 ss.
38 Mead, G. R. S., *Fragments of a Faith Forgotten*, p. 439.
39 *Ibid.*, p. 439 s.

Uma versão teológica da mesma imagem é encontrada em Santo Agostinho:

> Já que, através da iniquidade da falta de deus, desertamos, tornamo-nos dissidentes e nos afastamos do único verdadeiro e altíssimo Deus, dissipando-nos na multiplicidade, divididos pela multiplicidade e por ela partidos, era necessário que ... a multiplicidade se juntasse num clamor para a vinda do Uno (Cristo) ... e se justificasse na justiça do Uno, tornando-se Una.[40]

Mais uma vez temos a notável expressão psicológica da mesma ideia em Orígenes:

> *Era um homem uno.* Nós, que ainda somos pecadores, não podemos adquirir esse título de louvor, pois cada um de nós não é uno, mas múltiplo ... Vês que aquele que se julga uno não é uno, mas nele parecem existir tantas personalidades quantas forem suas disposições...[41]

A dispersão, ou multiplicidade, como condição psicológica, pode ser olhada do ponto de vista interno e do externo. Vista a partir de dentro, trata-se de um estado de fragmentação interna que envolve certo número de complexos relativamente autônomos que, quando tocados pelo ego, provocam mudanças de disposição e de atitude e levam o indivíduo a perceber que não é uno, mas múltiplo. Do ponto de vista externo, a multiplicidade se manifesta por meio da exteriorização ou da projeção de partes da psique individual no mundo exterior. Numa tal condição, a pessoa encontra seus amigos e inimigos, esperanças e temores, fontes de apoio e ameaças de fracasso concretizadas em pessoas, objetos e eventos externos. Num tal estado de dispersão, não pode haver experiência de individualidade essencial. Encontramo-nos sujeitos às "dez mil coisas".[42]

Os aspectos interior e exterior são apenas duas formas de ver o mesmo fato. Como quer que o vejamos, é necessário um processo de união. Esse processo ocupa a maior parte do tempo de uma análise pessoal. O analisando deve ser capaz de dizer, repetidamente, "Sou isso", quer esteja lidando com uma imagem onírica, quer esteja lidando com uma projeção baseada num afeto. O processo de autounião, ou melhor, autorreunião, envolve a aceitação,

---

40 The Trinity IV, 11, citado por H. Jones, *op. cit.*, p. 62.
41 Citado por Jung, *Mysterium Coniunctionis*, C. W., vol. 14, par. 6, nota 26.
42 Agostinho diz: "... toda alma aferrada à amizade pelas coisas perecíveis é desgraçada – despedaça-se quando as perde, e então percebe a miséria em que estava mesmo antes de as perder". *Confissões*, Livro IV, Capítulo VI.

como coisa própria, de todos os aspectos do ser que foram deixados de fora ao longo do processo de desenvolvimento do ego. De forma bem gradual, vai surgindo, nesse processo, a percepção de que, por trás da aparente multiplicidade, há uma unidade; assim como de que, em primeiro lugar, essa unidade preexistente foi o fator que motivou toda a árdua tarefa de autounião.

Um sonho moderno vai ilustrar os temas que estamos discutindo. Na verdade, todo este capítulo pode ser considerado um comentário a respeito das implicações desse sonho. Ele foi muito curto:

> O sonhador viu um organismo unicelular, uma pequena massa de protoplasma pulsante, como uma ameba. No centro, onde, em condições normais, deveria estar o núcleo, havia um buraco. Através desse buraco, ele viu outro mundo, uma paisagem que se alongava até a linha do horizonte.

Algumas das associações do sonhador foram: o organismo unicelular lembrou o sonhador de que a vida é carregada por unidades individuais, discretas, as células. Aqui há uma referência definida ao simbolismo da Mônada. O protoplasma foi descrito como a substância vital básica, a fonte de todas as premências biológicas de sobrevivência. Podemos considerá-lo como o centro de toda a concupiscência e de todos os tipos de desejo. A pulsação remeteu ao movimento das marés, à sístole e à diástole, bem como à alternância entre o dia e a noite. O buraco no centro da célula lembrou o sonhador da toca do coelho que era a entrada para o outro mundo em *Alice no País das Maravilhas*. O fato de o centro da célula estar vazio também lembrou uma passagem que o sonhador lera nas obras de Jung, relativa ao fato de as mandalas religiosas tradicionais terem a imagem da divindade no centro, ao passo que o centro das modernas mandalas individuais costuma estar vazio. O efeito geral do buraco foi descrito como uma janela por onde se vê outro mundo.

Portanto, o sonho fornece um quadro da Mônada em sua forma biológica, a célula. Essa célula se compõe de um protoplasma pulsante, que representa a fome, a cobiça e o anseio de viver básicos da psique. No próprio centro da massa pulsante de desejos concupiscentes, há a janela ou entrada para o outro mundo, a psique arquetípica. A implicação disso é que obtemos um vislumbre do outro mundo fazendo esforços para alcançar o centro das necessidades protoplasmáticas, e certamente não por meio da rejeição do protoplasma. Em outras palavras, a experiência da individualidade como fato transpessoal encontra-se no próprio centro de nossas necessidades – urgentes, pessoais e egoístas – de poder, de posse e de autoengrandecimento.

Esse sonho tem como paralelo um sonho narrado por Jung:

> "O sonhador encontrou-se com três companheiros de viagem mais jovens em Liverpool. Era noite e chovia. O ar estava cheio de fumaça e de fuligem. Eles subiram do porto para a 'cidade alta'. O sonhador disse: 'Era terrivelmente escuro e desagradável e não conseguíamos entender como alguém poderia se instalar ali. Falamos sobre isso e um dos meus companheiros disse que era digno de nota o fato de um dos seus amigos ter-se instalado ali, algo que espantou a todos. Durante essa conversa, chegamos a uma espécie de jardim público no centro da cidade. O parque era quadrado, e, no seu centro, havia um lago ou poço grande ... Havia nele uma única árvore, uma magnólia cheia de flores vermelhas, que, miraculosamente, se mantinha eternamente sob os raios do sol. Percebi que meus companheiros não tinham visto esse milagre, ao passo que eu estava começando a compreender por que o homem se instalara ali'".[43]

Esse sonho tem várias semelhanças com nosso sonho anterior. A escuridão desagradável de Liverpool corresponde ao protoplasma. O nome Liverpool, que se refere a fígado [*liver*], o centro da vida, tem o mesmo significado simbólico do protoplasma. No centro da escuridão de Liverpool há um lago [*pool*] com o eterno brilho do sol, uma estreita analogia com a visão do outro mundo no centro do protoplasma. A fonte do eterno brilho do sol é descrita mais tarde, pelo sonhador, como uma "janela aberta para a eternidade", justamente como o outro sonhador chamou o buraco de "*janela* para o outro mundo". Temos aqui a prova empírica de que a Mônada, afinal de contas, não é totalmente desprovida de janelas. O sonho de Liverpool levou ao desenho de uma mandala que Jung publicou.[44] (*Ilustração 39*).

A mandala, como Jung demonstrou, é a principal expressão simbólica da experiência de ser um indivíduo. Tal imagem às vezes surge espontaneamente do inconsciente, quando todas as grandes e terríveis implicações do fato de ser uma única, indivisível e solitária Mônada começam a aparecer diante do indivíduo. O conhecimento teórico consciente do simbolismo da mandala significa muito pouco. Na realidade, esse conhecimento envolve o perigo de que essas imagens sejam deliberadamente usadas como substituto da experiência real. Como diz Jung:

---

43 Jung, C. G., *The Archetypes and the Collective Unconscious*, C. W., Vol. 9/I, par. 654.
44 *Ibid.*, figura 6.

Ilustração 39. A MANDALA DE LIVERPOOL. C.C. JUNG.

> Todo cuidado é poruco com essas questões, tendo em vista que, com uma necessidade de imitação e uma avidez positivamente mórbidas no sentido de se adornarem com essas penas estrangeiras e de se esconderem em meio a essa plumagem exótica, muitos se desviam e seguem o impulso de tomar essas ideias "mágicas" e aplicá-las exteriormente, como um ungüento. As pessoas farão qualquer coisa, pouco importa quão absurda, para evitar encarar a própria alma. [45]

Deixando de lado essas aberrações, a experiência que a mandala simboliza é, ao que tudo indica, o fato mais central e fundamental da existência humana. Tentem focalizar a condição de ser indivíduo, com todas as consequências e implicações disso. Esse fato tenuamente percebido é a fonte dos nossos maiores anseios e temores. Nós o amamos e, ao mesmo tempo, odiamos. Seus imperativos podem, num certo momento, nos jogar na angústia da separação e do desmembramento e, em outro, veicular o mais profundo sentimento de significado e profundidade. Mas, ao longo de todas as vicissitudes, ele permanece como o fato essencial do nosso ser.

Afirmei no início que a observação externa indica que a vida não é um contínuo e se compõe de unidades discretas. Todavia, ao discutir a natureza da Mônada como algo sem janelas, descobrimos que esta tem, na realidade, uma janela. Descobrimos que no centro da experiência da individualidade está a percepção de que todos os indivíduos compartilham da mesma experiência da individualidade e experiência de viver num mundo próprio, fechado, e de que essa percepção nos vincula de forma significativa às demais unidades de vida. O resultado disso é que realmente experimentamos a nós mesmos como partes de um contínuo. A observação interior, numa profundidade suficiente, contradiz, por conseguinte, a exterior. Lembro-me da física referente à natureza da luz. A luz se compõe de partículas ou de ondas; ou seja, é composta de unidades individuais ou é um contínuo? Os dados de que atualmente dispomos requerem que ela seja considerada, paradoxalmente, como composta tanto de partículas como de ondas.[46] E é isso que ocorre com a psique; somos *tanto* unidades indivisíveis únicas de ser, como partes de um contínuo que constitui a onda univerdsal da vida.

---

45 Jung, C. G., *Psychology and Alchemy*, C.W., vol.12, par. 126.
46 Para uma discussão desse problema, veja-se Werner Heisenberg, *Physics and Philosophy*, Nova York, Harper Torchbooks, 1962, p. 44 ss.

Capítulo 7

O arquétipo da trindade e a dialética do desenvolvimento

*Há três espécies de "Todos" – o primeiro, anterior às partes;
o segundo, composto pelas partes; o terceiro, que faz das partes
e do todo uma única coisa.*

– PROCLO*

1. O Três e o Quatro

Uma das principais descobertas de Jung é o significado psicológico do número quatro em sua relação com o simbolismo da totalidade psíquica e com as quatro funções. O significado da quaternidade é fundamental para toda a sua teoria da psique, tanto no que se refere à sua estrutura quanto em relação ao objetivo do seu desenvolvimento, o processo de individuação. Assim, estamos particularmente alertas com relação ao simbolismo da quaternidade tal como se manifesta nos sonhos e nas imagens míticas e folclóricas. Todavia, há outros motivos numéricos encontrados comumente. Talvez o mais frequente deles seja o tema do três. Graças ao valor dominante que atribuiu à quaternidade, Jung tendia, na maioria dos casos, a interpretar as imagens trinitárias como quaternidades incompletas ou amputadas.[1] Essa abordagem dá ensejo a algumas objeções. Victor White, por exemplo, afirma:

> ... somos *sempre* compelidos a perguntar, quando confrontados com o número três, "Onde está o quatro?". Devemos supor que, sempre e em todo lugar, o número três deva ser compreendido apenas como quatro menos um? – que todo triângulo é um quadrado falho? ... Ou não

---

* *Commentary on Timaeus*, 83.265.
1 Jung, C. G., *Psychology and Alchemy*, C. W., Vol. 12, par. 31; *Aio*, C. W., Vol. 9/II, par. 35.

será possível que os símbolos ternários sejam, por assim dizer, imagens arquetípicas de pleno direito, que apresentam um conteúdo distinto da quaternidade?[2]

Este capítulo examinará essa questão.

A discussão mais abrangente do simbolismo trinitário feita por Jung encontra-se em seu ensaio "Interpretação Psicológica do Dogma da Trindade".[3] Esse ensaio inicia-se por uma revisão das imagens trinitárias pré-cristãs e em seguida passa para uma descrição do simbolismo numerológico de Platão e dos pitagóricos. Depois de alguns comentários psicológicos a respeito da trindade cristã Pai, Filho e Espírito Santo, Jung resume o desenvolvimento histórico do dogma da trindade como parte do credo. A isso se segue uma detalhada discussão da psicologia dos três aspectos da trindade e uma comparação desta com a imagem da quaternidade. Esta última é considerada o elemento que leva a trindade a completar-se, por meio da adição do quarto elemento anteriormente rejeitado, a saber, a matéria, o mal e o lado sombrio.

Sem afirmá-lo especificamente, Jung parece estar entrelaçando duas diferentes interpretações, que estão sendo intercambiadas. De um lado, ele interpreta a trindade como uma representação incompleta da divindade, talvez necessária durante um certo período do desenvolvimento psíquico, mas inadequada no tocante às necessidades da individuação, já que deixa de considerar o quarto princípio da matéria e o lado ruim de Deus. Essa interpretação é ilustrada pela citação que se segue. Após discutir a realidade do mal, Jung afirma:

> Numa religião monoteísta, tudo que se opõe a Deus não pode derivar senão do próprio Deus. Mas isso era, na melhor das hipóteses, questionável, razão por que tinha de ser evitado. Esse é o motivo mais profundo pelo qual o diabo, personagem tão influente, não poderia ser acomodado de maneira adequada num cosmos trinitário ... isso levaria diretamente a certas concepções gnósticas, de acordo com as quais o diabo, que chamavam de Satanael, era o primeiro filho de Deus, sendo Cristo o segundo. Outra consequência lógica seria a abolição da fórmula trinitária e sua substituição pela quaternidade.[4]

Todavia, em outros trechos do ensaio, Jung fala do símbolo da trindade como uma referência a três estágios de um processo de desenvolvimento que é

---

2 White, V., *Soul and Psyche*, NovaYork, Harper and Brothers, 1960, p.106.
3 Jung, C. G., *Psychology and Religion: West and East*, C. W., vol. 11, par. 169 ss.
4 *Ibid.*, par. 249.

completo e suficiente em si mesmo, sem necessitar do acréscimo de um quarto. Por exemplo, ele descreve os três estágios do Pai, do Filho e do Espírito Santo da forma apresentada a seguir:

A respeito do mundo do Pai:

> O mundo do Pai assinala uma época caracterizada por uma unidade original com o todo da natureza ...[5]
> (uma unidade) ... fora de qualquer julgamento crítico e de qualquer conflito moral ...[6]
> (É) ... o homem em seu estado infantil.[7]

Quanto ao mundo do Filho:

> Um mundo cheio de ansiedade pela redenção e por aquele estado de perfeição em que o homem ainda estava unido ao Pai. Ansiava por retornar ao mundo do Pai, mas esse mundo se havia perdido para sempre, pois havia ocorrido, neste ínterim, um aumento irreversível da consciência do homem, que a tornara independente.[8]
> O estágio do Filho é uma situação de conflito *par excellence* ... A libertação da lei traz consigo uma exacerbação dos contrários.[9]

Com relação ao mundo do Espírito Santo:

> O avanço para o terceiro estágio (o Espírito Santo) significa uma espécie de reconhecimento do inconsciente, quando não uma real subordinação a ele ... Assim como a transição do primeiro para o segundo estágio exige o sacrifício da dependência infantil, assim também a passagem para o terceiro requer que se renuncie à autonomia exclusiva.[10]
> [...] Esse terceiro estágio significa a articulação da consciência do ego à totalidade superior, à qual não se pode chamar de "Eu", que é visualizada melhor como uma entidade mais ampla...[11]

Nessas citações que descrevem as três fases de desenvolvimento – Pai, Filho e Espírito Santo – há a sugestão de que a trindade é um símbolo incompleto que requer a adição de um quarto elemento. A trindade parece

---

5   *Ibid.,* par. 201.
6   *Ibid.,* par. 199.
7   *Ibid.,* par. 201.
8   *Ibid.,* par. 203.
9   *Ibid.,* par. 272.
10 *Ibid.,* par. 273.
11 *Ibid.,* par. 276.

simbolizar de forma adequada um processo de desenvolvimento que se desenrola no tempo. Ao discutir esse processo de desenvolvimento, Jung afirma: "O ritmo é um andamento ternário, mas o símbolo resultante é uma quaternidade".[12] Essa afirmação tem a clara implicação de que o ritmo ternário e o alvo quaternário são entidades simbólicas distintas, não se podendo interpretá-las corretamente uma por meio da outra. Todavia, esse ponto mais tarde se perde quando a trindade é descrita como uma representação incompleta da divindade.

O ritmo ternário do processo de desenvolvimento merece maior atenção. Consideremos ser esse símbolo ternário uma entidade distinta e válida em si mesma. Nesse caso, o arquétipo da trindade ou do ritmo ternário e o arquétipo da quaternidade ou do ritmo quaternário se refeririam a dois diferentes aspectos da psique, sendo os dois válidos, apropriados e completos em seus respectivos reinos próprios. A imagem da quaternidade exprime a totalidade da psique em seu sentido estrutural, estático ou eterno, ao passo que a imagem da trindade exprime a totalidade da experiência psicológica em seu aspecto de desenvolvimento, dinamismo e temporalidade.

Imagens quaternárias, de mandala, emergem em períodos de turbulência psíquica e trazem consigo um sentimento de estabilidade e de repouso. A imagem da natureza quaternária da psique fornece uma orientação estabilizadora. Ela nos traz um vislumbre da eternidade estática. As mandalas do Budismo Tibetano são usadas com esse propósito. São instrumentos de meditação que trazem à consciência um sentimento de paz e de calma, como se o indivíduo estivesse seguramente apoiado na substância estrutural eterna e protegido dos perigos destrutivos da mudança. Os pacientes da psicoterapia às vezes descobrem por si mesmos esse método de meditação a respeito de seus próprios desenhos de mandalas quando sua integridade psíquica corre perigo.

Os símbolos trinitários, por outro lado, implicam crescimento, desenvolvimento e movimento no tempo. Eles cercam a si mesmos com associações dinâmicas e não estáticas. Assim, escreve Baynes: "O arquétipo trino simboliza o aspecto dinâmico ou vital".[13] E, mais uma vez: "O número três está associado especificamente ao processo criador... Toda função de energia da natureza tem, na verdade, a forma de um par de contrários, unido por um terceiro fator, seu produto. Assim, o triângulo é o símbolo de um par de contrários

---

12 *Ibid.*, par. 258.
13 Baynes, H. G., *Mythology of the Soul*, Londres, Ryder and Company, 1969, p. 565.

unido, em cima ou embaixo, por um terceiro fator".[14] Jung dá à trindade uma interpretação dinâmica, ligada ao desenvolvimento, em sua descrição das três fases de desenvolvimento psicológico como estágios do Pai, do Filho e do Espírito Santo. Todos os eventos que se desenrolam no tempo se enquadram, evidentemente, num padrão ternário. Todo evento tem um início, um meio e um fim. A mente consciente pensa no tempo em termos de três categorias: passado, presente e futuro. Joaquim de Floris, há 1.000 anos, interpretou a trindade em termos de períodos de tempo. De acordo com sua visão, antes de Cristo houve a idade do Pai. O primeiro milênio depois de Cristo foi a idade do Filho e o segundo milênio deveria ser a idade do Espírito Santo.

Quando lidamos com eventos temporais ou ligados ao desenvolvimento, parece haver uma tendência profundamente arraigada, de caráter arquetípico, a organizar esses eventos em termos de um padrão ternário. Freud seguiu esse padrão ao descrever o desenvolvimento psicológico em termos de três estágios: oral, anal e genital. Esther Harding usou esse mesmo padrão ternário quando descreveu os três estágios do desenvolvimento psicológico com os termos autos, ego e Si-mesmo.[15] Outro exemplo de uma divisão ternária do processo de desenvolvimento é fornecido por Alfred North Whitehead. Em seu ensaio "O Ritmo da Educação",[16] Whitehead distingue três estágios no processo natural de aprendizagem. Ele os denomina estágio do romance, estágio da precisão e estágio da generalização. A primeira fase, o estágio do romance, caracteriza-se pela excitação emocional da primeira descoberta. Há uma resposta total que não permite a frieza e a disciplina de uma abordagem sistemática; a criança, ou o homem, nesse sentido, fica inebriada pelo vislumbre de um novo mundo que se abre à sua frente. A segunda fase, o estágio da precisão, subordina o alcance e a totalidade, em termos de abordagem, à formulação exata. Aqui temos a acumulação precisa de fatos e a análise crítica, intelectual. A terceira fase, o estágio da generalização, é considerada por Whitehead a síntese das duas abordagens anteriores. Trata-se de um retorno à resposta total do estágio romântico com o acréscimo vantajoso das ideias classificadas e da técnica própria.

O processo de desenvolvimento espiritual descrito pelos místicos também é ternário. De acordo com Inge:

---

14 *Ibid.*, p. 405.
15 Harding, M. Esther, *Psychic Energy: Its Source and Its Transformation*, Série Bollingen X, Princeton University Press, 1963, p. 22 s.
16 Whitehead, A. N., *The Aims of Education*, Nova York, MacMillan, 1929.

> (O místico) ... gosta de representar seu caminho como uma escada que leva da terra ao céu, uma escada a ser percorrida degrau por degrau. Esta *scala perfectionis* em geral se divide em três estágios. O primeiro estágio é o da vida purgativa; o segundo, da vida iluminativa. O terceiro, por seu turno, que é efetivamente o alvo e não parte da jornada, chama-se vida unitiva, ou estado de perfeita contemplação.[17]

Jung descreve o simbolismo numérico pitagórico, que é pertinente aqui. O número 1 como número primeiro e original não é, estritamente, um número. O 1 como unidade e totalidade existe antes da consciência dos números, que requer uma capacidade de distinção entre entidades distintas, discretas. Assim, 1 corresponde, simbolicamente, ao estado urobórico anterior à criação e à separação das coisas. O número 2 é o primeiro número real, uma vez que, com ele, nasce a possibilidade de distinguir uma coisa de outra. O 2 simboliza o ato da criação, a emergência do ego do estado original de unidade. Dois implica oposição. O 2 é a separação entre uma e outra coisa e representa, por conseguinte, um estado de conflito. O 3, todavia, é a soma de 1 e 2 e os une em seu interior. O 3 é o símbolo da reconciliação, que resolve o estado conflituoso do 2. A ele se aplicaria o comentário de Jung a respeito do significado do Espírito Santo. Diz Jung: "O Espírito Santo é uma união de contrários".[18]

Abordando-se a trindade por esse ângulo, não há espaço para um quarto elemento. Se pensarmos na trindade como o reflexo de um processo de desenvolvimento, um processo dinâmico, o terceiro termo é a conclusão do processo. O terceiro estágio restaurou a unidade original do 1 num nível mais elevado. Essa nova unidade só pode ser perturbada pela emergência de uma nova oposição, que repetirá o ciclo trinitário.

Há um perfeito paralelo para esse simbolismo dos números na fórmula apresentada por Hegel para a compreensão do processo histórico. De acordo com Hegel, todos os movimentos e acontecimentos da história humana se enquadram num padrão cíclico ternário. Primeiro, concebe-se e se estabelece uma posição original. É a tese. Em seguida, a posição oposta se forma, cresce e supera a primeira. É a antítese. Na fase final, a unilateralidade e a inadequação da antítese são reconhecidas, e a síntese dos dois opostos a substitui. A fórmula, portanto, é: tese, antítese, síntese. A síntese pode, então, tornar-se uma nova tese, e o ciclo se repete. Essa foi uma percepção de primeira grandeza. É supremamente simples e verdadeira de forma evidente,

---

17 Inge, W. R., *Christian Mysticism*, Methuen & Co., 1899, reimpresso por Meridian Books, pp. 9 s.
18 Jung, C. W., vol. ll, par. 277.

uma vez percebida. Seja ou não possível demonstrá-la na história, ela por certo pode ser verificada empiricamente na psicologia individual. É mais uma expressão do arquétipo da trindade, que confere estrutura e significado aos eventos dinâmicos, temporais, da vida humana – em contraste com o aspecto estático, eterno.

Há uma arraigada tendência na humanidade no sentido de conceber a divindade como tendo natureza trinitária. A trindade cristã é apenas um exemplo disso. Em seu ensaio, Jung descreve trindades babilônicas e egípcias. Além disso, há a trindade grega Zeus, Posídon e Hades e várias encarnações da tríplice mãe-deusa. O destino, a força que dirige a sina temporal das pessoas, em geral é concebido como uma imagem tríplice. Por exemplo, na Grécia havia três personificações do destino: Cloto, que tece a trama da vida; Láquesis, que mede a trama da vida; e Átropos, que corta a trama da vida. Na mitologia germânica, havia três Nornas: Urd, a velha, refere-se ao passado; Werdandi, ao presente; e Skuld ao futuro. Hermes era tido, mais frequentemente, como uma trindade. Erguiam-se numerosos templos em sua honra nas junções entre três estradas; esses templos tornaram-se tão comuns que deram origem à palavra "trivial". Essa lista de exemplos, que muito se poderia ampliar, indica uma tendência disseminada a associar a divindade à natureza trinitária. Como deveremos compreender isso à luz da nossa convicção de que a psique tem natureza quaternária? Essas imagens trinitárias podem referir-se a divindades funcionais ou de processo, em oposição a divindades estruturais. Em outras palavras, elas seriam personificações do dinamismo psíquico em todas as suas fases. Desse ponto de vista, uma trindade poderia exprimir a totalidade, tal como o faz a quaternidade, mas a representação trinitária teria uma natureza completamente diversa da representação quaternária. No primeiro caso, a totalidade abrangeria as várias fases dinâmicas de um processo de desenvolvimento; no segundo, seria uma totalidade de elementos estruturais. Três simbolizaria um processo; quatro, um alvo.

Gerhard Adler estabelece uma distinção entre tríades femininas e masculinas. Afirma ele: "A tríade feminina sempre está vinculada a eventos instintivos em seu desenvolvimento e crescimento naturais, ao passo que a masculina tem como base a oposição dinâmica entre tese e antítese, cuja reconciliação está no terceiro passo, o da síntese".[19] Isso é indubitavelmente verdadeiro. As trindades femininas parecem ter como origem as categorias do processo de crescimento natural, biológico – talvez se pudesse dizer: não psíquico – tais

---

19 Adler, G., *The Living Symbol*, Nova York, Pantheon, 1961, p. 260.

como o nascimento, o amadurecimento e a morte, ao passo que as trindades masculinas parecem relacionar-se especificamente ao desenvolvimento da psique, ou da consciência. Neste último caso, não temos categorias biológicas, mas categorias espirituais ou psíquicas, como tese e antítese, ou Deus e Satanás. Todavia, apesar dessa clara distinção, ambos os tipos de trindade – masculinas e femininas – se referem, em sentido amplo, a um processo dinâmico, ligado ao desenvolvimento, que se desenrola no tempo.

Em capítulos anteriores, fiz o esboço de um esquema de desenvolvimento psicológico com o fito de explicar as relações existentes entre ego e Si-mesmo, que observamos nos vários níveis do desenvolvimento consciente. Também fiz uso de um padrão ternário – sendo as três entidades o ego, o Si--mesmo (ou não ego) e o vínculo que os liga (o eixo ego-Si-mesmo).

De acordo com essa hipótese, o desenvolvimento da consciência ocorre através de um ciclo de três fases que se repete muitas vezes ao longo da vida do indivíduo. As três fases desse ciclo repetitivo são: (1) o ego identificado ao Si-mesmo; (2) o ego alienado do Si-mesmo; e (3) o ego unido de novo ao Si-mesmo por meio do eixo ego-Si-mesmo. Em termos mais resumidos, esses três estágios poderiam ser denominados: (1) estágio do Si-mesmo; (2) estágio do ego; e (3) estágio do eixo ego-Si-mesmo. Esses três estágios correspondem precisamente aos três termos da trindade cristã: a idade do Pai (Si-mesmo); a idade do Filho (ego); e a idade do Espírito Santo (eixo ego-Si-mesmo). Eis outro exemplo de um padrão ternário que exprime a totalidade de um processo temporal, de um processo de desenvolvimento.

A ideia medieval de que o homem é composto de corpo, alma e espírito é outra representação trinitária da totalidade. Da mesma forma, de acordo com a teoria alquímica, todos os metais se compunham dos três princípios primários, Mercúrio, Enxofre e Sal. Paracelso combinou essas duas concepções ao afirmar:

> Ora, para que essas três substâncias distintas sejam corretamente entendidas – falo de espírito, alma e corpo –, é preciso saber que elas não significam senão os três princípios, Mercúrio, Enxofre e Sal, do qual são gerados os sete metais. Pois o Mercúrio é o espírito, o Enxofre é a alma e o Sal é o corpo.[20]

Um sonho moderno exprime essa mesma imagem. Um homem sonhou:

---

20 Waite, A. E., tradutor, *The Hermetic and Alchemical Writings of Paracelsus,* reimpresso por University Books, New Hyde Park, Nova York, 1967, vol. 1, p. 125.

> Para que um empreendimento chegue a completar-se, é preciso reunir três coisas: deve haver pimenta [*chili*], um recipiente de pimenta e R.N. (um homem de iniciativa, eficiente) deve dizer a palavra "pimenta".

O sonho diz que o empreendimento só será consumado quando o corpo, a alma e o espírito se reunirem. A pimenta é o quente "material da alma"; o recipiente de pimenta é o corpo, o contexto concreto para a realização; e a enunciação da palavra é o ato espontâneo e criativo do espírito.

2. Transformação e Desenvolvimento

O tema da transformação, da morte e do renascimento, que constitui um evento dinâmico, relativo ao desenvolvimento, também está associado ao número três. Três dias é a duração simbólica da jornada no mar de escuridão; por exemplo, Cristo, Jonas. Cristo foi crucificado entre dois ladrões; houve, portanto, uma tríplice crucifixão. Da mesma forma, Mitra costumava ser representado entre dois dadóforos, ou carregadores de tochas, um com a tocha levantada e o outro com a tocha baixada. O tema do "caminho", em que emerge um terceiro curso intermediário a partir da dialética dos opostos, é outra expressão do simbolismo triádico. Nesse sentido, lembramos do ditado de Lao Tsé: "O um gera o dois, o dois gera o três e o três gera todas as coisas" (Tao Te King, 42). Um interessante estudo de caso publicado por Adler ilustra a relação entre a imagem do "caminho" e o simbolismo ternário. Depois de uns três meses de análise, a paciente sonhou: "Ouvi uma voz dizer claramente: 'Em três dias'".[21] Três dias depois, a paciente teve uma fantasia bastante tocante, que descreveu da seguinte forma:

> Posso ver meu próprio inconsciente; não como algo estranho, mas como algo feito do mesmo material de que sou feita; de modo que há uma ESTRADA, uma ligação não interrompida entre mim, todas as criaturas e ele. Posso sentir como isso vai à raiz do meu problema neurótico: tive uma percepção direta de algo que não tem relação e não pode ser relacionado com o resto da minha experiência; por conseguinte, o mundo não fazia sentido e, de modo quase literal, era impossível viver. Agora o mundo voltou a ter sentido.[22]

---

21 Adler, G., *op. cit.*, p. 140.
22 *Ibid.*, p. 144.

Cinco dias após essa fantasia, ela teve outra imagem visual:

> ... três círculos em intersecção (vistos de forma tridimensional) com polos verticais e horizontais passando pelos pontos de intersecção.[23]

Essas três imagens inconscientes, que surgiram num período de oito dias, demonstram a existência de uma clara ligação entre o número três e a estrada, ou caminho. Como observa Adler, a frase "Em três dias" se refere à jornada no mar de escuridão, como se verifica com base nos desenvolvimentos subsequentes. A visão dos três círculos volta a enfatizar o número três. A descrição da fantasia da estrada é mais interessante. Aqui, a paciente está tomando consciência de um vínculo que conecta ela mesma, o ego e o não ego. Eu entenderia a estrada que fornece um sentimento de união e de reconciliação como forma de representar o eixo ego-Si-mesmo. Essa descoberta é conseguida por um processo ternário que envolve os três termos ego, não ego e o vínculo que os conecta; vem daí a ênfase no número três.

Nos contos de fada, encontramos uma abundância de símbolos ternários. As ações importantes que levam à transformação ou a atingir o alvo com frequência devem ser repetidas três vezes. Em muitos casos, a história deixa claro que a ação número um tem como base um lado de um par de contrários; que a ação número dois tem como base o outro lado do par de contrários; e que a ação número três é a síntese ou reconciliação dos dois contrários. Para dar um exemplo simples, no conto de fadas de Grimm, "A água da vida", uma princesa espera para casar-se com o homem que percorrer diretamente toda a extensão de uma calçada de ouro que leva ao portão do castelo. Três irmãos tentam chegar até ela. O primeiro, não querendo danificar a calçada, desvia-se para a direita e tem sua entrada recusada. O segundo, pela mesma razão, desvia-se para a esquerda e tem igualmente recusada sua entrada. O terceiro, preocupado em chegar até a princesa, nem mesmo percebe a calçada de ouro e segue bem pelo meio da estrada. Ele é o único a quem permitem que entre e se case com a princesa.

Esses exemplos mostram que, em certo aspecto da vida psíquica, a totalidade se exprime simbolicamente pelo três e não pelo quatro. Trata-se do processo temporal de desenvolvimento da realização. Embora o alvo seja quaternário, o processo de realização do alvo é ternário. Assim, o três e o quatro representariam dois aspectos distintos da vida. O quatro é a totalidade estrutural, a complementação – algo estático e eterno. O três, por seu turno,

---

23 *Ibid.*, p. 155.

representa a totalidade do ciclo de crescimento e de mudança dinâmica – conflito, resolução e, mais uma vez, conflito. Logo, de acordo com a fórmula trinitária, a tese três e a antítese quatro devem ser resolvidas numa nova síntese.

Jung retorna repetidamente, em seus escritos, à questão alquímica: "Há três, mas onde está o quarto?". Essas idas e vindas entre o três e o quatro são bem explicadas pela teoria das quatro funções e da labuta por alcançar a totalidade. Todavia, o antagonismo entre o três e o quatro poderia ter também um outro sentido. Poderia referir-se ao conflito próprio e necessário, existente no homem, entre o caráter completo da quaternidade – estática e eterna – e a mudança e a vitalidade dinâmicas da trindade. A quaternidade e o simbolismo da mandala, incluindo o *temenos* e o círculo mágico, enfatizam claramente o tema do acolhimento. Acrescente-se a isso o fato de que os números pares são tradicionalmente considerados femininos, e os ímpares, masculinos. Isso sugere que a quaternidade pode ser, de modo predominante, uma expressão do arquétipo da mãe, ou princípio feminino, com ênfase no apoio estático e no acolhimento, ao passo que a trindade é uma manifestação do arquétipo do pai, ou princípio masculino, que enfatiza o movimento, a atividade, a iniciativa. Se essa visão for válida, teremos necessidade de outra imagem da totalidade para fazer a união dos contrários três e quatro.

Se pode ter um significado igual mas distinto do significado da quaternidade, a trindade deverá surgir no material psicológico empírico com uma frequência e com uma ênfase mais ou menos iguais às que marcam o surgimento da quaternidade. E, aliás, é precisamente o que acontece. Voltei-me para um conjunto de mandalas publicadas por Jung[24] e fiquei surpreso por descobrir com que frequência havia imagens trinitárias no interior de quadros selecionados para demonstrar a quaternidade. Uma mandala reproduzida por Jung, intitulada "Roda do Mundo Tibetana", é interessante com relação a esse aspecto. Diz-se que ela representa o mundo. A roda está segura pelo deus da morte, Yama, e baseia-se numa configuração trinitária (*Ilustração* 7).[25] No centro, há três animais, o galo, a cobra e o porco. Há seis raios na roda e doze divisões externas. Afirmou Jung a respeito dessa mandala: "O estado incompleto da existência é digno de nota, tem como expressão um sistema triádico; o estado completo (espiritual), um sistema tetrádico. A relação entre os estados incompleto e completo corresponde, portanto, à razão 3:4".[26]

---

24 Jung, C. G., *The Archetypes and the Collective Unconscious*, C. W., vol. 9/I.
25 Jung, C. W., 9/I, Figura 3.
26 *Ibid.*, par. 644.

Eu acrescentaria que um estado completo também é estático, eterno, do outro mundo. Ele corresponderia à imagem de um deus que não participa do conflito e do fluxo históricos, um deus que não se desenvolve.

Quando começamos a examinar algum material inconsciente em função da trindade, descobrimos que os símbolos ternários não são incomuns. Por exemplo, um homem que fez análise durante vários anos por causa de um problema persistente de permanência no estado urobórico teve o seguinte sonho: um objeto circular estava sendo dividido em seções triangulares, mais ou menos da forma como se parte uma torta. As duas formas geométricas, círculo e triângulo, pareciam destacar-se do sonho e imprimir-se a si mesmas no sonhador. O sonho trouxe uma sensação de impacto e de importância. Ao círculo, associou-se a concepção junguiana da mandala, a totalidade, algo a desejar.

O paciente associou ao triângulo a imagem trinitária de Deus. Para entender o sonho, devemos recorrer a algumas generalizações conceituais semelhantes às que tenho tentado expor. No sonho, um círculo está sendo desmembrado em triângulos; em seguida, a imagem do círculo é contrastada com a do triângulo. Entendo esse sonho como uma referência à quebra do estado urobórico original de totalidade, daquilo que denominei identidade entre o ego e o Si-mesmo, por meio de um tríplice processo dinâmico representado pelo triângulo. O sonho contrasta o estado completo, circular, ao estado triangular ternário. Tomo isso como a representação de que uma atitude que enfatize a completude estática deve ser complementada pelo princípio trinitário dinâmico. O processo temporal ternário quebra o estado estático, eterno, e o submete a um desenvolvimento de eventos no tempo que envolve conflitos e resoluções recorrentes, de acordo com a fórmula tese, antítese, síntese.

Outra paciente teve o seguinte sonho:

> Ela sonhou que era uma aluna numa sala de aula. Ela se sente confiante com relação à lição e, quando solicitada a apresentar sua tarefa, começa a recitar a multiplicação do número quatro: quatro vezes um, quatro vezes dois etc. O professor a interrompe, dizendo que a tarefa não é essa. A tarefa é multiplicar números de três algarismos por quatro. Com a confiança destruída, a sonhadora percebe que ainda não é capaz de multiplicar números de três algarismos de cor e se senta, confusa.

Sua associação com o número quatro foi a quaternidade da totalidade psíquica, a mandala. A respeito dos números de três algarismos, disse que eles triplicaram a dificuldade da multiplicação e que o três a fazia lembrar-se da trindade cristã. Esse sonho parece falar diretamente do assunto em pauta. O quatro, simples e unidimensional, não é a tarefa. Na verdade, o quatro deve ser alcançado por meio de um ambiente tríplice que o torna muito mais complexo e difícil. O quatro, ou totalidade psíquica, deve ser realizado pela sua submissão ao processo ternário de realização no tempo. Devemos nos submeter à dolorosa dialética do processo de desenvolvimento. A quaternidade deve ser complementada pela trindade.

Outro exemplo está no estudo do caso de Adler anteriormente mencionado. Esse sonho ocorreu vários anos antes do início da análise e é considerado o desencadeador do processo de individuação. Ele trouxe consigo um poderoso impacto e foi lembrado assim:

> Vi, numa trilha oval de escuridão, que exibia uma sombra vaga, uma haste de metal branco-amarelado; numa de suas extremidades, havia um monograma com os números 1, 2 e 4 (superpostos entre si).[27]

As associações da sonhadora com relação ao monograma de números foram particularmente significativas. A haste a lembrou de uma chave ou varinha de condão e ela a associou ao estandarte carregado diante dos imperadores romanos. Ela se lembrou especialmente do sonho de Constantino na véspera de uma batalha, em que ele viu o signo da cruz no céu e uma voz que dizia "In hoc signo vinces". Com relação a esse sonho, afirma Adler:

> No tocante à sequência "l, 2, 4,", trata-se de uma representação do desenvolvimento de um símbolo de mandala e de totalidade psíquica. O número 1 representa a totalidade pré-consciente original; o 2 é a divisão dessa totalidade pré-consciente em duas polaridades, produzindo dois opostos ... E a subdivisão adicional – que corresponde à síntese resultante da relação entre tese e antítese – produziria as quatro partes do círculo e, com seu centro, representaria a mandala: (Toda sequência de três números –1, 2, 4 – representaria, assim, o crescimento natural, a "fórmula" da mandala".[28]

Adler então cita Jung, que teria dito: "Esse conflito indizível colocado pela dualidade ... se resolve num quarto princípio, que restaura a unidade do primeiro em seu pleno desenvolvimento. O ritmo se constrói em três passos, mas o símbolo resultante é a quaternidade".[29] Mais adiante, Adler confunde

---

27   Adler, p. 26.
28   Adler, p. 29 s.
29   *Ibid.*

essa interpretação ao considerar necessário dar conta daquilo que denomina "flagrante omissão do número 3". Ele interpreta essa omissão do 3 masculino como símbolo de uma compensação da identificação entre a paciente e o mundo patriarcal. A meu ver, essa segunda interpretação é dúbia e, se for verdadeira, invalidaria a primeira. O número três já se encontra na sequência 1, 2, 4, se esta for tomada como totalidade, tendo em vista que é uma sequência ternária. Se a consideramos uma sequência geométrica, e não aritmética, o três está, muito adequadamente, excluído dela. Se entendi o simbolismo de modo correto, a substituição da sequência 1, 2, 4, do sonho, pela sequência 1, 2, 3, 4 destruiria a essência do significado simbólico que considero ser a combinação de um processo ternário a um alvo quaternário.

Jung nos oferece outro exemplo da fusão entre imagens quaternárias e ternárias. Refiro-me à visão da mandala publicada em *Psicologia e Alquimia*:[30]

> O sonhador vê um círculo vertical e um círculo horizontal com um centro comum. Trata-se do relógio do mundo. Ele é sustentado por um pássaro preto. O círculo vertical é um disco azul cuja borda, branca, está dividida em trinta e duas partes. Um ponteiro gira sobre ele. O círculo horizontal consiste de quatro cores. Há nele quatro homenzinhos com pêndulos; foi colocado à sua volta um anel dourado. O relógio tem três ritmos ou pulsos:
>
> 1) O pulso pequeno: o ponteiro vertical avança à razão de 1/32;
> 2) O pulso médio: uma revolução completa do ponteiro vertical. Ao mesmo tempo, o círculo horizontal avança à razão de 1/32;
> 3) O pulso grande: trinta e dois pulsos médios são iguais a uma revolução do anel dourado.

Essa visão é uma bela imagem da mandala, com uma marcada ênfase na quaternidade; por exemplo, quatro cores, quatro homenzinhos. Todavia, o pulso, ou ritmo, é ternário. Em *Psicologia e Alquimia*, publicado originalmente em 1944, Jung enfatiza o aspecto de quaternidade da imagem e diz simplesmente, a respeito dos três ritmos: "Não sei a que aludem os três ritmos. Mas não tenho a menor dúvida de que a alusão é amplamente justificada ... Dificilmente cometeríamos um erro ao supor que nossa mandala aspira à união dos contrários mais completa possível, incluindo a da trindade masculina e da quaternidade feminina...".[31]

---

30 Jung, C. G., *Psychology and Alchemy*, C. W., vol. 12, par. 307
31 *Ibid.*, par. 310 s.

Em seu comentário a respeito dessa mesma visão, apresentada em *Psicologia e Religião*, publicado em inglês, pela primeira vez, em 1938, Jung diz, a respeito desse ritmo ternário:

> Se remontarmos à antiga ideia pitagórica de que a alma é um quadrado, então a mandala exprimiria a Divindade através do seu ritmo ternário e a alma através da quaternidade estática, o círculo dividido em quatro cores. E, assim, seu significado mais profundo seria, tão somente, a *união da alma com Deus*.[32]

Adiante, afirma ele:

> ... a quaternidade é o *sine qua non* do nascimento divino e, por via de consequência, da vida interna da trindade. Assim, círculo e quaternidade, de um lado, e ritmo ternário, de outro, se interpenetram, de forma que cada um deles é contido no outro.[33]

Fica claro, com base nessas passagens, que Jung não considerava a quaternidade um símbolo completamente adequado para a totalidade. Pelo contrário, é necessário haver uma união entre quaternidade e trindade, numa síntese mais completa.

Se, quando confrontados com o três, tiver sentido perguntar onde está o quatro, também terá sentido, quando confrontados com o quatro, perguntar onde está o três. Em função da preocupação com a quaternidade, podemos ver apenas o quatro em imagens que na verdade combinam o quatro e o três. O tema do doze, por exemplo, inclui tanto o três quanto o quatro como fatores. Da mesma forma, o número sete combina o quatro e o três, já que é o resultado de sua soma.

O arquétipo da trindade parece simbolizar a individuação enquanto processo, ao passo que a quaternidade simboliza o alvo da individuação ou o estado de individuação completa. Como a individuação, na realidade, jamais está verdadeiramente completa, cada estágio temporário de completude ou totalidade deve ser submetido, uma vez mais, à dialética da trindade, para que a vida continue.

---

32 Jung, C. G., *Psychology and Religion: West and East*, C. W., vol. 11. par. 124.
33 *Ibid.*, par. 125.

Parte III

SÍMBOLOS DO ALVO

O homem tem uma alma e ... há um tesouro enterrado no campo.

C. G. JUNG*

---

* Carta a Eugene Rolfe, inédita.

Capítulo 8

A metafísica e o inconsciente

... nossos labores são testemunhos do mistério vivo.

C. G. JUNG[1]

1. Metafísica Empírica

O processo de individuação costuma expressar-se por intermédio de imagens simbólicas de natureza metafísica. Essas imagens podem ser um problema para o psicoterapeuta empírico, que reluta em dar crédito a ideias grandiosas e refratárias à prova sobre a vida, especialmente considerando-se que essas ideias com frequência se associam à inflação óbvia, por exemplo, na psicose. Além disso, o abuso coletivo comum de imagens metafísicas constitui um motivo de cautela. Para o psicólogo, a palavra metafísica tende a apresentar uma conotação de arbitrárias profissões de fé acerca da natureza da realidade essencial. Ela evoca atitudes dogmáticas que causam repugnância ao temperamento empírico. Para o cientista, o dogmatismo metafísico constitui uma demonstração do fato de que "ignoramos mais precisamente aquilo de que mais estamos certos". Jung também evitou o termo. Ele escreveu, por exemplo:

> Abordo os assuntos de ordem psicológica de uma perspectiva científica e não de uma perspectiva filosófica ... Atenho-me à observação de fenômenos e deixo de lado quaisquer considerações de cunho metafísico ou filosófico.[2]

---

1 Jung, C. G. Carta a John Trinick, 15 de outubro de 1957, publicada em John Trinick, *The Fire Tried Stone,* Londres, Stuart and Watkins, 1967, p. 11.
2 Jung, C. G., *Psychology and Religion: West and East,* C. W., 11, par. 2.

Em outro ponto, ele diz:

> A psicologia, como ciência da alma, deve confinar-se ao seu objeto de estudo e guardar-se contra a ultrapassagem de suas fronteiras próprias pelo uso de asserções de ordem metafísica ou de outras profissões de fé ... O homem religioso é livre para aceitar quaisquer explicações metafísicas que lhe agradem a respeito da origem dessas imagens (os arquétipos) ... O cientista é um trabalhador escrupuloso; ele não pode confundir o céu com a tempestade. Se permitir sua própria redução numa tal extravagância, estará serrando os pés do banco em que se senta.[3]

Essa colocação de limites está certamente correta; todavia, a metafísica, como objeto, pode ser separada da atitude pessoal que os indivíduos possam vir a ter a seu respeito. Pode-se assumir uma atitude dogmática, não empírica, tanto com relação à física quanto com relação à metafísica. É o que testemunha, por exemplo, a recusa a olhar no telescópio de Galileu, pois se "sabia" que Júpiter não podia ter luas. A metafísica tem sido um objeto honrado pela preocupação humana desde os primórdios da história registrada. Assim como os esforços do homem no sentido de adaptar-se a outros aspectos da realidade tiveram início com pontos de vista ingênuos, arbitrários e concretamente mitológicos, tal tem sido sua relação com a realidade metafísica. Mas isso não torna necessário desacreditar o assunto como tal.

Paul Tillich fez uma arguta observação a respeito da relação existente entre as descobertas de Jung e a metafísica. Ele fala da "ansiedade de Jung com relação àquilo que denomina metafísica" e prossegue:

> Isso, segundo me parece, não combina com suas reais descobertas, que em muitos pontos atingem profundamente a dimensão de uma doutrina do ser, isto é, de uma ontologia. Esse temor da metafísica, que ele compartilha com Freud e com outros conquistadores do espírito do século dezenove, é um legado desse século ... Ao colocar o reino biológico e, por implicação necessária, o reino físico na gênese dos arquétipos, ele alcançou realmente a dimensão ontológica "impregnada no contínuo biológico". E isso era inevitável, dado o poder de revelação que ele atribui aos símbolos em que os arquétipos encontram expressão. Pois, para ter poder de revelação, é preciso exprimir o que necessita de revelação, a saber, o mistério do ser.[4]

---

3   Jung, C. G., *Psychology and Alchemy*, C. W., 12, par. 6.
4   Carl Gustav Jung, *A Memorial Meeting*, Clube de Psicologia Analítica de Nova York, 1962, p. 31.

Com efeito, Jung não tinha medo da metafísica, reino que explorou de forma bastante corajosa. Ele não tinha medo da metafísica, mas dos metafísicos. Embora os números não mintam, os mentirosos sabem contar.* Do mesmo modo, embora a realidade metafísica possa ser demonstrada até certo ponto pelos métodos do empirismo psicológico, os que não compreendem esses métodos podem abusar das descobertas relatadas. Embora Tillich esteja enganado com relação à natureza da ansiedade de Jung, ele faz efetivamente uma importante afirmação ao dizer que as imagens simbólicas do inconsciente, para terem poder de revelação, precisam "exprimir o que necessita de revelação, a saber, o mistério do ser". Em *Aion*, Jung diz algo semelhante:

> É possível ... relacionar os chamados conceitos *metafísicos*, que perderam seu vínculo básico com a experiência natural, aos processos psíquicos vivos e universais, de modo que aqueles possam recuperar seu sentido verdadeiro e original. Com isso restabelece-se o vínculo entre o ego e os conteúdos projetados, agora formulados como ideias "metafísicas".[5]

Trata-se de uma declaração de caráter psicológico, formulada com uma cuidadosa escolha de palavras. Deve-se acrescentar que um conteúdo metafísico projetado, quando retirado da projeção, deve manter sua qualidade metafísica.

Sabemos que, por vezes, os sonhos de fato revelam, até certo ponto, o "mistério do ser". Assim, essas mensagens podem ser apropriadamente chamadas metafísicas, isto é, além das concepções físicas ou ordinárias de vida. Além do mais, esses sonhos de indivíduos, embora façam uso de um conjunto único de imagens, veiculando uma revelação individual ao sonhador, tendem igualmente a exprimir um ponto de vista geral ou comum, uma espécie de filosofia perene do inconsciente que parece ter validade mais ou menos universal. Essa validade universal pode ser mais bem entendida como algo cujos fundamentos estão no caráter universal da necessidade de individuação.

2. Uma Série de Sonhos "Metafísicos"

Há alguns anos, tive a oportunidade de observar uma notável série de sonhos contendo muitas imagens de ordem metafísica. O sonhador foi um

---
* Ditado em inglês "Figures don't lie, but liars can figure" (N. do T.).
5 Jung, C. G., *Aion*, C. W., 9/II, par. 65.

homem que estava à beira da morte. Ele tinha a morte de ambos os lados do leito, por assim dizer. Pouco antes de a série de sonhos ter início, ele havia feito uma tentativa súbita, impulsiva e não premeditada de suicídio, ingerindo um vidro cheio de pílulas para dormir. Ficou em coma durante trinta e seis horas e à beira da morte. Dois anos e meio mais tarde, acabou por falecer, com quase sessenta anos, de um acidente vascular cerebral.

Ao longo de um período de uns dois anos, de forma intermitente, esse homem esteve comigo uma vez por semana e discutiu seus sonhos. Nossas sessões dificilmente poderiam ser chamadas sessões de análise. O paciente não tinha o objetivo nem a capacidade autocrítica de assimilar qualquer interpretação que o levasse a tomar consciência da sombra. O que aconteceu, efetivamente, foi uma observação conjunta dos sonhos e uma tentativa de descobrir as ideias que estes estavam buscando expressar. Muitas vezes tive a impressão de que o inconsciente estava tentando dar ao paciente aulas de metafísica – seja para ajudá-lo a assimilar o significado do breve contato que tivera com a morte ou para prepará-lo para o encontro com a morte no futuro próximo. Devo enfatizar que esse homem de forma alguma havia passado por um processo de individuação no sentido que atribuímos ao termo. Não obstante, muitas imagens associadas ao alvo desse processo lhe foram apresentadas nos últimos sonhos de sua vida.

Ao longo de um período de dois anos, o paciente registrou cerca de 180 sonhos, cerca de um terço deles com alusões claramente metafísicas ou transcendentais. Alguns dos sonhos pareciam ser apresentados do ponto de vista do ego, caso em que havia uma atmosfera de fatalidade e de tragédia. Quando despertava desses sonhos, o sonhador ficava em profunda depressão. Outros sonhos pareciam a expressão de um ponto de vista transpessoal e traziam consigo uma sensação de paz, alegria e segurança. Como único exemplo da primeira categoria de sonhos, mencionarei o sonho a seguir, que ele teve seis meses antes de morrer:

> Estou em casa, mas não estou em nenhum lugar onde já estive. Entro na despensa para pegar comida. As prateleiras estão cheias de temperos e condimentos, todos da mesma marca, mas não há nada para comer. Sinto que estou sozinho em casa. A madrugada vem chegando ou é a brilhante luz da lua? Acendo uma lâmpada, mas a luz vem de outro cômodo. Algo range. Não estou só. Me pergunto onde estará meu cachorro. Preciso de mais luz. Preciso de mais luz e de mais coragem. Tenho medo.

Esse sonho provavelmente expressa o medo do ego quando antecipa o encontro com o intruso, a morte. A luz já não está com o ego, mas num outro cômodo. Lembramo-nos das últimas palavras de Goethe: "mais luz".

Há apenas uns poucos sonhos desse tipo. Os da segunda categoria são muito mais frequentes; há neles imagens definitivamente transpessoais que, sinto, tentavam dar ao homem aulas de metafísica. Selecionei desse grupo treze sonhos, que vou apresentar e discutir. Vou apresentá-los em ordem cronológica.

Sonho 1:
Estou aprendendo a fazer os exercícios do teatro Nō japonês. Minha intenção era de que, terminados os exercícios, meu corpo chegasse a uma posição física equivalente a um Koan Zen.

O teatro Nō japonês é uma forma artística clássica, altamente formalizada. Os atores usam máscaras, havendo vários outros aspectos semelhantes ao antigo drama grego. O teatro Nō expressa realidades universais ou arquetípicas; toda a ênfase recai sobre o transpessoal. Nancy Wilson Ross o descreve da seguinte forma:

> Quem passa pela experiência intemporal do Nō jamais o esquece, embora possa ver-se impossibilitado de transmitir a outras pessoas o sentido exato do seu encanto peculiar. O Nō explora o tempo e o espaço sob formas pouco familiares à nossa estética ocidental ... O uso misterioso da voz humana, em que a respiração normal foi habilmente suprimida; as ocasionais notas longas, tristes e solitárias de uma flauta; as periódicas deixas agudas e os uivos semelhantes a miados; o choque abrupto de varas e a variada tonalidade de três tipos de tambores; os deslizantes dançarinos espectrais; ... a batida convocatória feita com os pés sobre o palco vazio ressonante, em que todas as "propriedades" foram abstraídas, tornando-se meros símbolos; o figurino, extravagante e abundante; a realidade irreal das máscaras de madeira usadas pelos participantes; acima de tudo, o uso engenhoso do vazio e do silêncio ... – esses são alguns dos elementos tradicionais que ajudam a compor a magia especial do Nō.[6]

O sonho diz, por conseguinte, que o paciente deve praticar o relacionamento com as realidades arquetípicas. Ele deve deixar de lado as

---
6   Ross, Nancy Wilson, *The World of Zen*, Nova York, Random House, 1960, pp. 167 s.

considerações pessoais e começar a viver "sob o ponto de vista da eternidade". A consequência desses exercícios vai ser a transformação do seu corpo num Koan Zen. Um koan é uma história ou afirmação paradoxal usada pelo mestre Zen, na esperança de ajudar o discípulo a passar para um novo nível de consciência (iluminação, *satori*). Suzuki dá o seguinte exemplo: um discípulo pergunta ao mestre o que é Zen. O mestre explica: "Quando sua mente não está presa ao dualismo do bem e do mal, qual sua face original antes de você nascer?"[7]

Essas questões visam quebrar o estado de limitação do ego e dar um vislumbre da realidade transpessoal; em termos junguianos, do Si-mesmo. Um erudito budista, após experimentar o *Satori,* queimou seus comentários, antes considerados um tesouro, a respeito do *Sutra do Diamante* e exclamou: "Por mais profundo, o conhecimento da filosofia abstrusa não passa de um fio de cabelo voando na vastidão do espaço; por mais importante, a experiência das coisas terrenas não passa de uma gota-d'água num abismo insondável".[8]

Creio que podemos supor que o sonho está tentando transmitir uma atitude desse tipo – incitando o sonhador a renunciar à sua atitude pessoal, que tem como centro o ego, na preparação para deixar este mundo.

> **Sonho 2:**
> Eu estava com vários companheiros numa paisagem ao estilo de Dalí, em que as coisas pareciam aprisionadas ou fora de controle. Havia focos de fogo por todo lado, emanando da terra e prestes a engolfar o lugar. Graças ao esforço conjunto, conseguimos controlar o fogo e levar os focos a ficarem em seu lugar próprio. Encontramos na mesma paisagem uma mulher deitada de costas numa rocha. O lado anterior do seu corpo era feito de carne, mas sua nuca e a parte posterior do corpo eram parte da rocha viva em que ela estava deitada. Ela exibia um sorriso deslumbrante, quase beatífico, que parecia aceitar sua terrível situação. O controle dos focos de fogo parece ter causado alguma espécie de metamorfose. Começou a haver um amolecimento da rocha em suas costas, de modo que finalmente pudemos tirá-la dali. Embora ainda fosse parcialmente de pedra, ela não parecia muito pesada, e a mudança tinha continuidade. Sabíamos que ela voltaria a ser inteira.

---

[7] Suzuki, D. T., *An Introduction to Zen Buddhism,* Nova York, Philosophical Library, 1949, p. 104. [Edição brasileira: *Introdução ao Zen-budismo,* São Paulo, Pensamento, 1982.]

[8] *Ibid.,* p. 94.

O paciente apresentou uma associação específica a esse sonho. Os focos de fogo o lembraram do fogo que, segundo se diz, acompanhou Hades quando ele abriu a terra para raptar Perséfone. O sonhador tinha visitado Elêusis e vira o ponto em que Hades teria supostamente emergido da terra. Ele também se recordou de uma estátua inacabada de Michelangelo (*Ilustração 40*).

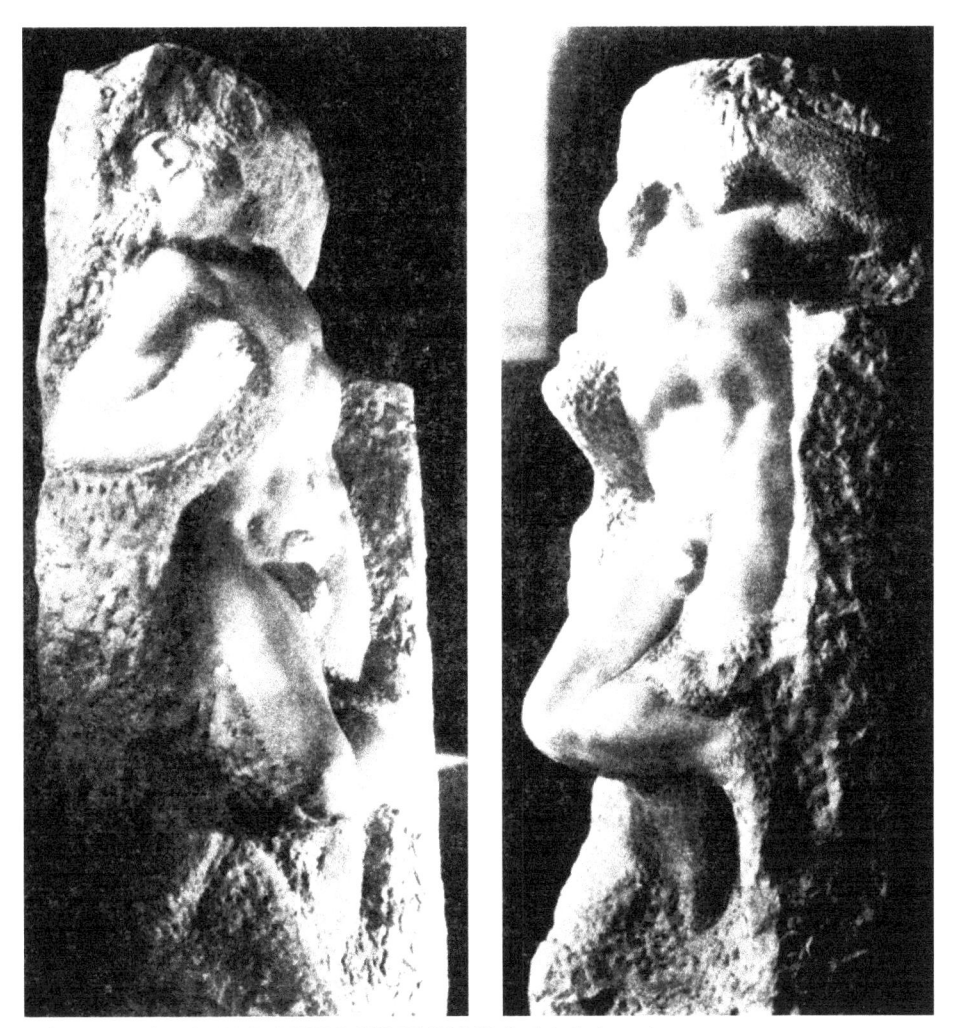

Ilustração 40. O GIGANTE DESPERTANDO. Michelangelo.

Uma figura saindo da pedra lembra-nos do nascimento de Mitra da *petra genetrix*. O sonho exibe uma outra analogia com o mito de Mitra. Uma das primeiras tarefas deste foi domar o touro selvagem. Do mesmo modo, no sonho, o controle dos focos de fogo tinha algum vínculo com o aparecimento da mulher oriunda da pedra. Por meio da imposição de limites ao fogo, uma mulher viva está sendo extraída da pedra.[9] Isso corresponde à libertação da Sophia do abraço de *Physis*, que é conseguido por meio do controle do fogo do desejo. Num sonho posterior, é encontrada mais uma vez a personificação feminina da Sabedoria, ou Logos. A imagem sugere também a separação entre alma e matéria, ou corpo, associada à morte.

Há uma imagem semelhante no antigo texto alquímico grego de Zózimo: "Vai às águas do Nilo e lá encontrarás uma pedra que tem um espírito (*pneuma*). Toma da pedra, parte-a, segura-a em tuas mãos e retira seu coração: pois sua alma (*psyche*) está em seu coração".[10] Uma nota acrescentada ao texto afirma que ele se refere à expulsão do mercúrio. Trata-se da ideia alquímica da extração da alma, ou espírito, que se encontra aprisionada na matéria e corresponderia ao processo psicológico de extração do significado de uma experiência concreta (uma pedra de tropeço, I Pedro 2:9). No contexto da situação do sonhador, o objeto da extração é, provavelmente, o significado de sua vida terrena.

Devemos também considerar a associação, feita pelo sonhador, com Hades, Perséfone e o local presumível do rapto desta última em Elêusis. Essa associação nos permite considerar o sonho como uma moderna versão individual dos mistérios de Elêusis. Na Grécia antiga, a iniciação nos mistérios era considerada muito importante para determinar o destino de cada um depois da morte. No *Hino a Deméter*, de Homero, lemos:

> Feliz é aquele, dentre os homens da terra, que viu esses mistérios; mas aquele que não é iniciado, e que deles não participou, jamais terá o seu quinhão de coisas boas como essas quando morrer, mergulhado nas trevas e na tristeza.[11]

---

9 A mesma combinação de ideias-autodisciplina e vida emergente está numa história apócrifa de Paulo. Diz-se que ele pregou "a palavra de Deus concernente ao autocontrole e à ressurreição". (Ver Acts of Paul II, 1, 5, em James, M. R., *The Apocryphal New Testament*, Oxford, p. 273). Harnack comenta essa passagem. Diz que o autocontrole e a ressurreição, como par de ideias, devem ser tomados como mutuamente complementares; a ressurreição ou vida eterna é certa, mas é condicionada pelo *egkrateia* (autocontrole), que é colocado, portanto, em primeiro lugar. Cf., por exemplo, *Vita Polycarpi*, 14: "Ele disse que a pureza foi o precursor do reino incorruptível que virá" (Harnack, Adolph, *The Mission and Expansion of Christianity*, Nova York, Harper Torchbooks, Harper & Brothers, 1962, p. 92.

10 Berthelot, M. P. E., *Collection des anciens alchimistes grecs*, Paris, 1887-88, 3 vols., reimpresso por Holland Press, Londres, 1963, III, vi, 5. Citado por Jung, *Psychology and Alchemy*, C. W., 12, par. 405.

11 Hesíodo, *The Homeric Hymns and Homerica* (Loeb Classical Library), Cambridge, Harvard University Press, 1914, p. 323, linhas 480 ss.

Platão faz a mesma afirmação:

> ... os homens que estabeleceram os mistérios não eram ignorantes; na realidade, tinham um sentido oculto quando disseram que quem não for iniciado e santificado no outro mundo repousará sobre a lama, mas que quem lá chegar iniciado e purificado morará com os deuses.[12]

Embora pouco se saiba sobre os Mistérios de Elêusis, eles devem ter incluído um ritual de morte e ressurreição, uma vez que o mito de Deméter-Cora [Perséfone] tem relação com esse tema. A descida de Perséfone ao mundo inferior e o acordo subsequente, que lhe permite passar parte do ano na superfície e a outra parte debaixo da terra, constituem uma referência definida ao espírito da vegetação verde, que morre e renasce a cada ano. Assim sendo, o sonho alude à ressurreição. A mulher que vai se separando da pedra corresponde a Perséfone retornando do mundo inferior. Essa linha de interpretação é comprovada por um outro sonho da série, em que se retrata especificamente o nume da vegetação verde, símbolo da ressurreição.

3. Retorno ao Princípio

Sonho 3:
Era uma cena estranha. Eu parecia estar na África, de pé no início de uma estepe interminável, que se estendia até onde a vista alcançava. As cabeças dos animais emergiam, ou haviam emergido, da terra. Enquanto eu olhava, alguns dos animais emergiram completamente. Alguns eram bem mansos; outros, bem selvagens. Um rinoceronte e uma zebra corriam por ali, levantando bastante poeira. Imaginei se ali era o Jardim do Éden.

Esse sonho apresenta algumas semelhanças com o anterior. Mais uma vez, criaturas vivas emergem da terra sólida. O sonhador comentou que sentiu que lhe havia sido dada a permissão de vislumbrar a criação original. Trata-se de uma reminiscência da observação de um alquimista:

> Nem fiques ansioso por perguntar se realmente possuo esse precioso tesouro (a pedra filosofal). Pergunta antes se vi como o mundo foi criado; se estou familiarizado com a natureza da escuridão egípcia; ... que aparência terão os corpos glorificados na ressurreição geral.[13]

---

12 Platão, *Phaedo* 69 c.
13 Waite, A. E., tradutor, *The Hermetic Museum,* Londres, John M. Watkins, 1953, vol. I, p. 8.

Esse autor está demonstrando saber que o segredo alquímico não era uma substância, mas um estado de consciência, uma percepção do nível arquetípico da realidade.

No final de sua vida pessoal, o sonhador vê o início universal da vida. Formas vivas emergem da terra amorfa e inorgânica. Essa ênfase no pó nos faz recordar do uso dessa imagem no Gênesis: "O Senhor Deus formou o homem do pó da terra" (Gênesis 2:7, RSV). "És pó e ao pó retornarás" (Gênesis 3:19, RSV). O pó é fragmentado; é terra seca pulverizada. É semelhante às cinzas, e a palavra hebraica "aphar", aqui traduzida por pó, também significa cinzas. As cinzas são o resultado da *calcinatio* [calcinação] alquímica, a que fez alusão o fogo do segundo sonho. Mas, de acordo com o terceiro sonho, das cinzas pulverizadas da vida queimada emerge uma nova vida.

Pouco depois, houve outro sonho com estepes:

Sonho 4:
Mais uma vez a paisagem da estepe africana. Vários hectares de terra vazia. Espalhados ali, havia pães de várias formas. Eles pareciam sedimentados e permanentes, como pedras.

Temos mais uma vez o símbolo da pedra, que surgiu primeiro no *Sonho 2*. Ali, era uma pedra que não era pedra, mas mulher. Neste sonho, é uma pedra que não é pedra, mas pão. Esse motivo da pedra que não é pedra é bem conhecido em alquimia (*lithos ou lithos*).[14] Trata-se de uma referência à Pedra Filosofal que, de acordo com Ruland, "é uma substância pétrea no que se refere à eficácia e à virtude, mas não no tocante à substância".[15] Essa afirmação seria uma alusão à realidade da psique.

No quarto capítulo de Mateus, as imagens do pão e da pedra estão vinculadas. Durante a tentação de Jesus no deserto, o demônio lhe disse: "Se sois o Filho de Deus, ordenai a essas pedras que se tornem pães". Mas ele respondeu: "Dizem as Escrituras 'Nem só de pão viverá o homem, mas de toda a palavra que vem da boca de Deus'" (Mateus 4: 3,4, RSV). E, de novo, em Mateus 7:9, pedra e pão são vinculados: "quem de vós, se o filho lhe pedir pão, dará pedra?". Essas passagens estabelecem que o pão é um requisito humano, que a pedra não satisfaz às necessidades humanas e que a disposição para tornar a pedra pão (isto é, de unir esses contrários) é uma prerrogativa

---

14 Berthelot, *op. cit.*, I, iii, 1.
15 Ruland, Martin, *A Lexicon of Alchemy*, traduzido por Waite, A. E., Londres, John M. Watkins, 1964, p. 189.

da divindade. Logo, o sonho está oferecendo um vislumbre do que se esconde atrás da barreira metafísica ou, como a denomina Jung, a cortina epistemológica, as figuras por trás das quais há "união de contrários impossíveis, seres transcendentais que só podem ser percebidos por contrastes".[16]

> **Sonho 5:**
> Fui convidado para uma festa por Adão e Eva. Eles jamais morreram. Foram o começo e o fim. Percebi isso e aceitei sua existência permanente. Eram enormes, ultrapassando as escalas, como as esculturas de Maillol. Tinham um ar escultural e não humano. A face de Adão estava escondida por um véu ou coberta e fiquei curioso por saber como era sua face. Atrevi-me a tentar descobri-la e o fiz. A capa era uma camada muito pesada de musgo ou alguma espécie de vegetal. Afastei-a apenas um pouco e olhei por debaixo dela. Sua face era bela, mas assustadora – era o rosto de um gorila ou de alguma espécie de macaco gigante.

O local da festa é, evidentemente, o reino da eternidade, o reino arquetípico. As personagens não morrem, mas vivem um eterno presente. O "reino dos céus" é o local onde encontramos os valores eternos. Mateus 8:11 diz: "Mas eu vos digo que muitos virão do Oriente e do Ocidente e tomarão assento à mesa de Abraão, Isaque e Jacó, no Reino dos Céus".

As personagens do sonho foram consideradas o princípio e o fim. Tradicionalmente, a característica de princípio e fim jamais foi aplicada a Adão. Todavia, é aplicada a Cristo, que foi chamado segundo Adão. Como Logos, Ele existiu desde o início e foi o agente da Criação (João 1:1-3). Todo o trecho do apóstolo Paulo sobre a ressurreição, que menciona o segundo Adão (*deuteros Anthropos*), é relevante para esse sonho:

> O primeiro homem, Adão, foi feito alma vivente; o último Adão, espírito vivificante ... O primeiro homem era de terra, feito do pó; o segundo homem é do céu ... Assim como trazemos a imagem do terreno, também traremos a imagem do celestial ... Eis aqui vos digo um mistério: nem todos dormiremos, mas todos seremos transformados, num momento, num abrir e fechar de olhos, quando soar a última trombeta. Porque a trombeta soará e os mortos ressuscitarão imperecíveis, e seremos transformados. Porque convém que essa natureza perecível seja revestida do imperecível e que essa natureza mortal seja revestida de imortalidade.[17]

---

16 Jung, C. G., Carta a John Trinick, *op. cit.*, p. 10.
17 I Coríntios 15:45-53, RSV.

Adão, como o primeiro homem, é uma imagem do *Anthropos*, o Homem Primordial da especulação gnóstica. De acordo com o tratado hermético gnóstico *Poimandres*, a Mente eterna criou o *Anthropos*, que então passou a ter existência no mundo espaço-temporal porque a "Natureza" o amava:

> E a Natureza fez dele o objeto de seu amor e se colocou completamente a seu redor, e eles se entrelaçaram, pois eram amantes. E essa é a razão por que, além de todas as criaturas da terra, o homem é duplo: mortal, por causa do seu corpo; mas, por causa do Homem essencial, imortal.[18]

O *Anthropos* é a forma preexistente do homem, a ideia platônica eterna, o pensamento divino que se tornou encarnado pelo abraço de *Physis*. Assim, a apresentação do sonhador a Adão sugere que lhe está sendo mostrada a "face original" anterior ao nascimento do ego e implica a chegada de um processo de desencarnação.

Sonho 6:
Estou num jardim, um belo terraço rebaixado. O local chama-se "Os Pensamentos de Deus". Aqui, segundo se acredita, as Doze Palavras de Deus vão conquistar o mundo. Suas paredes são alinhadas como um ninho, com hera e com algo delicado como penas ou peles. Estou, junto com outras pessoas, caminhando no interior do jardim. A força das palavras vem com a força de uma explosão ou um terremoto que nos atira ao chão. As paredes acolchoadas evitam que sejamos feridos. É costume, nesse local, caminhar perto das paredes que cercam o caminho. Deve-se completar o círculo no sentido horário ou no anti-horário. Conforme caminhamos, a área vai ficando menor e mais íntima, mais almofadada e mais parecida com um ninho. O próprio caminho parece ter alguma relação com o processo de aprendizagem.

Esse tema elabora um pouco mais temas a que os sonhos anteriores fizeram alusão. Mais uma vez, o sonhador é levado ao início preexistente, à fonte do Logos. Não conheço referências às doze palavras de Deus; todavia, na Cabala, o nome divino às vezes é considerado como contendo doze letras.[19] É mais comum pensar que ele contém quatro letras, o *Tetragrammaton* Yod, He, Vau e He.* De acordo com Mathers, o Tetragrama "é passível de doze trans-

---

18 Mead, G. R. S., organizador, *Thrice-Greatest Hermes,* Londres, John M. Watkins, 1964, Vol. II, pp. 6 s.
19 Waite, A. E., *The Holy Kabbalah,* reimpresso por University Books, New Hyde Park, Nova York, p. 617.
* YWHW – Javé ou Jeová (N. do T.).

posições; todas elas transmitem a ideia de 'ser'; trata-se da única palavra que admite tantas transposições sem ter seu sentido alterado. Elas se chamam 'os doze estandartes do poderoso nome'; e são consideradas, por alguns, regentes dos doze signos do Zodíaco".[20]

O sonho deixa claro que o jardim dos pensamentos de Deus é um círculo do qual emanam doze palavras. Trata-se, portanto, de algo análogo aos signos do Zodíaco, que constituem uma diferenciação de doze fases do círculo do ano. Outros paralelos seriam os doze filhos de Jacó e os doze discípulos de Cristo. Os panteões de muitos povos compunham-se de doze deuses. De acordo com Heródoto, os egípcios foram o primeiro povo a dar nome aos doze deuses.[21]

Um elemento incomum é o fato de se dizer que as doze palavras de Deus *conquistam* o mundo. A função típica do Logos é criar, e não conquistar o mundo. Talvez seja uma alusão ao fato de que brevemente o ego consciente (ego do mundo) vai ser extinto na morte. Essa mesma ideia está implícita no fato de o ninho circular ir-se reduzindo conforme é percorrido, tornando-se, mais e mais, um útero macio. O símbolo do ninho enfatiza o aspecto maternal, protetor e de acolhimento do retorno à fonte metafísica, e certamente seria confortador para o ego ansioso com relação à morte. O ninho onde os ovos são postos e chocados também exibe implicações de renascimento. Por exemplo, diz-se que, no Egito, a festa do Ano Novo era chamada "dia da criança no ninho".[22]

O ninho era alinhado com hera. De acordo com Frazer, a hera era consagrada tanto a Átis quanto a Osíris. Os sacerdotes de Átis eram tatuados com um padrão de folhas de hera. Como a hera é verdejante e não troca as folhas anualmente, Frazer diz que ela pode ter representado "a marca de uma vida mais divina, de algo isento das tristes vicissitudes das estações, constante e eterno como o céu..."[23] A hera verdejante liga-se, de forma ainda mais explícita, a Osíris, o espírito imortal da vegetação. Essa imagem tem expressão mais completa no *Sonho 9*.

---

20 Mathers, S. L. MacGregor, tradutor, *The Kabbalah Unveiled*, Londres, Routledge and Kegan Paul, 1962, pp. 30 s.
21 Heródoto, *Histories*, II, 4.
22 Erman, Adolf, *The Religion of the Egyptians*, citado por Neumann, E., *The Great Mother*, Princeton University Press, 1955, p. 243.
23 Frazer, James G., "Adonis, Attis, Osiris", Parte IV de *The Golden Bough*, reimpresso por University Books, New Hyde Park, Nova York, 1961, vol. I, pp. 277 s.

4. A Dimensão Transcendente

Sonho 7:
Dois pugilistas profissionais estão empenhados numa luta ritual. Sua luta é bela. No sonho, eles não são tanto antagonistas quanto colaboradores, trabalhando a partir de um projeto elaborado, planejado. Eles estão calmos, imperturbáveis e concentrados. No final de cada assalto, eles vão para um vestiário. No vestiário, aplicam "maquiagem". Observo um deles mergulhar o dedo em sangue e passá-lo no rosto do oponente e no seu próprio. Eles retornam ao ringue e continuam sua veloz e furiosa, mas altamente controlada, exibição.

Esse sonho nos dá uma curiosa sensação de que é um vislumbre da aparência que a vida exibe por trás do véu de Maya. A pugna entre os contrários se reconcilia ao ser considerada como parte de um projeto mais amplo. Há uma luta, mas ninguém se fere; trata-se apenas de um belo espetáculo dramático. Há sangue, mas é apenas "maquiagem", parte do mundo das aparências e da ilusão. A lição do sonho parece bastante semelhante à lição dada por Krishna a Arjuna no *Bhagavad Gita*, em que também há a imagem da luta, a guerra em que Arjuna reluta em se empenhar:

> O homem que não se sente atormentado por essas sensações, que é indiferente ao prazer e à dor, o mais poderoso entre os homens, está apto para a vida eterna. Não há existência para o não real e o real jamais pode ser não existente. Os Videntes da Verdade conhecem a natureza e os alvos finais do real e do não real. Compreende que tudo isso é embebido pelo indestrutível. Ninguém jamais poderá destruir esse imutável. Esses corpos são perecíveis; mas aqueles que os habitam são eternos, indestrutíveis e impenetráveis. Portanto, luta, ó descendente de Bharata! Aquele que o considera (o Si-mesmo) assassino ou que o considera (o Si-mesmo) assassinado não conhece a Verdade. Pois Ele não assassina, nem é assassinado. Ele (o Si-mesmo) jamais nasce, nem morre; nunca tendo sido, nunca cessará. Ele é o incriado, eterno, imutável, antigo.[24]

Sonho 8:
Há três quadrados, unidades de aquecimento feitas de bobinas de metal ou tubos de néon. Eles representam meus problemas sexuais. Agora

---

[24] *Bhagavad Gita*, II, 15-20, traduzido por Swami Paramandenda, *The Wisdom of China and India*, The Modern Library, Nova York, Random House, 1942, p. 62. [Há em português uma edição do *Bhagavad Gita*, publicada pela Editora Pensamento (1922, traduzido por Francisco V. Lorenz); e uma edição organizada, traduzida, adaptada e comentada por Murilo Nunes de Azevedo, intitulada O *Cântico do Senhor (Bhagavad Gita)*, publicada pela Editora Cultrix (1981).]

eles foram desmontados e estão sendo limpos. Há um novo conceito mundano de Deus, uma ampliação da consciência da vastidão do universo. Sob o pano de fundo da eternidade, algo tão temporal quanto um problema sexual não tem importância. A lavagem é, em certo sentido, uma lavagem ritual, uma limpeza dos três quadrados destinada a deixá-los ocupar seu lugar natural na vastidão geral.

No sonho, minha mente brincou com a imagem visual dos três quadrados. Era simplesmente natural desenhar primeiro um círculo dentro de cada um deles e depois um outro círculo ao seu redor.

O sonho esclarece a referência ao reino eterno e divino, em contraste com o reino temporal e pessoal. Os três quadrados representam, ao que parece, a existência pessoal e particularizada do sonhador no espaço e no tempo. Estão associados à sexualidade, à fonte de calor ou energia. O fato de haver *três* quadrados traz o significado simbólico da tríade discutida no capítulo 7. O três se refere à existência dinâmica na realidade histórica. Ele exprime a dialética dolorosa do processo de desenvolvimento, que se manifesta de acordo com a fórmula hegeliana de tese, antítese e síntese.

O quadrado, por outro lado, é uma imagem quaternária que exprime a totalidade, com ênfase nos aspectos estáticos, estruturais, de acolhida. No simbolismo oriental, o quadrado representa a terra em contraste com o céu. De acordo com uma ideia antiga, a alma humana é um quadrado.[25] O círculo em contraste com o quadrado é um símbolo comum para Deus e a eternidade. Assim, quando o sonhador traça um círculo no interior do quadrado e outro círculo em volta dele, está combinando o individual e pessoal com o eterno e transpessoal. O sonho exprime a mesma ideia ao afirmar que os quadrados ocupam "seu lugar natural na vastidão geral".

A imagem de um quadrado contendo um círculo e circundado por outro círculo ⊚ tem paralelos na alquimia. Se nos movêssemos de dentro para fora, o círculo interno corresponderia à *prima materia*, o caos ilimitado original. O quadrado representaria a separação da *prima materia* nos quatro elementos, isto é, a discriminação que o ego consciente traz do todo indiferenciado original. Todavia, como afirma Jung, o quadrado é uma forma imperfeita, pois, "No quadrado, os elementos ainda estão separados e são hostis uns aos outros".[26] Assim, eles precisam ser reunidos para formar uma unidade

---

25 Jung, C.G., *Psychology and Religion: West and East*, C. W., 11, par. 124.
26 Jung, C. G., *The Practice of Psychotherapy*, C. W., 16, par. 402.

mais elevada, a quintessência, que corresponderia ao círculo externo que cerca o quadrado. De acordo com o sonho, essa reunificação do quadrado é um processo de descoberta do seu "lugar natural na vastidão geral".

A condição psicológica do primeiro círculo, anterior à emergência do estado de quadrado, é descrita em belas palavras por Alce Negro, um homem santo Sioux. Ele deplora o fato de os índios viverem, atualmente, em casas quadradas. Ele afirma:

> ... fizemos essas pequenas casas cinzas, de toras de madeira, que vocês veem, e elas são quadradas. Essa é uma forma ruim de viver, pois não pode haver poder num quadrado.
> Vocês veem que tudo que um índio faz é um círculo; isso porque o Poder do Mundo sempre opera em círculos, e tudo tenta ser redondo. Nos velhos tempos, quando éramos um povo forte e feliz, todo o nosso poder vinha do arco da nação e, enquanto o arco não se quebrou, o povo floresceu. A árvore com flores era o centro vivo do arco, e o círculo de quatro lados a nutria. O leste fornecia paz e luz; o sul, calor; o oeste, chuva; e o norte, com seu vento frio e poderoso, força e resistência. Esse conhecimento chegou do mundo externo até nós, com nossa religião. Tudo que o Poder do Mundo faz é feito num círculo.
>
> O céu é redondo e ouvi dizer que a terra é redonda como uma bola, e assim são todas as estrelas. O vento, com seu maior poder, gira. Os pássaros fazem ninhos redondos, pois sua religião é a mesma religião nossa. O sol vem e vai num círculo. A lua faz o mesmo. E o sol e a lua são redondos. Mesmo as estações formam um grande círculo, em sua transformação, e sempre retornam ao ponto em que estavam. A vida de um homem é um círculo que vai da infância à infância, e assim ocorre com tudo aquilo que o poder move. Nossas tendas eram redondas como ninhos de pássaros e estavam sempre colocadas em círculo, o arco da nação, um ninho formado por muitos ninhos, em que o Grande Espírito queria que chocássemos nossos filhos. Mas os *Wasichus* (homens brancos) nos colocaram em caixas quadradas. Nosso poder se foi e nós estamos perecendo, pois o poder já não está conosco.[27]

Sonho 9:
Estou sozinho num grande jardim formal semelhante aos que vemos na Europa. A grama é um tipo incomum de turfa, centenário.

---

27 Neihardt, John G., *Black Elk Speaks*, Lincoln, University of Nebraska Press, 1961, pp. 198 ss.

Há grandes cercas de madeira de buxo e tudo está em perfeita ordem. No final do jardim, vejo um movimento. No início, parece uma enorme rã feita de grama. Quando me aproximo, vejo que é, na realidade, um homem verde, herbóreo, feito de grama. Ele está dançando. É uma dança muito bonita e penso no romance de Hudson, *Green Mansions*. Isso me deu uma sensação de paz, embora eu não consiga entender realmente o que estava observando.

Temos, nesse sonho, uma representação notavelmente explícita do espírito da vegetação que teve um papel tão importante na mitologia antiga e mereceu uma exaustiva discussão em *Golden Bough*, de Frazer. A imagem mais plenamente desenvolvida dessa categoria é a representação de Osíris como espírito do milho e da árvore, deus da fertilidade. A morte e o renascimento da vegetação foram episódios do seu drama: "A hera lhe foi consagrada e passou a ser considerada sua planta porque sempre estava verde".[28]

A respeito do simbolismo da cor verde, diz Jung: "No domínio da psicologia cristã, o verde indica propriedade espermática, procriadora, e por essa razão o verde é a cor atribuída ao Espírito Santo como o princípio criador."[29] E, outra vez: "Verde é a cor do Espírito Santo, da vida, da procriação e da ressurreição".[30] Um exemplo da qualidade verde do Espírito Santo se encontra no "Hino ao Espírito Santo", de Hildegard de Bingen: "Vem de ti a chuva que as nuvens vertem, o movimento dos céus, a condensação das pedras, as correntes geradas pelas águas e o verde que a terra faz brotar".[31] Essa passagem tem um estreito paralelo com um antigo hino egípcio em louvor a Osíris, que diz: "o mundo se torna verde através dele".[32] Outro vínculo entre o verde e o ressurgimento da vida está num texto egípcio inscrito nas pirâmides. Essa passagem evoca *Kheprer (Khoprer, Khopri*, "aquele que se torna um"),[33] o deus-escaravelho que é o sol nascente: "Salve, vós, deus ... que revolveis, *Kheprer* ... Salve, ó Verde. ..."[34]

---

28 Frazer, *op. cit.*, vol. II, p. 112.
29 Jung, C. G., *Mysterium Coniunctionis*, C.W., 14, par. 137.
30 *Ibid.*, par. 395.
31 Jung, C. G., *Psychology and Religion: West and East*, C. W., 11, par. 151.
32 Frazer, *op. cit.*, vol. II, p. 113.
33 Clark, R. T. Rundle, *Myth and Symbol in Ancient Egypt*, Nova York, Grove Press, 1960, p. 40.
34 Budge, E. A. Wallis, *Osiris the Egyptian Religion of Resurrection*, reimpresso por University Books, New Hyde Park, Nova York, 1961, vol. II, p. 355.

O verde é uma importante imagem da alquimia. Alguns textos se referem a ele como *benedicta viriditas,* bendita verdura. De acordo com Mylius, a Alma do Mundo, ou *Anima Mundi*, é verde:

> Deus soprou nas coisas criadas ... uma certa semente ou verdura, pela qual todas as coisas devem multiplicar-se ... eles chamam todas as coisas de verde, pois ser verde significa crescer ... portanto, essa virtude de geração e de preservação das coisas pode ser chamada Alma do mundo.[35]

Em outro texto alquímico, a personificação feminina da *prima materia* negra e rejeitada diz: "Estou sozinha entre os ocultos; não obstante, tenho júbilo no meu coração, pois posso viver secretamente e refrescar-me em mim mesma ... sob minha escuridão, tenho escondido o mais fantástico verde". Jung interpreta essa passagem da seguinte forma:

> O estado de transformação imperfeita, apenas ansiado e esperado, não parece simplesmente um estado de tormento, mas também de alegria positiva, embora oculta. É o estado de alguém que, em suas andanças entre as imagens de sua transformação psíquica, alcança uma alegria secreta que o reconcilia com sua solidão aparente. Ao entrar em comunhão consigo mesmo, descobre não um aborrecimento e uma melancolia mortais, mas um parceiro interno; e, mais do que isso, uma relação que se assemelha à alegria de um amor secreto, ou de uma primavera oculta, quando as sementes verdes brotam da terra nua, trazendo consigo a promessa de futuras colheitas. Trata-se da *benedicta viriditas* alquímica, a bendita verdura, que significa, de um lado, o "apodrecimento das sementes" (*verdigris* [verdete]); mas que significa, de outro, a secreta imanência do espírito divino da vida em todas as coisas.[36]

Jung faz referência à secreta alegria que acompanha a descoberta do verde – que corresponderia, talvez, à sensação de paz que o sonhador descreve. A esse homem, prestes a morrer, o inconsciente exibe uma imagem vívida e bela da natureza eterna da vida, cujas manifestações particulares estão em contínua morte, mas que está em contínuo renascimento sob novas formas. O sonho expressa a mesma ideia das palavras de Paulo em sua passagem sobre a ressurreição: "A morte é tragada na vitória. Onde está, ó morte, teu aguilhão? Onde está, ó tumulo, tua vitória?" (1 Coríntios 15:54-55, AV)

---

35 Jung, C. G., *Mysterium Coniunctionis*, C. W., 14, par. 623.
36 *Ibid.,* par. 623.

5. A Conclusão da *Opus*

Sonho 10:
Tal como nas Lendas dos Judeus, de Ginsberg, em que Deus estava em comunicação pessoal com vários indivíduos, Ele pareceu me apresentar um teste, completamente desagradável, para o qual eu não estava preparado, técnica ou emocionalmente. Primeiro, eu deveria procurar e encontrar um homem que me esperava; juntos, deveríamos seguir exatamente as instruções. O resultado final viria a tornar-se um símbolo abstrato além da nossa compreensão, com conotações religiosas ou sagradas, ou, ainda, de tabu. A tarefa envolvia a remoção das mãos do homem nos pulsos, ordenando-as e unindo para criar uma forma hexagonal. Dois retângulos, um de cada mão, deveriam ser removidos, deixando uma espécie de janela. Os próprios retângulos também eram símbolos de grande valor. O resultado deveria ser mumificado, ressecado e negro. Tudo isso durou um longo tempo; foi extremamente delicado e difícil. Ele o suportou estoicamente, pois era o seu, assim como o meu, destino; e o resultado final, nós acreditamos, foi o que tinha sido pedido. Quando olhamos o símbolo resultante da nossa labuta, vimos que ele tinha uma impenetrável aura de mistério em torno de si. Estávamos exaustos com a tarefa.

O sonhador folheara *Legends of the Jews*, de Ginsberg, na casa de um amigo. Mas não lera muita coisa do livro. Além disso, seu conhecimento do Antigo Testamento era mínimo. O sonho era uma reminiscência das tarefas impostas aos indivíduos por Javé; por exemplo, Jonas, Oseias etc. Se a vida da pessoa é governada pelo sentido de uma tarefa divina, isso significa, psicologicamente, que o ego está subordinado ao Si-mesmo e foi libertado das preocupações que têm o ego como centro. A natureza da tarefa imposta no sonho indica algo dessa ideia. As mãos de um homem devem ser amputadas. Essa imagem tão rudemente primitiva expressa um processo psicológico. Essa mesma imagem aparece na alquimia como o leão de patas cortadas[37] (*Ilustração 41*) e, sob uma forma mais extrema, como o homem esquartejado do tratado *Splendor Solis* (*Ilustração 42*).[38] As mãos são o agente da vontade consciente. Assim, ter as mãos cortadas corresponderia à experiência da impotência do ego. Nas palavras de Jung, "a experiência do Si-mesmo é sempre uma derrota para o ego".[39]

---

37 Jung, C. G., *Psychology and Alchemy*, C. W., 12, figura. 4.
38 Trismosin, Solomon, *Splendor Solis*, reimpresso por Kegan Paul, Trench, Trubner and Company, Londres, Gravura X.
39 Jung, C. G., *Mysterium Coniunctionis*, C. W., 14, par. 778.

Ilustração 41. LEÃO COM AS PATAS CORTADAS. Desenho Alquímico.

O próximo passo da tarefa do sonho é unir as mãos amputadas para formar um hexágono. Temos aqui uma referência à união dos contrários: direita e esquerda, consciente e inconsciente, bem e mal. O produto da união é uma figura de seis lados. Um símbolo de seis lados bem conhecido também se forma por meio da união de dois elementos similares, mas contrastantes, no chamado Signo de Salomão. ✡ : dois triângulos, um apontando para cima e o outro apontando para baixo. Para o alquimista, representava a união do fogo (△) e da água (▽).

Para outros, significou a interpenetração entre a trindade do espírito (que aponta para cima) e a trindade ctônica da matéria (que aponta para baixo) e simbolizava, por conseguinte, o processo de inter-relação entre essas duas trindades. O número seis está associado à complementação ou ao cumprimento de uma tarefa criadora. No Gênesis, o mundo foi criado em seis dias, e o ato final, a criação de Adão, ocorreu no sexto dia. Jesus foi crucificado no sexto dia da semana. De acordo com Joannes Lyndus, citado por Jung.

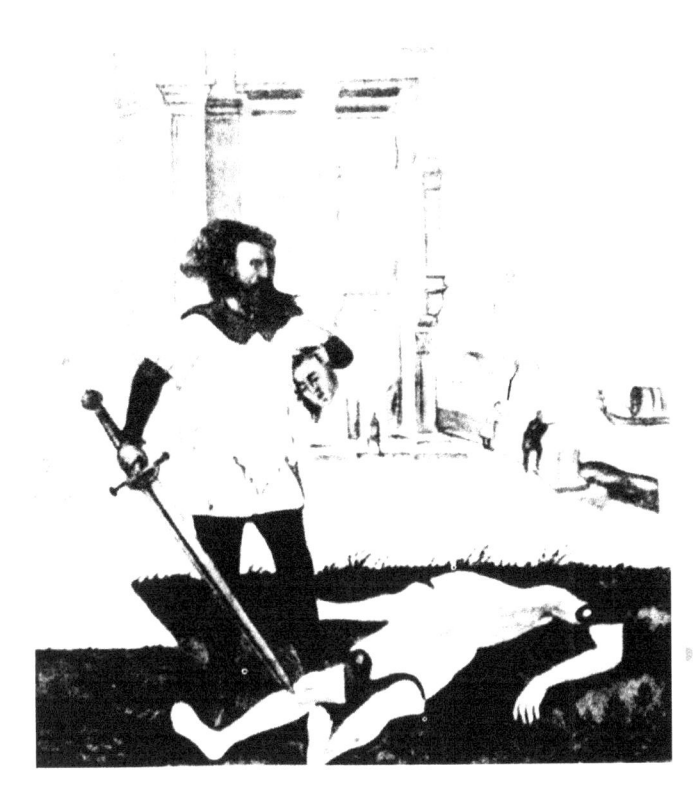

Ilustração 42.
O HOMEM
ESQUARTEJADO.
Desenho Alquímico.

O número seis é o mais apropriado para a criação, pois é par e ímpar, compartilhando tanto da natureza ativa de que o ímpar é dotado quanto da natureza hílica do par, razão pela qual os antigos também o chamavam casamento e harmonia ... E eles dizem também que ele é tanto macho quanto fêmea ... E outro diz que o número seis é produtor da alma, pois multiplica-se a si mesmo na esfera do mundo e porque, nele, os opostos se combinam.[40]

Resumindo o significado dessas amplificações, o sonho parece dizer que é necessário realizar uma tarefa por intermédio da qual os poderes do ego individual, para o bem e para o mal, são separados ou extraídos de sua união com o ego e reunidos numa imagem abstrata ou suprapessoal. Quando as duas janelas retangulares são unidas, cria-se um efeito bastante misterioso, que nos lembra de uma máscara primitiva. O resultado final é uma imagem geométrica que – eu me aventuraria a sugerir – é uma representação simbólica da face de Deus.

---

40   Jung, C. G., *The Practice of Psychotherapy*, C. W., 16, par. 451, n. 6.

Sonho 11:
Está escuro, mas há na escuridão uma luminosidade indescritível. Uma escuridão que, de alguma forma, brilha. Há nela uma bela mulher de ouro, com uma face quase igual à da Mona Lisa. Percebo que o brilho emana de um colar que ela usa. É um colar bastante delicado: pequenos cabochões de turquesa, cada um deles circundado por ouro esverdeado. Tem um grande significado para mim, como se houvesse uma mensagem na imagem completa, se eu conseguisse ver além do seu aspecto ilusório.

O sonhador, que era bastante mal informado a respeito de filosofia e de religião, não conhece a passagem de abertura do Evangelho de João, a respeito do Logos. Essa passagem é certamente relevante para o sonho:

> No princípio era o Verbo [Logos] e o Verbo estava com Deus, e o Verbo era Deus. Ele estava no princípio com Deus; todas as coisas eram feitas por ele e nada do que foi feito se fez sem ele. Nele estava a vida e a vida era a luz dos homens. A luz resplandece nas trevas e as trevas não a suplantam. (João 1:1-5.)

A doutrina do Logos de João aplicou a Cristo a doutrina do Logos da filosofia helênica. Cristo tornou-se o Verbo criador, ou Pensamento de Deus, que estava com Ele desde o princípio. Nos círculos gnósticos, o Logos era equiparado a Sophia, a personificação feminina da Sabedoria. A mesma imagem já apareceu na literatura hebraica sobre a sabedoria. Ela é mencionada, por exemplo, na seguinte oração a Deus: "Convosco está a Sabedoria, aquela que conhece vossos trabalhos, aquela que estava presente quando fizestes o mundo; ela compreende o que é agradável a vossos olhos e o que é conforme a vossos mandamentos" (Sabedoria 9:9, Bíblia de Jerusalém). M.-L. von Franz, em sua obra *Aurora Consurgens*, discutiu exaustivamente a figura de Sophia, ou *Sapientia Dei*. Diz ela:

> Na literatura patrística, era interpretada, principalmente, como Cristo, o Logos preexistente, ou como a soma das *rationes Aeternae* (formas eternas), das "causas primordiais autocognoscíveis", modelos, ideias e protótipos da mente de Deus. Era também considerada o *archetypus mundus*, "aquele mundo arquetípico com base no qual foi feito este mundo sensível", e por meio do qual Deus toma consciência de si mesmo. A *Sapientia Dei* é, portanto, a soma de imagens arquetípicas presentes à mente de Deus.[41]

---

41 Von Franz, Marie-Louise, *Aurora Consurgens*, Série Bollingen LXXVII, Princeton University Press, pp. 155 s.

Tomás de Aquino expressa essa mesma ideia:

> ... a sabedoria divina criou a ordem do universo, que reside na distinção entre as coisas; portanto, devemos dizer que, na divina sabedoria, estão os modelos de todas as coisas, que denominamos *ideias* – isto é, formas modelares existentes na mente divina.[42]

A mulher de ouro com rosto de Mona Lisa, que aparece no sonho é, portanto, Sofia, ou Sabedoria Divina. Seu colar luminoso, azul e dourado, seria uma espécie de rosário celestial que une, numa única série circular, várias formas e vários modelos do ser, tal como o círculo do ano une os signos do Zodíaco – "a soma de imagens arquetípicas presentes à mente de Deus".

Sonho 12:
Foi-me atribuída uma tarefa difícil demais para mim. Uma tora de madeira dura e pesada está oculta na floresta. Devo descobri-la, serrar ou cortar dela um pedaço circular e entalhar na peça um desenho. O resultado deverá ser preservado a todo custo, como se representasse algo que não mais voltará a existir e que corre o risco de perder-se. Ao mesmo tempo, é preciso fazer uma gravação em fita descrevendo em detalhes o que é, o que representa e qual seu significado total. No final, a própria peça e a fita devem ser entregues à biblioteca pública. Alguém diz que só a biblioteca saberá evitar que a fita se deteriore dentro de cinco anos.

Temos aqui, mais uma vez, o tema da tarefa difícil atribuída, que é análoga à obra alquímica. A tora coberta é o material oculto, original, que primeiramente deve ser descoberto ou tornado manifesto e então receber uma forma especial que tem uma certa singularidade, uma vez que não voltará a existir. O desenho entalhado é uma imagem com cinco pontas. O número cinco volta a ser mencionado na observação de que há o risco de deterioração em cinco anos. O simbolismo do cinco aparece na quintessência dos alquimistas. É a quinta forma e a unidade última dos quatro elementos e, portanto, o alvo final do processo. Ruland afirma que a quintessência é "a própria medicina, e a qualidade de substâncias separadas do corpo pela arte".[43] Jung afirma que o número cinco sugere a predominância do homem físico.[44] O que corresponderia ao fato de a imagem do sonho lembrar uma figura humana abstrata com

---

42 Tomás de Aquino, *Summa Theologica* I, q. 44, art. 4.
43 Ruland, op. *cit.,* p. 272.
44 Jung, C. G., *Psychology and Alchemy,* C. W., 12, par. 287, n. 122.

cinco protuberâncias – quatro membros e a cabeça. Assim sendo, a imagem sugeriria o alvo ou a complementação da existência física.

O depósito do objeto e da fita contendo seu significado na biblioteca pública levanta algumas interessantes questões. Em alguns aspectos, o objeto e a gravação da fita podem ser considerados sinônimos, uma vez que o esboço do objeto tem bastante semelhança com um carretel de fita de gravador. Nessa linha de associações, a tarefa pode ser vista como a transformação da Madeira em Verbo, isto é, da matéria em espírito. É possível que esse sonho estivesse pressagiando que eu publicaria uma série de sonhos dele no futuro. A tarefa seria, então, gravar seus sonhos e depositá-los comigo. Todavia, em especial no contexto dos outros sonhos, essa interpretação simples e personalista é completamente inadequada aos dados. Muito mais provável é a suposição de que a tarefa do sonho se refira à tarefa de sua vida psicológica, cujos resultados deveriam ser depositados como um permanente incremento de uma biblioteca coletiva ou transpessoal, isto é, um tesouro do verbo ou do espírito.

O motivo da casa do tesouro existe, na alquimia, como sinônimo da pedra filosofal.[45] A quinta parábola da *Aurora Consurgens* tem como título "A Casa do Tesouro que a Sabedoria Constrói Sobre a Rocha". Alphidius diz: "Essa é a casa do tesouro em que estão guardadas todas as coisas da ciência ou da sabedoria ou as coisas gloriosas que não podem ser possuídas".[46] Em Alphidius, a casa do tesouro é uma estrutura quaternária e constitui, portanto, um claro símbolo do Si-mesmo.

Uma imagem semelhante de "tesouro" ocorre na teologia católica com referência ao "tesouro de virtudes" acumulado por Cristo e pelos santos.[47] Apesar do mau uso concretista dessa imagem pela Igreja, para justificar a venda de indulgências, trata-se de uma ideia arquetípica que exprime um certo aspecto da psique objetiva.

Nos exemplos citados, o tesouro, uma vez encontrado, trará benefícios ao descobridor. Em nosso sonho, contudo, o sonhador não vai fazer uso próprio dele, mas um depósito que aumentará o tesouro público. Lembramo-nos das palavras de Jesus, "Bem como o Filho do homem não veio para ser servido, mas para servir" (Mateus 20:28, RSV). O sonho parece insinuar que

---

45 Jung, C. G., *Mysterium Coniunctionis*, C. W., 14, par. 2, n. 9.
46 Von Franz, *op. cit.*, p. 314.
47 Hastings, James, editor, *Encyclopaedia of Religion and Ethics*, Nova York, Charles Scribner's Sons, 1922, vol. VII, pp. 253 ss.

as realizações psicológicas do indivíduo deixam algum resíduo espiritual permanente que aumenta o tesouro coletivo acumulado, uma espécie de carma coletivo positivo. Nesse caso, as palavras de Milton com relação a um bom livro poderiam aplicar-se, igualmente, aos frutos da tarefa psicológica interna de individuação. É deixado um depósito espiritual permanente que "é o precioso sangue da vida de um espírito superior, embalsamado e guardado como um tesouro com vistas a uma vida além da vida".[48]

O sonho menciona a necessidade de prevenir a deterioração. Há necessidade de algum processo de preservação ou embalsamamento. O *Sonho 10* trouxe o mesmo tema da mumificação das mãos amputadas. Talvez o significado dessas referências corresponda ao simbolismo arquetípico subjacente aos elaborados procedimentos de embalsamamento do antigo Egito. Essa ideia parece atraente, embora eu não a possa explorar mais amplamente no momento.

> **Sonho 13:**
> Eu estava observando um curioso jardim, peculiar e belo. Era um grande quadrado com piso de pedra. A intervalos de uns 60 metros, havia objetos de bronze, eretos, muito parecidos com a "Ave no Espaço", de Brancusi. Fiquei ali por longo tempo. O local tinha um significado bastante positivo, mas que eu não conseguia perceber.

A "Ave no Espaço", de Brancusi, é uma haste vertical de metal polido, ligeiramente curva, muito graciosa. É mais espessa em sua região média e vai-se estreitando até a parte superior (*Ilustração 43*). Ela evoca toda a questão do simbolismo do polo ou pilar. Em termos mais simples, representa o movimento fálico, de esforço, vertical, na direção do reino mais elevado do espírito. Pode significar o *axis mundi*, a conexão entre o mundo humano e o mundo divino transpessoal. Nesse polo cósmico, os deuses descem para se manifestar, ou o xamã primitivo ascende em busca de sua visão extática.[49] Um ritual religioso egípcio nos oferece algumas outras implicações simbólicas de um polo vertical, ou pilar. Nos ritos que celebravam a morte e a ressurreição de Osíris, as cerimônias culminavam quando o sumo sacerdote colocava de pé a chamada coluna *Djed*. R. T. Rundle Clark diz, a respeito dessa coluna:

---

48 Milton, John, *Areopagitica*.
49 Eliade, Mircea, *Shamanism*, Série Bollingen LXXVI, Princeton University Press, 1964, pp. 259 ss.

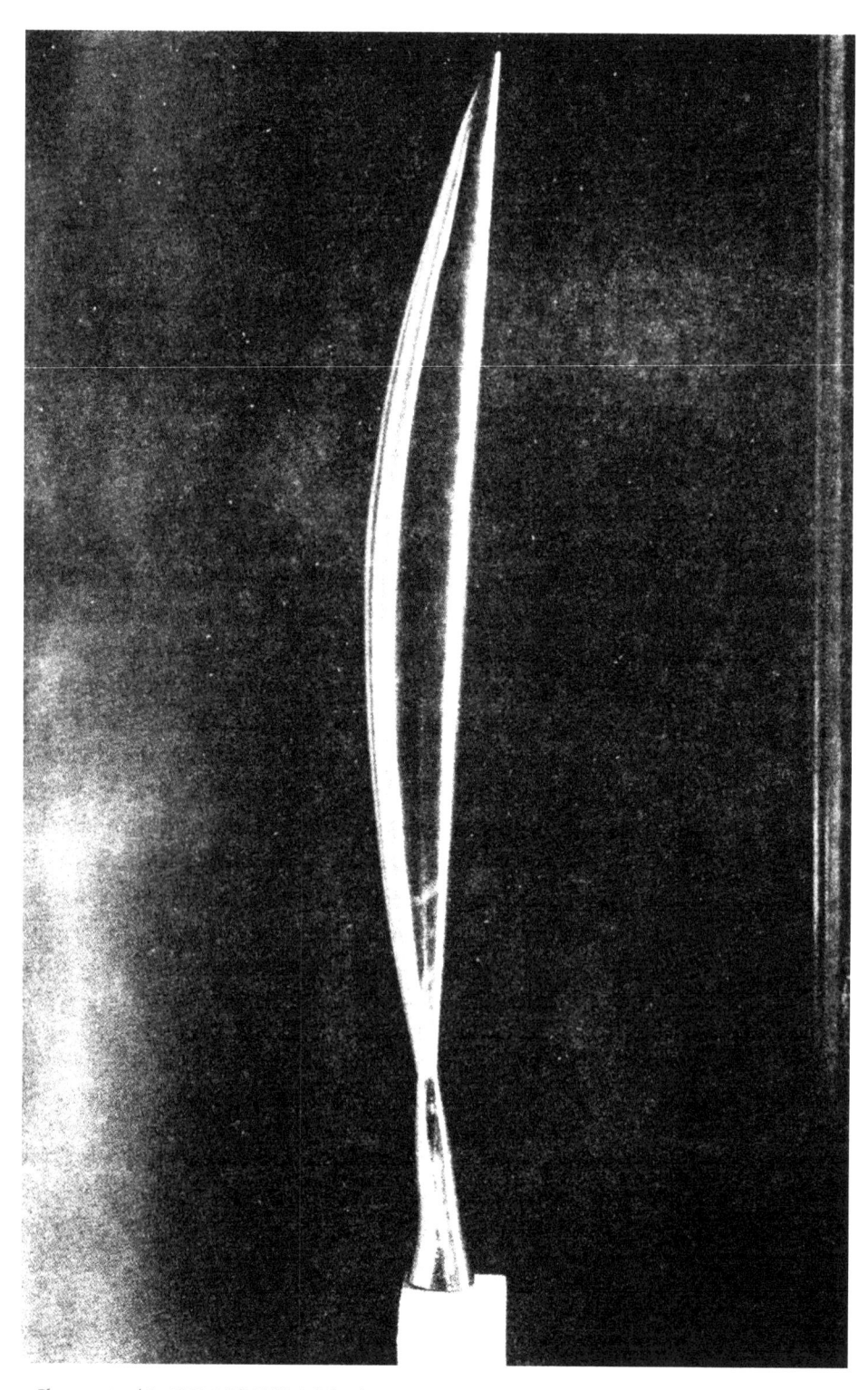

Ilustração 43. AVE NO ESPAÇO, de Brancusi.

> A ideia da Coluna *Djed* é a de algo que se mantém firmemente fincado em posição vertical – pois estar na posição vertical é estar vivo, ter superado as forças inertes da morte e da decadência. Quando se põe a *Djed* de pé, a implicação é de que a vida seguirá seu curso no mundo.[50]

A *Pistis Sophia* fala de Um Tesouro de Luz em que se reúnem as partículas de luz que foram redimidas de sua prisão na escuridão da matéria. Esse tesouro é uma espécie de estação intermediária de coleta que transmite a energia acumulada para uma região mais elevada, o Mundo de Luz, através de uma corrente de luz conhecida como Pilar da Glória.[51] De acordo com a doutrina maniqueísta, o eleito realiza sua função redentora para a luz espalhada. Tendo renascido por meio da gnose, o eleito torna-se instrumento de coleta e concentração de partículas de luz dispersas na matéria. Na época da morte, cada um leva sua carga acumulada de luz do mundo material para o reino eterno da luz.[52] Poder-se-ia comparar a escultura de Brancusi, voltada para o céu, com o Pilar da Glória, por meio do qual as partículas recolhidas de luz redimida penetram no reino eterno. Uma imagem semelhante ocorre na escatologia maniqueísta. No final dos tempos, aparecerá a última "estátua" (ou pilar):

> Toda luz ainda passível de ser salva é reunida na "Grande Ideia" ... sob a forma da "última estátua", que se eleva aos céus, ao passo que os amaldiçoados e os demônios, a matéria, com sua luxúria e bissexualidade, são aprisionados num poço fechado por uma imensa pedra.[53]

Jung faz referência à "estátua" maniqueísta e a relaciona com um texto alquímico. Escreve ele:

> É claro ... que a estátua ou pilar é o Homem Primordial perfeito ... ou, pelo menos, seu corpo, tanto no princípio da criação como no final dos tempos.[54]

---

50 Clark, *op. cit.*, p. 236.
51 *Pistis Sophia*, G. R. S. Mead, tradutor, Londres, John M. Watkins, 1947, p. 2 e *passim*.
52 Legge, Francis. *Forerunners and Rivals of Christianity*, 1915, reimpresso por University Books, New Hyde Park, Nova York, 1964, II, p. 296.
53 Peuch, Henri-Charles, "The Concept of Redemption in Manichaeism", in *The Mystic Vision*, artigos do Livro do Ano Eranos 6. Série Bollingen XXX, Princeton University Press, 1968, p. 313.
54 Jung, C. G., *Mysterium Coniunctionis*, C. W., 14, par. 567.

A imagem do sonho que combina um quadrado de pedra com polos tem um paralelo nos santuários semitas antigos, tais como são descritos por Frazer. Ele escreve:

> Sabemos que, em todos os antigos santuários de Canaã, incluindo os de Jeová até as reformas de Ezequias e Josias, os dois objetos regulares de adoração eram um poste e uma pedra sagrados; sabemos também que esses santuários eram a sede de ritos devassos executados por homens sagrados (*kedeshim*) e mulheres sagradas (*kedeshoth*).[55]

Jeremias se refere ao poste e à pedra sagrados quando critica os israelitas por dizerem a um pau: 'és meu pai'; e a uma pedra: 'deste-me vida'" (Jeremias 2:27, AV). A pedra e o polo são, por conseguinte, representações das divindades feminina e masculina, respectivamente. Em termos psicológicos, o sonho está representando, portanto, uma *coniunctio* dos princípios masculino e feminino. Não sei a razão pela qual deveria haver uma multiplicidade de polos masculinos contidos num único quadrado de pedra. Talvez tenha implicações similares às da multiplicidade de pérolas do colar de Sophia. Todavia, como expressão de totalidade e de união de contrários, é uma imagem de complementação. Esse é um dos últimos sonhos desse paciente que cheguei a conhecer. Três meses mais tarde, ele morreu.

Penso que essa série de sonhos demonstra que o inconsciente, sob certas circunstâncias, produz considerações que podemos chamar, com propriedade, metafísicas. Embora o paciente não tenha passado pelo processo de individuação no sentido comum do termo, podemos supor que a pressão da morte iminente pode ter servido de telescópio a esse processo. Esses sonhos certamente sugerem uma premência do inconsciente no sentido de transmitir a consciência de uma realidade metafísica, como se fosse importante ter essa consciência antes da morte física.

ooo

O leitor certamente perguntará: que efeito tiveram esses sonhos no sonhador? É difícil responder com certeza; praticamente todos os sonhos aqui narrados tiveram sobre ele um intenso impacto emocional – mas o interessante é o fato de esse impacto só ter sido experimentado quando ele contava os sonhos na sessão de análise e não antes. De alguma forma, era necessária a presença do analista para liberar a numinosidade das imagens

---

55 Frazer, *op. cit.*, vol. I, p. 107.

oníricas. Tomados como um todo, os sonhos transmitiram uma série de pequenas experiências religiosas que levaram a uma mudança gradual e definida na atitude de vida do sonhador. Esse homem não religioso e não filosófico recebeu uma iniciação metafísica. Como resultado, ficou, pelo menos em parte, aliviado da "pré-ocupação" com as frustrações pessoais, e sua personalidade adquiriu um novo nível de profundidade e de dignidade. Depois de ter sido salvo de um estado próximo da morte, ele fez, várias vezes, a pergunta: "Por que minha vida foi prolongada?". Talvez esses sonhos contenham a resposta.

Capítulo 9

O sangue de Cristo

*A teologia sem alquimia é como um corpo nobre
a que falta a mão direita.**

*Nossa Arte, assim como, sua teoria, sua prática é, de qualquer forma,
um dom de Deus, Que a concede quando e a quem Ele escolhe: não é
daquele que deseja, nem daquele que se apressa; ela vem simplesmente
graças à misericórdia divina.***

1. Introdução

O objeto deste capítulo é uma antiga imagem arquetípica envolta nos sagrados significados dos milênios. Uma tal imagem é dotada de grande força, para o bem ou para o mal, e deve ser tratada com cuidado. Quando embebida na substância protetora da ortodoxia, pode ser manuseada com segurança. Mas o método empírico da psicologia analítica requer que tentemos abrir o contexto protetor tradicional com o fito de examinar o próprio símbolo vivo e de explorar sua função espontânea na psique individual. É como se estivéssemos visitando poderosos animais selvagens em seu *habitat* natural, em lugar de observá-los em confinamento, nas jaulas de um zoológico. Embora esse método seja necessário, devemos reconhecer o perigo que traz consigo. Se devemos trabalhar com explosivos em nosso laboratório, que os tratemos de forma respeitosa. O ego ingênuo que aborda uma imagem dessas de modo descuidado pode sucumbir à *hybris* e ser fulminado pela ação inevitável da nêmesis. Com esses pensamentos em mente, tomei duas citações alquímicas como divisa. A primeira exprime a atitude do empirismo científico e da psicoterapia prática. Ela diz: "A teologia sem a alquimia é como um corpo nobre a

---

*   Waite, A. E., trad., *The Hermetic Museum,* Londres, John M. Watkins, 1953, vol. 1, p. 119.
** *Ibid.,* p. 9.

que falta a mão direita".[1] Mas, para nos guardar da *hybris* da vontade humana, a segunda citação deve ser apresentada imediatamente: "Nossa Arte, sua teoria assim como sua prática, é, de qualquer forma, um dom de Deus, Que a concede quando e a quem Ele escolhe: não é daquele que deseja, nem daquele que se apressa; ela vem simplesmente graças à misericórdia divina".[2]

Jung demonstrou que a figura de Cristo é um símbolo do Si mesmo,[3] e essa descoberta nos permitiu avançar consideravelmente na direção do estabelecimento de uma relação entre a mitologia cristã tradicional e a moderna psicologia profunda. Uma importante imagem corolário associada ao simbolismo de Cristo é a imagem do sangue de Cristo. Minha atenção se voltou para esse tema, no início, quando deparei com vários sonhos que faziam referência ao sangue de Cristo. Esses sonhos indicam que o sangue de Cristo é um símbolo vivo que ainda funciona na psique moderna. Por conseguinte, eu me proponho a examinar esse símbolo e suas ramificações à luz da psicologia junguiana.

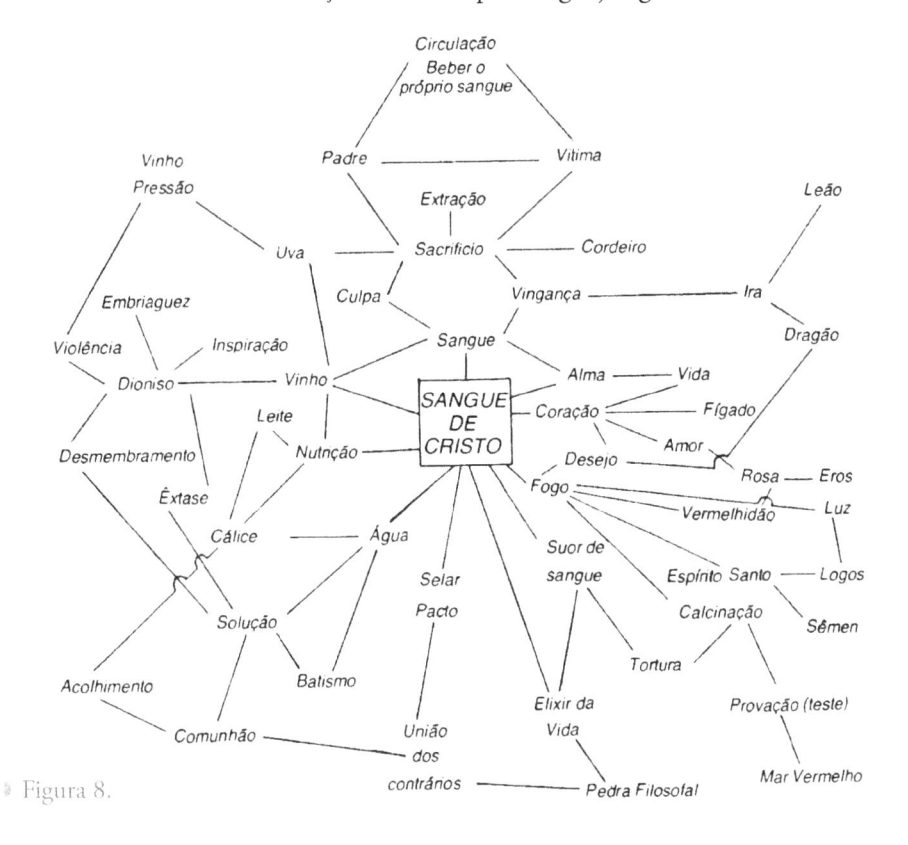

Figura 8.

---

1 Waite, A. E., trad., *The Hermetic Museum,* Londres, John M. Watkins, 1953, vol. I, p. 119.
2 *Ibid.,* p. 9.
3 Ver, por exemplo, Jung, C. G., "Christ, a Symbol of the Self", in *Aion,* C. W., 9/11, par. 68 ss.

Para demonstrar que essa imagem, junto com seus vínculos associativos, constitui um organismo vivo, e não uma construção teórica, devemos seguir a abordagem empírica, descritiva, fenomenológica. Todavia, essa abordagem exige muito do leitor. Conforme vão sendo traçadas as vinculações entre os vários paralelos e analogias, o leitor corre o perigo de se perder na rede intricada de inter-relações. Não conheço forma de evitar esse problema, se se pretende ter uma atitude de honestidade com relação ao método empírico. Apesar dos críticos que não a entenderam, a psicologia de Jung não é uma filosofia ou uma teologia, mas uma ciência sujeita à verificação. Para não obscurecer esse fato, vemo-nos forçados a usar o incômodo método empírico-descritivo, que sempre mantém sob atenção imediata as manifestações reais da psique, apesar da complexidade, passível de levar à confusão, que elas exibem. Para dar uma orientação geral, incluo um gráfico que mostra algumas das imagens inter-relacionadas que, como veremos, são associadas à imagem do sangue de Cristo (*Figura 8*).

2. O Significado do Sangue

A imagem do sangue de Cristo tem numerosas vinculações com o pensamento e com as práticas da Antiguidade. Desde os tempos primitivos, o sangue sempre esteve carregado de implicações numinosas. O sangue era considerado a sede da vida, ou alma. Como se pensava que o fígado era uma massa de sangue coagulado, a alma se localizava nesse órgão.[4] Como a vida se esvaía quando a pessoa sangrava até a morte, era natural e inevitável a equiparação entre sangue e vida. Da mesma forma, as sombras dos mortos no Hades poderiam ser restauradas rapidamente, alcançando alguma semelhança de vida, dando-se-lhes sangue a beber. O exemplo clássico dessa prática é a visita de Ulisses ao Hades, no Livro XI da *Odisseia*. O sangue como essência da própria vida era a coisa mais preciosa que o homem podia conceber. Ele trazia consigo conotações suprapessoais e se pensava que ele só pertencia a Deus. Assim, os antigos hebreus eram proibidos de beber sangue. No Deuteronômio, Javé diz:

"... o sangue é a vida, e não deveis comer a vida com a carne" (12:23, RSV); "... o sangue dos vossos sacrifícios deve ser derramado no altar do Senhor vosso Deus ..." (12:27, RSV). De acordo com Pausânias, as sacerdotisas de Apolo sacrificavam um cordeiro por mês, à noite, e lhe provavam o

---

[4] Yerkes, R. K., *Sacrifice in Greek and Roman Religions and Early Judaism*, Nova York, Scribner's, 1952, p. 42, n. 1.

sangue, para entrar em comunhão com Deus e fazer profecias.[5] Como carregava esses significados, o sangue era o donativo mais apropriado a Deus, o que explica a disseminação da prática do sacrifício do sangue.

Como o sangue era um fluido divino, era crime derramá-lo, exceto num ritual de sacrifício dedicado aos deuses. Assim, associava-se o sangue com o assassinato e com a culpa e a vingança que se lhe seguiriam. O sangue era concebido como entidade autônoma que clamava por sua própria vingança, tal como clama da terra o sangue de Abel (Gênesis 4:10). De acordo com o pensamento primitivo (isto é, pensamento inconsciente), não é moralmente errado tirar a vida de outra pessoa; o problema reside no fato de ser altamente perigoso interferir com uma substância tão potente quanto o sangue. Ele se vingará, assim como o fio de alta tensão se vingará do homem descuidado ou ignorante que não souber pegá-lo.

Portanto, do ponto de vista psicológico, o sangue representa a vida da alma, de origem transpessoal, extremamente precioso e potente. Ele é reverenciado como algo divino, e todo esforço do ego para manipulá-lo, para dele se apropriar ou destruí-lo, em função de propósitos pessoais, provoca a vingança ou a retribuição. O derramamento de sangue requer mais sangue para pagar a dívida. O livro-caixa deve produzir um balanço. Esse pensamento ilustra a lei da conservação da energia psíquica. Há muita vida psíquica a ser vivida. Se lhe for negada a realização numa área, haverá compensação em outra. Para o sangue, deve haver sangue. A repressão, que é a morte interna, vai se manifestar externamente. É um crime contra a vida, cujo pagamento será deduzido. Jung tinha esse fato em mente quando disse:

> ... a natureza parece ter rancor de nós ... se escondermos nossas emoções de nossos semelhantes ... Guardar segredo e ocultar emoções é um malfeito psíquico com relação ao qual a natureza acaba por nos visitar com a doença – isto é, quando fazemos essas coisas privativamente.[6]

Outra característica do antigo simbolismo do sangue é a ideia de que o sangue estabelece um vínculo ou pacto entre os poderes divinos, ou demoníacos, e o homem. Os pactos com o demônio devem ser firmados com sangue, e o sangue deve fluir para selar um acordo entre Deus e o

---

5   Yerkes, p. 43.
6   Jung, C. G., *The Practice of Psychotherapy*, C. W., 16, par. 132.

homem. O "sangue da aliança" ocorre na cerimônia por meio da qual Javé firma um compromisso com Israel, no capítulo 24 do *Êxodo*:

> E Moisés escreveu todas as palavras do Senhor. E levantou-se de madrugada e erigiu um altar no sopé da montanha; e doze monumentos, de acordo com as doze tribos de Israel. E enviou jovens de Israel, que ofereceram holocaustos e fizeram sacrifícios de paz com bezerros ao Senhor. E Moisés tomou da metade do sangue e a pôs em bacias e a outra metade espargiu sobre o altar. E então tomou o livro da aliança e o leu aos ouvidos do povo, e eles disseram: "faremos tudo que o Senhor tem falado e obedeceremos". E Moisés tomou o sangue e o espargiu sobre o povo, e disse: "Eis o sangue da aliança que o Senhor fez convosco de acordo com todas essas palavras" (Êxodo 24:4-8, RSV).

O sangue serve, aqui, como uma espécie de cola ou agente de conexão. Metade dele é espargida sobre Javé, representado pelo seu altar, e outra metade, sobre o povo. Assim o povo é unido a Deus "num só sangue". Deus e o povo participaram de um batismo conjunto, ou *solutio*, que os une em comunhão.

O Novo Testamento retoma a ideia do "sangue da aliança" e a aplica, desta vez, ao sangue de Cristo. Assim como o sangue dos animais sacrificados, derramado por Moisés, cimentou o velho vínculo entre Deus e Israel, o sangue de Cristo, voluntariamente derramado por ele mesmo, cimenta o novo vínculo entre Deus e o homem. Esse paralelo é explicitado no capítulo 9 da *Epístola aos Hebreus*:

> E por isso ele (Cristo) é mediador de um novo testamento, de modo que aqueles que forem chamados recebam a promessa da herança eterna ... também o primeiro testamento não foi consagrado sem sangue. Pois quando Moisés anunciou a todo o povo todos os mandamentos da lei, ele tomou o sangue dos bezerros e dos bodes, com água, lã purpúrea e hissope, e aspergiu tanto o próprio livro como o povo, e disse: "Este é o sangue do testamento que Deus vos mandou". E, da mesma forma, aspergiu com sangue tanto a tenda (tabernáculo) quanto os vasos do ministério. E na verdade, segundo a lei, tudo é purificado com sangue e sem derramamento de sangue não há remissão de pecados. De modo que era necessário que as figuras das coisas que estão no céu fossem purificadas por esses ritos, mas que as próprias coisas que estão no céu fossem purificadas com melhores sacrifícios que esses. Porque Cristo não entrou num santuário feito por mãos, cópia do verdadeiro, mas no próprio céu, para agora comparecer, por nós, na presença de Deus. Nem também para oferecer a si mesmo repetidamente, como

o sumo sacerdote entra anualmente no santuário com sangue alheio; pois assim teria sido necessário que ele sofresse repetidamente desde a fundação do mundo. Mas agora, na consumação dos séculos, se manifestou de uma vez por todas, para aniquilar o pecado pelo sacrifício de si mesmo (Hebreus 9:15-26, RSV).

Essa passagem demonstra o modo pelo qual o mito e o ritual dos hebreus entram em fusão com o pensamento platônico no desenvolvimento do simbolismo cristão do sangue de Cristo. O "sangue da aliança [testamento]" hebreu é considerado uma cópia [figura] do artigo genuíno e é espargido sobre o tabernáculo de Javé, que é uma cópia do céu eterno. Essa ideia, ao lado da afirmação de que o sangue de Cristo é derramado de uma vez por todas, implica psicologicamente que ocorreu uma transformação no nível arquetípico da psique coletiva. O próprio Deus passou por uma mudança, de modo que o fluido cimentador e redentor que une Deus ao homem, isto é, o Si-mesmo ao ego, agora se encontra em permanente disponibilidade por meio da iniciativa do Si-mesmo sob a forma de Cristo.

Na nova dispensação, o "sangue da aliança" se transforma no sangue do alimento de comunhão. Essa vinculação é feita em função da última ceia, na qual se diz: "E ele tomou o cálice e, após ter dado graças, deu-o a eles, dizendo 'Bebei dele todos; pois este é o meu sangue, o sangue da aliança, que é derramado por muitos, para a remissão dos pecados'" (Mateus 26:27-28, RSV. Ver também Marcos 14:23-24 e I Coríntios 11:25). Assim foi superada a exortação do Antigo Testamento de que não se comesse sangue – pelo menos para propósitos simbólicos e rituais. Beber o sangue de Cristo torna-se um meio de cimentar a ligação entre Deus e o homem.

No referente ao sangue como selo do pacto, W. Robertson Smith nos fornece algumas informações importantes. Escreve ele:

> A concepção de que, ao comer a carne, ou particularmente ao beber o sangue, de outro ser vivo, um homem absorve sua natureza, ou vida, em sua própria, aparece entre povos primitivos de muitas formas ... A aplicação mais notável da ideia é o rito dos irmãos de sangue, de que há exemplos em todo o mundo. Na forma mais simples desse rito, dois homens tornam-se irmãos ao abrirem mutuamente as veias e beberem do sangue um do outro. A partir desse momento, eles passam a ter uma e não duas vidas ... Na literatura árabe antiga, há muitas referências ao pacto de sangue, mas, em lugar do sangue humano, usa-se o sangue de uma vítima sacrificada no santuário. ... Mais tarde, encontramos a concepção corrente de que o alimento de que dois homens

compartilharem, de modo que a mesma substância entre no sangue e na carne de cada um deles, é suficiente para estabelecer alguma unidade sagrada de vida entre eles; mas, em épocas mais distantes, essa significação parece estar associada, em todas as ocasiões, à participação na carne de uma vítima sacrossanta, e o solene mistério do sacrifício da vítima se justifica pela consideração de que somente dessa maneira é possível obter o sagrado cimento que cria ou mantém vivo um vínculo vivo de união entre os adoradores e o seu deus. Esse cimento não é senão a própria vida do animal sagrado e consanguíneo, vida que, segundo se concebe, reside em sua carne mas, de modo particular, no seu sangue. Assim, a vida, no alimento sagrado, é realmente distribuída entre todos os participantes, cada um dos quais incorpora uma partícula dela em sua própria vida individual.[7]

Compreendido em termos psicológicos, trata-se de um investimento conjunto na libido, que gera a fraternidade. Pessoas envolvidas numa empresa bilateral, compartilhando dos mesmos objetivos, das mesmas provações e do compromisso com os mesmos valores – essas são as pessoas que experimentam a si mesmas como irmãs num só sangue. Da mesma forma, na vida interna do indivíduo, o ego descobre, justamente a partir de ocasiões de intenso afeto, encaradas de forma consciente, a existência do Si-mesmo – e a ele se liga. A intensidade da libido simbolizada pelo sangue é necessária para forjar a conexão entre homem e homem e entre homem e Deus.

Tendo essas observações em mente, o ato de beber o sangue de Cristo no ritual da missa da Igreja Católica Romana pode ser tido como representação simbólica de um duplo processo de cimentação. Em primeiro lugar, o indivíduo que comunga cimenta sua relação pessoal com Deus. Em segundo lugar, ele se identifica psicologicamente com todos os demais indivíduos que também participam do corpo místico de Cristo. O ato de Cristo ao oferecer seu sangue como bebida que alimenta (como faz o pelicano) é uma expressão do arquétipo positivo da mãe, ou melhor, do componente materno do Si-mesmo. Podemos atribuir ao simbolismo da taça, ou do cálice, o mesmo significado que associamos ao sangue de Cristo. Lembro, a propósito dessa linha de pensamento, uma imagem interessante e incomum do texto apócrifo *Odes de Salomão*. Os quatro primeiros versos da Ode 19 dizem:

---

[7] Smith, W. Robertson, *The Religion of the Semites,* 1899, reimpresso por Meridian Books, Nova York, 1956, pp. 313 s.

> Foi-me oferecida uma taça de leite: e eu a bebi na doçura das delícias do Senhor. O Filho é a taça, e Aquele de quem proveio o leite é o Pai: e o Espírito Santo O extraiu: pois Seus úberes estavam cheios e era-Lhe necessário que Seu leite fosse suficientemente extraído; e o Espírito Santo abriu-Lhe o seio e misturou o leite dos úberes do Pai e deu a mistura ao mundo, sem que o soubéssemos.[8]

Devido à tendência patriarcal da maioria dos teólogos, o fato fenomenológico de que o Si-mesmo é uma união entre os princípios masculino e feminino é em geral obscurecido no material canônico. Assim sendo, essa passagem é incomum, pois confere abertamente à divindade atributos femininos. Todavia, no material psicológico empírico, é de regra a representação do Si-mesmo por meio de imagens paradoxais ou andróginas.

O texto em questão apresenta um impressionante quadro da trindade. Com relação ao simbolismo da comunhão, o leite será equiparado ao sangue de Cristo, que é o leite ou sangue do Pai, isto é, o aspecto remoto ou transcendente do Si-mesmo, inacessível ao ego consciente. O Filho é a taça, isto é, a encarnação humana na vida pessoal, temporal; é o recipiente que contém e transmite a energia da vida arquetípica. Para que esse fluido de vida seja realizado em sua natureza essencial, a taça, seu recipiente pessoal particular, deve ser esvaziada. Em outras palavras, o significado da vida arquetípica que liga o indivíduo à sua fonte transpessoal deve ser extraído das encarnações particulares em que se expressa na vida concreta e pessoal de cada indivíduo. De acordo com o texto, o Espírito Santo é quem faz a extração do leite. Ele pode ser igualmente considerado o próprio leite. Isso se harmonizaria com outras descrições do Espírito Santo, e bem assim com uma conclusão – que mais adiante apresentarei – de que o sangue de Cristo é sinônimo do Espírito Santo.

Clemente de Alexandria usa a mesma imagem e identifica o leite do Pai com o Logos:

> Ó mistério assombroso! Ordena-se-nos que abandonemos a velha e carnal corrupção, assim como o velho alimento, e que passemos para uma dieta nova e diferente, a dieta de Cristo ... *O alimento é o leite do Pai,* com o qual apenas crianças se alimentam. O próprio amado, aquele que nos dá nutrição, o Logos, derramou seu próprio sangue por nós e salvou a natureza humana. Acreditando em Deus por meio

---

8 *The Lost Books of the Bible and the Forgotten Books of Eden,* Cleveland, World Publishing Co., II, p. 130.

dele, encontramos refúgio no "seio cuidadoso" (*Ilíada,* XXII, 83) do Pai, isto é, o Logos. E só ele, como convém, nos fornece a nós crianças o leite do amor (*ágape*), e só são verdadeiramente bem-aventurados os que sugarem esse seio.[9]

O Logos não é só leite, mas sêmen, como indicam os versos da Ode 19, que se seguem imediatamente aos já citados:

> E aqueles que (o) tomam (o leite do Pai) estão na plenitude da mão direita. O útero da Virgem (o) tomou e ela concebeu e deu à luz: e a Virgem tornou-se mãe grandemente misericordiosa.[10]

De acordo com a antiga filosofia, a fêmea podia transformar sangue em leite, e o macho o podia transformar em sêmen. O sangue, o leite e o sêmen eram variações da mesma substância essencial. E assim chegamos ao conceito estoico do *Logos Spermatikos*, a Palavra criadora e fecundante que corresponde à função criadora da Palavra (Verbo) em João 1:3: "Todas as coisas foram feitas por ele e sem ele nada do que foi feito se fez".

Outro protótipo do sangue de Cristo do Antigo Testamento é o sangue do cordeiro pascal. Na noite em que todos os primogênitos do Egito devem ser mortos pelo anjo vingador de Javé, os israelitas são instruídos a matar um cordeiro sem mácula e a colocar um pouco do seu sangue nos batentes e nas vergas das portas de suas casas. Assim, diz Javé, "O sangue será um sinal para vós, colocado nas casas em que estais; vendo eu sangue, passarei sobre vós e nenhuma praga cairá sobre vós para vos destruir, quando eu arrasar a terra do Egito" (Êxodo 12:13, RSV). O desenvolvimento dessa imagem da marcação de Deus sobre aqueles que serão poupados do seu banho de sangue vingador está na visão de Ezequiel. Um homem vestido de branco com um tinteiro de escrivão em sua cinta é ali descrito; e Deus diz a esse homem: "Passa pelo meio da cidade, pelo meio de Jerusalém, e marca com uma cruz a testa de todos os que deploram e desaprovam todas as abominações nela praticadas" (Ezequiel 9:4, JB). Todos os que se encontram sem o sinal da cruz na testa são condenados à morte por Deus.

Menciono essa passagem, em particular, porque a imagem do escrivão com um tinteiro corresponde estreitamente à imagem de um sonho que será apresentado adiante, no qual a "tinta" é o sangue de Cristo. A marca de sangue

---

[9] "Paedagogos", 1, 42, 2-43, 4, citado em Goodenough, Erwin, *Jewish Symbols in the Greco-Roman Period,* vol. 6, Princeton University Press, p. 119.
[10] *Ibid.*, p. 121.

nos batentes e a marca na testa em Ezequiel são a marca dos eleitos de Deus. Eles ficarão imunes à ira sangrenta de Deus ou à imersão no Mar Vermelho, simbolicamente equivalentes. Há uma terceira variante do mesmo tema no Apocalipse (7:2-3 e 9:4), em que os servos de Deus, que somam 144.000, têm um selo sobre a testa para indicar que devem ser poupados quando da destruição geral.

O sacrifício do sangue de Cristo tem muitos paralelos com o sacrifício do cordeiro pascal, cujo sangue protege os israelitas da vingança de Javé, e esses paralelos contribuem para elucidar o significado psicológico do poder redentor do sangue de Cristo. Na história do Êxodo, exige-se de cada família do Egito o sacrifício involuntário do primogênito. Os judeus foram poupados desse evento, tão somente, por meio de sua substituição por um sacrifício voluntário, com a exibição do sangue da vítima. O estado de coisas era representado pela dureza do coração do Faraó. Prevalecia um estado de petrificação. Para remediar essa situação, é preciso que o sangue corra. A matéria da alma deve se tornar líquida, deve ser extraída do *status quo* duro e estéril de modo a permitir que a vida e a libido voltem a fluir. Colocando-se a questão nesses termos, podemos ver imediatamente de que forma essas imagens se aplicam à vida interna do indivíduo. A necessidade de individuação, simbolizada por Javé, requer transformação, liberdade das capacidades escravizadas e reprimidas. Se nosso coração egípcio não se abrandar, o sangue deverá ser extraído à força. Na medida em que a libido é voluntariamente transferida para o propósito transpessoal por uma atitude sacrificial, evitam-se as consequências destrutivas para a personalidade, que ocorrem quando o ego se coloca contra as exigências da totalidade, do Si-mesmo.

Cristo foi identificado com o cordeiro pascal e foi chamado *Agnus Dei*. Da mesma forma, de acordo com uma análise objetiva do simbolismo, Cristo, como primogênito de Deus, será identificado com o sacrifício dos primogênitos dos egípcios. Pelo que sei, não se chega a essa conclusão na exegese tradicional; todavia, ela é necessária a uma plena compreensão psicológica do mito. O sacrifício redentor sempre ocorre no âmbito de uma mistura de disposições – a humildade do cordeiro diante da intransigência faraônica. Na melhor das hipóteses, o ego deseja, mas reluta, assim como Cristo no jardim.

Pode-se dizer mais a respeito do simbolismo do sacrifício do cordeiro. Como representação da inocência, da humildade e da pureza, o cordeiro é a última coisa que desejaríamos matar. Esse tema surge de vez em quando em sonhos. Por exemplo, lembro-me de uma paciente que tinha o que pode ser denominado complexo de Jó ou de Acab – um ressentimento irreprimível contra Deus por este permitir que os jovens e inocentes sofram. Ela sonhou, certa feita, que um cordeiro estava para ser sacrificado e ela não conseguia observar. Nesse caso, é a inocência infantil de cordeiro que deve ser sacrificada diante da expectativa de que a realidade é, ou deve ser, supervisionada por um pai que é todo amor. O "sangue do cordeiro" deve ser extraído dessa atitude imatura para que o espírito da benevolência possa viver efetivamente na realidade – não como a exigência passiva de um ego infantil, mas como um poder ativo que motiva a personalidade consciente. O sacrifício da pureza inocente também implica a realização da sombra, que nos liberta da identificação com o papel da vítima inocente e da tendência a projetar o executante demoníaco em Deus ou no próximo.

3. Cristo e Dioniso

Outra linha importante de conexões simbólicas vincula o sangue de Cristo à uva e ao vinho de Dioniso. A referência original está no Evangelho de João, onde Cristo diz de si mesmo: "Eu sou a videira e meu pai é o agricultor. Todos os ramos que não derem fruto em mim ele os tirará e todos os ramos que derem fruto ele os limpará, para que deem mais fruto ... eu sou a videira, vós sois os ramos" (João 15:1-5, RSV). Desse ponto, basta um curto passo para a identificação de Cristo à uva, que é amassada para produzir vinho. O poeta do século XVII, Henry Vaughn, exprimiu essa vinculação nos versos de *The Passion:*

> *Most blessed Vine!*
> *Whose juice so good*
> *I feel as Wine,*
> *But thy faire branches felt as bloud,*
> *How wert thou prest*
> *To be my feast!* [11]

[Videira tão abençoada! / Cujo suco, tão bom / sinto como Vinho, / Mas que teus belos ramos sentiram como sangue, / Como foste pisada / Para o meu banquete!]

O milagre de Caná, que transformou água em vinho (João 2:1 ss), estabeleceu Cristo como um produtor de vinho, e o vinho, com o espírito que nele

---

11 Vaughn, Henry, *Silex Scintillans*, in *The Complete Poetry of Henry Vaughn*, organizado por French Fogle, Garden City, Nova York, Anchor Books, Doubleday, 1964, p. 185.

habita, é análogo à "água viva" que Cristo ofereceu à mulher de Samaria (João, 4:10). A água viva, ou *elixir vitae*, é um termo usado muito mais tarde pelos alquimistas. O cálice de Antíoco, que está nos Claustros do Metropolitan Museum e que data provavelmente do século IV a.C., mostra Cristo cercado por cachos de uva (*Ilustrações 44 e 45*). Como afirmou Jung: "O milagre do vinho de Caná foi o mesmo realizado no templo de Dioniso, e é profundamente significativo que, no cálice de Damasco, Cristo seja entronizado entre gavinhas de uvas como o próprio Dioniso".[12]

Ilustração 44. O CÁLICE DE ANTÍOCO.

Dioniso, com seu vinho, é um símbolo ambivalente. Ele pode trazer inspiração, êxtase e transformação benevolente da consciência, como o descreve o poeta persa Omar Khayyám:

> A Videira que pode, com Lógica absoluta,
> Confutar os Setenta e dois partidos divergentes:
> O Alquimista soberano que, num Átimo,
> O metal plúmbeo da vida em Ouro transmuta.[13]

Platão, em *República* (II, 363 C), descreve uma ideia, corrente em sua época, de um paraíso depois da morte, reservado para os retos. Os deuses "os

---

12 Jung, C. G., *Psychology and Religion: West and East*, C. W., 11, par. 384.
13 *Rubaayt of Omar Khayyám*, traduzido por Edward Fitzgerald, Verso LIX.

conduzem para a casa de Hades ... e organizam um Banquete de santos em que, reclinados em divãs e coroados por grinaldas, eles passam o tempo, daí por diante, com o vinho, como se o mais virtuoso fosse um eterno ébrio". (Da tradução de Paul Shorey.)

Nas *Bacchae* de Eurípides, há uma impressionante e bela imagem do miraculoso fluir de fluidos vitais durante as orgias das Bacantes:

> E uma delas elevava
> Sua varinha e golpeava a rocha, e logo um jato
> De água bem límpida fluía. Outra firmava
> Seu tirso na terra fértil, e ali
> Havia vinho vermelho que Deus lhe havia enviado,
> Uma fonte oculta. E se algum lábio
> Buscasse bebida mais fresca, com as pontas dos dedos mergulhadas,
> Elas pressionavam o terreno e, jorrando da terra,
> Vinham torrentes de leite, E varinhas de junco cobertas de hera
> Circulavam com doce mel, gota a gota.
>
> (II. 700 ss., da tradução de Murray.)

Todavia, as orgias sagradas de Dioniso também podem ser violentas e terrificantes, com Menades delirantes desmembrando vivos todos aqueles que se atravessassem em seu caminho. Esse foi o destino de Orfeu e Penteu. Os horrores que podem ser perpetrados quando o ego está inflado pela identificação com o poder do inconsciente coletivo são terríveis. Considere-se, por exemplo, os autos de fé cometidos pelos clérigos farisaicos embriagados com o sangue de Cristo.

O aspecto terrível do simbolismo do vinho é elaborado mais amplamente na imagem do vinho da ira de Deus. Lemos no Apocalipse:

> "Mete a tua foice, e vindima os cachos da vinha da terra, pois as suas uvas estão maduras". E meteu o anjo a sua foice à terra e vindimou a vinha da terra, e lançou a vindima no grande lagar da ira de Deus; e o lagar foi pisado fora da cidade, e saiu sangue do lagar ...[14]

A ira de Deus é o lagar que extrai vinho das uvas, mas também pode ser o próprio vinho, como o evidencia a frase do Apocalipse 16:19: "... o vinho da indignação de sua (de Deus) ira" (AV).

A mesma imagem de indignação aparece em Isaías 63:1-3:

---

14 Apocalipse, 14:18-20, RSV.

"Quem é este, que vem de Edom, com vestiduras tingidas de Bosra, este glorioso em seu trajo, que caminha na grandeza de sua força? ... Por que é vermelho seu trajo e as suas roupas como as dos que pisam num lagar?" Javé responde: "Eu calquei o lagar sozinho, e das gentes ninguém se achava comigo; eu as pisei em meu furor e as calquei aos pés em minha ira; e seu sangue vital salpicou minhas vestes e manchei todas as minhas roupas" (RSV).

Ilustração 45. CRISTO COMO UM CACHO DE UVAS.

Os padres da Igreja consideram que essa passagem se refere ao Messias sofredor.[15] De acordo com eles, "aquele que vem 'vermelho' do 'lagar' não é senão Nosso Senhor Jesus Cristo, pois ... esta é a pergunta que lhe fizeram os anjos no dia de sua ascensão triunfal".[16]

O texto de Isaías diz que a figura vestida em roupas cobertas de sangue é Javé, coberto pelo sangue de seus inimigos. Os analogistas patrísticos identificaram essa figura a Cristo coberto pelo seu próprio sangue. E assim ocorre a inversão paradoxal característica do simbolismo cristão. O sacrificador se

---

15 Jerusalem Bible, p. 1243, nota b.
16 Pinedo, Ramiro de, *El Simbolismo en la escultura medieval española,* Madri, 1930, citado por Cirlot, J. E., *A Dictionary of Symbols,* Nova York, Philosophical Library, 1962, p. 29.

transforma em vítima do sacrifício. Para Javé, o sangue de seus inimigos se transforma em seu próprio sangue.

Os antigos sacerdotes egípcios identificaram o vinho ao sangue dos inimigos de Deus. De acordo com Plutarco:

> ... eles não bebiam vinho nem o usavam em libações como algo caro aos deuses, e pensavam que o vinho era o sangue daqueles que tinham lutado contra os deuses e dos quais, quando caíram e se misturaram à terra, tinham – segundo acreditavam – nascido videiras. Essa é a razão por que a embriaguez priva os homens dos sentidos e os enlouquece, tendo em vista que, nesse estado, eles estão cheios do sangue de seus predecessores.[17]

Essa ideia é mais interessante, em termos psicológicos, como descrição dos efeitos de um influxo do inconsciente coletivo: somos preenchidos com o sangue de nossos predecessores. Jung falou em termos semelhantes a respeito de sua própria experiência do inconsciente. Com relação à necessidade imperativa que sentia de entender a psique, ele diz: "Talvez seja uma questão que preocupou meus ancestrais e que eles não conseguiram responder ... Ou é o incansável Wotan-Hermes dos meus ancestrais germânicos e francos que coloca enigmas desafiadores?"[18]

Outra passagem do Antigo Testamento, associada a Cristo, é Gênesis 49:10-12:

> Não se tirará o cetro de Judá, nem o bastão de entre os pés do príncipe, até que venha aquele a quem ele pertence ... ele lava suas vestes no vinho e a sua capa no sangue das uvas; seus olhos serão vermelhos como o vinho e seus dentes brancos como leite (RSV).

"Aquele a quem ele pertence" refere-se ao Messias, de acordo com a tradição judaica e a cristã.[19]

Essa passagem nos descreve um príncipe cheio de vinho e de vermelho, uma espécie de fonte que produz sucos vitais. Os olhos vermelhos e os dentes brancos sugerem uma união de contrários que é retomada bem mais tarde na alquimia com a *coniunctio* do homem vermelho e da mulher branca. A associação dessa passagem com Cristo é outro vínculo entre ele e Dioniso.

---

17 Plutarco, "Ísis e Osíris", in *Plutarch's Moralia,* vol. 5, Loeb Classical Library, Cambridge, Harvard University Press, 1962, p. 17.
18 Jung, C.G., *Memories, Dreams, Reflections,* Nova York, Pantheon Books, 1961, p. 318.
19 *Jerusalem Bible,* p. 75, nota g.

Olhos "vermelhos como vinho" são olhos dionisíacos, bêbedos de um excesso de sangue ou de intensidade de vida. Trata-se de uma versão ampliada do temperamento sanguíneo ou cheio de sangue. Uma imagem dessa apareceu, por exemplo, num sonho de um paciente, antes da emergência de uma nova quantidade de energia psíquica. Ele sonhou:

> Havia uma mulher cujo sangue era extremamente vermelho – tão vermelho que praticamente podia ser visto por baixo da pele. Ela era uma pessoa que tinha vivido a vida no seu grau mais intenso, obtendo prazer onde pudesse encontrá-lo.

Essa personagem do sonho poderia ser uma versão menor do príncipe de olhos vermelhos que se lava no fluido de vida essencial.

Os alquimistas também usam o simbolismo da uva e do vinho para representar a essência da vida, que é o alvo do processo alquímico. A obra alquímica era chamada "vindima". Um texto diz: "Esprema a uva". Outro diz: "O sangue do homem e o suco vermelho da uva são o nosso fogo". O vinho é sinônimo da *aqua permanens*. Hermes, a divindade que preside a alquimia, é chamado "o vindimador", e a água filosofal "cachos de uva de Hermes, *Uvae Hermetis*.[20]

A imagem do vinho nos sonhos em geral atribui sentidos similares ao uso alquímico do símbolo. Além disso, costuma-se associá-la, em última análise, ao sangue de Cristo. Por exemplo, um jovem que estava descobrindo sua tendência a espalhar e dissipar sua própria essência individual sonhou que estava colocando um pouco de vinho para si mesmo. Um conhecido (uma representação da sombra) tomou do vinho e o jogou no ralo. O sonhador, completamente descontrolado, disse-lhe que ele tinha ido longe demais e que aquilo não mais se repetiria. Com esse sonho, estabeleceu-se o vínculo com o sangue de Cristo por meio da associação, feita pelo sonhador, de que o vinho consagrado que sobra após a comunhão não pode ser despejado no ralo.

4. A Extração pelo Sacrifício

Cristo é às vezes representado como uma uva pisada num lagar. Por exemplo, numa xilogravura do século XV (*Ilustração 46*), Cristo é apresentado num lagar. Do seu peito jorra sangue num cálice e do cálice há alguns canais por onde o sangue flui para várias atividades do homem. Nesse quadro, o divino sacrifício está liberando energia para sustentar a vida diária do homem.

---

20 Jung, C. G., *Alchemical Studies*, C. W., 13, par. 359 n.

O Si-mesmo está sustentando a existência do ego. Essa ideia é o inverso da concepção antiga de que o homem deve sacrificar a si mesmo para nutrir os deuses, isto é, de que o ego deve sustentar o Si-mesmo. Uma impressionante representação desta última concepção encontra-se numa pintura asteca (*Ilustração 47*) que mostra uma corrente de sangue fluindo de uma vítima de sacrifício para a boca do deus sol.

Em termos psicológicos, ambos os processos operam em diferentes momentos da vida psíquica do indivíduo. Algumas vezes, a totalidade transpessoal deve ser alimentada pelo sangue sacrificial do ego. Outras vezes, o ego não pode sobreviver sem entrar em contato com os efeitos produtores de vida do sangue sacrificial do Si-mesmo. A natureza recíproca, bilateral, do processo de sustentação da vida psíquica é expressa no próprio simbolismo cristão. De acordo com o mito, Cristo é tanto Deus quanto homem, isto é, tanto Si-mesmo quanto ego. Em termos do rito sacrificial, ele é tanto o sacerdote que faz o sacrifício como a vítima do sacrifício. Esse ponto é enfatizado em outra passagem da Epístola de São Paulo aos Hebreus:

Ilustração 46. CRISTO ESPREMIDO COMO UVA.

> Mas quando Cristo apareceu como sumo sacerdote dos bens adquiridos, então, por outro mais excelente e perfeito tabernáculo (não feito por mãos, isto é, não dessa criação), ele entrou para sempre no Santuário, tomando, não o sangue de bodes ou de bezerros, mas seu próprio sangue, assegurando assim uma redenção eterna. Porque se a aspersão de pessoas impuras santifica quanto à purificação da carne, quanto mais o sangue de Cristo, que pelo Espírito eterno se ofereceu a si mesmo sem

mácula a Deus, purificará vossa consciência das obras mortas para servirdes ao Deus vivo (Epístola aos Hebreus 9:11-1-4, RSV).

Nessa passagem, Cristo é, simultaneamente, o sacerdote que faz o sacrifício e a vítima sacrificada. Ele é o agente que extrai de si mesmo o sangue redentor. Imagem semelhante se encontra nas *Visões de Zózimo*. Lemos:

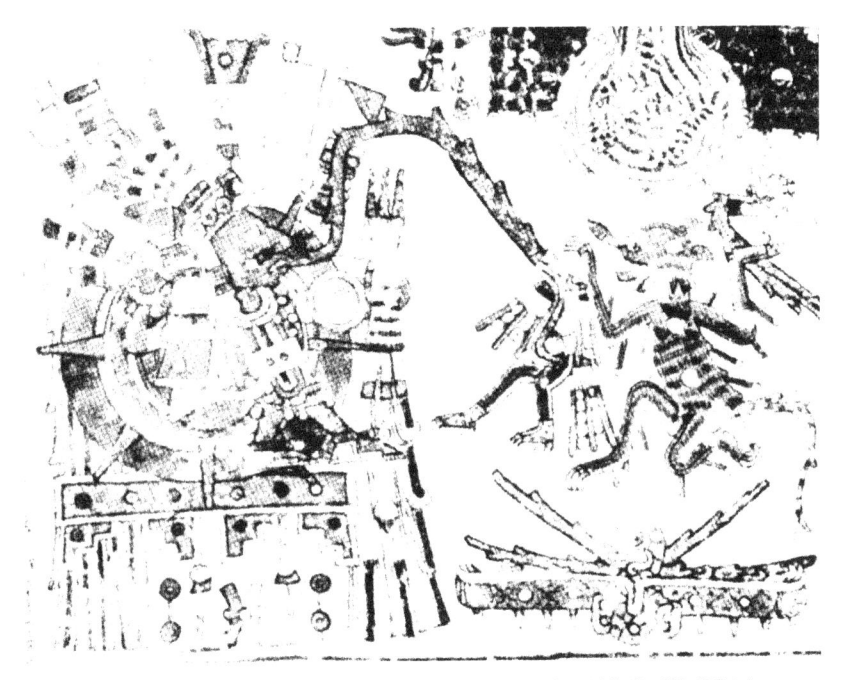

Ilustração 47. DEUS DO SOL ASTECA ALIMENTANDO-SE COM SANGUE HUMANO.

> "Sou Íon, o sacerdote dos santuários internos e submeto-me a mim mesmo a um tormento insuportável ... até perceber, pela transformação do corpo, que me tornei espírito ..." e já quando assim falou, e eu o retive à força para conversar com ele, seus olhos se transformaram em sangue.[21]

E, mais adiante:

> Eis o sacerdote dos santuários internos. É ele quem transforma os corpos em sangue, que dá clarividência e levanta os mortos.[22]

---

21 Berthelot. M. P. E. *Collections des Anciens Alchemistes Grecs*, 1888, reimpresso por Holland Press, Londres, 1963, III, 1, 2. Traduzido em Jung, *Alchemical Studies*, C. W., 13, par. 86.

22 *Ibid*.

Jung afirma, a respeito dessa visão:

> A própria visão indica que o propósito do processo de transformação é a espiritualização do sacerdote que realiza o sacrifício: ele deve tornar-se *pneuma* ...
>
> Ao longo das visões, fica claro que sacrificador e sacrificado são um só. Essa ideia da união entre a *prima materia* e a *ultima materia*, daquilo que redime e daquilo que é redimido, se encontra em toda a alquimia, do princípio ao fim.[23]

A ideia de que Cristo sacrificou a si mesmo para extrair ou tornar manifesta sua essência espiritual encontra-se nas passagens das Escrituras que se referem à vinda do Paráclito. Em João 16:7, Cristo diz a seus discípulos: "Mas eu vos digo a verdade: a vós convém que eu vá, pois se eu não for, não virá a vós o Consolador (Paráclito); mas se for, enviar-vos-lo-ei" (RSV). No capítulo catorze de João, o Paráclito é citado da seguinte maneira: "E eu rogarei ao Pai; e ele vos dará outro Consolador (Paráclito), para que fique eternamente convosco, o Espírito da verdade, que o mundo não pode receber, porque não o vê nem o conhece: vós o conhecereis, pois ele habita convosco e estará em vós" (João 14:16-17). E, mais uma vez: "E essas coisas vos digo, estando eu entre vós. Mas o Consolador (Paráclito), que é o Espírito Santo, a quem o Pai enviará em meu nome, vos ensinará todas as coisas ..." (João 14:25, 26, RSV).

Num certo sentido, o Paráclito é sinônimo do sangue de Cristo. Tanto um como outro são resultado do sacrifício de Cristo. Tanto um como outro são a essência efetiva desencarnada que só pode vir a existir por meio da perda da forma concreta particular de Cristo. O Paráclito, tal como é descrito em João, só pode ser visto como um guia individual, interno, que substitui o Jesus da história e do dogma. Trata-se do "Cristo interno" de Meister Eckhart ou, em termos psicológicos, o Caminho da Individuação.

A ligação entre Cristo e o Seu sangue levanta importantes questões, como o demonstra uma acre divergência medieval. Houve um combate teológico entre os Dominicanos e os Frades Menores com relação ao sangue de Cristo derramado durante a Paixão. Os Frades Menores diziam que ele deixara de estar unido à divindade de Cristo e os Dominicanos afirmavam que a união não cessara. No final das contas, o Papa Pio II proibiu a ambas as partes a continuação da discussão.[24]

---

23 Jung, C. G., *Psychology and Religion: West and East*, C. W., 11, par. 353.
24 Hastings, James, organizador, *Encyclopaedia of Religion and Ethics*, Nova York, Scribner's, 1922, vol. XII, p. 321.

Essas disputas intelectuais aparentemente estéreis são ricas de significado simbólico quando consideradas do ponto de vista psicológico. Aqui, a questão parece ser determinar se é ou não possível extrair o pleno significado arquetípico de sua encarnação particular no mito de Cristo e na igreja fundada a partir desse mito. Em outras palavras, trata-se de determinar se é possível ter uma abordagem puramente psicológica das energias numinosas da psique sem beneficiar uma fé religiosa ou uma afiliação eclesial particulares. A resposta é, a nosso ver, óbvia; mas que questão revolucionária ela teria sido se fosse formulada conscientemente na Idade Média.

O método pelo qual é extraído o sangue de Cristo é o processo do sacrifício. As implicações psicológicas do sacrifício são bastante complexas. Para uma discussão completa, ver o trabalho de Jung em seu ensaio "O Simbolismo da Transformação na Missa".[25] Para nossos propósitos do momento, eu observaria que pelo menos quatro arranjos diferentes são possíveis na situação sacrificial, a depender dos seguintes fatores: quem faz o sacrifício, o que está sendo sacrificado e em benefício de quem o sacrifício é feito. As quatro possibilidades podem ser relacionadas da seguinte forma:

Sacerdote	Vítima do sacrifício	Em benefício de (do)

1. *Deus sacrifica o homem em favor de Deus*
2. *Deus sacrifica Deus em favor do homem*
3. *O homem sacrifica Deus em favor do homem*
4. *O homem sacrifica o homem em favor do homem e de Deus*

1. Deus sacrifica o homem

Essa versão corresponde a toda a prática sacrificial antiga. O sacerdote, agindo em nome de Deus, sacrifica um animal (originalmente, um ser humano) que representa o homem. O movimento vai do ser humano para o divino, isto é, o reino do divino deve aumentar às expensas do humano. Daí a implicação de que o ego está muito cheio e o mundo transpessoal muito vazio. O equilíbrio deve ser restaurado por meio de um sacrifício do ego em favor do Si-mesmo.

---

25 Jung, C. G., *Psychology and Religion: West and East*, C. W., 11, par. 381 s.

2. Deus sacrifica Deus

Esse procedimento corresponde ao simbolismo de todo alimento totêmico, na medida em que este é realizado como um ritual sagrado e, por conseguinte, sob os auspícios de Deus. O exemplo principal é a Missa católica romana, em que o celebrante representa Deus como sacrificador e os elementos representam Deus como sacrificado. Nesse caso, o movimento vai do divino para o humano, indicando um relativo esvaziamento do ego (pobreza de espírito) que requer um influxo mantenedor do inconsciente coletivo e transpessoal.

3. O homem sacrifica Deus

Essa ação não tem representação religiosa específica, uma vez que sua essência é aparentemente secular ou pessoal. Corresponde a um dreno de energia e de valor das categorias transpessoais para servir aos interesses do ego consciente. Os exemplos míticos seriam o roubo do fogo, cometido por Prometeu, e o pecado original de Adão e Eva. Em termos estritos, parece que a palavra sacrifício não deveria aplicar-se aqui, uma vez que se trata antes de uma questão de dessacralização que de tornar sagrado. Todavia, ao longo das vicissitudes empíricas do desenvolvimento psicológico, quando um passo desses é necessário, a experiência justifica o termo sacrifício para descrever a desistência relutante da permanência em velhas formas de ser. Trata-se, na realidade, do maior sacrifício e, como nos demonstram os mitos, exige o preço mais elevado. Na história da cultura, esse estágio seria representado pelo ateísmo materialista. O movimento da energia vai do divino para o humano e pertence, portanto, a uma condição que requer o aumento da autonomia consciente.

4. O homem sacrifica o homem

Esse quarto tipo de sacrifício é um ideal hipotético e apenas começa a emergir como uma possibilidade na compreensão humana. Refere-se ao sacrifício do ego pelo ego em favor do duplo propósito de desenvolvimento do próprio ego e de cumprimento do seu destino transpessoal. Como o homem é, ao mesmo tempo, agente e paciente, trata-se de um processo consciente, que não é motivado pela compulsão arquetípica inconsciente, mas pela cooperação consciente com a necessidade de individuação. Ele reproduz, no nível humano consciente, o que está prefigurado no nível arquetípico, divino, no sacrifício de Cristo por si mesmo. De acordo com

Chrysostomus, Cristo foi o primeiro a comer sua própria carne e a beber seu próprio sangue.[26] Essa ação, então, tornou-se um modelo para o ego que alcançou um nível de consciência suficiente para compreender-lhe o significado. Jung descreve esse significado da seguinte forma:

> Para curar o conflito projetado, este deve retornar à psique do indivíduo, onde se encontram seus primórdios inconscientes. Ele deve celebrar a Última Ceia consigo mesmo, e comer a própria carne e beber o próprio sangue; o que significa que deve aceitar e reconhecer o outro em si mesmo ... Pois se é necessário aturar-nos a nós mesmos, como poderemos atribuir os outros também?[27]

Neumann descreve os efeitos coletivos da autoassimilação com as seguintes palavras:

> ... a pré-digestão do mal que ... (o indivíduo) efetua como parte do processo de assimilação de sua sombra torna-o, ao mesmo tempo, um agente da imunização do coletivo. A sombra de um indivíduo está, invariavelmente, vinculada à sombra coletiva do grupo de que ele é parte e, conforme ele digere seu próprio mal, um fragmento do mal coletivo é invariavelmente codigerido ao mesmo tempo.[28]

A mesma imagem aparece no processo alquímico da *circulatio* [circulação], que ocorria num "pelicano"* ou condensador de refluxo. A esse respeito, Jung afirma:

> [...] na imagem antiquíssima da uróboros reside o pensamento de devorar-se a si mesmo e de transformar-se a si mesmo num processo de circulação. ... Esse processo de "realimentação" é, ao mesmo tempo, um símbolo de imortalidade. ... (Ele) simboliza o Uno, que provém do choque entre os contrários. ... (Esses símbolos da alquimia eram um mistério) cujo parentesco profundo com o mistério da fé era percebido por seus adeptos, de modo que, para eles, os dois processos eram idênticos entre si.[29]

---

26 Jung, C.G., *Mysterium Coniunctionis,* C. W. 14, par. 423.
27 *Ibid.,* par. 512.
28 Neumann, Erich, *Depth Psychology and a New Ethic,* Nova York, Fundação C. G. Jung, Putnam's, 1969, p. 130.
* Tipo de retorta. (N. do T.)
29 Jung, C.G., *Mysterium Coniunctionis,* C. W. 14, par. 512.

5. Atributos do Sangue de Cristo

As Escrituras atribuem ao sangue de Cristo características bem definidas. Já mencionamos a qualidade de cimentação, de selagem de um pacto que liga o homem a Deus. Além disso, o sangue de Cristo limpa a mácula do pecado (I João 1:7, RSV, e Apocalipse 1:5, AV), isto é, liberta da culpa inconsciente. Além disso, diz-se que ele santifica (Epístola aos Hebreus 13:12, RSV), o que, entendido em termos psicológicos, sugeriria a introdução da dimensão sagrada ou arquetípica na consciência pessoal. Ele é considerado precioso (I Pedro 1:19), o que indica que traz consigo o valor mais elevado. No calendário religioso da Igreja Católica Romana, descreve-se o dia primeiro de julho como "Festa do Preciosíssimo Sangue de Nosso Senhor Jesus Cristo".

Um dos principais atributos do sangue de Cristo é seu poder de redenção de almas, como fica evidenciado em passagens como:

Nele encontramos a redenção por meio do seu sangue ...

(Efésios 1:7, RSV)

... seu amado Filho, no qual temos a redenção por meio do seu sangue, a saber a remissão dos pecados.

(Colossenses 1:13-14, AV)

... foste morto e nos resgataste para Deus pelo teu sangue ...

(Apocalipse 5:9, AV)

A crença religiosa popular elaborou esse tema de forma exaustiva. Por exemplo, um bem conhecido missal católico que inclui ilustrações de determinadas doutrinas cristãs apresenta uma pintura muito interessante que simboliza o poder redentor do sangue de Cristo (*Ilustração 48*).

A porção superior do quadro mostra Cristo na cruz cercado por círculos concêntricos de luz irradiada. À sua esquerda está a lua; à direita, o sol. Um anjo segura um cálice que coleta uma corrente de sangue que flui do seu lado. A parte inferior do quadro mostra almas sofrendo os tormentos do purgatório. Um anjo derrama o sangue de Cristo, contido num cálice, no purgatório. Conforme o sangue as toca, as personagens torturadas são libertadas e saem das chamas. Entendido em termos psicológicos, o purgatório é a condição de ser identificada ao domínio do desejo concupiscente flamejante e da ira terrível provocada pela frustração do desejo. Podemos considerar o sangue redentor de Cristo como um fluido portador da consciência, derivado do Si-mesmo, que traz consigo um ponto de vista mais amplo, que inclui o significado arquetípico da existência e que liberta o indivíduo das dimensões estreitas e personalistas do ego. Dito de outra forma, o quadro mostra dois estados de tormento: o tormento superior da crucifixão e o tormento inferior da tortura sem sentido. Ambas as condições são igualmente dolorosas, mas uma é voluntária (aceita pela consciência) e, por conseguinte, gera o precioso fluido da vida.

Outro importante atributo do sangue de Cristo é sua capacidade de reconciliar e de trazer paz aos contrários beligerantes. São Paulo afirma, na Epístola aos Colossenses:

> ... reconciliar-se por ele a todas as coisas, tanto o que está na terra, quanto o que está no céu, pacificando-os pelo sangue de sua cruz. (Colossenses 1:20, RSV)

E de novo, na Epístola aos Efésios:

> Mas agora por Jesus Cristo, vós, que noutro tempo estáveis longe, vos haveis avizinhado pelo sangue de Cristo. Pois ele é a nossa paz, que de dois fez um e destruiu o muro da inimizade, que nos dividia, abolindo em sua própria carne os mandamentos e preceitos, para formar em si mesmo os dois em um homem novo, estabelecendo a paz, e para reconciliar-nos com Deus em um só corpo pela cruz, levando a inimizade a ter fim. (Efésios 2: 13-16, RSV)

Apresenta-se claramente aqui o aspecto do Si-mesmo como reconciliador dos contrários. De acordo com Jung, essa passagem provavelmente influenciou a concepção dos alquimistas do *Mercurius* como pacificador, um mediador entre elementos beligerantes e um produtor de unidade.[30] "Concebe-se o mercúrio como 'sangue espiritual', em analogia com o sangue de Cristo."[31] O mercúrio também corresponde ao Espírito Santo,[32] o que fornece outro vínculo entre ele e o sangue de Cristo.

O vinho de Dioniso compartilha com o sangue de Cristo a qualidade da reconciliação e da comunhão. O sonho de um jovem ministro, que me chegou ao conhecimento, ilustra de forma impressionante esse ponto:

---

30 *Ibid.*, par. 10.
31 *Ibid.*, par. 11
32 *Ibid.*, par. 12.

Ilustração 48. O SANGUE DE CRISTO SALVANDO ALMAS DO PURGATÓRIO.

Sonho (resumido): Estou prestes a celebrar a comunhão. Na sacristia, que parece uma cozinha, o vinho da comunhão deve ser preparado pela da mistura de dois vinhos distintos – um vinho azul-escuro e um vinho vermelho. A água está numa garrafa com um rótulo amarelo que parece um rótulo de Scotch e tem a inscrição "Paulo". Há dois homens sentados em torno de uma mesa redonda. Um deles é um político esquerdista; o outro, um direitista. Até agora, eles mantiveram uma atitude aparente de amenidade social, mas começam a mostrar-se hostis um com relação ao outro. Sugiro que conversem num nível profundo e resolvam sua relação sentimental. Nesse ponto, a cena fica escura como num drama teatral e um refletor vermelho-amarelo focaliza uma pequena mesa que se encontra entre os dois homens, por trás deles. Há, na mesa, uma garrafa com um vinho vermelho quente com o rótulo de Scotch que tem claramente marcado "Paulo". Então sobrévem uma total escuridão e há um som de choque de vidros, semelhante ao som produzido por uma rachadura ou talvez pela quebra de vidro. O sentido é óbvio no sonho. Penso: eles beberam o vinho vermelho durante sua discussão, ficaram amigos e, no processo, se embriagaram, adormeceram e derrubaram os copos. Sinto deleite com o senso estético da forma pela qual isso é retratado e ansioso com o fato de que é preciso iniciar o serviço e de que agora não tenho os ingredientes para a mistura do vinho da comunhão.

Esse sonho apresenta a interessante imagem dos dois vinhos – um vinho azul e um vinho vermelho – talvez simbolizando os espíritos distintos do Logos e de Eros. Ele mostra que o sonhador alcançou uma "*coniunctio* inferior", uma reconciliação com a sombra, mas que a "*coniunctio* superior" – simbolizada pelo serviço completo da comunhão – ainda não está preparada para ocorrer.

A dissolução regressiva e a reconciliação consciente das diferenças às vezes se confundem ou se contaminam mutuamente. O sangue ou vinho de Cristo e de Dioniso podem provocar ambos os estados. Trata-se de algo experimentado, normalmente, como uma bem-aventurança, como o revela, por exemplo, a bela descrição do princípio dionisíaco feita por Nietzsche:

> Não é somente a união do homem com o homem que, sob a magia do encantamento dionisíaco, é selada novamente; também a natureza, que se tornara alienada, hostil ou subjugada, celebra mais uma vez sua reconciliação com o filho pródigo, o homem. Espontaneamente, a terra oferece as suas dádivas, e as feras das montanhas e dos desertos se aproximam pacificamente. O carro de Dioniso é coberto de flores e de grinaldas; panteras e tigres caminham a ele subjugados. Transforme em pintura o "Hino à Alegria" de Beethoven; deixe que a imaginação tenha livre curso e conceba os milhões de seres frementes, prostrados na poeira – nesse momento, está próxima a embriaguez dionisíaca. Agora, o escravo é um homem livre; todas as barreiras rígidas e hostis que a miséria, a arbitrariedade e a "atitude insolente" haviam estabelecido entre os homens se quebram. Nesse momento, graças ao evangelho da harmonia universal, todos se sentem, ao lado do próximo, não apenas unidos, reconciliados, fundidos, mas idênticos a ele, tal como se o véu de Maia tivesse sido

rasgado, desfeito em farrapos que agora desaparecem perante a misteriosa unidade original.[33]

Como foi demonstrado anteriormente, o sangue de Cristo é sinônimo do Logos. De acordo com o Evangelho de João, o Logos é a luz. "Nele estava a vida, e a vida era a luz dos homens" (João 1:4, RSV). O sangue de Cristo como luz é apresentado de forma marcante no tratado gnóstico *Pistis Sophia*. Por coincidência, o texto expõe várias outras imagens relacionadas que já consideramos. Jesus faz seus discípulos subirem aos céus com ele e lhes mostra uma visão:

> Jesus lhes disse: "Olhai e vede o que podeis ver".
> E eles levantaram os olhos e viram uma luz enorme, extremamente poderosa, que nenhum homem do mundo pode descrever.
> E ele lhes disse outra vez: "Olhai além da luz e vede o que podeis ver".
> Eles disseram: "Vemos fogo, água, vinho e sangue".
> Jesus disse a seus discípulos: "Em verdade, vos digo: Nada levei à terra, quando lá estive, senão esse fogo, essa água, esse vinho e esse sangue. Levei a água e o fogo para fora da região da Luz das luzes do Tesouro da Luz; e levei o vinho e o sangue fora da região de Barbēlō (a mãe celestial, ou Logos feminino). E, pouco depois, meu pai me enviou o espírito santo sob a forma de uma pomba.
> "E o fogo, a água e o vinho servem à remissão de todos os pecados da terra. O sangue, por sua vez, foi um sinal colocado em mim, por causa do corpo humano que recebi na região de Barbēlō, o grande poder do deus invisível. O sopro, por outro lado, avançou na direção de todas as almas e as levou para a região da Luz."
> Por isso, eu vos disse: "Vim para trazer fogo à terra – isto é: Vim para redimir os pecados de todo o mundo com fogo". E por essa razão eu disse à samaritana: "Se conhecêsseis a dádiva de Deus e aquele que vos diz 'Dai-me de beber' - pediríeis e ele vos daria a água da vida, e haveria em vós uma fonte que jorra para a vida eterna". E por isso, também tomei de um cálice de vinho, abençoei-o, oferecí-o a vós e disse: "Este é o sangue do testamento que vos será concedido para a remissão dos vossos pecados".
> E por isso, da mesma forma, eles enfiaram uma lança em meu flanco e dali saíram água e sangue.
> E são esses os mistérios da Luz que redime os pecados; isto é, esses são as denominações e os nomes da Luz.[34]

---

33 Nietzsche, Friedrich, "The Birth of Tragedy", *in Basic Writings of Nietzsche*, traduzido e organizado por Walter Kaufmann, Nova York, Modern Library, p. 37.
34 Mead, G. R. G., (trad.), *Pistis Sophia,* Londres, John M. Watkins, 1947, pp. 308 s.

6. Relações com a Alquimia

O sangue de Cristo tem muitas vinculações com o simbolismo alquímico. Na alquimia, o sangue costuma ser usado para descrever o produto de um procedimento de extração. Por exemplo, diz um texto alquímico: "... por conseguinte, derruba a casa, destroi-lhe as paredes e extrai daí o mais puro suco, junto com o sangue, cozinha ..."[35] Como Jung comenta, a respeito dessa passagem: "... essas instruções são o típico procedimento alquímico para a extração do espírito, ou da alma, e, portanto, para a conscientização de conteúdos inconscientes".[36] Menciona-se frequentemente o sangue do dragão ou do leão. O dragão e o leão são formas iniciais do mercúrio, que se manifestam como paixão e concupiscência e devem ser submetidas à extração e à transformação. O antigo paralelo mitológico é o sangue do Centauro, Nesso, que Hércules matou quando o centauro tentava violar Dejanira. Esse sangue era capaz de gerar paixão erótica, e quando Dejanira, mais tarde, deu a Hércules uma camisa embebida no sangue de Nesso, esforçando-se para ele recuperar sua atração por ela, o sangue produziu uma cruel agonia que só terminou em sua pira funerária. Assim, tal como o Mercúrio, que pode ser veneno ou panaceia, a substância arcana simbolizada como sangue pode trazer tanto paixão, ira e tormento cruel como salvação, a depender da atitude e da condição do ego que a experimentar.

O símbolo do sangue vincula duas diferentes operações do procedimento alquímico, a *solutio* [solução] e a *calcinatio* [calcinação]. A água e o fluido são parte do complexo simbólico da *solutio*. O sangue como fluido liga-se, assim, à *solutio*. Todavia, o sangue também está associado ao aquecimento e ao fogo e se enquadra no âmbito da *calcinatio*. O sangue como a união do fogo e da água é, portanto, uma combinação de contrários. Menciona-se o duplo estado do sangue em Lucas 19:34: "... um dos soldados perfurou seu flanco com uma lança e dali saiu, ao mesmo tempo, sangue e água" (RSV). Trata-se de um eco do motivo da água e do fogo encontrados na declaração de João Batista: "Eu vos batizo em água para vos trazer a penitência, mas aquele que há de vir depois de mim é mais poderoso que eu ... ele vos batizará no Espírito Santo e em fogo" (Mateus 3:11, RSV). A água dissolve e funde coisas distintas num meio unificador. O fogo tem diferentes níveis de significado. Pode ser a intensidade do desejo, o calor do amor ou a inspiração do Espírito Santo. Em diferentes contextos, pode referir-se tanto a Eros quanto ao Logos.

---

35 Jung, C. G., *Mysterium Coniunctionis*, C. W. 14, par. 179.
36 *Ibid.*, par. 180.

O vermelho do sangue o vincula a todas as implicações da cor vermelha e à flor mais vermelha, a rosa. O poeta do *Rubaiyat* vincula sangue e rosa nos versos:

> *Penso às vezes que nunca floresce tão vermelha*
> *A Rosa, quando floresce onde algum César enterrado sangrou;*

(Verso XIX)

O termo Mar Vermelho foi usado na alquimia para fazer referência à tintura ou ao elixir da Pedra Filosofal. Ele alude ao fato de os padres da Igreja terem identificado o Mar Vermelho ao sangue de Cristo, no qual os cristãos são batizados simbolicamente. O Mar Vermelho permitiu que os israelitas passassem por ele, mas afogou os egípcios. Jung observa que uma interpretação gnóstica dessa imagem indica que: "O Mar Vermelho é um mar de morte para os 'inconscientes'; mas, para os que são 'conscientes', é uma água batismal de renascimento e de transcendência."[37] Assim, os efeitos da imersão na essência do Si-mesmo são libertadores ou destruidores, a depender da atitude do ego. Hércules não sobreviveu à sua imersão no Mar Vermelho.

Do outro lado do Mar Vermelho, os israelitas encontraram o deserto e, mais tarde, as revelações de Javé no monte Sinai. Assim, no primeiro encontro com o Si-mesmo, experimenta-se uma certa solidão e separação dos outros. Com relação a essa experiência, Jung diz: "Todos que se tornam conscientes, mesmo de uma parcela do seu inconsciente, ultrapassam seu próprio tempo e seu próprio estrato social e caem numa espécie de solidão ... Mas apenas onde há essa solidão é possível encontrar o 'deus da salvação'. A luz se manifesta na escuridão e do perigo vem o resgate." [38]

O sangue de Cristo representa um estreito paralelo com o *elixir vitae* ou *aqua permanens* dos alquimistas, que era, na realidade, uma forma líquida da Pedra Filosofal. Os textos frequentemente afirmam esse vínculo de forma explícita. A partir de nossa posição privilegiada, podemos dizer que, assim como o "sangue do concerto" do Antigo Testamento era considerado pelos cristãos uma prefiguração do sangue de Cristo, o sangue de Cristo era tomado pelos alquimistas como prefiguração do elixir da Pedra Filosofal.

Diz um texto alquímico:

> Pois como a Pedra Filosofal, que é o Rei Químico, tem – por meio de sua tintura e de sua perfeição desenvolvida – a virtude de transmudar

---

37 *Ibid.*, par. 257.
38 *Ibid.*, par. 258.

outros metais imperfeitos e básicos em puro ouro, nosso Rei celestial e Pedra Angular fundamental, Jesus Cristo, pode – e só Ele pode – nos redimir a nós pecadores e homens imperfeitos com Sua Abençoada Tintura da cor do rubi, isto é, Seu Sangue, de todas as depravações e sujeiras, e curar perfeitamente a doença maligna de nossa natureza ...[39]

E, novamente:

Pois, assim como a Pedra Filosofal se une a outros metais por meio de sua tintura e entra em união indissolúvel com eles, Cristo, nosso Governante, está numa constante união vital com todos os Seus governados por meio da tintura cor de rubi do Seu Sangue, e torna todo o Seu Corpo um compacto edifício espiritual perfeito que, depois de Deus, é criado na retidão e na verdadeira santidade. Ora, essa regeneração, operada no batismo pela ação do Espírito Santo, é na realidade apenas uma renovação espiritual interna do homem caído, pela qual nos tornamos amigos de Deus, e não inimigos ...[40]

Outro texto interessante, de Gerhard Dorn, tem a dizer o seguinte:

(Os filósofos) consideravam sua pedra animada porque, nas operações finais, em virtude do poder desse nobilíssimo e abrasador mistério, um líquido vermelho-escuro, semelhante ao sangue, sai, gota a gota, do seu material e do seu recipiente, e por essa razão eles profetizaram que, nos últimos dias, um homem puríssimo (genuíno), pelo qual o mundo será libertado, virá à terra e suará gotas de sangue, de matiz róseo ou vermelho, pelas quais o mundo será redimido de sua Queda. De modo similar, igualmente, o sangue de sua pedra libertará os metais leprosos, assim como libertará os homens de suas enfermidades ... e esta é a razão por que se considera a pedra animada. Porque no sangue dessa pedra está oculta a alma ... Por uma razão semelhante, eles a consideraram seu microcosmo, pois contém a similitude de todas as coisas deste mundo e, por conseguinte, eles a consideraram, mais uma vez, animada, tal como Platão diz que o macrocosmo é animado.[41]

A pedra que sua sangue é, com efeito, um paralelo preciso de Cristo no Jardim de Getsêmani: "E, estando em agonia, ele orava com mais empenho; e veio-lhe um suor, como grandes gotas de sangue, que corria sobre a terra"

---

39 Waite, A. E., *The Hermetic Museum,* vol. I, pp. 103 s.
40 *Ibid.,* pp. 104 s.
41 Dorn, G., "Congeries Paraclesicae Chemicae de Transmutatione Metallorum", citado por Jung, *Alchemical Studies,* C. W., 13, par. 381.

(Lucas 22:44, RSV). Psicologicamente, isso significa que a extração da *aqua permanens* envolve inevitavelmente dor e conflito psíquicos. Como diz Jung: "... todo avanço psíquico do homem surge do sofrimento da alma ..." [42] O sofrimento, em si mesmo, não tem valor. Para ter valor, deve ser um sofrimento conscientemente aceito, um sofrimento significativo que extrai o fluido redentor. A tolerância voluntária dos contrários no interior do indivíduo, a aceitação de sua própria sombra, e não a indulgência com relação à saída fácil da projeção da sombra nos outros, traz a transformação.

Jung faz o seguinte comentário sobre o texto de Dorn:

> Como a pedra representa o *homo totus* é simplesmente lógico que Dorn fale do *"putissimus homo"* (o mais verdadeiro homem) quando discute a substância arcana e seu suor de sangue, pois é a isso que ela [a pedra] se refere. *Ele* é o arcano, e a pedra e seu paralelo ou prefiguração é Cristo no Jardim de Getsêmani. Esse homem "puríssimo" ou "mais verdadeiro" não deve ser senão o que é, tal como a *"argentum putum"* é prata pura; ele deve ser inteiramente homem, um homem que conhece e possui tudo que é humano e que não é adulterado por nenhuma influência ou mistura externas. Esse homem só aparecerá na terra "nos últimos dias". Ele não pode ser Cristo, pois Cristo, pelo seu sangue, já redimiu o mundo das consequências da Queda. ... De forma alguma está em questão aqui um futuro Cristo e *salvator microcosmi*, mas sim o *servator cosmi* (preservador do cosmo), que representa a ideia ainda inconsciente do homem total e completo, que produzirá o que a morte sacrificial de Cristo obviamente deixou incompleta, a saber, libertar o mundo do mal. Tal como Cristo, ele vai suar um sangue redentor, mas trata-se de um sangue "cor-de-rosa"; não o sangue natural ou comum, mas o sangue simbólico, uma substância psíquica, a manifestação de um certo tipo de Eros que unifica, tanto o indivíduo, quanto a multidão, no signo da rosa, e que os torna totais ...[43]

7. Sonhos Modernos

O símbolo do sangue de Cristo é ativo na psique moderna, como o evidenciam sonhos de pacientes da psicoterapia. Por exemplo, apresentamos, a seguir, um sonho de uma jovem dona de casa cuja identidade pessoal e feminina havia sido muito amplamente submersa por um tratamento arbitrário e danoso

---

42 Jung, C. G., *Psychology and Religion: West and East*, C. W., ll, par. 497.
43 Jung, C. G., *Alchemical Studies,* C. W., 13, par. 390.

na infância. A paciente em questão é dotada de um talento criativo que, até a época do sonho, mantinha-se totalmente despercebido. Pouco depois de iniciar a psicoterapia, ela teve o seguinte sonho:

> Uma figura, um anjo, com um vestido drapeado de branco sob os joelhos, está debruçada, escrevendo com a mão direita numa pedra oval, cor de areia, fixada num gramado novo. Ela está escrevendo com o sangue que está num vaso segurado por uma figura masculina que se encontra do seu lado direito. A figura masculina segura o vaso com a mão esquerda.

Após o sonho, a sonhadora pintou um quadro que o representava (*Ilustração 49*). No quadro, o anjo transformou-se numa grande ave branca que escreve com o bico. O homem que segura o cálice de sangue na mão é uma figura de barba vestida num robe e é claramente uma representação de Cristo. A sonhadora não fez essencialmente nenhuma associação pessoal e disse apenas que o homem a lembrou de Cristo e a ave do Espírito Santo.

Ilustração 49. AVE ESCREVENDO COM O SANGUE DE CRISTO. Pintura de uma paciente.

Esse sonho por certo tem grande importância e representa um profundo processo em andamento no interior da sonhadora. No tocante à laje oval de pedra, um sonho que ocorreu uns três meses após o primeiro apresentou uma associação. Nesse último sonho, *ela vê quatro lajes de concreto quadradas contendo círculos. Elas estão rachadas e partidas. Uma voz diz "Essas são suas atitudes errôneas a respeito da feminilidade, que agora são destruídas"*. Assim sendo, a pedra oval pode ser considerada um novo fundamento que substitui velhas lajes quebradas, uma espécie de *tábula rasa* na qual sua verdadeira identidade pode agora ser escrita. O fato de estarmos testemunhando um processo nuclear pertinente ao estabelecimento do núcleo central de sua personalidade é evidenciado pela presença do símbolo do sangue de Cristo. Como se disse anteriormente, o símbolo pertence à fenomenologia do Si-mesmo e sua presença indica que o centro transpessoal da identidade individual está ativado e está jogando um influxo de energia e de significado na personalidade consciente.

De acordo com a pintura do sonho, Cristo fornece o sangue, mas o Espírito Santo escreve. Isso corresponde de forma bastante estreita às palavras de Jesus: "... a vós convém que eu vá, pois se não vou, não virá a vós o Paráclito" (João 16:7). A partida é o meio pelo qual se extrai o sangue, deixando a energia da individuação livre para se expressar pelo espírito autônomo em sua manifestação individual. Provavelmente é significativo que essa paciente tenha crescido como católica romana e que, na época do sonho, estivesse num processo de retirada de sua projeção da autoridade última na igreja e em suas doutrinas.

O próximo sonho é o de um jovem aluno de graduação. Quando criança, houve um diagnóstico errôneo sobre ele, no qual se lhe atribuiu uma disfunção cardíaca devido a um sopro funcional do coração. Essa experiência provocou-lhe muita ansiedade na época e o deixou com uma reação fóbica diante do sangue ou da perspectiva de ver sangue. Quando exploramos esse sintoma, descobrimos que o sangue representava afetos ou intensidades emocionais de todos os tipos. Ele temia todas as reações vindas do coração. Depois de um encontro particular com seu "complexo de sangue", durante o qual fez um esforço particular para se manter firme e encarar sua ansiedade em vez de fugir dela, ele teve o seguinte sonho:

> Estou próximo a uma estranha casa de três andares que começo a explorar. Aventuro-me a explorar o porão e ali encontro uma fascinante igreja-santuário. Imediatamente minha atenção é atraída por um símbolo luminoso que se encontra acima do altar. Ele consiste de uma cruz e há, no centro da cruz, um coração pulsante. Ele mantém minha atenção por algum tempo e parece conter muitos sentidos ocultos. Depois de sair dali, decido voltar para outra experiência com essa estranha cruz. Quando entro outra vez no santuário, fico impressionado por encontrar uma irmã católica na entrada, e a sala cheia de gente, todos em oração.

Junto com o sonho, ele esboçou uma cruz com um coração superposto (*Ilustração 50*).

Temos com esse sonho um belo exemplo do modo como é possível resolver um sintoma psíquico quando seu núcleo de sentido arquetípico é penetrado. O sonho equipara o complexo de sangue (coração) a Cristo na cruz. Com efeito, o paciente tem medo, na verdade, do sangue de Cristo. Posto nesses termos religiosos ou arquetípicos, o medo do sangue perde sua natureza irracional e, por conseguinte, deixa de ser um sintoma. Torna-se, antes, uma reação diante do numinoso, um terror sagrado, pavoroso, da realidade transpessoal do Si-mesmo. Não se trata de neurose, mas de uma consciência da dimensão religiosa da psique. O sonho veicula ao sonhador o fato de o seu afeto e sua intensidade emocional serem matéria sagrada e de que, embora ele possa abordá-los, temeroso e trêmulo, não é de forma alguma sábio desprezá-los ou rejeitá-los, como ele estava inclinado a fazer. Ou, para dizê-lo de outra forma, o sofrimento sem sentido, de ordem neurótica, foi transformado em sofrimento consciente, significativo, entendido como ingrediente essencial de um processo de vida arquetípico, profundo, isto é, a extração do sangue de Cristo.

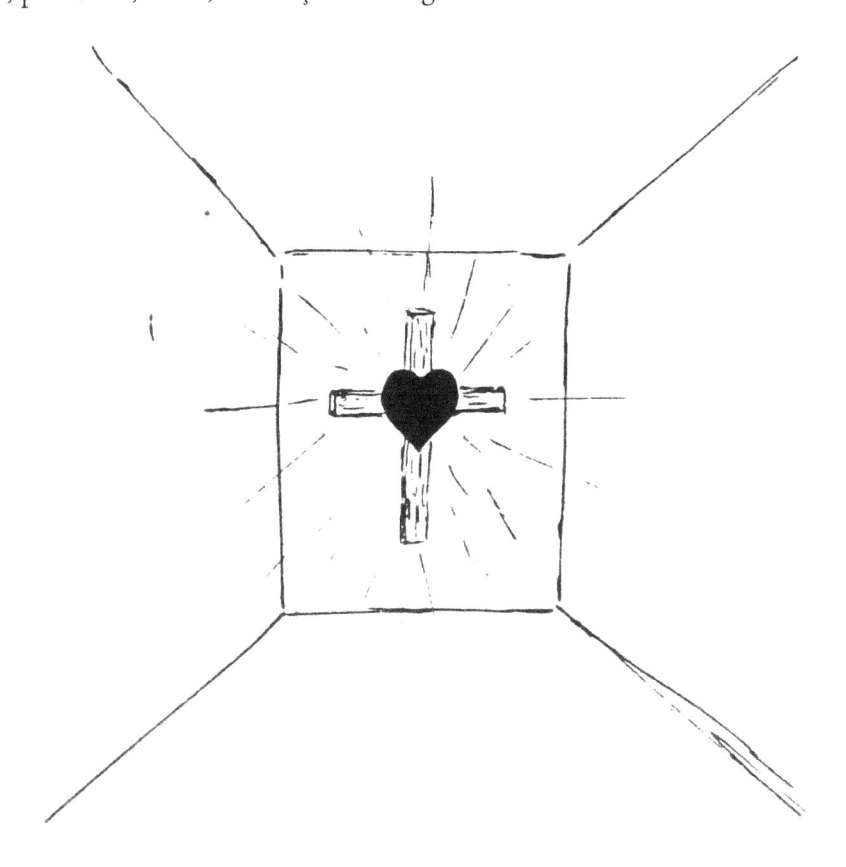

Ilustração 50. O CORAÇÃO NA CRUZ. Desenho de um paciente.

O sonho a seguir foi o primeiro sonho depois do início da análise de um homem que mais tarde se tornou psicoterapeuta:

> Depois de alguma dificuldade, ele fisgou um peixe de coloração dourada. Sua tarefa era extrair o sangue do peixe e aquecê-lo até que ele alcançasse um estado fluido permanente. Havia perigo de que o sangue coagulasse no decorrer do processo. Ele estava num laboratório fervendo o sangue do peixe. Um homem mais velho, "porta-voz por tradição", lhe disse que a coisa jamais iria dar certo, que o sangue certamente coagularia. Contudo, o aquecimento continuou e o sonhador sabia que seria bem-sucedido.

O símbolo do peixe exibe um duplo aspecto. De um lado, trata-se de uma criatura de sangue frio, das profundezas, e por isso representa o instinto inconsciente semelhante ao dragão. Por outro lado, é um símbolo de Cristo. Assim, simboliza tanto o redentor quanto aquilo que deve ser redimido.

Um mito relevante referente à extração de uma substância salvadora de um peixe está no livro apócrifo de Tobias. Nessa história, o herói, Tobias, estava prestes a se casar com Sara, uma mulher que já se havia casado sete vezes. Todas as vezes, o noivo havia sido assassinado, na noite de núpcias, por um demônio que habitava o quarto de Sara. Um dia Tobias encontrou um grande peixe que pulou para fora da água diante dele. Rafael, seu guia, disse a Tobias para fisgar o peixe e extrair-lhe o coração, o fígado e a vesícula biliar. A vesícula foi reservada para outro propósito, mas o coração e o fígado deveriam ser queimados, na noite do casamento de Tobias com Sara, para expulsar o demônio que havia lhe assassinado os maridos precedentes. Isso foi feito com sucesso. Tobias sobreviveu ao seu casamento com Sara e cobrou o dinheiro que o pai de Sara lhe devia.

Essa história contém um importante simbolismo no tocante àquilo que é necessário fazer para ter uma relação com o inconsciente sem ser por ele destruído. A *coniunctio* só é bem-sucedida após a captura do peixe e da extração de sua essência, que se transforma em substância salvadora similar ao sangue de Cristo. Em resumo, ela significa que o problema do desejo inconsciente deve ser resolvido, o que constitui um prelúdio necessário à *coniunctio*. Cristo foi identificado ao peixe *(ichthys)* desde o início do cristianismo. Assim, o sangue do peixe é também o sangue de Cristo. Por extensão, o peixe pode representar todo o éon cristão, estando a era de Peixes chegando ao fim.[44]

---

44 Jung, C. G., *Aion,* C. W., 9/II, par. 127 s.

Portanto, em seu sentido mais universal, a extração do sangue de um peixe sugeriria a extração de vida e sentido de toda a revelação cristã. Uma preciosa essência psíquica se separa de uma forma anterior que a continha. Como o sonho indica, a transmissão da velha para a nova forma é perigosa. O sangue pode coagular. Em outras palavras, no processo de separação do sentido religioso da vida do seu recipiente, do cristianismo tradicional, há perigo de o valor suprapessoal se perder inteiramente. Ou, talvez, o perigo de o sangue coagular numa forma fixa sugeriria que a energia transpessoal recém-liberada poderia se tornar prematuramente presa a categorias estreitas e inadequadas de compreensão e de ação. Exemplos disso podem ser os partidarismos políticos ou sociológicos ou, talvez, vários fanatismos pessoais inferiores em que o recipiente é pequeno para suportar a magnitude e o significado da energia de vida suprapessoal. Todavia, o sonho traz a implicação de que a transformação será bem-sucedida.

Em resumo, o sangue de Cristo representa o poder primordial da própria vida, tal como este se manifesta no plano psíquico, com uma profunda potencialidade para o bem ou para o mal. Como símbolo da essência fluida da condição do Si-mesmo e da totalidade, ele contém e reconcilia todos os opostos. Se vem como um influxo flamejante de energia indiferenciada, pode destruir o ego petrificado ou não desenvolvido. Por outro lado, é a energia que alimenta, suporta, vincula e promove a vida, a energia que flui do centro transpessoal da psique e que mantém, torna válida e justifica a continuidade da existência do centro pessoal da psique, o ego. Como combinação da água e do fogo, o sangue de Cristo é, ao mesmo tempo, confortador, calmante, protetor e inspirador, agitador e revigorador. É a essência além do tempo que carrega e torna significativa a existência temporal pessoal. É a coluna sempiterna sobre que repousa o presente momento de existência consciente. Sempre que liberamos um estado estéril, estagnado ou depressivo de consciência por meio de um influxo de imagens, sentimentos ou energias motivadoras significativos, podemos dizer que um dinamismo arquetípico representado pelo sangue de Cristo iniciou sua operação. Essas experiências confirmam a realidade do "poder redentor", qualidade essencial do sangue de Cristo.

Capítulo 10

A pedra filosofal

Compreendei, Filhos da Sabedoria, a Pedra declara:
Protegei-me e vos protegerei; dai-me o que me é devido e vos ajudarei.

– TRATADO DE OURO DE HERMES[*]

1. Introdução e Texto

Um rico e complexo símbolo do Si-mesmo se encontra na ideia alquímica da Pedra Filosofal – o alvo último do processo alquímico. Alguns podem se perguntar: que valor podem ter as fantasias dos alquimistas para a moderna psicologia empírica? A resposta é: essas fantasias expressam simbolicamente as camadas mais profundas do inconsciente e fornecem valiosos paralelos que nos auxiliam a compreender as imagens que emergem atualmente na análise profunda dos indivíduos. O próprio fato de os alquimistas serem psicologicamente ingênuos e acríticos permitiu que as imagens simbólicas se manifestassem a si mesmas sem distorção. Jung o explica da seguinte maneira:

> (Para compreender todo o espectro do significado de um símbolo) a investigação deve se voltar para aqueles períodos da história em que a formação dos símbolos ainda ocorria sem empecilhos, isto é, em que ainda não havia crítica epistemológica à formação de imagens e em que, por consequência, fatos que em si mesmos eram desconhecidos podiam ser expressos sob uma forma visual definida. O período com essas características que está mais próximo de nós é o período da filosofia natural medieval. ... Ele atingiu seu desenvolvimento mais significativo na alquimia e na filosofia hermética.[1]

---

[*] Atwood, M. A., *Hermetic Philosophy and Alchemy*, reimpresso pela Julian Press, Nova York, 1960, p. 128.

[1] Jung, C. G., *Alchemical Studies*, C. W., 13, par. 253.

Diz Jung, na conclusão de *Mysterium Coniunctionis*:

> *A alquimia ... me prestou o grande e incalculável serviço de fornecer o material em que minha experiência pôde encontrar espaço suficiente e, por essa razão, me possibilitou descrever o processo de individuação, pelo menos em seus aspectos essenciais.*[2]

O alvo do processo de individuação é obter uma relação consciente com o Si-mesmo. O alvo do procedimento alquímico era mais frequentemente representado pela Pedra Filosofal. Assim, a Pedra Filosofal é um símbolo do Si-mesmo.

Descrições fragmentadas da natureza e dos atributos da Pedra Filosofal encontram-se espalhadas na volumosa literatura alquímica. Um estudo completo da fenomenologia dessa imagem requereria a tarefa considerável de reunir esse material espalhado. Todavia, meu propósito neste capítulo é muito mais modesto e, para esse fim, tive a sorte de encontrar uma descrição razoavelmente completa e detalhada da Pedra Filosofal.

O texto que utilizarei encontra-se nos prolegômenos de uma antologia de textos alquímicos ingleses organizada por Elias Ashmole, publicada em Londres, em 1652.

Ele diz o seguinte (com a ortografia modernizada):

> (1) (A forma mineral da Pedra Filosofal) tem o poder de transmutar toda e qualquer matéria terrestre imperfeita em seu grau máximo de perfeição, isto é, de converter o mais elementar dos materiais em ouro e prata perfeitos; [de transmutar] a rocha em toda sorte de pedras preciosas (como rubis, safiras, esmeraldas, diamantes etc.) e muito mais experimentos de natureza similar. Mas como isso é tão somente uma parte [do seu poder], é a parcela mínima dessa bênção que pode ser adquirida pela Matéria Filosofal, se todas as virtudes aqui mencionadas fossem conhecidas. O ouro é, confesso, um objeto delicioso, uma luz plena de bem ...; mas, embora o principal intento dos alquimistas seja fazer ouro, dificilmente era esse o principal intento dos filósofos antigos, que o consideravam o uso mais inferior que os adeptos davam a essa Matéria.
>
> (2) Pois eles, na qualidade de amantes da sabedoria, mais que da riqueza material, dirigiram seus esforços para operações mais elevadas e

---

2 Jung, C. G., *Mysterium Coniunctionis*, C. W., 14, par. 792.

mais excelentes: E certamente aquele a quem está aberto todo o curso da natureza se rejubila, não tanto por ser capaz de fazer ouro e prata, ou de sujeitar os demônios a si, quanto por ver os céus se abrirem e os anjos de Deus subirem e descerem, e por ter o seu próprio nome devidamente inscrito no Livro da Vida.

(3) Agora, passemos às Pedras Vegetal, Mágica e Angelical, que não contam, em nenhuma de suas partes, com a Pedra Mineral ... pois elas são maravilhosamente sutis e cada uma delas difere [das outras] em termos de operação e de natureza, uma vez que são adequadas e fermentadas para diferentes efeitos e propósitos. Sem dúvida Adão (ao lado dos Pais antes do dilúvio e desde então), Abraão, Moisés e Salomão operaram muitos prodígios por meio delas, embora a sua virtude última jamais tenha sido plenamente compreendida por eles; e nem, na verdade, por ninguém mais além de Deus, o Criador de todas as coisas do céu e da terra, para sempre bendito.

(4) Porque, pela (Pedra) Vegetal, pode-se conhecer perfeitamente a natureza do homem, das feras, das aves, dos peixes, assim como de todos os tipos de árvores, plantas, flores etc., assim como o modo de produzi-los e de fazê-los crescer, florescer e gerar frutos; o modo de aumentar-lhes a cor e o cheiro, quando e onde desejarmos, e isso não só por um instante ... mas diariamente, mensalmente, anualmente, a qualquer momento, em qualquer estação; sim, no mais rigoroso inverno ...

(5) Além de sua parte masculina – associada a uma qualidade solar e por meio de cujo calor inexcedível será queimada e destruída qualquer criatura, planta etc. – há uma parte lunar e feminina que (se aplicada imediatamente) mitigará [os efeitos da parte masculina] com sua extrema frieza; e, de maneira similar, a qualidade lunar imobiliza e congela qualquer animal etc., a não ser que lhe venha o auxílio imediato e o combate [ao frio] da qualidade do Sol; pois, embora ambas as partes provenham de uma única substância natural, em sua operação exibem qualidades opostas: não obstante, há uma assistência natural entre elas [que determina que] aquilo que uma delas não é capaz de fazer a outra tanto pode fazer como o fará.

(6) Nem são suas virtudes internas superiores à sua beleza externa; pois a parte solar exibe um brilho tão resplandecente e transparente que o olho do homem dificilmente poderia suportá-lo; e, se a parte lunar for exposta numa noite escura, as aves vão se aproximar (e circular em torno) dela, tal como uma mosca circula em torno de uma candeia, e vão submeter-se a si mesmas à prisão da mão ...

(7) Por meio da Pedra mágica ou prospectiva, é possível descobrir qualquer pessoa que se encontre em qualquer parte do mundo, por mais secretamente oculta ou escondida que se encontre; em quartos, banheiros ou cavernas da terra: pois a Pedra faz ali uma completa inquisição. Numa palavra, ela apresenta normalmente, aos nossos olhos, até mesmo o mundo inteiro, no qual poderemos observar, ouvir ou ver o que desejarmos. E há mais: ela permite que o homem compreenda a linguagem das criaturas, tal como o chilrear dos pássaros, o rugir das feras etc.; converter um espírito em imagem, que, ao observar a influência dos corpos celestes, se torna um verdadeiro oráculo – que, não obstante, nada tem de necromântico ou demoníaco; que é fácil, prodigiosamente fácil, natural e honesto.

(8) Por último, tratemos da Pedra angelical. Ela é tão sutil que não pode ser vista, sentida ou pesada – pode apenas ser provada. A voz do homem (que compartilha, em certo grau, dessas propriedades sutis) logo acorre como analogia. E mais: o próprio ar não é tão penetrável e, no entanto (misteriosa maravilha!), [é] uma Pedra, que habitará o fogo por toda a eternidade sem sofrer prejuízos. Ela tem um poder divino, celestial e invisível, acima de tudo, e confere, a quem a possui, divinos dons. Ela provoca a aparição de anjos e dá o poder de conversar com eles, por meio de sonhos e de revelações; e nenhum espírito demoníaco se aproximará do local em que ela habitar. Porque, sendo ela uma quintessência, na qual não há elemento corruptível, nenhum demônio pode permanecer em sua presença ou resistir-lhe.

(9) S. Dunston a chama alimento dos anjos; e ela é chamada por outros viático celestial; árvore da vida; e é sem dúvida (imediatamente abaixo de Deus) o verdadeiro ... elemento vital; pois, por seu intermédio, o homem se torna capaz de viver um longo tempo sem se alimentar; e de forma alguma se poderia pensar que o homem que dela fizer uso possa morrer. Não tenho muita admiração ao pensar sobre o porquê de os seus possuidores – que têm essas manifestações de glória e de eternidade apresentadas diante dos seus olhos carnais – desejarem viver; o porquê de eles, em lugar de desejarem ser dissolvidos e ter o prazer da plena fruição, preferirem viver num lugar em que devem contentar-se com a mera especulação ...

(10) Racis dirá a vocês que há um dom de profecia escondido na Pedra vermelha; pois por meio dela (ele dirá) os filósofos previram as coisas que viriam a ocorrer; e Petrus Bonus adverte que eles não fizeram apenas profecias gerais, mas profecias específicas; eles tiveram um

conhecimento antecipado da ressurreição e da encarnação de Cristo, do dia do juízo e do fato de o mundo dever ser consumido pelo fogo; e o souberam, tão somente, com base naquilo que descobriram em suas operações.

(11) Em resumo, por meio do verdadeiro e variado uso da *Prima Materia* Filosofal (pois há uma diversidade de dons, mas um só espírito), a perfeição das ciências liberais é dada a conhecer, toda a sabedoria da natureza pode ser percebida e (não obstante o que tenha sido dito, devo acrescentar) há ainda, ocultas, coisas ainda maiores que essas, pois vimos apenas alguns dos seus trabalhos.

(12) Seja como for, há apenas uns poucos com condições de inocular os enxertos dessa ciência. Esses enxertos são mistérios que só podem ser revelados aos adeptos e àqueles que se vêm dedicando, desde o próprio berço, a servir e a esperar nesse altar.[3]

Elias Ashmole, autor desse texto, não era um alquimista praticante. Era um estudioso, dotado de grande erudição, que tinha interesse particular na alquimia e na astrologia e reuniu grande número de livros e manuscritos a respeito desses temas. Uma nota pessoal de interesse era sua relação com o alquimista William Backhouse. Esse alquimista adotou Ashmole como filho espiritual. "Esse foi um evento auspicioso da vida de Ashmole – um evento que o levou a sentir-se incluído na longa linhagem de verdadeiros sábios."[4] Dois anos mais tarde, Backhouse, ao que parece no leito de morte, transmitiu mais alguns segredos a Ashmole. Ashmole escreveu em seu diário que Backhouse "me disse, sílaba por sílaba, qual era a verdadeira matéria da Pedra Filosofal, o que deixou comigo como um legado".[5]

A descrição da Pedra Filosofal feita por Ashmole é sem dúvida uma compilação das qualidades da Pedra, descritas nos numerosos textos alquímicos com que estava familiarizado. Ashmole reuniu esses itens dispersos, deu-lhes a forma de um todo orgânico, com base em sua própria imaginação rica, e os expressou em seu estilo estranhamente encantador.

Ashmole descreve a Pedra Filosofal como se ela fosse quatro diferentes Pedras, a que denomina Pedra Mineral, Pedra Vegetal, Pedra Mágica e Pedra

---

3 Ashmole, Elias (organ.), *Theatrum Chemicum Britannicum*. Reimpressão da edição inglesa de 1652, com uma nova Introdução de Allen G. Debus, Johnson Reprint Corporation, Nova York e Londres, 1967.
4 *Ibid.*, p. XXIX.
5 *Ibid.*, p. XXIX.

Angelical. Em nosso texto, essas quatro categorias dividem o poder da Pedra em quatro diferentes modos de funcionamento para propósitos de descrição, mas há um significado mais profundo. Em toda a alquimia, o simbolismo do número quatro desempenha importante papel. O quatro era considerado o princípio ordenador básico da matéria. No início do mundo, antes da criação, havia apenas a *prima materia*, que não tinha forma, estrutura ou conteúdo específico. Tudo era potencial; nada era real. No ato da criação, os quatro elementos – terra, ar, fogo e água – foram separados da *prima materia*. É como se a cruz dos quatro elementos tivesse sido imposta à *prima materia*, dando-lhe ordem e estrutura e tirando o cosmo do caos.

Para produzir a Pedra Filosofal, os quatro elementos devem, por conseguinte, ser unidos outra vez na unidade da quintessência. O estado original de totalidade e união da *prima materia* é, portanto, restaurado na Pedra Filosofal, em outro nível. Essas ideias têm muitos paralelos no processo de desenvolvimento psicológico, particularmente no tocante ao quatro como símbolo da totalidade. A natureza quaternária da Pedra Filosofal entra em relação imediata com as imagens-mandala quaternárias do Si-mesmo e, na realidade, temos quadros alquímicos da Pedra que têm a forma de mandalas (*Ilustração 51*). Em termos psicológicos, costumamos considerar o número quatro como uma referência às quatro funções psíquicas – pensamento, sentimento, sensação e intuição. Todavia, essa interpretação de forma alguma é adequada para cobrir todo o significado do quatro. Os quatro elementos, por exemplo, não podem ser identificados com as quatro funções. Parece, na verdade, que o padrão estruturador do quatro pode emergir numa variedade de contextos para trazer ordem e diferenciação à experiência. Mas ele sempre carrega as implicações de realização ou complementação.

Embora Ashmole fale de quatro diferentes Pedras, na discussão a seguir as ações dos diferentes aspectos da Pedra serão consideradas como resultantes de uma Pedra Filosofal única e unitária.

2. Transformação e Revelação

O primeiro parágrafo do texto afirma:

> (1) (A forma mineral da Pedra Filosofal) tem o poder de transmutar toda e qualquer matéria terrestre imperfeita em seu grau máximo de perfeição; isto é, de converter o mais elementar dos materiais em ouro

e prata perfeitos; [de transmutar] a rocha em toda sorte de pedras preciosas (como rubis, safiras, esmeraldas, diamantes etc.) e muito mais experimentos de natureza similar. Mas como isso é tão somente uma parte [do seu poder], é a parcela mínima dessa bênção que pode ser adquirida pela Matéria Filosofal, se todas as virtudes aqui mencionadas fossem conhecidas. O ouro é, confesso, um objeto delicioso, uma luz plena de bem ...; mas, embora o principal intento dos alquimistas seja fazer ouro, dificilmente era esse o principal intento dos filósofos antigos, que o consideravam o uso mais inferior que os adeptos davam a essa Matéria.

Ilustração 51. O ALVO ÚLTIMO COMO MANDALA. Desenho Alquímico.

De acordo com o ponto de vista alquímico, os metais da terra passaram por um processo gradual e natural de desenvolvimento. Os metais elementares, como o chumbo, eram formas imaturas, iniciais. Eles amadureceriam e se desenvolveriam, tornando-se metais nobres, ouro e prata. Os alquimistas pensavam poder acelerar o processo natural de desenvolvimento mediante os procedimentos da sua arte. Essa ideia é uma evidente projeção, na matéria, do fato de o desenvolvimento psicológico natural ser promovido dando-se atenção ao conteúdo psíquico e "trabalhando"-o.

Consideravam-se o ouro e a prata metais "nobres" porque eram incorruptíveis, não estavam sujeitos à ferrugem ou à corrosão. Assim, carregavam as qualidades da consistência e da eternidade imutáveis. Da mesma forma, a experiência do Si-mesmo, no processo de individuação, transmite ao ego as características da estabilidade confiável que o torna menos sujeito à decomposição regressiva. Essas qualidades do ego resultam de uma crescente consciência da dimensão transpessoal ou "eterna" da psique – e de uma relação com essa dimensão – que constitui um importante aspecto da experiência do Si-mesmo.

A transformação da matéria inferior em ouro também pode apresentar um aspecto negativo como ocorre, por exemplo, com a lenda do Rei Midas. Foi-lhe concedida a realização do desejo de que tudo em que tocasse se transformasse em ouro, mas depois ele ficou desapontado ao descobrir que sua comida se tornara não comestível. Essa história ilustra uma condição de identificação com a Pedra Filosofal hostil à vida. O homem não pode viver apenas com as verdades eternas; ele também necessita de pão, isto é, satisfações pessoais, temporais.

O texto nos diz que a Pedra converte rocha em pedras preciosas. As pedras preciosas representam valores, itens que compõem tesouros em função de sua beleza e do seu valor. As rochas são um material sem brilho, inferior, mas bem duras. Elas representariam os aspectos banais, "corriqueiros", da vida. Compreendida em termos psicológicos, essa capacidade da Pedra se refere à capacidade da personalidade consciente no sentido de perceber o significado e o valor presentes nos mais ordinários, e mesmo desagradáveis, eventos. Da mesma forma, os aspectos inferiores, "básicos", de cada indivíduo serão vistos como portadores de valor. Como a beleza está nos olhos de quem a vê, a mudança da atitude de percepção é o agente das transformações.

Ashmole sente-se obrigado, nesse ponto, a informar-nos que a feitura de ouro e de joias é o menor dos poderes da Pedra. Embora estejamos tomando essa descrição em termos simbólicos, ele a toma de forma literal. Ele é como o sonhador que descreve o sonho enquanto ainda se encontra imerso nele, ao passo que estamos tentando entender o significado do seu sonho do ponto de vista da consciência desperta.

Ficamos sabendo que a feitura de ouro não era o intento dos filósofos antigos. Essa afirmação corresponde à ideia amplamente expressa em trabalhos alquímicos de que "nosso ouro não é o ouro comum"; é o "ouro filosófico". O aspecto confuso fica por conta do fato de, após afirmarem isso, os autores passarem a falar de fogos, recipientes e procedimentos químicos de laboratório. A única explicação para isso é que os próprios alquimistas estavam confusos. Eles estavam procurando um conteúdo "filosófico" ou espiritual num procedimento químico, e isso estava fadado ao insucesso. Todavia, em seu insucesso, os alquimistas nos deixaram um rico legado de material simbólico que descreve a fenomenologia do processo de individuação.

A referência aos filósofos antigos remete a toda a questão do significado do termo Pedra Filosofal. Filósofo significa amante de *sophia,* ou sabedoria. Uma pedra é matéria numa de suas formas mais duras e tem conotações de solidez, permanência e substantividade obstinada. Assim, a Pedra Filosofal simboliza uma espécie de sabedoria concretizada ou factual. Na *Aurora Consurgens*,[6] a sabedoria, personificada como *Sapientia Dei,* é equiparada especificamente à Pedra Filosofal. Todavia, a Pedra significa mais do que a sabedoria significava para os filósofos, assim como a Pedra significa mais do que a figura de Cristo significa, caso entendamos a Pedra no sentido puramente espiritual comum. O comentário de Jung a respeito da relação entre a Pedra e Cristo vem aqui a propósito, pois o cristianismo tomou a espiritualidade unilateral da filosofia platônica e estoica:

> ... O símbolo da pedra, apesar da analogia com Cristo, contém um elemento que não podemos reconciliar com os pressupostos puramente espirituais do cristianismo. O próprio conceito da "pedra" indica a natureza peculiar desse símbolo. "Pedra" é a essência de todas as coisas sólidas e terrenas. Representa a *matéria* feminina, e esse conceito se imiscui na esfera do "espírito" e do seu simbolismo ... A pedra era mais que uma "encarnação" de Deus, era uma concretização, uma "materialização" que alcançava a escuridão do reino inorgânico ou até mesmo emanava dele, daquela parte da Divindade que se opunha ao Criador ... Consequentemente, podemos supor, na alquimia, uma tentativa de *integração* simbólica *do mal*, mediante a colocação do divino drama da redenção no próprio homem.[7]

O parágrafo dois continua:

> (2) Pois eles, na qualidade de amantes da sabedoria, mais que da riqueza material, dirigiram seus esforços para operações mais elevadas e mais excelentes: E certamente aquele a quem está aberto todo o curso da natureza se rejubila, não tanto por ser capaz de fazer ouro e prata, ou sujeitar os demônios a si, quanto por ver os céus se abrirem e os anjos de Deus subirem e descerem e por ter o seu próprio nome devidamente inscrito no Livro da Vida.

---

6   Von Franz, Marie-Louise (org.), *Aurora Consurgens.* Série Bollingen LXXVII, Princeton University Press, 1966.
7   Jung, C. G., *Mysterium Coniunctionis,* C. W., 14, par. 643.

Esse parágrafo tem um tom semelhante ao de uma passagem do *The Hermetic Museum*:

> Nem fiques ansioso por perguntar se realmente possuo esse precioso tesouro. Pergunta antes se vi como o mundo foi criado; se estou familiarizado com a natureza da escuridão egípcia; qual a causa do arco-íris; que aparência terão os corpos glorificados na ressurreição geral ...[8]

Em ambas as passagens, a experiência da revelação é considerada a coisa realmente importante.

Nosso texto contém três referências bíblicas. A primeira se encontra no capítulo vinte e oito do Gênesis, em que se diz que Jacó sonhou "que havia uma escada colocada na terra, cuja parte superior alcançava o céu; e eis que os anjos de Deus subiam e desciam por ela" (RSV).

A escada de Jacó simboliza o eixo ego-Si-mesmo, como discutimos anteriormente (p. 38). (*Gravura 5*). Os anjos que descem e sobem correspondem aos procedimentos alquímicos de *sublimatio* [sublimação] e *coagulatio* [coagulação], respectivamente.[9] A *sublimatio* é, psicologicamente, o processo de elevação de experiências concretas e pessoais a um nível superior, ou nível de verdade abstrata ou universal. A *coagulatio*, em contraste, é a concretização, ou realização pessoal, de uma imagem arquetípica. Pois a visibilidade dos anjos subindo e descendo significaria que o ego-mundo pessoal e a psique arquetípica são vistos numa relação de interpenetração. Blake exprime esse estado com os seguintes versos:

> *To see a world in a grain of sand*
> *And a heaven in a wild flower,*
> *Hold infinity in the palm of your hand*
> *And eternity in an hour.*
>
> (*Auguries of Innocence*)

[Ver um mundo num grão de areia / E um céu numa flor silvestre, / Ter o infinito na palma da mão / E a eternidade numa única hora.]

Interessa também o fato de a pedra ter relação com o sonho de Jacó. Ele usou uma pedra como travesseiro e após o sonho, quando percebeu que

---

8 Waite, A. E. (tradutor), *The Hermetic Museum*, Londres, John M. Watkins, 1953, vol. I, p. 8.
9 Cf. Jung, *Psychology and Alchemy*, C. W., 12, par. 65 s.

o local "não é senão a casa de Deus, e essa é a porta dos céus", ele usou a pedra como marco. Jung sugere que a pedra de Jacó, que marca o local onde se unem o "inferior" e o "superior", pode ter sido considerada equivalente à Pedra Filosofal.[10]

Gravura 5. A ESCADA DE JACÓ, de William Blake.

A segunda referência bíblica está em Lucas 10:19-20, onde Jesus diz aos seus setenta mensageiros: "Eis que vos dou poder para pisar serpentes e escorpiões, e toda a força do inimigo; e nada vos fará dano. Mas não vos rejubileis porque se vos sujeitem os espíritos; rejubilai-vos antes por estarem os

---

10 Jung, C. G., *Mysterium Coniunctionis*, C. W., 14, par. 568.

vossos nomes inscritos nos céus" (RSV). A terceira referência é o termo "livro da vida", que se encontra em Apocalipse 20:15: "e aquele cujo nome não foi achado inscrito no livro da vida foi lançado no lago de fogo" (RSV).

No Capítulo Seis, discuti o significado psicológico de se ter o próprio nome "inscrito nos céus" ou no "livro da vida". Trata-se de uma referência à percepção de que nossa identidade individual ou pessoal tem uma origem e uma justificação de ser transpessoais, *a priori*. Uma experiência dessas constitui uma solução definitiva para uma "crise de identidade", para usar um termo popular da atualidade. É igualmente a resposta a condições menores de alienação, falta de valor e inferioridade.

O texto nos diz que a Pedra Filosofal possui um poder de revelação. Ela abre "todo o curso da natureza", revela os vínculos existentes entre as dimensões pessoais e transpessoais (terra e céu) da psique e torna evidente que nosso ego pessoal tem um fundamento "metafísico" e, por conseguinte, um direito inalienável de existir em toda a sua peculiaridade. Esses efeitos correspondem estreitamente aos efeitos de um encontro com um símbolo do Si-mesmo que pode emergir, num sonho ou numa fantasia, durante a psicoterapia.

Por exemplo, uma mulher com problemas de alienação teve o seguinte sonho:

> Uma criança órfã foi deixada no batente da minha porta à noite. Ela parecia ter um cordão umbilical que chegava aos céus. Senti-me completamente realizada quando a descobri. Conheci o propósito da minha vida.

O cordão umbilical que alcança os céus é uma imagem explícita do eixo ego-Si-mesmo. O tema do órfão surge como uma descrição da Pedra Filosofal. Na mandala que esculpiu numa pedra em Bollingen (*Ilustração 52*), Jung escreveu as palavras transcritas a seguir, com base em passagens alquímicas referentes à Pedra Filosofal:

> Sou um órfão, sozinho; não obstante, sou encontrado em todos os lugares; sou uno, mas oposto a mim mesmo. Sou, a um só tempo, jovem e velho. Não conheci pai ou mãe, pois tive de ser retirado das profundezas como um peixe, ou caí do céu, como pedra branca. Erro nas florestas e montanhas, mas estou oculto no mais recôndito da alma humana. Sou mortal para todos e, no entanto, não sou afetado pelo ciclo dos éons.[11]

---

11 Jung, C. G., *Memories, Dreams, Reflections*, organizado por Aniela Jaffe, Pantheon Books, Nova York, 1963, p. 227.

Ilustração 52. A PEDRA DE BOLLINGEN.

O texto prossegue:

> (3) Agora, passemos às Pedras Vegetal, Mágica e Angelical, que não contam, em nenhuma de suas partes, com a Pedra Mineral ... pois elas são maravilhosamente sutis e cada uma delas difere [das outras] em termos de operação e de natureza, uma vez que são adequadas e fermentadas para diferentes efeitos e propósitos. Sem dúvida Adão (ao lado dos Pais antes do dilúvio e desde então), Abraão, Moisés e Salomão operaram muitos prodígios por meio delas, embora a sua virtude última jamais tenha sido plenamente compreendida por eles; e nem, na verdade, por ninguém mais além de Deus, o Criador de todas as coisas do céu e da terra, para sempre bendito.

O principal conteúdo desse parágrafo é que Adão e outras personalidades antigas possuíam a Pedra Filosofal. Trata-se de uma suposição comum nos textos alquímicos, e essa posse era considerada, por exemplo, a razão da longevidade de que se gozava naquele tempo. No mito judaico-cristão, os primeiros patriarcas eram considerados praticamente ancestrais semidivinos. Eles estavam em contato imediato com a fonte do ser. Deus lhes falava e com eles compartilhava dos seus desígnios. São figuras arquetípicas eternas que continuam a viver no paraíso. É apropriado dizer que eles devem ter possuído a Pedra. O paralelo psicológico é que as experiências do Si-mesmo costumam vir acompanhadas de uma aura de antiguidade. Uma característica específica da fenomenologia do Si-mesmo é sua qualidade essencialmente atemporal, eterna e, portanto, antiga. Ele transmite o sentimento de que somos participantes de um processo de todas as épocas que torna relativas as vicissitudes do aqui e agora.

3. O Princípio da Fertilidade

O texto continua:

> (4) Porque, pela (Pedra) Vegetal, pode-se conhecer perfeitamente a natureza do homem, das feras, das aves, dos peixes, assim como de todos os tipos de árvores, plantas, flores etc., assim como do modo de produzi-los e de fazê-los crescer, florescer e gerar frutos; o modo de aumentar-lhes a cor e o cheiro, quando e onde desejarmos, e isso não só por um instante ... mas diariamente, mensalmente, anualmente, a qualquer momento, em qualquer estação; sim, no mais rigoroso inverno ...

A Pedra é descrita aqui como princípio do crescimento ou da fertilidade. Esse aspecto da Pedra corresponde às palavras de Jesus: "Vim para que tenham vida, e para que a tenham em abundância" (João 10:10, RSV). Uma identificação explícita entre Cristo e o princípio da fertilidade está numa lenda apócrifa referente à fuga para o Egito. A caminho do Egito, José, Maria e Jesus encontram um agricultor plantando trigo. O infante Jesus toma de um punhado de sementes e as atira pelo caminho. Elas crescem instantaneamente, amadurecem e ficam prontas para a colheita. Quando José e sua família ficam encobertos pelo alto trigal, um grupo de soldados de Herodes vai procurá-los. "Viste uma mulher e uma criança?", pergunta um soldado. "Sim", disse o agricultor, "Vi-as quando estava plantando esse trigo". "Isso deve ter acontecido há muitos meses", dizem os soldados de Herodes, e vão embora.[12] (*Ilustração 53*).

---

12 Gaer, Joseph, *The Lore of the New Testament*, Nova York, Grosset and Dunlap, 1966, p. 626.

Osíris também encarna o princípio da vida e da fertilidade. Um texto inscrito num túmulo egípcio diz:

> Sou a planta da vida
> Que vem de Osíris,
> Que cresce das costelas de Osíris,
> Que permite que as pessoas vivam,
> Que torna os deuses divinos,
> Que espiritualiza os espíritos, ...
> Que dá vida aos viventes,
> Que fortalece os membros dos viventes
> Vivo como trigo, a vida dos viventes, ...
> Sou a vida que surge de Osíris.[13]

Ilustração 53. O CRESCIMENTO MIRACULOSO DO TRIGO. *Très Riches Heures de Jean, Duc de Berry.*

Na Antiguidade, o princípio da fertilidade era objeto de grandes cultos. O simbolismo sexual desempenhava um grande papel nesses ritos, uma vez que a sexualidade é, evidentemente, a origem da vida e meio pelo qual os propósitos transpessoais da Natureza transformam o homem em seu instrumento. O útero, o seio e o pênis são, por conseguinte, símbolos apropriados para o próprio princípio da vida - que, nas palavras do nosso texto, gera todas

---

13   Clark, R. T. Rundle, *Myth and Symbol in Ancient Egypt*, Nova York, Grove Press, 1960, p. 118 s.

as formas de vida e sabe "como produzi-las e fazê-las crescer, florescer e gerar frutos".

Consideradas em termos psicológicos, as qualidades de promoção do crescimento que a Pedra possui referem-se ao fato de o Si-mesmo ser a *fons et origo* da existência psíquica. A vida, o crescimento e a fertilidade são expressões da libido, ou energia psíquica. Esse aspecto da Pedra está vinculado ao simbolismo alquímico da *benedicta viriditas,* a bendita verdura, que tem ligações com Afrodite, com o espírito da vegetação e com o Espírito Santo (cf. p. 244).

O aspecto de fertilidade da Pedra às vezes aparece em sonhos. Por exemplo, um jovem que estava passando por um período de transição e se encontrava, na realidade, por demais envolvido com energias transpessoais, sonhou que, por onde passava, a grama ficava mais espessa e mais verde, seguindo a trilha dos seus passos. Outro homem teve o seguinte sonho:

> Vejo um homem com um pênis extraordinariamente longo. Ele é jovem e no entanto parece meu avô. O pênis é semelhante a um cachimbo e é composto pela junção de partes. Para caminhar, o homem separou essas partes e as carregou numa caixa especialmente preparada para isso.

Essa figura é imediatamente identificada como um aspecto do Si-mesmo em função do fato de ser, paradoxalmente, tanto jovem quanto velha, isto é, de transcender a categoria do tempo. A Pedra Filosofal costuma ser descrita nesses termos paradoxais. O imenso pênis refere-se ao princípio da criação ou da fertilidade que estamos discutindo (*Ilustração 54*). Seu tamanho, que ultrapassa em muito as proporções humanas, indica sua natureza arquetípica ou suprapessoal. O fato de ser construído em secções e de ter uma qualidade artificial ou fabricada constitui uma reminiscência do falo do Osíris renascido. Após o desmembramento de Osíris, o falo original era justamente o fragmento que não se conseguia encontrar. Ísis então o substituiu por um falo artificial, de madeira, com o qual Horo foi concebido. A concepção por meio de um falo de madeira é um evento estranho, não humano. Assim, faz alusão a um processo transpessoal que está além da compreensão do homem ou do ego. Talvez aponte uma concepção *psíquica,* realizada por uma imagem simbólica, e não pela realidade concreta.

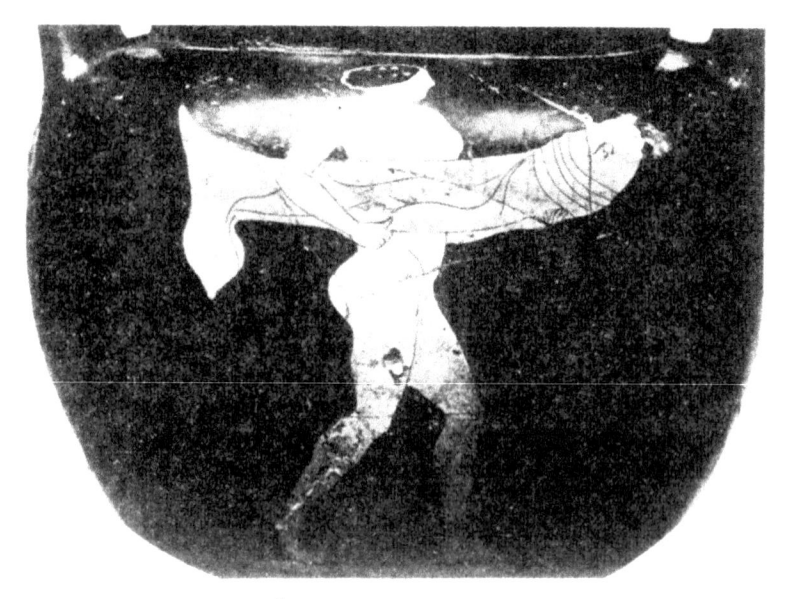

▶ Ilustração 54. O SÍMBOLO REGENERATIVO DO FESTIVAL DE HALOA. Reproduzido de um vaso grego.

4. A União dos Opostos

O texto segue:

> (5) Além de sua parte masculina – associada a uma qualidade solar e por meio de cujo calor inexcedível será queimada e destruída qualquer criatura, planta etc. – há uma parte lunar e feminina que (se aplicada imediatamente), mitigará [os efeitos da parte masculina] com sua extrema frieza; e, de maneira similar, a qualidade lunar imobiliza e congela qualquer animal etc., a não ser que lhe venha o auxílio imediato e o combate [ao frio] da qualidade do Sol; pois, embora ambas as partes provenham de uma única substância natural, em sua operação exibem qualidades opostas: não obstante, há uma assistência natural entre elas [que determina que] aquilo que uma delas não é capaz de fazer a outra tanto pode fazer como o fará.

Aqui somos informados de que a Pedra Filosofal é uma união de duas entidades opostas: uma entidade quente, masculina, solar; e uma entidade fria, feminina, lunar. Isso corresponde àquilo que Jung demonstrou de forma tão exaustiva: o fato de o Si-mesmo ser experimentado e simbolizado como uma união de opostos. A Pedra Filosofal costuma ser descrita como uma *coniunctio* entre o Sol e a Lua. Muitos quadros alquímicos tentam descrever esse paradoxo (*Ilustrações 55* e *56*).

Ilustração 55. O HERMAFRODITA SOL-LUA.

Ilustração 56. A UNIÃO DO SOL E DA LUA — ENXOFRE E MERCÚRIO.

O texto descreve também as qualidades negativas e perigosas que cada uma dessas partes pode exibir quando opera sozinha. A parte solar, encontrada em sua forma pura, é destrutiva em função do seu calor e de sua intensidade excessivos. Trata-se de uma reminiscência da segunda tarefa de Psique no mito de Amor e Psique. Vênus ordenara a Psique que conseguisse um fio de lã de um rebanho de carneiros de velocino de ouro. Um junco amigo, à beira do rio, deu a Psique o seguinte conselho:

> ... (não) te aproximes agora desses terríveis carneiros. Pois eles tomam o calor abrasador do sol flamejante e um selvagem frenesi os enlouquece, de modo que eles, com seus agudos chifres e com suas testas duras como pedra e, às vezes, até mesmo com suas venenosas presas, saciam sua fúria na destruição dos homens. Mas ... (quando) o calor do sol do meio-dia tiver reduzido sua intensidade e as feras forem acalentadas pela suave brisa do rio ... e quando os carneiros acalmarem sua loucura e aplacarem sua ira, vá agitar as folhas do bosque longínquo, e encontrarás a lã de ouro espalhada, aqui e ali, nos ramos quebrados.[14]

Neumann comenta que "os carneiros selvagens de ouro do sol simbolizam um poder masculino-espiritual, arquetipicamente superior, que o (ego) feminino não pode enfrentar".[15] Neumann interpreta todo o mito de Amor e Psique do ponto de vista da psicologia feminina, e a mulher certamente é mais vulnerável aos efeitos destrutivos do poder solar unilateral. Todavia, o problema se aplica igualmente aos homens.

Encontramos o componente solar unilateral da Pedra Filosofal em seu aspecto destrutivo, em termos psicológicos, tanto interior como exteriormente, na projeção. Exteriormente, pode ser experimentado como o ardor provocado pelo afeto extremo por outra pessoa. Interiormente, pode ser encontrado quando alguém se identifica com uma fúria extrema, emanada do inconsciente, e é por ela consumido. Em ambos os casos, há efeitos psíquicos danosos, cuja anulação requer um tempo considerável. As quantidades moderadas de libido solar são criadoras, frutíferas e promotoras de vida, mas um excesso unilateral é inimigo da vida psíquica.

O texto nos diz que a parte lunar da Pedra Filosofal, quando encontrada em sua forma pura, também pode ser destrutiva, uma vez que sua extrema

---

14 Neumann, Erich, *Amor and Psyche*, Série Bollingen LIV, Princeton University Press, p. 43 s.
15 *Ibid.*, p. 99.

frieza "imobiliza e congela". O exemplo clássico do aspecto imobilizador e paralisante do princípio feminino negativo é o mito da Górgona Medusa. Olhar para ela tem o efeito de transformar quem olha em pedra. O ego do homem é o mais vulnerável a esse efeito. Por exemplo, ouvi o caso de um jovem cientista que se achava entusiasticamente envolvido em alguma pesquisa importante. Um dia, sua mãe foi visitá-lo no laboratório. Ela observou tudo e fez alguma observação depreciativa a respeito do valor daquilo que ele estava fazendo. O tiro foi certeiro! Foi o bastante para destruir a relação do rapaz com o trabalho durante alguns dias. Sua libido tinha sido "paralisada e congelada". Ele só conseguiu alívio quando a raiva com relação à situação alcançou o nível da consciência, isto é, quando o componente solar da Pedra Filosofal deu uma solução para o efeito unilateral do componente lunar.

O efeito de congelamento e de imobilização da qualidade lunar é uma forma extrema assumida pela capacidade do princípio feminino no sentido de promover a *coagulatio*. As imagens e necessidades prementes de natureza espiritual, que prefeririam ficar afastadas da influência da terra, são obrigadas, pelo princípio do Eros feminino, a se relacionar com a realidade pessoal, concreta. Se o ego estiver bastante afastado dessa realidade, sua experiência do encontro com o feminino será sentida como uma queda paralisadora.

Pode ser muito útil perceber que os efeitos danosos do perigoso poder lunar e do poder solar destrutivo são, não obstante, aspectos da Pedra Filosofal. Quando estamos nos recuperando dos efeitos de um encontro com qualquer dessas potências, ajuda a manter a orientação e a perspectiva o fato de saber que estamos sofrendo de algo emanado da própria Pedra. Quem procura a Pedra Filosofal está repetidamente sujeito a se tornar vítima de um dos seus aspectos parciais. Esses eventos constituem as operações alquímicas que produzem a transformação de modo gradual. Mas as operações estão em nós mesmos. *Nós* experimentamos a *calcinatio* do fogo solar ou a *coagulatio* paralisadora do poder lunar. Em meio a esses rigores, é extremamente útil saber que elas são parte de um processo significativo mais amplo.

O parágrafo seguinte fala das qualidades positivas dos componentes solar e lunar da Pedra:

> (6) Nem são suas virtudes internas superiores à sua beleza externa; pois a parte solar exibe um brilho tão resplandecente e transparente

que o olho do homem dificilmente poderia suportá-lo; e, se a parte lunar for exposta numa noite escura, as aves vão se aproximar (e circular em torno) dela, tal como a mosca circula em torno de uma candeia, e vão submeter-se a si mesmas à prisão da mão ...

O aspecto positivo do princípio solar da consciência masculina, espiritual, deriva do fato de este ser produtor de luz. Tudo se torna claro, brilhante e transparente sob a intensidade de sua iluminação. A experiência desse aspecto do Si-mesmo pode transmitir uma considerável dose de numinosidade e, em geral, se faz acompanhar de símbolos de luz – iluminação brilhante, fisionomia irradiante, halos etc. William James comenta a frequência dos fenômenos de iluminação, a que dá o nome de fotismos, na experiência da conversão religiosa. Ele cita a descrição de um caso desses da seguinte maneira:

> De repente, a graça de Deus brilhou sobre mim e me envolveu de maneira quase maravilhosa ... Uma luz perfeitamente inefável brilhou em minha alma, uma luz que quase me deixou prostrado ... Essa luz parecia o brilho do sol espalhando-se em todas as direções. Era intensa demais para os olhos ... Penso que aprendi algo naquele momento, por meio da experiência real, sobre aquela luz que prostrou Paulo na estrada de Damasco (*Ilustração 21*). Era certamente uma luz que eu não poderia ter suportado por muito tempo.[16]

Ao longo da análise, às vezes ocorrem iluminações de menor intensidade, associadas a imagens oníricas características. Exemplos dessas imagens podem ser encontrados na série de sonhos publicadas por Jung na Parte II de *Psychology and Alchemy*; por exemplo, os sonhos 7, 19 e 20 da série em questão. A experiência que acompanha essas imagens é uma expansão da consciência e um aumento da compreensão. Trata-se de um encontro com um aspecto do Si-mesmo e é, por conseguinte, bastante impressionante. Todavia, como apenas um lado é constelado, os símbolos típicos da totalidade não encontram expressão explícita.

O texto fala também dos aspectos positivos da parte lunar. É muito difícil exprimir adequadamente, por meio de palavras, o significado psicológico da lua. Erich Neumann fez um esplêndido esforço nesse sentido no ensaio

---

16 James, William, *Varieties of Religious Experience*, Nova York, Modern Library, Random House, p. 246 s.

"On the Moon and Matriarchal Consciousness",[17] que recomendo enfaticamente. Nesse artigo, ele escreve:

> Não sob os raios ardentes do sol, mas à fria luz refletida da lua, quando a escuridão da consciência se encontra em plenitude, o processo criador se completa; a noite, e não o dia, é o tempo da procriação. Ela quer a escuridão, assim como a calma, o segredo, o silêncio e a obscuridade. Portanto, a lua é senhora da vida e do crescimento, em oposição ao sol letal e devorador. A úmida noite é própria ao sono, mas também à cura e à recuperação ... O poder regenerativo do inconsciente realiza, na escuridão noturna ou por meio da luz da lua, sua tarefa, um *mysterium* num *mysterium*, que vem de fora de si mesmo, da natureza, e sem ajuda do ego-cabeça.[18]

Diz o texto que a parte lunar da Pedra atrairá aves à noite e as levará a aceitar o cativeiro voluntariamente. As aves como intuições ilusórias ou potenciais do espírito são, portanto, trazidas à realidade pelo modo lunar de ser tão bem descrito por Neumann. Também mencionamos aqui o tema da domesticação. Um paralelo é o motivo do unicórnio, que só pode ser domesticado no colo de uma virgem (*Ilustração 57*). Na alquimia, o unicórnio simbolizava o Mercúrio, o espírito ilusório difícil de apreender e de controlar. Num texto, o unicórnio se transforma numa pomba branca, outro símbolo de Mercúrio, assim como do Espírito Santo.[19] Assim, a virgem que domestica o unicórnio é sinônimo da porção lunar da Pedra que leva os pássaros à aceitação voluntária do cativeiro. Essas imagens se referem a uma certa atitude gerada pelo aspecto lunar ou Yin do Si-mesmo, que leva as necessidades selvagens e livres, mas indisciplinadas, a entrarem em contato com a realidade e a se submeterem à totalidade transpessoal da personalidade. Trata-se da domesticação do desejo selvagem que se considera autossuficiente. Uma mulher real pode servir a essa função para um homem. Ela deve ser virginal no sentido descrito por Esther Harding,[20] isto é, uma mulher que pertença a si mesma e que funcione como entidade feminina independente, não contaminada por atitudes masculinas.

---

17 Neumann, Erich, "On the Moon and Matriarchal Consciousness", *Spring*, Clube de Psicologia Analítica de Nova York, 1954, p. 83.
18 *Ibid.*, p. 91.
19 Jung, C. G., *Psychology and Alchemy*, C. W., 12, par. 518.
20 Harding, M. Esther, *Woman's Mysteries*, Nova York, Fundação C. G. Jung, 1971, p. 103 s.

Ilustração 57. VIRGEM DOMESTICANDO UM UNICÓRNIO. Desenho Alquímico.

Na alquimia, o unicórnio no colo da virgem estava claramente associado ao Cristo morto no colo de Maria.[21] Isso traz toda a ideia da encarnação do Logos para esse simbolismo. A encarnação constitui um aspecto da *coagulatio*. Os alquimistas se preocupam com o modo de coagular, capturar ou fixar o espírito ilusório do mercúrio. Uma das formas representadas pictoricamente era a transfixação da serpente mercurial a uma árvore ou sua pregação a uma cruz, tal como se fez com Cristo (*Ilustração 58*). A árvore e a cruz são símbolos femininos e, portanto, se equiparam ao colo da virgem e ao aspecto lunar da Pedra. Essas imagens desafiam a explicação fácil, mas certamente têm relação com a *percepção* da psique como entidade concreta que tem sua existência efetiva e particular engendrada pelo aspecto lunar da Pedra.

---

21 Jung, C. G., *Psychology and Alchemy*, C. W., 12, par. 519.

Ilustração 58. A SERPENTE CRUCIFICADA. Desenho Alquímico.

5. A Ubiquidade

O parágrafo sete prossegue:

> (7) Por meio da Pedra mágica ou prospectiva, é possível descobrir qualquer pessoa que se encontre em qualquer parte do mundo, por mais secretamente oculta ou escondida que se encontre; em quartos, banheiros ou cavernas da terra: pois a Pedra faz ali uma completa inquisição. Numa palavra, ela apresenta normalmente, aos nossos olhos, até mesmo o mundo inteiro, no qual poderemos observar, ouvir ou ver o que desejarmos. E há mais: ela permite que o homem compreenda a linguagem das criaturas, tal como o chilrear dos pássaros, o rugir

das feras etc.; converter um espírito em imagem, que, ao observar a influência dos corpos celestes, se torna um verdadeiro oráculo – que, não obstante, nada tem de necromântico ou demoníaco; que é fácil, prodigiosamente fácil, natural e honesto.

Nada podemos ocultar à Pedra; tudo está aberto à sua visão. A pedra é ubíqua (*Ilustração 59*). A Pedra é, por conseguinte, equivalente ao olho de Deus, que a tudo vê. Na quarta e na quinta visão de Zacarias, há um interessante paralelo do nosso texto. Na quarta visão, Zacarias vê uma pedra com sete olhos (Zacarias 3:9). Na quinta, vê um candelabro em que há sete lâmpadas. Um anjo lhe diz: "Sete são os olhos de Javé; eles abarcam todo o mundo" (Zacarias 4:10, Bíblia de Jerusalém). Jung afirma que alguns alquimistas interpretavam essas passagens como referências à Pedra Filosofal.[22] Os sete olhos de Deus corresponderiam às sete esferas planetárias e, na alquimia, aos sete metais. Eles são os sete degraus da escada da transformação.

Ilustração 59. A UBIQUIDADE DA PEDRA. Desenho Alquímico.

---

22 *Ibid.*, par. 518.

O olho de Deus foi uma imagem proeminente na religião egípcia antiga. O texto de um túmulo diz: "Sou o olho de Horo, que a tudo vê, cujo aparecimento provoca o terror, Senhora do Massacre, Poderoso do horror".[23] Essa passagem reflete a atitude comum do ego diante do encontro com a experiência do olho de Deus. Trata-se de uma atitude de ansiedade em que está presente o temor da descoberta e o julgamento dos pecados inconscientes. Como nada pode ficar longe das vistas da Pedra Filosofal, a Pedra será sentida como perigosa ameaça por todos que tentarem escapar à plena autoconsciência.[24] A Pedra pode ver tudo porque simboliza a personalidade completa e integrada, que não tem aspectos ocultos nem dispersos. Pela mesma razão, ela permite a compreensão dos pássaros e feras, que representam a sabedoria intuitiva e instintiva do homem. A imagem do olho de Deus sugere uma fonte unificada de consciência (visão) no interior do inconsciente. Talvez seja também uma alusão aos fenômenos da sincronicidade. O olho como círculo às vezes é encontrado em mandalas; por exemplo, na Pedra de Bollingen, de Jung, tem a forma de um olho com uma figura de *pupillus* (Telésforo) no interior da pupila (*Ilustração 52*). O olho de Deus é uma expressão pictorial do aforismo *Vocatus atque non vocatus Deus aderit* (*Ilustração 60*).

Ilustração 60. O OLHO DE DEUS. Entalhe do Século XVI.

---

23 Clark, *Myth and Symbol*, p. 221.
24 "A Divina Sabedoria ... é a união em que Deus vê eternamente a Si Mesmo, sendo Ele Próprio essa união. No Amor, a Luz de Deus, esse espelho é chamado Sabedoria de Deus; mas, na Ira, é o Olho que tudo vê." Boehme, Jacob, *in Personal Christianity, the Doctrines of Jacob Boehme,* organizado por Franz Hartmann, Nova York, Frederich Unger Publishing Co., p. 48.

Por fim, o parágrafo nos diz que a pedra pode "converter um espírito em imagem que, ao observar a influência dos corpos celestes, torna-se um verdadeiro oráculo". Converter um espírito em imagem deve referir-se, psicologicamente, à capacidade do inconsciente no sentido de exprimir um humor ou um afeto indiferenciado vago em alguma imagem fantasiosa específica. Esse evento é o alvo do processo da imaginação ativa. Para fazer um conteúdo inconsciente emergir à consciência, é preciso que o imaterial seja coagulado em matéria; o desencarnado, ou melhor, o ainda não encarnado, deve passar pela encarnação; deve-se apreender um espírito em alguma forma discernível para torná-lo um conteúdo da consciência. Trata-se de um dos aspectos da operação alquímica de *coagulatio*. Os sonhos desempenham essa função, o mesmo ocorrendo com a imaginação ativa e com outras formas imaginativas de expressão criativa. Nosso texto diz que a Pedra Filosofal é que realiza a transformação do espírito em imagem. Isso corresponde ao velho ditado segundo o qual os sonhos vêm de Deus. Em outras palavras, o poder de construção de imagens da psique deriva do seu centro transpessoal, o Si-mesmo; ele não é uma função do ego.

C. A. Meier relatou um sonho moderno que é um exato paralelo do nosso texto. O sonho é:

> Estou deitado num divã; à minha direita, perto da minha cabeça, há uma pedra preciosa, talvez fixa num anel, que tem o poder de criar, de forma vívida, todas as imagens que eu queira ver ...

Meier associa o divã à *inclinação* ou ao leito onde o paciente dormiu quando visitou os antigos templos de Asclépio na esperança de ter um sonho curativo. Ele fala da pedra preciosa como um símbolo do Si-mesmo e diz que ela "também cumpre a função da bola de cristal na profecia, isto é, ela serve de *yantra* (encanto) para a visualização de conteúdos inconscientes".[25]

Nosso texto acrescenta que a imagem, uma vez relacionada à influência dos corpos celestes, torna-se um oráculo. Os corpos celestes, como fatores planetários, seriam referentes às forças transpessoais, aos arquétipos do inconsciente coletivo. A ideia parece ser de que, quando experimentamos o poder de criação de imagens do inconsciente em conjunto com uma compreensão da dimensão arquetípica da psique, temos acesso a um oráculo, isto é, a uma sabedoria mais ampla, que transcende o ego.

---

25 Meier, C. A., *Ancient Incubation and Modern Psychotherapy*, Evanston, Northwestern University Press, 1967, p. 56.

O parágrafo oito continua:

> (8) Por último, tratemos da Pedra angelical. Ela é tão sutil que não pode ser vista, sentida ou pesada – pode apenas ser provada. A voz do homem (que compartilha, em certo grau, dessas propriedades sutis) logo acorre como analogia. E mais: o próprio ar não é tão penetrável e, no entanto (misteriosa maravilha!), [é] uma Pedra, que habitará o fogo por toda a eternidade sem sofrer prejuízos. Ela tem um poder divino, celestial e invisível, acima de tudo, e confere, a quem a possui, divinos dons. Ela provoca a aparição de anjos e dá o poder de conversar com eles, por meio de sonhos e de revelações; e nenhum espírito demoníaco se aproximará do local em que ela habitar. Porque, sendo ela uma quintessência, na qual não há elemento corruptível, nenhum demônio pode permanecer em sua presença ou resistir-lhe.

Temos apresentada aqui, mais uma vez, a natureza paradoxal da Pedra. Ela é tão invisível, difusa e rarefeita que não temos outro meio de percebê-la além de provar. Por outro lado, é uma pedra tão sólida e imutável que o fogo eterno não a pode enfraquecer ou destruir. Trata-se do tema da pedra que não é pedra, que sempre leva a um retorno à alquimia grega.[26] Ruland diz: "A Pedra que não é pedra é uma substância pétrea no que se refere à eficácia e à virtude, mas não no tocante à substância".[27]

A Pedra Filosofal é um símbolo do centro e da totalidade da psique. Assim, a natureza paradoxal da pedra corresponderá à natureza da própria psique. Falamos da realidade da psique, mas quantos dispõem das faculdades perceptivas para "provar" sua real presença? Se aquele tão frequentemente chamado "homem comum" lesse este capítulo, pensaria que estou falando de uma coisa real? Provavelmente não. A maioria daqueles que dão às suas inclinações o nome de psicologia não está consciente da realidade da psique. Trata-se de comportamento, reflexos neurológicos condicionados, química celular, mas a própria psique nada é. Nas palavras do nosso texto, "ela não pode ser vista, sentida ou pesada". Para aqueles que só percebem a realidade nesses termos, a psique não existe. Somente aqueles que se viram forçados, pelo seu próprio desenvolvimento ou pelos seus próprios sintomas psicogênicos, a experimentar a realidade da psique sabem verdadeiramente que, embora intangível, ela é "pétrea no que se refere à eficácia". A percepção mais completa desse fato resulta do processo de individuação.

---

26 Berthelot, M. P. E., *Collection des Anciens Alchemistes Grecs,* reimpresso por Holland Press, Londres, 1963, I, III, 1.
27 Ruland, Martin, *A Lexicon of Alchemy,* traduzido por A. E. Waite, Londres, John M. Watkins, 1964, p. 189.

O texto nos diz ainda que a Pedra "provoca a aparição de anjos e dá o poder de conversar com eles, por meio de sonhos e de revelações". Trata-se de uma elaboração da capacidade de produção de imagens mencionada anteriormente. A condição de contato com o Si-mesmo traz a consciência dos significados transpessoais, aqui simbolizados como conversas com anjos.

O parágrafo é concluído pela afirmação de que nenhum espírito demoníaco pode aproximar-se da Pedra, "Porque [ela é] uma quintessência, na qual não há elemento corruptível ..." Em termos psicológicos, um espírito demoníaco, ou demônio, é um complexo dividido dotado de um dinamismo autônomo capaz de assumir o controle do ego. Sua existência é perpetuada por uma atitude repressiva da parte do ego, que não aceita o conteúdo dividido nem o integra à personalidade como um todo. A consciência com relação ao Si-mesmo e o atendimento do requisito da personalidade total eliminam as condições propícias à sobrevivência dos complexos autônomos. A quintessência é a quinta substância unificada, que resulta da união dos quatro elementos. Ela corresponde à personalidade unificada, que dá igual consideração às quatro funções. Uma única função que opere de forma arbitrária, sem sofrer a modificação e a correção das demais, é demoníaca. Como o afirma Jung, "Mefistófeles é o aspecto diabólico de toda função psíquica que se soltou da hierarquia da psique total e goza, agora, de independência e de poder absoluto".[28] Como Cristo, a Pedra afasta os demônios, isto é, aspectos parciais da personalidade que tentam usurpar a autoridade do todo.

6. O Alimento Espiritual e a Árvore da Vida

O texto prossegue:

> (9) S. Dunston a chama alimento dos anjos; e ela é chamada por outros viático celestial; árvore da vida; e é sem dúvida (imediatamente abaixo de Deus) o verdadeiro elemento vital; pois, por seu intermédio, o homem se torna capaz de viver um longo tempo sem se alimentar; e de forma alguma se poderia pensar que o homem que dela fizer uso possa morrer. Não tenho muita admiração ao pensar sobre o porquê de os seus possuidores – que têm essas manifestações de glória e de eternidade apresentadas diante dos seus olhos carnais – desejarem viver; o porquê de eles em lugar de desejarem ser dissolvidos e ter o prazer da plena fruição, preferirem viver num lugar em que devem contentar-se com a mera especulação ...

---

28 Jung, C. G., *Psychology and Alchemy*, C. W., 12, par. 88.

Esse parágrafo apresenta várias ideias que requerem elaboração. A Pedra é chamada "alimento dos anjos". Normalmente, não concebemos os anjos como entidades que precisem de alimento. Todavia, talvez sua condição seja análoga à dos espíritos mortos do mundo inferior encontrados por Ulisses. Para fazer surgir os espíritos, ele foi obrigado a sacrificar dois cordeiros e a derramar-lhe o sangue, que atrairia os espíritos que têm fome de sangue.[29] Trata-se de uma interessante imagem que expressa o modo como a libido deve ser derramada no inconsciente para ativá-lo. Evidentemente, algo similar ocorre com os anjos: eles precisam do alimento da Pedra Filosofal para se manifestar aos homens. O alimento é o símbolo da *coagulatio*. Assim, a ideia pode ser a de que um reino eterno, angelical, é concretizado ou trazido à existência temporal por meio da consciência com relação ao Si-mesmo.

O termo "alimento dos anjos" também conta com uma referência nas Escrituras. Referindo-se ao maná dos céus enviado aos israelitas no deserto, diz Sabedoria 16:20: "Alimentaste teu povo com o alimento dos anjos, e lhe deste pão vindo do céu, preparado sem trabalho, que tinha em si toda a delícia e a satisfação de todo o sabor" (Bíblia de Jerusalém). "O alimento dos anjos" equivale, aqui, a "Pão Vindo do Céu" e, no capítulo sexto de João, esse termo se aplica a Jesus, que diz: "Sou o Pão da Vida; aquele que vier a mim não terá fome, nem sede" (João 6:35, RSV). A liturgia católica usa esses textos como referências à Eucaristia, que nos leva à próxima caracterização da Pedra.

A Pedra também é chamada "viático celestial". O viático é a Eucaristia administrada por um sacerdote a um homem moribundo. A palavra referia-se originalmente ao dinheiro ou aos gêneros necessários a uma viagem. É derivada de *via,* estrada ou caminho. A jornada do moribundo tira-o deste mundo e o conduz ao céu. A mesma questão da morte será retomada mais adiante, quando Ashmole especula sobre o porquê de alguém que possua a Pedra Filosofal desejar ficar vivo. Assim, a pedra promove uma espécie de morte para o mundo, isto é, retirada de projeções.

Chamar a Pedra de viático significa identificá-la com o corpo de Cristo, tal como é ele preparado, por meio da transubstanciação, no mistério da Missa. Melquior, um alquimista do início do século XVI, tornou explícita essa comparação. Ele descreveu o processo alquímico sob a forma de Missa, ficando o alquimista no papel de oficiante.[30] Além de Melquior, Jung apresentou vários outros exemplos da tendência dos alquimistas no sentido de

---

29 Homero, *Odisseia,* Livro XI.
30 Jung, C. G., *Psychology and Alchemy,* C. W., 12, par. 480.

igualar a Pedra a Cristo.[31] Aqui vemos um esforço inicial do princípio de individuação, que se baseia no primado da experiência subjetiva, no sentido de tomar e assimilar o valor central da tradição religiosa coletiva predominante. Há uma situação semelhante, em nossos dias, que envolve a psicologia analítica e a religião. Àquele que já não vê sentido nas formas religiosas tradicionais, a psicologia analítica oferece um novo contexto para a compreensão dos símbolos transpessoais, um contexto mais apropriado para os aspectos mais desenvolvidos da consciência moderna.

A pedra também é chamada "árvore da vida". Isso é uma referência à segunda árvore do Jardim do Éden. Depois de ter comido da árvore do conhecimento do bem e do mal, Adão é expulso do Jardim, "para que não estenda a mão e tome também do fruto da árvore da vida e o coma, e viva para sempre".(Gênesis 3:22, RSV. A árvore passou a ser guardada, daquele momento em diante, pelo querubim e pela espada flamejante que se volta para todos os lados. A Pedra corresponderá, por via de consequência, a algo de que o homem esteve próximo, mas que, tendo passado para a consciência (consciência dos opostos, conhecimento do bem e do mal), dele foi afastado. A relação do indivíduo com o Si-mesmo desenvolve-se dessa forma. Como discutimos na Parte I, o ego nascente está contido, originalmente, num estado inconsciente do Si-mesmo, a condição primordial de totalidade que Neumann denominou uróboros. Com a emergência da consciência do ego, vem a dolorosa separação da totalidade inconsciente e da relação imediata com a vida, simbolizada pela árvore da vida. O alvo último do desenvolvimento da psique torna-se, portanto, uma recuperação do estado de totalidade original perdido, dessa vez no nível da percepção consciente.

Não era incomum descrever a Pedra Filosofal como árvore transcendente (*Ilustração 61*). Logo, ela tem relação com o bem conhecido simbolismo da Árvore do Mundo ou Árvore Cósmica. Assim como Cristo foi o segundo Adão, sua cruz era concebida como a segunda árvore, a árvore da vida (*Ilustração 62*). Um alquimista descreve a Pedra Filosofal com as seguintes palavras:

> Considerando simplesmente a semelhança, e não a substância, os Filósofos comparam seu material a uma árvore de ouro com sete ramos, pensando que ela inclui em sua semente os sete metais, e que estes estão nela ocultos, razão por que a consideram uma coisa viva. Mais uma vez, assim como as árvores naturais têm diversas florações em sua estação, o material da pedra faz aparecer as mais belas cores quando exibe suas florações.[32]

---

31 *Ibid.*, par. 477 ss.
32 Jung, C. G., "The Philosophical Tree", *in Alchemical Studies*, C. W., 13, par. 380.

Aparecem árvores estranhas e impressionantes em sonhos e desenhos modernos. Jung dá um certo número de exemplos em seu ensaio *The Philosophical Tree*.³³ Um paciente, em meio a uma grande transição (resolução da transferência), sonhou que uma imensa árvore caiu com estrondo no chão e que, enquanto ela caía, ele ouviu um grito agudo, não terreno. Esse sonho tem um interessante paralelo num texto que descreve a Árvore Filosófica como uma árvore invertida: "As raízes do seu núcleo estão no ar e as copas, na terra. E quando são retiradas do seu lugar, ouve-se um terrível som e sobrevém um grande temor".³⁴ A Árvore Filosófica pode passar pela morte e pelo renascimento de forma bastante semelhante à da Fênix. Esse sonho poderia sugerir, consequentemente, que a personalidade como um todo está passando por uma transformação de desenvolvimento.

Ilustração 61. A ÁRVORE ALQUÍMICA.

---

33 *Ibid.*, par. 304 ss.
34 *Ibid.*, par. 410.

▸ Ilustração 62. CRISTO, O SALVADOR, NA ÁRVORE DA VIDA.

7. O Um no Todo

O texto continua:

> (10) Racis dirá a vocês que há um dom de profecia escondido na Pedra vermelha; pois por meio dela (ele dirá) os filósofos previram as coisas que viriam a ocorrer; e Petrus Bonus adverte que eles não fizeram apenas profecias gerais, mas profecias específicas; eles tiveram um conhecimento antecipado da ressurreição e da encarnação de Cristo, do dia do juízo e do fato de o mundo dever ser consumido pelo fogo; e o souberam, tão somente, com base naquilo que descobriram no curso de suas operações.

A capacidade da Pedra em termos de profecia significa que ela está ligada a uma realidade transconsciente que se encontra além das categorias de tempo e espaço. Isso corresponde ao fenômeno, descrito por Jung, que ele denominou sincronicidade. Uma das formas pelas quais ele pode se manifestar é a coincidência significativa entre um sonho, ou outra experiência psíquica, e algum evento futuro. Jung apresenta alguns exemplos em seu ensaio sobre a sincronicidade.[35] Essas experiências têm mais probabilidades de ocorrer quando o nível arquetípico da psique foi ativado e têm um impacto numinoso sobre aquele que as experimenta. O texto menciona especificamente o pré-conhecimento da ressurreição, encarnação de Cristo, dia do juízo etc. Esses são eventos definitivamente transpessoais, e mesmo cósmicos. A implicação parece ser de que a Pedra transmite o conhecimento da estrutura suprapessoal, ou ordem das coisas – inerente ao próprio universo e bem afastada dos princípios de estruturação da consciência do ego, a saber, espaço, tempo e causalidade.

Jung fala desse princípio ordenador transpessoal como um significado autossustentado e relata vários sonhos que aparentemente aludem a ele. Um desses sonhos é:

> O sonhador estava numa região montanhosa selvagem onde encontrou camadas contínuas de rochas do Triásico. Retirou os resíduos que as envolviam e descobriu, para seu profundo espanto, que elas tinham rostos humanos gravados em baixo relevo.[36]

O termo Triásico refere-se a um período geológico que data de uns 200 milhões de anos, bem antes do surgimento do homem. Assim, o aparecimento do homem foi, por assim dizer, profetizado no sonho. Em outras palavras, a existência do homem foi predeterminada pelo substrato inorgânico do mundo – ou é inerente ao mundo.

Um paciente me trouxe certa vez um sonho semelhante:

> O sonhador explorava uma caverna marinha, examinando várias pedras atraentes polidas pelos movimentos das marés. Para sua grande surpresa, deu com uma figura perfeitamente formada do Buda, que ele sabia ter sido criada, tão somente, pelas forças naturais do mar.

Esses sonhos sugerem que a ordem, o sentido e a própria consciência predeterminados estão embutidos no universo. Uma vez que se perceba essa ideia, o fenômeno da sincronicidade deixa de surpreender. Certamente não é desprovido de sentido o fato de, em ambos os sonhos, a forma humana ter

---

35 Jung, C. G., *The Structure and Dynamics of the Psyche*, C. W., 8, par. 816 ss.
36 *Ibid.*, par. 945.

sido gravada na pedra pela natureza. Com efeito, eu consideraria que ambos os sonhos fazem referência, especificamente, à Pedra Filosofal, a mesma pedra que nosso texto afirma ter o poder da profecia.

> (11) Em resumo, por meio do verdadeiro e variado uso da *Prima Materia* Filosofal (pois há uma diversidade de dons, mas um só espírito), a perfeição das ciências liberais é dada a conhecer, toda a sabedoria da natureza pode ser percebida e (não obstante o que tenha sido dito, devo acrescentar) há ainda, ocultas, coisas ainda maiores que essas, pois vimos apenas alguns dos seus trabalhos.

Pela primeira vez, o texto usa o termo *prima materia* como sinônimo de Pedra Filosofal e o faz numa passagem que enfatiza os múltiplos e diversificados aspectos da Pedra. À primeira vista, parece haver uma confusão entre o final e o princípio. A *prima materia* é a primeira matéria original, que deve ser submetida a um longo procedimento para que se alcance, finalmente, sua transformação em Pedra Filosofal, o alvo da obra. Mas essas ambiguidades são características do pensamento alquímico, tal como são características do simbolismo do inconsciente.

As descrições da *prima materia* enfatizam sua ubiquidade e multiplicidade. Diz-se que ela tem "tantos nomes quantas são as coisas", e na verdade Jung, em seu seminário sobre Alquimia, menciona 106 nomes para a *prima materia*, sem ter começado a esgotar a lista. Apesar de suas diversas manifestações, as fontes insistem também em que a *prima materia* é, essencialmente, uma unidade. Nosso texto faz a mesma afirmação: "há uma diversidade de dons, mas um só espírito". Assim, a Pedra Filosofal, o final do processo, tem a mesma multiplicidade na unidade que a matéria original tem no início. A diferença entre elas reside no fato de, no final, haver uma Pedra, isto é, uma realidade concreta, indestrutível. Talvez seja significativo o fato de o início do processo alquímico ser mencionado nesse penúltimo parágrafo da descrição do alvo. Isso sugere que o ciclo se completou, que o fim é um novo início da *circulatio* eterna e que a Pedra, tal como Cristo, é tanto Alfa quanto Ômega.

Do ponto de vista psicológico, o tema de unidade e multiplicidade envolve o problema da integração de fragmentos em conflito da nossa própria personalidade. Essa é a essência do processo psicoterapêutico. O alvo do processo é experimentar-se a si mesmo como *uno*; mas, ao mesmo tempo, o ímpeto para fazer o esforço parece derivar da unidade que estava ali, *a priori*, o tempo inteiro. Nosso texto implica que a unidade, uma vez alcançada, deve partir-se outra vez, numa nova multiplicidade, se se pretende que a vida siga seu curso.

Nas palavras de Shelley:

> *The one remains, the many change and pass;*
> *Heaven's light forever shines, earth's shadows fly;*
> *Life, like a dome of many-coloured glass,*
> *Stains the white radiance of eternity ...*[37]

Ilustração 63. O FINAL DA OBRA.

[O um permanece, o muito muda e passa; / A luz celeste brilha eternamente; as sombras da terra se desfazem; / A vida, como um domo de vidro multicor, / Colore o claro esplendor da eternidade...]

Nosso texto chega à sua conclusão:

> (12) Seja como for, há apenas uns poucos com condições de inocular os enxertos dessa ciência. Esses enxertos são mistérios que só podem ser revelados aos adeptos e àqueles que se vêm dedicando, desde o próprio berço, a servir e a esperar nesse altar.

Essa passagem confirma uma observação que veio tomando forma, pouco a pouco, em minha mente. Tenho a impressão de que aqueles que vão mais longe no processo de individuação quase sempre passaram por alguma experiência significativa e, na verdade, decisiva, do inconsciente, na infância. A experiência da infância de Jung constitui excelente exemplo disso. Parece ocorrer frequentemente a produção, por parte das inadequações do ambiente da infância ou das dificuldades de adaptação da criança, ou ambas as coisas, de uma solidão e uma insatisfação que fazem a criança retornar a si. Isso equivale a um influxo de libido no inconsciente, que é assim ativado e passa a produzir símbolos e imagens de valor que auxiliam a consolidar a individualidade ameaçada da criança. É frequente o envolvimento de locais secretos ou

---

37 Shelley, P. B., *Adonais*, II, 460-463.

experiências privadas que a criança sente como exclusivamente suas e que lhe fortalecem o sentimento de valor diante de um ambiente de aparência hostil. Embora não compreendidas conscientemente ou mal compreendidas e consideradas anormais, essas experiências deixam uma sensação de que a identidade pessoal tem uma fonte transpessoal de apoio. Assim, elas podem semear as sementes da gratidão e da devoção à fonte do nosso ser, que só emerge em plena consciência muito mais tarde.

O texto diz que só se pode ensinar essa ciência a uns poucos. De fato, o conhecimento da psique arquetípica só está disponível para uns poucos. Ele deriva de experiências subjetivas internas que dificilmente podem ser transferidas. Todavia, a realidade da psique está começando a reunir testemunhos a seu favor. A Pedra Filosofal é um símbolo dessa realidade. Há um poder de cura nas imagens que se agregam em torno desse símbolo. Trata-se de uma potente expressão da fonte e da totalidade do ser individual. Quando quer que se manifeste no processo psicoterapêutico, ela apresenta um efeito construtivo e integrador. É realmente uma pérola de valor incalculável.

Esse símbolo se desenvolveu por um período de quinze séculos. Foi enriquecido por meio dos esforços de incontáveis homens devotados que foram atraídos pelo seu nume. Eles trabalharam, em geral, sozinhos, como indivíduos, sem o apoio confortador de uma instituição. Encontraram perigos, exteriores e interiores. Esses perigos foram, de um lado, príncipes gananciosos e caçadores de heresias e, de outro, os riscos da solidão e da ativação do inconsciente que esta traz consigo. Sua própria história constitui um testemunho do poder do *Lapis Philosophorum*, um poder capaz de colocar as energias de tantos homens talentosos a seu serviço. Trata-se de um importante símbolo que finalmente chegou ao alcance da compreensão moderna.

Índice Remissivo

A
Abdenego, 142
Abel, 61-2, 260
Abraão, 63
acaso, 126
aceitação, 58
Adão e Eva, 33, 35ss, 42, 61, 102, 237, 277
Adão e Eva, expulsão de, *ilust.*, 36
Adler, Alfred, 53, 201
Adler, Gerhard, 145n, 215, 221,
afinidade, 56
Afrodite, 308
Agnus Dei, 266
Agostinho, Santo, 51, 193-94, 204
"Água da Vida, A", 218
Aidos, 48
Alce Negro, 242
alcoolismo, 76
Alice no País das Maravilhas, 205
alienação, 23, 28-29, 59-61ss, 83
    de Deus, 85
        individual e coletiva, 66
        neurose, 76,
        personagens da, 61
        sintomas de, 133
alienação entre ego e o Si-mesmo, 144
    permanente, 72
"alimento dos anjos", 322

alimento espiritual, 321
Alma do Mundo, A, *ilust.*, II, (Frontispício)
alquimia, 127, 284ss
alter ego, 190
altruísmo, 32
alvo, símbolos do, 225
    essencial, como mandala, O, *ilust.*, 299
alucinações, 137
amarelo, 281ss
Amósis, 49
ambiente, da infância, 328
    hostil, 329
Amor e Psique, 311
amplificação, 124, 141
amputação, 174
analogia, 125
anamnese, 58
anima, 32, 56, 124
Anima Mundi, 244
animus, 32, 56
Anselmo, 73-4
ansiedade, 76
Anthropos, 203, 237ss
Anunciação, A, ilust., 94, 150
aphar, 236
aquapermanens, 272
Aquino, Tomas de, 249

Arjuna, 240
Arnold, Matthew, 89
arquétipo do Si-mesmo, 101
arrependimento, 59, 117
arrogância, 28
árvore, alquímica, *ilust.*, 324
Árvore Cósmica, 323
Árvore da vida, 33, 296, 321
Ashmole, Elias, 294, 297n
assassinato, 62-3
assimilação consciente, 167
Atirador de Discos, O, 99
Átis, 239
ativa, imaginação, 101-02, 106-07, 319
Atum, 154
Aurora Consurgens, 248, 250
autoaceitação, 58
autoassimilação, 278
autos da fé, 269
autonomia, 277
autorrealização, 182
autorregulação, 80
autoridade, 42
autounião, 204
avareza, 84
Ave escrevendo com o sangue de Cristo, *ilust.*, 288
"Ave no Espaço", 251, *ilust.*, 252
avidya, 52
azul, 281ss

B

Bacchae, 269
Batismo de Cristo, *ilust.*, 175
Baynes, H. G., 30, 212n
bem-aventuranças, 51, 164
benedicta viriditas, 244
Bernini, 93
Berthelot, M. P. E. 320n
Bhagavad Gita, 240
Bíblia de Jerusalém, 270n

Blake, William, 103, 108
"bloqueio dos escritores", 39
"bom selvagem", 27
Bradley, F. H., 32, 199
branco, 40
Brancusi, 251, 253
Brand, dr. Renné, 183n
Breughel, 45
Budge, E. A. Wallis, 243n
BudismoTibetano, 212
Bunyan, John, 71
Burnet, John, 19
Busca de Significado, A, 133

C

Cabala, 238
Caim, 61-2
calcinatio, 236, 284, 312
cálice, 268, 272, 279
Cálice de Antíoco, *ilust.*, 268
Calipso, 141
Campo de força, *ilust.*, 168
Cannon, W. B., 80
caos, 20
capitalismo, 89
caráter, psicológico, 29
Carlyle, Thomas, 80, 81n
carma, coletivo, 251
Carpócrates, 163
casa do tesouro, 250
Castor, 196
Categorias da existência suprapessoais, 80
centro do mundo, 20, 38; ver *omphalos*
cinco, simbolismo do, 249
cinzas, 236
circulatio, 278, 327
círculo, 55s, 219, 241-42
Clark, R. T. Rundle, 154, 243n, 307n, 318n

Clemente de Alexandria, 264
coagulatio, 302, 322
cobiça, 84
coluna Djed, 251
compensação, 50
complexo de Acab, 267
compreensão, 200
comunhão, 262
comunismo, 86, 89
concupiscência, 52, 115, 205, 284
conflito, 40, 89
    intrapsíquico, 165
confissão católica, 85
coniunctio, 271, 291
    inferior e superior, 282
    masculino e feminino, 254
    do Sol e da Lua, 309
consciência, 23-4, 42, 106, 174
    evolução da, 142
    luz da, 155
Contato sexual, 94
coração, 289
cosmogonia, 201
cosmos, 126
costela de Adão, 33
crenças animistas, 137
crescimento do trigo, miraculoso, *ilust.*, 307
Criador, 20
Crime, 38, 43
Cristo, 29, 40, 127, 138, 148, 159-60, 166, 177, 180, 184, 213, 217, 285-86
    como Alfa e Ômega, 160
    como Deus e como homem, 160
    imitação de, 162
    como Paradigma do Ego Individuado, 159
    sacerdote e vítima, 274
    Si-mesmo e ego, 273

Cristo como um cacho de uvas, *ilust.*, 270
    espremido como uva *ilust.*, 273
Cristo no jardim, *ilust.*, 180
Cristo, o Salvador na árvore da Vida, *ilust.*, 325
Cristovão, São, 122, *ilust.*, 123
crucifixão, 179, 181, 280
Crucifixão, no interior de um campo de força, *ilust.*, 168 e desmembramento, *ilust.*, 169
cruz, 20, 25, 162, 179, 298
culpa, 39, 279

D

Dânae, 93, *ilust.*, 90
Daniel, O Livro de, 142
Dante, 64
Dédalo, 44
deflação, 53
    de psicóticos, 137
demônio, 40, 71, 260, 321
depressão, 76, 182, 230
desejo, 28
desejos, concupiscentes, 205
desenho alquímico, 99, 246, 247, 299, 315, 316, 317
desenho de paciente, *ilust.*, 96
deserto, 68, 92
desespero, 60, 62
    suicida, 106
desgraça, 177
desmembramento, 167,
desprezo, 177
destino, 101
destino transpessoal, 277
Deuteronômio, 259
DeuterosAnthropos (grego), 237
Deus, 31, 35, 71s, 76, 89, 101-02, 107, 125, 148, 165, 179

imagem de Deus, 86, 89
vingança de, 31
vontade de, 51
Deus Asteca do Sol alimentando-se com sangue humano, *ilust.*, 274
dialética, 23, 217
diálogo, 101
diferenciação, 188
dinamismo, 85
Dioniso, 192, 267-69, 280
Discóbolo, 93, 99
Discóbolo, *ilust.*, 97
dispersão, 204
Dióscoros, mito dos, 196
dissociação, 37
dissolução, 282
Divina Comédia, A, 64
divindade, 27
dois, 214
dogma, 86
Dominicanos, 275
Donne, John, 118
Doresse, Jean, 162n, 202n
Dorn, G., 286
doze, 223, 238s
dragão, 284
dualidade, 37, 221; ver dois
Dunston, S. 296

E

Eclesiástico, 117
Eckhart, Meister, 275
ego, 19, 20s
    alienado, 191
    consciente, 147, 239
    desenvolvimento, 182
    germe do, 22
    individuado, 122
    modelo paradigmático, 184
    nascimento do, 155
    nãoinflado, 51
ego do mundo, 239
ego – Si-mesmo, eixo, 22-3, 28, 55, 58-9, 71-2, 76-7, 91, 152, 155, 216, 304
ego – Si-mesmo, 58, 59, 127
    separação, 21-3, 53
    união, 21
Elêusis, 234
Eliade, Mircea, 253n
Elias, 68
Elias sendo alimentado pelos corvos, *ilust.*, 69
Elifaz, 106
Eliot, 65
Eliú, 113
elixir da vida, 20
elixir vitae, 268
Emerson, Ralph Waldo, 50, 126
empatia, 200
encarnação, 196, 203, 264, 315, 319
    psíquica, 308
Energia, Lei da Fonte Central de, 79
Enêadas, 196-97, 199
enxofre, 216
Epifânio, 203
Epimeteu, 41
ereção, 94
Erman, Adolf, 239n
Eros, 282
    princípio, 312
Esaú, 92
espada, 38
espelho,189, 192
Espírito Santo, 148, 211, 243, 288
estabilidade psíquica, restabelecimento mostradoem pintura de criança, *ilust.*, 26
estrela, 189
Estrela de Belém, 148
Eucaristia, 322

Eurípides, 269
Eva, 33ss, 37ss, 237
Evelyn, White, Hugh G., 24n
evolução das figuras humanas em desenhos de criança, *ilust.*, 25
existência a priori do ego, A, 187
existencialismo, 66
experiência da infância, 328
experiência de morte e renascimento, 111
Êxtase de Santa Tereza, O, *ilust.*, 95
exteriorização, 204
Ezequiel, 265

F

fada, contos de, 218
Faetonte, 46-7
    complexo de, 46
falácia concretista, 177
    redutiva, 136ss
fálico, simbolismo, 251
falo, 308
falta de sentido, 133
fanatismo, 86
Faraó, 266
fé, 76
felicidade, 80
Filipe, Evangelho de, 203
figuras arquetípicas eternas, 306
Filosofal, Pedra, 236, 250, 285s, 293ss, 309
    quanto Alfa e Ômega, 327
    como árvore da vida, 323
    como *homo totus*, 287
    natureza e atributos, 294
    natureza paradoxal da, 320
    como olho de Deus, 320
    como *prima matéria*, 327
    como princípio da fertilidade, 306, 307
    na profecia, 325
    símbolo do Si-mesmo, 294
filosofia estoica, 301
filosofia platônica, 301
Final da Obra, *ilust.*, 328
físico, fato, 138
físicos, fenômenos, 138
Fitzgerald, Edward, 268n
Flagelação de Cristo, *ilust.*, 178
fogo, 194, 232
Fogo chove dos céus, *ilust.*, 109
Fogo de Deus, caiu dos Céus, *ilust.*, 103
fogo solar, *calcinatio* do, 312
Fordham, Michael, 21n,
Frades, Menores, 275
Fragmentação, interna, 204
Frazer, James G., 239, 243n, 254
Freud, Sigmund, 53, 140
fruto, 35
frustrações, 60, 255

G

Gaer, Joseph, 306n
Galileu, 228
Gênesis, 33, 236
Getsêmani, jardim de, 177, 286
Gigante Despertando, O, *ilust.*, 233
Ginsberg, G., 37, 245
gnosis, 36
Gnóstica, 35, 195, 210, 238,
Goethe, 65
Golden Bough, The, 124, 243
gula, 84

H

Hades, 192, 234, 259
Hagar, 63
Hagar e Ismael no deserto, *ilust.*, 63
Harding, M. Ester, 213, 314

harmonia, 23
Harnack, Adolph, 234n
Hebreus, 34, 184, 259
Hegeliana, fórmula, 241
Hera, 47
Hércules, 285
Heráclito, 19
Hermafrodita, Sol-Lua, *ilust.*, 310
Herói, nascimento do, 155
Heródoto, 49, 239
Hesíodo, 24, 24n, 234n
hexágono, 246
Hildegard de Bingen, 243
"Hino de Deméter", 234
"Hino da Pérola, O", 146
Hipólito, 194
Holderlin, 55
Homem Esquartejado, O, *ilust.*, 247
homem ideal, 162
homeopatia, 124
homeostático, 80
Homero, 234
homoousia-homoiousia, conflito, 184
hostilidade, 162
humildade, 32
hybris, 35, 42, 48, 87, 179, 257

I
Ícaro, 44
I Ching, 129
Identidade, ego – Si-mesmo, 22, 28-9, 32
　objetiva, 19
　subjetiva, 19
ídolos, 88
Igreja, 141, 193
Ilegítima, 85
imago Dei, 19
impotência, 245
impulsos, compulsivos, 190

inconsciente, coletivo, 19, 124
inconsciente, estado, 42,
inconsciente, existência *a priori* do, 188-89
inconsciente, identificação, 128
inconsciente, a Metafísica e o, 227ss
individuação, 23, 43, 122
　busca de, 159
　crise de, 179
　processo e alvo, 223
　processo de, 128
Individuação como Modo de Existência, 131
indivíduo, 193ss
indulgência vs. disciplina, 28
infância, 21, 27
infantilismo, 122
infantis-onipotentes, suposições, 53
inferioridade, complexo de, 76
inflação, 23-4, 31, 83-4
heroica, 47
Inge, W. R., 214n
Ino, 141
inveja, 84
ira, 31, 142
ira, 84
　de Deus, 269
Isaias, 269
Isaque, 63
Ismael, 63
Íxion, 47, 179
　preso, à Roda, *ilust.*, 48

J
Jacó, 92
Jacó, sonho de, 302, *ilust.*, 92,
escada de, *ilust.*, 303
James, Henry, 31n
James, William, 71n, 313
janela, 205s

jardim do Éden, 33, 36, 38s, 41-2, 77, 102
   como um Círculo, *ilust.*, 35
Javé, 36-7ss, 42, 56, 61, 92-93, 106, 113, 117-18, 120, 245, 259, 265ss, 285, 317
   aterroriza Jó com visão do inferno, *ilust.*, 110
   complexo de, 31
   mostra a Jó as Profundezas, *ilust.*, 116
   responde a Jó de um redemoinho, *ilust.*, 115
Jeremias, 254
Jesus Cristo, 74, 159-60ss, 166, 169, 176, 181, 188ss, 202
   bem-aventuranças de, 84
Jó, 101-04, 106, 111ss, 115, 117ss, 119-20ss,
Jó, complexo de, 267
João da Cruz, São, 68, 104n, 179
João, Evangelho de, 248
Joaquim de Floris, 213
Jonas, 93, 101, 217
Jonas, Hans, 146, 190n, 203n
Jung, C. G., 19-20, 33, 50, 56, 68, 71, 91, 101, 104, 113, 119, 125-28, 135, 138-40, 143, 145n, 145, 159, 163, 170, 174, 181, 183, 187ss, 190n, 193, 204n, 209ss, 212, 214ss, 219, 225, 234n, 241n, 241, 243n, 245-246, 249, 253, 258-59, 268, 271, 278, 287, 293n, 294n, 302n, 303ss, 313, 315n, 318, 321-22, 324, 326

K

Kellog, Rhoda, 25n
Kenosis, 166
Kheprer, 243
Kierkegaard, 39
Kluger, Rivkah Scharf, 117
Koan, 232
Koan Zen, 231-32
Krishna, 240

L

Lao Tsé, 53, 217
lapis, 190
Lapis Philosophorum, 329
leão, 284
leão com as patas cortadas, *ilust.*, 246
Legge, Francis, 253n
leite, 264ss
Leste do Edén, 62
libido, 106, 266, 308
   investimento, conjunto, 263
   solar, 311
limbo do desespero, 179
lithos ou lithos, 236
liturgia católica, 322
Liverpool, 206
Liverpool, mandala de, *ilust.*, 207
Logos, 237, 248, 264, 282
   personificação feminina do, 234
lua, hermafrodita Sol-Lua, *ilust.*, 310
   União entre o Sol e a Lua, *ilust.*, 310
Lúcifer, 117
Lutero, Martinho, 75
luxúria, 28, 84
luz, simbolismo da, 155
Lyndus, Joannes, 246

M

magia primitiva, 124
Maia, doutrina de, 143
   véu de, 240
mal, integração do, 301
maná, 322

Maná, Israelitas colhendo, *ilust.*, 67
mandala, 20, 22, 25-6, 34
    imagem, 55-6, 155,179, 206, 219-20s
Maniqueísta, escatologia, 253
"Manto de Glória", 189
Marduc, santuário de, 155
Maria, 93, *ilust.*, 150
Mar Vermelho, 285
Mateus, 172-73
Mathers, S. L., MacGregor, 238, 239n
maturidade, 21
May, Dr.Rollo, 77
Mead, G.R.S., 203n, 238n, 253n
Medusa, 312
meia-idade, 23
Meier, C. A., 319
melancolia, 32
Melquior, 322
Melville, Herman, 64
menino, 172
Mercúrio, deus, 29, 280, 284, 314
Mercúrio, elemento, 216
Messias, 270-71
    complexo de, 30
metafísica, empírica, 227
    e inconsciente, 227
metais "nobres", 299
Michelângelo, 99, 233
microcosmo, 188
Midas, Rei, 300
Mesaque, 142
Miséria, 80
Missa, 85, 322
    Ritual, Católica Romana, 263
mito, 33
    cristão, 179
    Judaico-cristão, 306
    Mitra, 233
    e religião, 92
    e ritual, hebraico, 262
mito cristão, 181, 183
mito de Deméter-Cora, 235
Mitologia, 86
Mitra, 217, 233
Moby Dick, 64
Moisés, Lei de, 160
monachoi, 202
Mônada, 194ss, 199s
    simbolismo, 205
Monogenes, 201
morte, 230ss, 254
multiplicidade, 203
Murray, Gilbert, 48
mysterium, 119

N

Nabucodonosor, 142
Napoleão, 29
narcisismo, 191
Narciso, 191ss
nascimento da consciência, 35
Ave no espaço, *ilust.*, 252
natureza, comunhão mística com a, 27
Nazismo, 86
necessidades, protoplasmáticas, 205
Neihardt, John G., 242n
nekyia, 192
Nêmesis, 44, 48, 191
Neumann, Erich, 21n, 56n, 198n, 278n, 311, 313
neurose, 71
New English Bible, 164
Nietzsche, F., 44, 91, 282
ninho, símbolo do, 239
Nirvana, 143
No, teatro Japonês, 231,
Noite Escura do Espírito, 71, 104, 179

nostalgia, 24, 27
nous, 201
numinosos, encontros, 143
numinosum, 71, 119
obras, 76

O

"Odes on Intimations of Immortality", 26
Odes de Salomão, 263
Odisséia, 141
Odisseu (Ulisses), 259, 322
Ofitas, 35
olho de Deus, 317ss, *ilust.*, 318
Omar Kháyyam, 268
omphalos, 38
onipotência, 31
opostos, 309
    união dos, 20
Oração do pai-nosso, A, 118
oráculo, 319
órfão, 193-94, 304
Orfeu, 269
orgasmo, 94
orgulho, 84
Orígenes, 174, 184, 204
original, homem, 24
ortodoxas, perspectivas, 112
ortodoxia, 257
Osíris, 167, 239, 242n, 307
Otto, Rudolf, 119
ouro, filosófico, 300

P

paixão, 284
Pandora, caixa de, 41
pântano, original, 142
pão, 236
Pão da Vida, 322
Paracelso, 216

Paraclíto, 275
    sinônimo do sangue de Cristo, 275-76
paradigma do ego, Cristo como, 183
paradoxos, 195
Paraíso como um receptáculo, O, *ilust.*, 34
Paramandenda, Swami, 240n
parental, rejeição, 58, 72
participation mystique, 86
particularidade, 187
pascal, cordeiro, 265
pássaros, 318
Paulo, São, 74, 99
pecado, 73-4
    como inflação, 51
pedra, 236, 253
Pedra, Angelical, 236
    Mágica, 295-97, 305
    Mineral, 297-98, 305
    Vegetal, 295, 305-06
Pedra de Bollingen, *ilust.*, 305
Pedra, Ubiquidade da, A, *ilust.*, 317
peixe, 291
pênis, 307ss
Penitência de Davi, A, *ilust.*, 75
Penteu, 269
percepção consciente, 128
perdão, 76
perfeição, 163
Perry, John Weir, 30n
Perséfone, 233-34ss
Perseu, 93
personalidade, individuada, 89
    não-inflada, 84
    perversão, polimorfa, 27
    totalidade da, 170
petra genetrix, 233
Peuch, Henri-Charles, 253n
Physis, 234

piedade, 170
Pietá, 99
Pietá, *ilust.*, 98
pilar, simbolismo do, 251
"piloto de carros envenenados", 46
Pinedo, Ramiro de, 270n
Desenho de um paciente, *ilust.*, 105
pirâmide, 155; Maia, *ilust.*, 156
pitagóricos, 194
Pistis Sophia, 253, 283
Platão, 24, 195, 201, 210, 235n, 268
Plêiades, 114
Plotino, 196ss
Plutarco, 271
pneuma, 234
pó, 236
poder lunar, coagulatio, 312
Poimandres, 238
polarização de opostos, 37
Polícrates, 49ss
polo, simbolismo do, 251
Pólux, 196
Pomba transmite o divino, Uma, *ilust.*, 151
pragmatismo, psicológico, 171
Pranto, 164
preto, 40
prima matéria, 127ss, 190, 241
Primevo, Homem, 238
primitivo, 125-26
   imagem do, 27
   simbólico, 27
princípio, retorno ao, 235
privações emocionais, 78
projeção, 204
   animus, 46
   psicológica, 161
   do Si-mesmo, 128
Prometeu, 33, 41
protoplasma, 205, 206

provisão, vida de, 30
Psicologia, analítica, 147, 159
   comportamentalista, 161
   cristã, 73
   freudiana, 140
   infantil, 21
   moderna, 140
psicologia profunda, 91, 161, 164
psicológica, reorientação, 133
psicológico, desenvolvimento, 80
   oral, anal e genital, 213
Psicológicos, Tipos, 188
psicopatologia, 140
psicose, 29
   clara, 177
psicoterapia, 83, 133
   Junguiana, 139
psicótica, melancolia, 72
Psique, 311
Psyche, 22, 114,
   inconsciente, 140
   individual, 19, 257
   moderna, 183
   como produtora de imagens, 138
psique arquetípica, 19, 27-8, 156, 165, 176
psíquico(s), psíquica(s), energia, 76, 136
   estados, 160
   fato, 138
   ferida, 28
   identificação, 161
   saúde, 61
   significação, 126
   sustentação, 171
   totalidade, 155
   vida, 187
Puer Aeternus, 30
purgatório, 279s

Q

quadrado, 20, 240-41s
quaternidade, 209-10, 212, 219-21
quatro, 209, 218
    elementos, 298
    funções, 298
    pernas, 33
"Queda de Ícaro", 45, *ilust.*, 45

R

racismo, 86
Rafael, 291
Rawlinson, George, 49
realidade, arquetípica, 27
    encontro, 29
    espaço-temporal, 192
    da vida, 107
redenção, 127
Regenerativo, símbolo do Festival de Haloa, *ilust.*, 309
Rei, 172
reino dos céus, 173
relacionamento pais-filho, 57
    coletiva, 91
reminiscência, teoria da, 145
repressão, 37, 174
República, 268
Ressentimento, 121
revelação, 228-29, 304
"Ritmo da Educação", O, 213
"Rito da Coroa", 84
ritos, 86
ritual, 84
roda, 47, 52
"Roda do Mundo Tibetana", 219
roda do sol, 99
    variedades da roda do sol de três pés, *ilust.*, 99
roda da vida, 52, *ilust.*, 52
Ross, Nancy Wilson, 231
roubo, 38
Rousseau, 27
Ruland, Martim, A., 249, 320

S

sabedoria popular, 83
Sabedoria, 117, 248-49; *ver* Sophhia
sábios, 155
sacrificial, atitude, 122
sacrifício, processo do, 276
    Deus-Deus, 276-77
    Deus-homem, 276
    homem-Deus, 276-77
    homem-homem, 276,77
    implicações psicológicas, 276
    sangue, 259-60
Sadraque, 142
Sal, 216
sangue de Abel, 260
sangue como cola, 261
    como alimento, 263
    como cordeiro pascal, 265
    como leite, 264
    como sêmen, 265
simbolismo, 260
sangue de comunhão, 262s
Sangue de Cristo, 257
    aqua permanens, 285
    atributos do, 279-80
    calcinatio e solutio, 284
    elixir vitae, 285
    imagem do, 258-59, 265
    paralelo mitológico, 284
    poder redentor, 279
    processo de sacrifício, 276
    na psique moderna, 287
sangue de Cristo salvando almas do Purgatório, *ilust.*, 281
"sangue do concerto", 261

Santo Antônio e São Paulo sendo alimentados por um Corvo, *ilust.*, 73
santuários, semitas, 254
São Cristovão carregando Cristo como uma Esfera, *ilust.*, 123
São Paulo, conversão de, *ilust.*, 100
Sapientia Dei, 248
Sara, 291
Satanás, 115, 117-18; ver diabo
Satanás tentando Cristo num círculo, *ilust.*, 176
Satori, 232
Scintilla, 194
seio, 307
seis, 246-47
sêmen, 265
separação, aceitação da, 159
separatio, 162
Sermão da Montanha, 164
Serpente, 40, 198
   crucificada, *ilust.*, 316
sete, 223
sexuais, problemas, 240
sexualidade, 37, 307
significado, abstrato, 134
   subjetivo, 134
Signo de Salomão, 246
Shelley, Percy, B., 328
simbiótica, relação, 43
   simbólica, simbólico(s), conjunto de imagens, 135
   significado, 155
   vida, 134
"Simbólica, Vida, "A, 144ss
simbolismo numérico, pitagórico, 210, 214
simbolismo sexual, 307
simbolismo da uva, 272
símbolo , função do, 133, 135
Si-mesmo, 19, 20, 47, 57-8, 122
   consciência do, 67
   encontro com o, 85ss
   a priori, 201
sincronicidade, 326
sintomas, psíquicos, 326
   psicossomáticos, 76
Skeat, Walter W., 193
Smith, W. Robertson, 262
Sol, o, 19, 206
solidão, 202
solipsismo, 33s
solitários, 202
sombra, 57ss, 108, 111, 115, 170, 230, 267, 272, 278, 282
   sonhos, 107ss, 145, 229ss, compensatórios, 113
   Ícaro, 44-5
   metafísicos, 229
   numinosos, 143
   de transição, 38
   de voo, 44
Sophia, 127, 234, 248, 253
"sozinhos", 202
Splendor Solis, 245
Stein, L., 157n
Steinbeck, John, 62
sublimatio, 302
suicídio, 62-2
Sullivan, Harry S, 135
superordem, 79
superstição, 125
superstições, 137
Sutra de Diamante, 232
Suzuki, D. T., 323
symbolon, 157

T

tabu, 50, 84
taça, 263; *ver* cálice
Tao Te Ching, 217

tarôt, cartas do, 104
Teilhard de Chardin, Pierre, 131, 188n
tentação, 176
Tertuliano, 174
tetragrammaton, 238
Thompson, Francis, 92, 93n
Tilllich, Paul, 228
Tobias, 291
Tolstói, 69-70s, 104
Tomé, Evangelho de, 161
Torre, A, *ilust.*, 105
totalidade, 216, 218
    inconsciente, 192
    trinirária, 216
tradição cristã, 84
transferência, 78
transpessoal(ais), categorias de existência, 85
    dimensão, 85
    experiência, 85
    poderes, 27, 126
    psique, 173
    totalidade, 273
traumática, infância, 72
travestismo, 140ss
    sacerdotal, 141
três, 214, 218-19; ver tríades, trindade
tríades, masculinas e femininas, 215
triádico, simbolismo, 100
Trindade, 211ss
trindade de matéria, 246
    do espírito, 246
    germânica, 215
trindade, simbolismo, 209ss, 211-2, 214-15ss, 218s, 221, 223
Trismosin, Solomon, 245n

U
Última Ceia, 278

Um (Uno), o, 195ss
União do Sol e da Lua – Enxofre e Mercúrio, *ilust.*, 310
Unicórnio, motivo do, 314
unidade, 203
Unidade, 29; arquétipo da; ver Si-mesmo
unigênito, 202
unitária, realidade, 122
universalidade, 187
uroboros, 20, 24, 198, 214
útero, 307
Uvae Hermetitis, 272

V
Valentiniana, especulação, 201
valores projetados, 171
varieties of Religious Experience, 68, 71n, 72n, 313n
Vaughn, Henry, 267
Vaughn, Thomas, 83
vazio, 164ss
vegetação, espírito da, 239
Vênus, 311
verdades eternas, 300
verde, 243
vergonha, 48
vermelho, 39, 271, 281
Véu de Maya, 240
via negativa, 193
viático, celestial, 296
vinho da ira, 269
vinho, simbolismo, 269
violência, 61, 62
Virgem domesticando um Unicórnio, *ilust.*, 315
virtude, 170,
"Visões", 163
visualização, 319
vítima, 32
viúva, 193

Von Franz, M-L, 30, 30n, 248
vontade do ego, 174
voo, 44

W

Waite, A. E., 216n, 238n, 258n, 286n
Waste Land, The, 65
White, V., 210n
Whitehead, A. N., 213n
Wilde, Oscar, 50
Wilhelm, Richard., 129n
Willoughby, Harold R., 84n
Wordsworth, William, 26, 148, 189

Y

Yama, 219
Yggdrasil, 38
Yin, 314

Z

Zacarias, 317
Zen Budismo, 84
Zeus, 41, 47, 93
Zeus", " Torre de, 194
Zigurate, 155
grande Zigurate de Ur, *ilust.*, 154
Zodíaco, signos do, 114, 239
Zózimo, 234

www.ingramcontent.com/pod-product-compliance
Ingram Content Group UK Ltd.
Pitfield, Milton Keynes, MK11 3LW, UK
UKHW050122260125
454133UK00004B/13

9 788531 615627